Jak Mallmann-Showell · Kriegsmarine 1939–1945

Jak Mallman-Showell

Kriegs-marine 1939–1945

Organisation Strukturen Einsatz

Motor buch Verlag

Einbandgestaltung: Andreas Pflaum unter Verwendung einer Vorlage von Carlo Demand und von Abbildungen aus dem Buch.

Die Abbildung auf der Titelseite zeigt das Schlachtschiff BISMARCK.

Das englischsprachige Originalwerk erschien 1999 unter dem Titel »GERMAN NAVY HANDBOOK 1939 - 1945« in England bei Sutton Publishing Ltd., Phoenix Mill Thrupp, Stroud, Gloucestershire, GL5 2BU.

Die teilweise geminderte Bildqualität ist auf das Alter der Abbildungen und die Umstände ihres Entstehens zurückzuführen.

Ins Deutsche übertragen von **Wolfram Schürer**
Deutsche Bearbeitung: **Helma** und **Wolfram Schürer**

ISBN 3-613-02074-2

1. Auflage 2000

Lektor: Martin Benz M. A.
Innengestaltung: Marit Wolff
Druck: Henkel Druck, 70435 Stuttgart
Bindung: Heinrich Koch, 72072 Tübingen
Printed in Germany.

INHALT

DANK

Wenn dies Buch einer Widmung bedarf, dann soll an die Historiker erinnert werden, die nach der Wahrheit geforscht haben, und an jene Menschen, die dazu beigetragen haben, indem sie Informationen zur Verfügung stellten. Bedauerlicherweise weilen viele dieser Persönlichkeiten nicht mehr unter uns, um unser Leben zu bereichern.

Dieses Vorhaben ist seit mehr als 30 Jahren im Gange und es brächte Schwierigkeiten mit sich, all jene aufzulisten, die dazu beigetragen haben. Daher spreche ich allen meinen Dank aus und hoffe, dass dieses Buch ihren Bemühungen Gerechtigkeit widerfahren lässt.

Folgende Personen und Institutionen waren in besonderem Maße hilfreich; ich danke ihnen für ihre Unterstützung durch das Beisteuern von vielerlei Hilfen, Informationen, Materialien und Fotos: Professor Heinfried Ahl von der KORMORAN; Ivar Berntsen; Heinrich und Maria Böhm; Jan Bos; Horst Bredow und der Stiftung Traditionsarchiv Unterseeboote – U-Boot-Archiv – in Cuxhaven-Altenbruch; Professor Gus Britton, MBE; dem Militärarchiv/Bundesarchiv und seinen Mitarbeitern in Freiburg i. Br.; Cdr. Richard Compton-Hall, MBE, RN (a. D.), und dem U-Bootmuseum der Royal Navy; Trevor Cox; KptzS. a. D. Hans Dehnert; Kurt Fritz Dennin; Ralph Erskine; Ursula Kähler-v.Friedeburg; »Jumbo« Gerke; Kapitän Otto Giese, der auf der COLUMBUS, der ANNELIESE ESSBERGER und verschiedenen U-Booten diente; Hans-Karl Hemmer von der PINGUIN, der ADJUTANT und der KOMET; Wolfgang Hirschfeld; Peter Huckstepp aus Neuseeland; Geoffrey Jones; Friedrich Kiemle von der KÖLN; Dr. Joachim Kindler von der WIDDER; Fritz Köhl; KptzS. Otto und Dr. Erika Köhler; David Lees von der German Naval Interest Group der »World Ship Society«; Kevin Mathews; Dr. Ulrich Mohr von der ATLANTIS; Heinrich Müller; Eva Meisel, deren Ehemann Kommandant der ADMIRAL HIPPER war; Gerd Neubacher; Axel Niestlé; FKpt. Karl-Heinz Nitschke und seiner Frau Ilse; FKpt. Albert Nitzschke und dem Deutschen Marinebund; der Militärhistorischen Abteilung der Akademie für die nationale Verteidigung in Tokio; Ian Millar; Hermann und Else Patzke; Paul Preuß; Ray Priddey; KAdm. Bernhard Rogge; Richard Russon von der U.S. Coast Guard Auxiliary in Florida; der Walter-Schöppe-Sammlung im U-Boot-Archiv in Cuxhaven-Altenbruch; Franz Selinger; Knut Sivertsen und dem Verteidigungsmuseum Trondheim; Roger Suiters; Heinz Tischer von der THOR, Irmy Wennecker, deren Ehemann Kommandant der DEUTSCHLAND und später Marine-Attaché in Tokio war; Gordon Williamson und Dave Wooley.

Die deutsche Reichskriegsflagge (ab 7. November 1935) flattert in einer leichten Brise – vermutlich mit Stärke 2 - 4. Zum Messen der Windstärke diente die Beaufort-Skala (Stärke 0 - 12), benannt nach dem 1857 verstorbenen britischen Admiral.

ZEITTAFEL 1870 – 1945

1870
19. Juli. Kriegserklärung Frankreichs an Preußen und damit an den am 1. Juli 1867 gegründeten Norddeutschen Bund, wobei Ersteres hoffte, die katholischen Staaten Süddeutschlands (Baden, Bayern, Hessen und Württemberg) würden gegen den protestantischen Norden eingreifen.

1871
Der durch den Beitritt der süddeutschen Staaten im November 1870 geschaffene zweite Deutsche Bund beendete unter Führung Preußens den Deutsch-Französischen Krieg mit der Niederlage Frankreichs. Friedensschluss zu Frankfurt am Main am 10. Mai.
18. Januar. Errichtung des »Deutschen Reiches« und Krönung des preußischen Königs zum deutschen Kaiser Wilhelm I. im Schloss zu Versailles. Aus der Marine des Norddeutschen Bundes (bis 1867 preußische Marine) entstand die Kaiserliche Marine.

1914
28. Juli. Ausbruch des Ersten Weltkrieges.

1918
11.00 Uhr am 11. November. Offizielles In-Kraft-Treten des Waffenstillstandes. Der Erste Weltkrieg endete mit der Niederlage Deutschlands und seiner Verbündeten sowie der Abdankung des deutschen Kaisers. Wilhelm II. ging am 9.11. nach Holland ins Exil.
18. November. Beginn der Auslieferung der deutschen Flotte.
21. November. Übernahme des Internierungsverbandes der deutschen Flotte unter KAdm. v. Reuter durch die Royal Navy und ihre Verbündeten. Anschließende Internierung im britischen Flottenstützpunkt Scapa Flow in den Orkney-Inseln. Nur noch Restbesatzungen blieben an Bord.

1919
27. März. VAdm. v. Trotha wird Chef der neu geschaffenen Admiralität der Reichsmarine, Nachfolgerin des kaiserlichen Reichsmarineamtes.
16. April. Bildung der »Vorläufigen Reichsmarine« als Nachfolgerin der Kaiserlichen Marine.
21. Juni. Setzen der Kriegsflaggen als vereinbartes Signal zur Selbstversenkung auf den 74 Einheiten der in Scapa Flow internierten deutschen Flotte, um einer Beschlagnahme durch die Briten zu entgehen. Britischen Bewachungsfahrzeugen gelang es, lediglich ein paar Torpedoboote in flaches Wasser zu schleppen, während der weitaus größte Teil der Schiffe und Boote sank.
28. Juni. Deutschland beugt sich dem Ultimatum der Alliierten und unterzeichnet den »Friedensvertrag« von Versailles, der mehr einem Diktat gleicht. Deutschland hatte so schwere Reparationen zu leisten, dass in den folgenden Jahren eine erhebliche Not über das Land hereinbrach.

1920
7. April. Eine französische Armee besetzt das deutsche Rheinland, um die Leistung der Reparationen zu sichern. Ein Großteil der deutschen Produktion muss den Allierten übergeben werden, während die Bevölkerung an ernster Knappheit an Nahrungsmitteln und unter anderen Versorgungsschwierigkeiten leidet.
8. August. Gründung der Nationalsozialistischen Deutschen Arbeiterpartei (NSDAP).
31. August. Ernennung von Admiral Paul Behnke zum Chef der Marineleitung im Reichswehrministerium (geschaffen als oberste Kommando- und Verwaltungsbehörde der Marine am 15.9.1920 durch Umbenennung der Admiralität).

1921
1. Januar. Endgültige Umbennung der Vorläufigen Reichsmarine in »Reichsmarine«.
11. April. Einführung der neuen Kriegsflagge der Reichsmarine: Schwarz-Weiß-Rot mit einem Eisernen Kreuz in der Mitte sowie in der linken oberen Ecke (als Gösch) ein schwarz-rot-goldenes Rechteck.
21. Juli. Flaggoffiziere der US-Marine waren schockiert, als anlässlich einer Demonstration das

Eine Minensuchflottille in See, aufgenommen von *M 133* aus.

ehemalige deutsche Schlachtschiff (Linienschiff) OSTFRIESLAND durch sechs aus Flugzeugen abgeworfene Bomben versenkt wurde. Bisher hatte in den Marinen der Welt die Auffassung vorgeherrscht, Schlachtschiffe könnten nur durch Schwere Artillerie versenkt werden. Dieser Erfolg gegen ein wesentliches Ziel führte ein völlig neues Marinedenken herbei.
13. Dezember. Unterzeichnung des Washingtoner Flottenvertrages.
31. Dezember. Die kaiserliche Kriegsflagge wird offiziell auf allen Schiffen und bei allen Dienststellen zum letzten Male niedergeholt. Zur Ehrung der im Ersten Weltkrieg Gefallenen wird sie jedoch am 31. Mai eines jeden Jahres (Skagerraktag) im Großtopp der Kriegsschiffe weiterhin gesetzt.

1922
1. Januar. Flaggenwechsel auf allen Einheiten und bei allen Dienststellen der Reichsmarine: Setzen der am 11.4.1921 eingeführten neuen Kriegsflagge.

1923
11. Januar. Widerrechtliches Besetzen des Ruhrgebietes durch französisch-belgische Truppen und passiver Widerstand durch die deutsche Bevölkerung (Ruhrkampf).
Abbruch des Ruhrkampfes am 26.9.1923 durch die Reichsregierung, nachdem die deutsche Wirtschaft und Währung zusammengebrochen war.
22. Juni. Die deutsche Wirtschaft und Währung brechen zusammen, nachdem der Kurs der deutschen Mark auf mehr als 600.000 Mark gegenüber einem britischen Pfund (£) gefallen ist. Die Not der deutschen Bevölkerung nimmt durch Inflation und Arbeitslosigkeit immer mehr zu, während die Erzeugnisse ihrer Arbeit als Reparationen abgeliefert werden müssen.
15. Oktober. Einführung der Rentenmark zur Beendigung der Inflation und Stabilisierung der Währung. Umtauschkurs: 1 Rentenmark = 1 Billion Mark.
8. November. Hitlers Putschversuch in München, der am 9. November vor der Feldherrhalle von bayerischer und württembergischer Polizei blutig niedergeschlagen wird.
23. November. Verbot und Auflösung der NSDAP im gesamten Reich.

1924
15. Januar. Der 1922 wieder in Dienst gestellte Kleine Kreuzer BERLIN läuft unter dem Kommando von KptzS. Paul Wülfing v. Ditten aus Kiel aus. Nach Besuchen holländischer und skandinavischer Häfen sowie Islands und der Faröer-Inseln war dies die erste längere Auslandsreise eines Schulkreuzers mit Kadetten an Bord nach dem Kriege. Die zweimonatige Reise führte den Kreuzer zu den Kanarischen Inseln und die

Im Bild die Flagge der Reichsmarine in den Farben Schwarz-Weiß-Rot (von oben) vom 14. März 1933 bis 7. November 1935. Vor 1933 wies die am 1. Januar 1922 eingeführte Flagge in der linken oberen Ecke ein schwarz-rot-goldenes Obereck auf.

Azoren sowie über Madeira und den spanischen Hafen Cartagena zurück nach Kiel.
Juli. Atlantikreise der Linienschiffsdivision (BRAUNSCHWEIG, HANNOVER) mit dem Besuch spanischer Häfen.
1. Oktober. Admiral Hans Zenker wird Nachfolger Behnkes als Chef der Marineleitung.
1. November. Auslaufen des zur Inspektion des Bildungswesens der Marine gehörenden Kleinen Kreuzers BERLIN nach Mittelamerika zur zweiten großen Auslandsreise.

1925
7. Januar. Stapellauf des Leichten Kreuzers EMDEN auf der Marinewerft Wilhelmshaven, des ersten größeren in Deutschland gebauten Kriegsschiffes nach dem Ersten Weltkrieg.
27. Februar. Neugründung der NSDAP in München.
26. April. Wahl des Generalfeldmarschalls Paul v. Hindenburg (1847–1934) zum deutschen Reichspräsidenten. Er besiegte im Ersten Weltkrieg in der Schlachten von Tannenberg und der Winterschlacht in den Masuren die beiden in Ostrpeußen eingefallenene russischen Armeen unter Samsonow und Rennenkampf und war später Chef des Generalstabes des Feldheeres. Für seinen Wahlerfolg waren die Stimmen der Frauen ausschlaggebend gewesen. Zu diesem Zeitpunkt gab es z. B. in Großbritannien noch kein Wahlrecht für Frauen.
1. April. Ernennung von VAdm. Konrad Mommsen zum Flottenchef. Diese Dienststelle (Flottenkommando) existierte damit erstmals wieder seit dem Ende des Ersten Weltkrieges, hervorgegangen aus der seit dem 1.10.1923 erfolgten Schaffung der Dienststelle des Oberbefehlshabers der Seestreitkräfte.
16. April. Auslaufen des Vermessungsschiffes METEOR unter dem Kommando von FKpt. Fritz Spieß aus Wilhelmshaven zu seiner berühmten Forschungsreise, der »Deutschen Atlantischen Expedition«, in den Südatlantik. Nach 14 Atlantiküberquerungen mit 67.535 sm in 776 Tagen kehrte die METEOR am 2.6.1927 wieder nach Wilhelmshaven zurück.
9. September. Auslaufen des Schulkreuzers BERLIN – KptzS. Ernst Junkermann – zu einer mehrmonatigen Auslandsreise, die ihn rund um Südamerika bis nach Valparaiso führte.
15. Oktober. Indienststellung des Leichten Kreuzers EMDEN (KptzS. Richard Foerster), als Schulkreuzer der Inspektion des Bildungswesens zugeteilt.

1926
14. Februar. Auslaufen des Kleinen Kreuzers HAMBURG unter FKpt./KptzS. Dr.phil.h.c. Otto Groos

aus Wilhelmshaven zur ersten Erdumsegelung eines deutschen Kriegsschiffes nach dem Ersten Weltkrieg. Der Schulkreuzer kehrt nach 13 Monaten erst am 20. März 1927 wieder zurück.
1. Oktober. Indienststellung der MÖWE, des ersten Neubaus eines Torpedobootes nach dem Kriege.
14. November. Auslaufen des neuen Leichten Kreuzers EMDEN (KptzS. Richard Foerster) zu seiner ersten Weltreise als Kadettenschulschiff. Entdeckung des »EMDEN-Tiefs« ostwärts von Mindanao/Philippinen, mit 10.793 m die größte damals bekannte Wassertiefe.

1927
1. Dezember. Auslaufen des Kleinen Kreuzers BERLIN (FKpt. Hans Kolbe) aus Kiel zu einer letzten Ausbildungsreise. Von dieser Weltreise nach Ostasien und Australien kehrt der Schulkreuzer erst am 7.3.1929 nach Cuxhaven zurück.

1928
1. Oktober. Admiral Dr.phil.h.c. Erich Raeder wird als Nachfolger Zenkers Chef der Marineleitung. Im Gefolge seiner Berufung ergaben sich in der Marineleitung größere Umorganisationen sowie die Herausgabe einer neuen Rangliste der Reichsmarine.
5. Dezember. Der Leichte Kreuzer EMDEN tritt seine bis zum 13.12.1929 dauernde zweite Weltreise an. Kommandant des Schulkreuzers ist FKpt. Lothar Arnauld de la Perière, Träger der höchsten Tapferkeitsauszeichnung des Ersten Weltkrieges, des »Pour le Mérite« und erfolgreichster U-Bootkommandant aller Zeiten und Marinen. Inzwischen zum KptzS. befördert, erhält er am 30.9.1931 seinen Abschied, weil aus Jux auf dieser Weltreise der EMDEN ein »roter Putzlappen« gesetzt worden war.

1929
17. April. Indienststellung des Leichten Kreuzers KÖNIGSBERG (FKpt. Wolf v. Trotha).
6. November. Indienststellung des Leichten Kreuzers KARLSRUHE (FKpt. Eugen Lindau).

1930
15. Januar. Indienststellung des Leichten Kreuzers KÖLN (FKpt. Ludwig v. Schröder). Die Taufrede beim Stapellauf (23.5.1928) hält der damalige Oberbürgermeister Dr. Konrad Adenauer.
14. September. Bei der Reichstagswahl erringt die NSDAP 107 Sitze (von 577) und wird hinter der SPD zweitstärkste Partei. In der vorausgegangenen Wahl am 20.5.1928 hatte die NSDAP nur 12 Mandate gehabt.
1. Dezember. Auslaufen des Schulkreuzers EMDEN zu seiner vierten Ausbildungsreise in den Fernen Osten und nach Afrika, die bis zum 8.12.1931 dauert. Kommandant ist FKpt. Robert Witthoeft-Emden, späterer Marineattaché in Washington. Bei Ausbruch des Ersten Weltkrieges gehörte er als ObltzS. zur Besatzung des Kleinen Kreuzers EMDEN (I). In Anerkennung ihrer außerordentlichen Verdienste verlieh Kaiser Wilhelm II. allen Angehörigen der damaligen Besatzung des legendären Kleinen Kreuzers das Recht, an ihre Familiennamen den Zusatz »Emden« anzuhängen. Dies geschah zum Zeitpunkt der Abdankung, als der Kaiser nicht mehr das Recht besaß, militärische Auszeichnungen zu verleihen.*

1931
19. Mai. Stapellauf des Panzerschiffes DEUTSCHLAND.
8. Oktober. Indienststellung des Leichten Kreuzers LEIPZIG (KptzS. Hans-Herbert Stobwasser).
30. November. Auslaufen des Leichten Kreuzers KARLSRUHE (FKpt./KptzS. Erwin Waßner) zur zweiten Auslandsreise, die das Kadettenschulschiff durch den Panamakanal nach Honolulu und Alaska sowie um Kap Hoorn nach New York und am 8.12.1932 nach rund 38.000 sm zurück nach Kiel führte.

1932
10. April. Reichspräsident v. Hindenburg erreicht seine Wiederwahl im 2. Wahlgang in einem Kopf-an-Kopf-Rennen gegen Adolf Hitler. Im ersten Wahlgang hatte er Hitler als »den böhmischen Gefreiten« abgetan, aber im 2. Wahlgang steigerte Hitler seinen Stimmenanteil auf fast 40 %.
31. Juli. Bei der Reichstagswahl erringt die NSDAP 230 Mandate und wird zur stärksten Partei.

* Anm. d. Übers.: Die Reichsregierung verlieh 1921 allen Angehörigen der EMDEN-Besatzung dieses Recht, das 1933 durch den preußischen Ministerpräsidenten mit Genehmigung des Reichspräsidenten vom 16.3. 1934 auf alle Familienangehörigen ausgedehnt wurde.

Der Leichte Kreuzer KARLSRUHE offensichtlich während einer Ausbildungsreise mit Kadetten an Bord. Wie die zahlreichen Autos und die Menschenmenge auf dem Kai zeigt, findet das Schiff großes Interesse. Am Bug weht als Gösch die Flagge der Reichsmarine.

30. Oktober. In London kommt es zu Straßenkämpfen zwischen der Polizei und hungernden Arbeitslosen, die Arbeit und Brot fordern.
6. November. Bei einer weiteren Reichstagswahl verliert die NSDAP 34 Mandate. Kurz zuvor hatte sich Reichspräsident v. Hindenburg noch geweigert, Hitler zum Reichskanzler zu ernennen.

1933
Januar. Die Deutschen Botschaften in Washington, London und Paris erhalten seit der Kaiserzeit erstmals wieder Marineattachés zugeteilt.
30. Januar. Hindenburg ernennt Hitler zum Reichskanzler in einem Koalitionskabinett.
5. März. Bei der letzten Mehrparteienwahl zum Reichstag bekommt die NSDAP 288 Sitze (44 % der Stimmen).
14. März. Durch Anordnung des Reichspräidenten v. Hindenburg wird die schwarz-rot-goldene Gösch aus der Kriegsflagge entfernt.
24. März. Das Ermächtigungsgesetz »zur Behebung der Not von Volk und Reich« überträgt die Legislative auf die Reichsregierung.
1. April. Indienststellung des Panzerschiffes DEUTSCHLAND. Stapellauf des Panzerschiffes ADMIRAL SCHEER.

1934
30. Juni. Stapellauf des Panzerschiffes ADMIRAL GRAF SPEE.
2. August. Tod des Reichspräsidenten v. Hindenburg. Hitler übernimmt die Befugnisse des Staatsoberhauptes und des Oberbefehlshabers der Reichswehr und lässt Heer und Marine auf seine Person vereidigen.
12. November. Indienststellung des Panzerschiffes ADMIRAL SCHEER.

1935
16. März. Hitler kündigt den Vertrag von Versailles auf und führt die allgemeine Wehrpflicht ein.
21. Mai. Das neue Wehrgesetz nennt Hitler als Obersten Befehlshaber der Wehrmacht (statt Reichswehr) und bringt die Umbenennung der Reichsmarine in »Kriegsmarine«, an deren Spitze statt der Marineleitung das Oberkommando der Kriegsmarine (OKM) mit dem Oberbefehlshaber der Kriegsmarine (Ob.d.M.) steht.
18. Juni. Unterzeichnung des deutsch-britischen Flottenabkommens.
29. Juni. Indienststellung von *U 1*, des ersten neuen Unterseebootes seit dem Ersten Weltkrieg.
27. September. KptzS. Karl Dönitz, der bisherige Kommandant der EMDEN, wird zum Chef der ersten U-Bootsflottille ernannt: der U-Flottille »Weddigen«, benannt nach Kptlt. Otto Weddigen.
2. November. Indienststellung des Leichten Kreuzers NÜRNBERG.
7. November. Einführung der neuen Kriegsflagge mit dem Hakenkreuz.

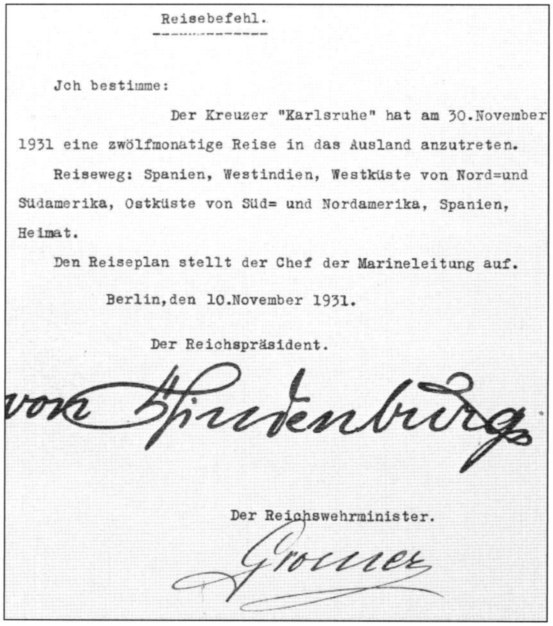

Reisebefehl.

Jch bestimme:

Der Kreuzer "Karlsruhe" hat am 30.November 1931 eine zwölfmonatige Reise in das Ausland anzutreten.

Reiseweg: Spanien, Westindien, Westküste von Nord=und Südamerika, Ostküste von Süd= und Nordamerika, Spanien, Heimat.

Den Reiseplan stellt der Chef der Marineleitung auf.

Berlin, den 10.November 1931.

Der Reichspräsident.

Der Reichswehrminister.

Der offizielle Reisebefehl des Reichspräsidenten Paul v. Hindenburg, gegengezeichnet vom Reichswehrminister Wilhelm Groener (1928 – 1932).

1936

6. Januar. Indienststellung des Panzerschiffes ADMIRAL GRAF SPEE.
7. März. Die Wehrmacht marschiert in das nach dem Versailler Vertrag entmilitarisierte Rheinland ein.
31. Mai (Skagerraktag). Einweihung des Marine-Ehrenmals in Laboe bei Kiel zur Erinnerung an die Gefallenen der Marine in Anwesenheit Hitlers, der in der Krypta den ersten Kranz niederlegte.
18. Juli. Beginn des Spanischen Bürgerkrieges.
3. Oktober. Stapellauf des Schlachtschiffes SCHARNHORST.
6. November. Unterzeichnung des Beitritts zum Londoner U-Bootabkommen von 1930. Grundlage der »Prisenordnung«.
8. Dezember. Stapellauf des Schlachtschiffes GNEISENAU.

1937

6. Februar. Stapellauf des Schweren Kreuzers ADMIRAL HIPPER.
8. Juni. Stapellauf des Schweren Kreuzers BLÜCHER.

1938

4. Februar. Hitler übernimmt die Befehlsgewalt über die gesamte Wehrmacht unmittelbar persönlich mit einem unter seinem Befehl stehenden »Oberkommando der Wehrmacht« (OKW) als sein militärischer Stab (d.h. Abschaffung des bisherigen Reichskriegsministeriums).
13. März. Anschluss Österreichs als »Ostmark« an das Deutsche Reich.
21. Mai. Indienststellung des Schlachtschiffes GNEISENAU.
22. August. Stapellauf des Schweren Kreuzers PRINZ EUGEN.
29. September. Unterzeichnung des Münchener Abkommens zwischen Hitler, Mussolini, Daladier und Chamberlain (»Friede in unserer Zeit«).
25. Oktober. Endfassung der OKM-Denkschrift »Seekriegführung gegen England...« mit dem Aufbauprogramm für die Kriegsmarine (Z-Plan).
8. Dezember. Stapellauf des Flugzeugträgers GRAF ZEPPELIN.
15. Dezember. Ende des Spanischen Bürgerkrieges: Zurückziehen der deutschen Kriegsschiffe aus spanischen Gewässern, nachdem General Franco die Regierungsgewalt im gesamten Land übernommen hat.

1939

7. Januar. Indienststellung des Schlachtschiffes SCHARNHORST.
27. Januar. Hitler billigt den Z-Plan und verleiht ihm höchste Priorität.
9. Februar. Die britische Regierung bereitet sich auf einen Krieg vor und ordnet den Bau von Luftschutzräumen für die in möglichen Zielgebieten lebende Zivilbevölkerung an.
14. Februar. Stapellauf des Schlachtschiffes BISMARCK.
15. März. Abtrennung Böhmen und Mährens von der Tschechoslowakei als deutsches Protektorat.
1. April. Ernennung Raeders zum Großadmiral, ein Dienstrang, den es seit dem Ersten Weltkrieg nicht mehr gegeben hatte.
1. April. Stapellauf des Schlachtschiffes TIRPITZ.
28. April. Hitler kündigt das deutsch-britische Flottenabkommen.
29. April. Indienststellung des Schweren Kreuzers ADMIRAL HIPPER.

22. Mai. Abschluss eines Militärbündnisses zwischen den Achsenmächten Deutschland und Italien: der »Stahlpakt«.
19. August. Auslaufen von 14 U-Booten aus deutschen Häfen wegen der bedrohlichen politischen Lage auf Wartepositionen im Nordatlantik.
21. August. Panzerschiff ADMIRAL GRAF SPEE läuft aus Wilhelmshaven aus, um eine Warteposition im Südatlantik anzusteuern.
22. August. Abschluss eines Nichtangriffspaktes zwischen Deutschland und der Sowjetunion.
24. August. Panzerschiff DEUTSCHLAND läuft aus Wilhelmshaven aus, um eine Warteposition im Nordatlantik südlich von Grönland zu beziehen.
1. September, 04.45Uhr. Beginn des Krieges mit dem Einsetzen militärischer Operationen gegen Polen.
3. September. Dem Ablauf eines Ultimatums bezüglich des Truppenrückzugs aus Polen folgen die Kriegserklärungen Großbritanniens und Frankreichs an Deutschland.
17. September. Kptlt. Otto Schuhart versenkt mit *U 29* den britischen Flugzeugträger COURAGEOUS.
17. September. Einmarsch sowjetischer Truppen in Ostpolen. Eine Kriegserklärung Großbritanniens und Frankreichs an die Sowjetunion bleibt ebenso aus wie Protestnoten.
20. September. Indienststellung des Schweren Kreuzers BLÜCHER.
13. Oktober. Neustiftung des U-Boot-Kriegsabzeichens durch Großadmiral Raeder.
13./14. Oktober. Kptlt. Prien dringt mit *U 47* in den britischen Flottenankerplatz Scapa Flow ein und versenkt das Schlachtschiff ROYAL OAK.
23. November. Die SCHARNHORST versenkt den britischen Hilfskreuzer RAWALPINDI.
13.-17. Dezember. Seegefecht vor dem Rio de la Plata und Selbstversenkung des deutschen Panzerschiffs ADMIRAL GRAF SPEE.

1940

31. März. Die ATLANTIS verlässt als erster Hilfskreuzer unter dem Kommando von KptzS. Bernhard Rogge die deutschen Küstengewässer. Dies wurde die längste Feindfahrt eines deutschen Hilfskreuzers im Zweiten Weltkrieg: 102.000 sm in 622 Seetagen.

Die Reichskriegsflagge, gezeichnet vom Vater des Verfassers an Bord von *U 377.*

6. April. Die ORION (FKpt. Kurt Weyher) läuft als zweiter deutscher Hilfskreuzer zum Handelskrieg aus.
9. April. Unternehmen »Weserübung«: die deutsche Besetzung von Norwegen und Dänemark. Versenkung des Schweren Kreuzers BLÜCHER im Oslofjord.
10. April. Der Leichte Kreuzer KÖNIGSBERG sinkt nach Bombentreffern britischer Sturzbomber im norwegischen Hafen Bergen.
10.-13. April. 10 deutsche Zerstörer sinken in den Seegefechten beim Kampf um Narvik.
10. Mai. »Fall Gelb«: Beginn des deutschen Angriffs gegen die Niederlande, Belgien, Luxemburg und Frankreich.
15. Mai. Kapitulation der niederländischen Streitkräfte.
27. Mai - 4. Juni. Operation »Dynamo«: Evakuierung britischer und französischer Truppen aus und um Dünkirchen, darunter 85 % des Britischen Expeditionskorps (ohne Ausrüstung).
4. Juni. Einführung des Zerstörer-Kriegsabzeichens.
8. Juni. SCHARNHORST und GNEISENAU versenken im Nordmeer den britischen Flugzeugträger GLORIOUS mit Begleitzerstörern.
10. Juni. Kriegserklärung Italiens an Frankreich und Großbritannien. Abzug der letzten alliierten Truppen aus Nordnorwegen.

Das Heck von *U 53* oder *U 52* mit wehender Reichskriegsflagge.

17. Juni. Die ersten U-Boote laufen französische Atlantikhäfen an.
22. Juni. Unterzeichnung des deutsch-französischen Waffenstillstandsabkommens im selben Eisenbahnwagen in Compiègne, in dem der Waffenstillstandsvertrag 1918 abgeschlossen wurde.
27. Juni. Großbritannien erklärt die Blockade des europäischen Kontinents.
30. Juni/1. Juli. Deutsche Besetzung der britischen Kanalinseln.
1. August. Indienststellung des Schweren Kreuzers PRINZ EUGEN.
17. August. Deutschland erklärt die »totale Blockade« der Britischen Inseln zur Führung des uneingeschränkten U-Bootkrieges, d.h. jedes Schiff wird in diesem Gebiet ohne vorherige Warnung versenkt.
24. August. Indienststellung des Schlachtschiffes BISMARCK.
30. August. Verschiebung des Unternehmens »Seelöwe«: der Landung in Großbritannien.
31. August. Einführung des Kriegsabzeichens für die Minensuch-, U-Jagd- und Sicherungsstreitkräfte.
2. September. »Tauschvertrag« zwischen Großbritannien und den USA: 50 alte US-Zerstörer für Geleitsicherungsaufgaben gegen Stützpunkte auf britischen Territorien in Mittel- und Nordamerika.
16.-20. Oktober. Die erfolgreichste Geleitzugschlacht unter Einsatz der Rudeltaktik gegen die Geleitzüge SC 7 und HX 79 im Nordatlantik: Versenkung von 21 bzw. 12 Handelsschiffen.

1941
25. Februar. Indienststellung des Schlachtschiffes TIRPITZ.
17. März. Versenkung von *U 100* (Kptlt. Joachim Schepke) durch den britischen Zerstörer VANOC, nachdem dieser das U-Boot auf 1000 m mit dem Radargerät Typ 286 geortet hatte. Erste erfolgreiche Ortung eines U-Bootes durch Radar mit anschließender Versenkung. Bei dieser Geleitzugschlacht wird in derselben Nacht auch noch *U 99* (Kptlt. Kretschmer) versenkt.
1. April. Einführung des Kriegsabzeichens für Blockadebrecher.
24. April. Einführung des Kriegsabzeichens für Hilfskreuzer.
30. April. Einlaufen des Hilfskreuzers THOR (KptzS. Otto Kähler) nach erfolgreicher Kaperfahrt (329 Seetage) in Hamburg. – Einführung des Flottenkriegsabzeichens.
8. Mai. Versenkung des Hilfskreuzers PINGUIN (KptzS. Ernst-Felix Krüder) durch den britischen Schweren Kreuzer CORNWALL. PINGUIN ist mit 32 versenkten bzw. aufgebrachten Handelsschiffen der erfolgreichste Hilfskreuzer des Zweiten Weltkrieges.
9. Mai. Aufbringen von *U 110* (Kptlt. Fritz-Julius Lemp) durch britische Seestreitkräfte, ohne dass dies die überlebenden Besatzungsangehörigen merken. Wertvolles Geheimmaterial mit der »Enigma«-Schlüsselmaschine, Schlüsselunterlagen und der Tageseinstellung für die nächsten paar Wochen fallen den Briten in die Hände.
18. Mai. BISMARCK und PRINZ EUGEN laufen aus Gotenhafen (Gdingen, auf Polnisch Gdynia) zum

Unternehmen »Rheinübung« in den Nordatlantik aus.
24. Mai. BISMARCK und PRINZ EUGEN versenken im Island-Gefecht den britischen Schlachtkreuzer HOOD.
27. Mai. BISMARCK geht mit dem Flottenchef, seinem Stab und fast der gesamten Besatzung unter (Selbstversenkung nach Manövrierunfähigkeit und Seegefecht).
30. Mai. Einführung des Schnellbootkriegsabzeichens.
4. Juni. Der ehemalige deutsche Kaiser Wilhelm II. stirbt in Doorn, seinem niederländischen Exil.
22. Juni. Beginn des Unternehmens »Barbarossa«: dem Angriff auf die Sowjetunion.
24. Juni. Einführung des Kriegsabzeichens für die Marineartillerie.
23. August. Der Hilfskreuzer ORION läuft nach einer erfolgreichen Feindfahrt von 510 Tagen in die Gironde-Mündung ein.
28. August. U 570 (Kptlt. Hans Rahmlow) ergibt sich nach leichten Beschädigungen einem britischen Flugzeug im Nordatlantik. (Später wird das U-Boot als HMS GRAPH von den Briten eingesetzt.)
14. November. Versenkung des britischen Flugzeugträgers ARK ROYAL durch *U 81* (Kptlt. Friedrich Guggenberger) im Mittelmeer.
15. November. Mit *U 459* vom Typ XIV wird unter KKpt. Georg v. Wilamowitz-Möllendorf, einem der erfahrensten U-Bootkommandanten, das erste zweckgebaute Versorgungs-U-Boot (»Milchkuh«) in Dienst gestellt.
22. November. Selbstversenkung des Hilfskreuzers ATLANTIS nach erfolgreicher Kaperfahrt von 622 Tagen, als der britische Schwere Kreuzer DEVONSHIRE das deutsche Schiff stellte.
25. November. Versenkung des britischen Schlachtschiffes BARHAM durch *U 331* (ObltzS. v. Tiesenhausen) im Mittelmeer.
29. November. In einem Seegefecht gelingt es dem Hilfskreuzer KORMORAN (FKpt. Theodor Detmers) den australischen Leichten Kreuzer SYDNEY (das größte Kriegsschiff der australischen Marine) durch eine Finte in die Reichweite seiner Waffen zu locken und zu versenken. Kein Mann der Besatzung überlebt. Durch den Ausfall der Feuerlöscheinrichtung muss KORMORAN aufgegeben werden. Das Schiff stand zu diesem Zeitpunkt 350 Tage in See.
30. November. Der Hilfskreuzer KOMET (KAdm. Robert Eyssen), der von Gotenhafen aus über den Nördlichen Seeweg und die Beringstraße den Pazifik erreicht hatte, läuft nach erfolgreicher Feindfahrt mit 516 Seetagen in Cherbourg ein.
7. Dezember. Japanische Trägerflugzeuge greifen die US-Pazifikflotte in Pearl Harbor an.
11. Dezember. Deutschland und Italien erklären den USA den Krieg.

1942

17. Januar. Der Hilfskreuzer THOR läuft aus der Gironde-Mündung in Frankreich zu seiner zweiten Feindfahrt in den Fernen Osten aus.
12./13. Februar. Unternehmen »Cerberus«: der Kanaldurchbruch der Brest-Gruppe unter Führung von VAdm. Otto Ciliax, des Befehlshabers der Schlachtschiffe. Unter starker Sicherung verlegen die Schlachtschiffe SCHARNHORST und GNEISENAU sowie der Schwere Kreuzer PRINZ EUGEN von Brest durch den Englischen Kanal nach Deutschland.
26./27. Februar. Bei einem Luftangriff der RAF auf Kiel erhält die GNEISENAU einen schweren Bombentreffer ins Vorschiff.
Das nicht mehr einsatzfähige Schlachtschiff wird nach Gotenhafen verlegt und außer Dienst gestellt.
13./14. März. Der Hilfskreuzer MICHEL (Fkpt. d.R. v. Ruckteschell) passiert mit starker Sicherung unter heftigen Gefechten mit britischen MTB's, MGB's und Zerstörern den Englischen Kanal und erreicht La Pallice, um von dort zu seiner ersten Feindfahrt nach Fernost auszulaufen.
27./28. März. Ein britisches Kommandounternehmen gegen St. Nazaire zerstört das große NORMANDIE-Trockendock, das einzige Dock in einem französischen Hafen, das ein großes deutsches Schlachtschiff aufnehmen kann.
20. April. Schaffung der Dienststelle des Führers der Schnellboote (F. d. S.). Diese Dienststellung hat bis Kriegsende Kommodore und KptzS. Rudolf Petersen inne.
12. - 19. Mai. Durchbruch des deutschen Hilfskreuzers STIER (KptzS. Horst Gerlach) von Rotterdam durch den Englischen Kanal unter heftigen Gefechten zur Gironde-Mündung, um von da in den Atlantik auszulaufen.

12. September. Der LACONIA-Fall: *U 156* (KKpt. Hartenstein) versenkt den britischen Truppentransporter LACONIA (19.695 BRT) mit 1800 italienischen Kriegsgefangenen an Bord. Daraufhin setzt eine größere Rettungsaktion ein, an der mehrere U-Boote und sogar Vichy-frz. Kriegsschiffe beteiligt sind.
27. September. Bei unsichtigem Wetter stößt der Hilfskreuzer STIER im Südatlantik auf den bewaffneten US-Frachter STEPHEN HOPKINS und versenkt das Schiff. Hierbei erleidet jedoch der Hilfskreuzer selbst so schwere Schäden, dass er sich selbst versenken muss.
4. November. Ende der Schlacht von El Alamein. Generalfeldmarschall Rommel erteilt der »Panzerarmee Afrika« den Befehl zum Rückzug.
7./8. November. Operation »Torch«: alliierte Landungen in Marokko und Algerien.
19. November. Beginn der sowjetischen Großoffensive bei Stalingrad mit anschließender Einkesselung der deutschen 6. Armee.
31. Dezember. Seegefecht in der Barentssee (Unternehmen »Regenbogen«): Misslungener Angriff einer deutschen Kampfgruppe – Schwere Kreuzer ADMIRAL HIPPER, LÜTZOW (ex-DEUTSCHLAND) und sechs Zerstörer – auf den alliierten Geleitzug JW 51 B.
In der Folge erteilt Hitler die Weisung zum Verschrotten der großen Überwasserschiffe, wogegen sich Raeder weigert.

1943
14. Januar. Beginn der Konferenz von Casablanca. Roosevelt und Churchill fordern die bedingungslose Kapitulation Deutschlands.
30. Januar. Rücktritt von Großadmiral Raeder. Hitler ernennt den B.d.U, Admiral Dönitz, unter Beförderung zum Großadmiral zum Ob.d.M.
2. Februar. Mit Einstellung der letzten Kampfhandlungen im Nordkessel endet die Schlacht um Stalingrad. Zwei Tage vorher haben bereits Generalfeldmarschall Paulus und die von ihm geführten, verbliebenen Teile der 6. Armee im Südkessel in aussichtloser Lage die Waffen gestreckt.
16.-20. März. Die größte Geleitzugschlacht des Krieges: U-Bootgruppen mit zusammen 44 U-Booten greifen die ostgehenden Geleitzüge HX 229 (38 Schiffe) und den langsameren SC 122 (51 Schiffe) an. Insgesamt fallen 16 zum Schuss gekommenen U-Booten 22 Handelsschiffe zum Opfer.
4.-7. April. Den alliierten Geleitsicherungskräften gelingt es erstmals, einen ostgehenden Geleitzug, den HX 231 (61 Schiffe), ohne Verluste durchzubringen, obwohl die Luftüberwachung über dem Nordatlantik noch eine Lücke – das »Black Gap« – von 450 sm aufweist.
24. Mai. Dönitz befiehlt den Rückzug der U-Boote aus dem Nordatlantik, nachdem im Mai insgesamt 41 U-Boote in Verlust gerieten. Viele Historiker betrachten diesen Zeitpunkt als den Wendepunkt des U-Bootkrieges.
10. Juli. Operation »Husky«: alliierte Landung an der Südostküste Siziliens.
25. Juli. Marschall Badoglio wird neuer Regierungschef in Italien und bewirkt die Absetzung und Gefangennahme Mussolinis.
3. September. Landung der Alliierten an der kalabrischen Südküste.
8. September. Bekanntgabe des Waffenstillstandes der Alliierten mit Italien, das die Seiten wechselt um gegen Deutschland zu kämpfen.
22. September. Beim Angriff britischer Kleinunterseeboote (X-Craft) wird das Schlachtschiff TIRPITZ im Altafjord in Nordnorwegen erheblich beschädigt.
17. Oktober. Der letzte noch einsatzfähige Hilfskreuzer, die MICHEL (KptzS. Gumprich), wird vom Unterseeboot USS TARPON mit drei Torpedos versenkt. Damit endet die Kreuzerkriegführung auf hoher See.
26. Dezember. Im Seegefecht vor dem Nordkap wird das Schlachtschiff SCHARNHORST (KptzS. Hintze) mit KAdm. Erich Bey, Befehlshaber der Kampfgruppe in Norwegen, an Bord durch überlegene britische Seestreitkräfte versenkt.

1944
Ab April: Aufstellung der Kleinkampfverbände unter VAdm. Hellmuth Heye, dem »Admiral der Kleinkampfverbände«: Klein-U-Boote, Sprengboote, Kampfschwimmer.
3. April. Operation »Tungsten«: Britische Trägerflugzeuge führen einen groß angelegten Luftangriff gegen das im Altafjord in Nordnorwegen liegende Schlachtschiff TIRPITZ durch.
13. Mai. Einführung der Ehrentafelspange für die Kriegsmarine.

15. Mai. Einführung der U-Boot-Frontspange.
Mai. Verstärkter Einsatz der U-Boote mit »Schnorchelanlage«, d.h. bei Unterwasserfahrt mit Dieselmotoren erfolgte die Luftzufuhr über einen Luftmast.
6. Juni. Operation »Overlord«: Alliierte Landungen an der Normandie-Küste, Beginn der »Invasion« zur Schaffung der von Stalin dringend geforderten »Zweiten Front«.
11. Juni. U 490, das letzte noch vorhandene Versorgungs-U-Boot vom Typ XIV (»Milchkuh«), wird versenkt.
12. Juni. Indienststellung von *U 2321,* des ersten kleinen Elektrobootes vom Typ XXIII zur Küstenverwendung.
27. Juni. Indienststellung von *U 2501,* des ersten großen Elektrobootes vom Typ XXI zur Hochseeverwendung.
12. November. Britische Bomber versenken das Schlachtschiff TIRPITZ an seinem letzten Liegeplatz bei Tromsö in Nordnorwegen.
13. November. Einführung des Kampfabzeichens für Kleinkampfmittel in sieben Stufen.
19. November. Einführung der Marinefrontspange, ausgenommen U-Bootfahrer.

1945

Ab Januar: Evakuierung der Zivilbevölkerung aus den deutschen Ostprovinzen, darunter auch in erheblichem Umfange über See.
30. Januar. Das sowjetische U-Boot *S 13* versenkt das mehr als 10.000 Flüchtlinge und Verwundete befördernde Passagierschiff WILHELM GUSTLOFF (25.484 BRT) in der Ostsee westlich von Danzig. Bei der ersten dieser großen Schiffskatastrophen in der Ostsee kommen weit über 8000 Menschen um – die Versenkung der GUSTLOFF ist die größte Schiffskatastrophe der Geschichte.
10. Februar. Dasselbe sowjetische U-Boot versenkt auch das Passagierschiff GENERAL STEUBEN (14.660 BRT). Erneut kommen in der Ostsee etwa 2700 Menschen – meist Frauen und Kinder – ums Leben.
13./14. Februar. In zwei alliierten Luftangriffen wird die Stadt Dresden zerstört. Die genaue Zahl der Opfer ist nicht feststellbar. Zum Zeitpunkt der Luftangriffe halten sich etwa 950.000 Menschen – darunter etwa 250.000 Flüchtlinge – in der Stadt auf. Die niedrigste Schätzung geht von etwa 35.000 Toten aus, Anhaltspunkte sprechen jedoch dafür, dass mehr als doppelt soviel ihr Leben lassen mussten. Bei diesen beiden – militärisch völlig sinnlosen – Angriffen werden mehr Zivilisten getötet als während des gesamten Bombenkrieges gegen Großbritannien.
16. April. Das sowjetische U-Boot *L 3* versenkt den mit 6385 Menschen an Bord restlos überfüllten Transporter GOYA (5230 BRT) vor der Halbinsel Hela. Nur 165 Menschen können gerettet werden.
30. April. Selbstmord Hitlers im Führerbunker in Berlin. Großadmiral Dönitz wird Staatsoberhaupt.
3. Mai. Britische Flugzeuge versenken in der Lübecker Bucht das mit KZ-Häftlingen überfüllte Passagierschiff CAP ARCONA (27.561 BRT) sowie weitere Passagier- und Frachtschiffe vor der Ostseeküste unter schweren Verlusten von Menschenleben.
4. Mai. Kapitulation aller deutschen Streitkräfte in Holland, Nordwestdeutschland und Dänemark im Hauptquartier des britischen Feldmarschalls Montgomery in der Lüneburger Heide.
7. Mai, 02.41 Uhr. Gesamtkapitulation der Wehrmacht im Hauptquartier von General Eisenhower in Reims.
9. Mai, 00.01 Uhr. In-Kraft-Treten der Kapitulation.
9. Mai, 00.16 Uhr. Wiederholung der Unterzeichnung der Gesamtkapitulation der Wehrmacht im sowjetischen Hauptquartier in Berlin-Karlshorst.

NACH DEM ERSTEN WELTKRIEG: NEUBEGINN

Die erste deutsche Marine, als »Reichsflotte« bezeichnet, wurde 1848 durch die Nationalversammlung in Frankfurt/M. gegründet. Sie wurde 1850 als »Deutsche Bundeskriegsmarine« der Bundesversammlung des noch bestehenden Deutschen Bundes von 1815 unterstellt und am 31. März 1853 schließlich ganz aufgelöst. Die vorhandenen Schiffe wurden bereits 1852 an die Preußische Marine verkauft bzw. versteigert. Mit dem In-Kraft-Treten der Verfassung des Norddeutschen Bundes, eines Bundesstaates unter Führung Preußens, am 16. April 1867 ging die Preußische Marine in der »Norddeutschen Bundes-Kriegsmarine« auf. Vier Jahre später entstand hieraus nach der Gründung des Deutschen Reiches mit Wilhelm I. als erstem Deutschen Kaiser am 17. Januar 1871 im Schloss von Versailles die »Kaiserliche Marine«. Nach dem Ersten Weltkrieg und der Schaffung der republikanischen Staatsform wurde aus ihr die »Reichsmarine«, die 1935 in »Kriegsmarine« umbenannt wurde. Im Westen entstand mit der Begründung der Wehrhoheit 1954 die Marine der Bundesrepublik Deutschland als Teil der Bundeswehr, während im Osten 1956 die Bildung der Volksmarine als Teil der »Nationalen Volksarmee« erfolgte.

Im Ersten Weltkrieg traf ein britischer Zerstörer während der Skagerrakschlacht (31. Mai/1. Juni 1916) im Schutze der Dunkelheit mit zwei Torpedos das Linienschiff POMMERN. Nur das Heck des auseinander gebrochenen Schiffes schwamm noch lange genug, um Zeuge zu sein, wie das Herz einer massiven stählernen Festung zerbrach und 839 Seeleute mit in den Tod riss. Die POMMERN war am 2. Dezember 1905 vom Stapel gelaufen, als die Unterwasserkriegsführung noch in das Reich der Utopie verwiesen wurde und Torpedos neuartige Kuriositäten waren. Dennoch vermittelte dieses letztere Ereignis in einer Kette katastophaler Verluste nur ein Jahrzehnt später den deutschen Seeleuten die Erkenntnis, dass die Schrecken der neuen Technik angekommen waren um Vergeltung zu üben. Infolgedessen wurden gleichermaßen verwundbare Schiffe, die keinen Panzerschutz unter der Wasserlinie aufwiesen, zur Erfüllung zweitrangiger Aufgaben verbannt, um zum Beispiel als Batterien zur Hafenverteidung oder als Wohnschiffe zu dienen.

Etwa drei Jahre später forderte der Versailler Vertrag von 1919, dass diese antiquierten potenziellen »Katastrophen« in den Frontdienst zurückzukehren hatten, um das Rückgrat der deutschen Nachkriegsmarine zu bilden. Die von den militärischen Führern aller Nationen in der Kriegszeit entfaltete Unfähigkeit wurde nunmehr von den Politikern übernommen. Ihre hasserfüllte Propaganda in kurzsichtige Rache verwandelnd, fanden die Alliierten die Frechheit, ihr einen Frieden forderndes Ultimatum einen »Vertrag« zu nennen, obwohl bei seiner Abfassung Verhandlungen keine Rolle gespielt hatten. Viele Deutsche nannten diesen Vorgang statt eines Vertrages den »Verrat« oder das »Diktat« von Versailles. Dieses mangelhaft entworfene Dokument war nichts weiter als ein Nebelschleier, um ihre eigenen Unzulänglichkeiten unter dem Chaos zuzudecken, das sie noch umgab. Anstatt ernsthaft nach Frieden zu suchen, schufen die Politiker nicht nur unbeabsichtigt ein Transportmittel, um Europa in den nächsten Großen Krieg zu führen, sondern sie stellten auch die Leiter bereit, um den skrupellosen Zugang zu Deutschlands Machtvakuum zu ermöglichen.

Die alliierten Führer fanden kaum Zeit, um auf ihren Lorbeeren auszuruhen – in der Hoffnung, die immensen Probleme in Europa würden unter ihrer dünnen Tünche schroffer Rechtsprechung versteckt bleiben –, als sich die Aufmerksamkeit der Welt auf den Fernen Osten konzentrierte. Eine bienenfleißige Aktivität in Japan sah die Grundlage dessen, was sich rasch zur stärksten Marine

Das Minensuchboot *M 145* hat durch Aufschleppen zur Routineüberholung eingedockt. Beachte auf diesem lange vor dem Kriege in Cuxhaven aufgenommenen Foto den durchweg schwarzen Anstrich der M-Boote.

im Pazifik entwickeln sollte. Die Amerikaner waren mehr als beunruhigt, da die wirtschaftliche Depression sogar ein so mächtiges Land wie die Vereinigten Staaten daran hinderte, mit einem derartigen Wettrüsten Schritt zu halten. Den Großmächten blieb keine andere Alternative, als den Versuch einer irgendwie überzeugenden Einschüchterung zu unternehmen, um die japanische Expansion zu verlangsamen. Dies veranlasste die Hauptseemächte, zu einer Konferenz zusammenzukommen, die mit der Unterzeichnung des so genannten »Washingtoner Vertrages« von 1922 ihren Abschluss fand.

Deutschlands maritime Bestrebungen, die in den flachen Gewässern des Kontinentalschelfs verkamen, spielten in Washington keine Rolle. Dennoch hatte das Abkommen auf die kleine Marine, die in Wilhelmshaven um das Überleben kämpfte, eine sehr deutliche Auswirkung. Der Washingtoner Flottenvertrag begrenzte die Schlachtschiffe auf eine Wasserverdrängung von 35.000 ts und auf das Geschützkaliber von 40,6 cm sowie die der Kreuzer auf 10.000 ts und das Geschützkaliber 20,3 cm. Der riesige Bereich zwischen diesen beiden Kategorien wurde zu einer verbotenen Zone, die nur von Flugzeugträgern in Anspruch genommen werden konnte. Interessant war aber – und dies schienen die Politiker und ihr Heer von Marineberatern übersehen zu haben –, dass der Versailler Vertrag Deutschland gestattete, Schlachtschiffe bis zu 10.000 ts mit 28-cm-Geschützen zu bauen. Dies bot der Reichsmarine eine Gelegenheit, ein Panzerschiff zu konstruieren, das für die starken Schlachtschiffe der Allierten zu schnell, aber gleichzeitig stark genug sein würde, um jeden Washingtoner Vertragskreuzer aus dem Wasser zu pusten, ohne auch nur in die Reichweite seiner Geschütze zu gelangen. Auf diese Weise erwarb sich Deutschland die Möglichkeit, mit seiner winzigen Marine, die ihm der Versailler Vertrag zugestand, ein Gefecht zu bestreiten.

Der Bau der neuen Schiffe brachte jedoch Probleme von gewaltigen Ausmaßen mit sich, da viele der großen Produktionsanlagen demontiert, zerstört oder ins Ausland verbracht worden waren. Die Manie zur Demontage der deutschen Industrie ging soweit, das Entfernen der eichenen Wandtäfelung in der Aula der Marineschule Mürwik vorzusehen. Sie führte auch zur Auflösung der ehemals Kaiserlichen Werft in Danzig und die Einrichtungen der Marinewerft in Kiel konnten nur noch Instandhaltungsarbeiten durchführen. Lediglich die frühere Kaiserliche Werft in Wilhelmshaven blieb unter voller Aufsicht der Marine. Doch ihre Einrichtungen sahen wie der Platz eines Schrotthändlers aus, dem die

Eine Minensuchflottille, hohe Fahrt laufend: links im Bild *M 145* und rechts *M 98*. In dieser Situation erforderte das Positionhalten hohe Konzentration und manche Minensuchmanöver bargen beträchtliche Risiken.

M 133 in grober See. Im Masttopp weht der Flottillenstander.

Lagerbestände gestohlen worden waren. Doch nicht nur die Werften waren leer und in einem beklagenswerten technischen Zustand, sondern auch die Facharbeiter waren verschwunden. Dieser Verfall erstreckte sich weit ins industrielle Kernland und ließ die Zulieferungen zu einer unbekannten Größe werden. Daher musste in den Wiederaufbauplänen der erste Schritt aus der Wiederherstellung der Industrieanlagen und des Handels bestehen. Sobald dies zum Erfolg geführt hatte, war der Leichte Kreuzer EMDEN das erste Schiff, das versuchsweise bei der Marinewerft Wilhelmshaven auf Kiel gelegt wurde, um zu sehen, ob das Nachkriegssystem noch Güter der erforderlichen Qualität produzieren konnte.

Dieser Zeitraum sah einige erstaunliche Ereignisse, von denen viele unter einem Mantel aus irreführenden Konzepten begraben gewesen waren. Bilder der wirtschaftlichen Depression, der Massenarbeitslosigkeit, der Unsicherheiten innerhalb der Führung Deutschlands und erbärmliche Lebensbedingungen haben zu Entgleisungen im Denken der Historiker beigetragen. Die Jahre unmittelbar nach dem Ersten Weltkrieg waren Zeuge für einige der verblüffendsten technischen Neuerungen des Jahrhunderts und ließen die Welt unter dem Druck der neuen Erfindungen zurückschrecken. Dieser Umstand kann nicht genug betont werden, da diese Jahre den Beginn eines Prozesses sahen, in dem die politischen Führungen in der Welt auf die fantastischen, durch die neuen Techniken gebotenen Aussichten hätten reagieren sollen. Statt dessen führten sie die Massen auf einen schlüpfrigen Pfad der Selbstzerstörung zu unerhörten Leiden, wo niemand, nicht einmal die späteren Sieger, einen Nutzen gewinnen konnten.

Nur zwei Beispiele sollen für den gewaltigen Beitrag genannt werden, den die Technik dem Schiffbau geleistet hatte. Krupp, der Stahlgigant, erfand neue Stahllegierungen. Als »Wotan hart« (Wh) und »Wotan weich« (Ww) bekannt, konnten diesen Panzerstählen zwei völlig verschiedene Eigenschaften gegeben werden. Der Erstere war für Bereiche ideal, wo die Geschosse zerschellen mussten, während der Letztere Einschläge absorbieren konnte, ohne Stücke herauszulösen. Ein zusätzlicher Bonus ergab sich, als Krupp einen Weg fand die Stahlplatten miteinander zu verschweißen, ohne dass ihre einzigartigen Eigenschaften verloren gingen. Dies eröffnete völlig neue Aussichten; denn diese Technik machte es überflüssig, die Panzerplatten auf der Außenhaut des Schiffes zu befestigen. Stattdessen konnte der gesamte Schiffskörper auf der Grundlage eines gigantischen gepanzerten Kastens gebaut werden. Ein weiterer großer Fortschritt mit Möglichkeiten, die vielleicht sogar noch größer sein konnten, vollzog sich auf dem Gebiet des Antriebs. Die Mehrzahl der Wege, die in eine Sackgasse führten, wie zum Beispiel der Natriumhydroxyd-Motor, war bereits zu Anfang des Ersten Weltkrieges aufgegeben worden und die Fertigung hatte sich auf die Verbesserung konventioneller Prinzipe konzentriert. Nach dem Kriege untersuchten deutsche Firmen die Möglichkeit eines vergrößerten Verbrennungsmotors nach Rudolf Diesel um ihn in große Schiffe einzubauen. Die erste Fahrt zur Dauererprobung des Dieselmotors von Kiel um Kap Skagen, der Nordspitze Dänemarks, nach Wilhelmshaven hatte erst wenige Jahre vor dem Ersten Weltkrieg stattgefunden. Sie veranschaulichte, dass dieses Antriebsprinzip noch erheblich in den Kinderschuhen steckte. Trotz seiner Einfachheit und seines Entwicklungspotenzials gab es beträchtliche Probleme, wenn nach diesem Prinzip riesige Schiffsmotoren gebaut werden sollten. Schließlich wurde der von MAN in Augsburg entwickelte Entwurf, der am viel versprechendsten war, auf dem Artillerieschulschiff BREMSE erprobt. Etwa zur selben Zeit erhielt auch der Leichte Kreuzer LEIPZIG zusätzlich zum Turbinenantrieb eine neuartige Dieselmotorenanlage für Marschfahrt, um zu weiteren Erfahrungen zu kommen.

Diese ersten MAN-Dieselmotoren erzeugten nicht nur eine zufrieden stellende Antriebsleistung, sondern erbrachten auch – sozusagen als Nebeneffekt – einen unglaublich großen Aktionsradius. Ihre hohe Wirtschaftlichkeit, d. h. ihr vergleichsweise geringer Brennstoffverbrauch, ermöglichte es, Schiffe für den Einsatz im Südatlantik ohne Tankerunterstützung zu entwickeln. Diese unerwartete Wendung der Ereignisse rief innerhalb der Marineleitung zwei gegensätzliche Auffassungen hervor. Die konventionelle Seite war der Idee gefolgt, eine Flotte von Schlachtschiffen eines kleinen Monitortyps für Aufgaben der Hafenverteidigung zu bauen. Nunmehr richteten die neuen Dieselmotoren die Aufmerksamkeit der Marineführung in einem ehrgeizigeren Schwenk auf weit entfernte Seegebiete und auf eine neue Strategie: die Kreuzer- oder Handelskriegsführung.

Zur See starke Nationen besaßen die Mittel, Nahblockaden gegnerischer Häfen durchzuführen, um die Flut des Handelsverkehrs zum Stillstand zu bringen. Andererseits mussten schwächere Nationen eine Strategie wählen, um Handelsschiffe dort zu versenken, wo die Handelsstörer nicht durch stärkere Kriegsschiffe gestellt werden konnten. Diese blitzschnellen Überraschungsangriffe gegen den Handel – auch als »Tip-and-Run-Taktik« bezeichnet –, wie sie dem »guerre de course« zu eigen waren, hatten die Franzosen bereits in der Ära der Segelschiffe perfekt angewendet. Als die Deutschen diese Art der Kriegsführung im Ersten Weltkrieg einführten, nannten sie diese Form »Kreuzerkrieg«. Die Marineführung gab sich jedoch nie der Illusion hin, einen Krieg mit Handelsstörern zu gewinnen. Doch die Fähigkeit zu einer derartigen Kriegsführung stellte eine bedeutsame Bedrohung für die steigenden Importmengen dar, die nach Europa hineinflossen. Diese Frachtgüter waren keine Luxuswaren mehr, sondern wesentliche Rohstoffe zur Ernährung der Industrieriesen. Hierbei argumentierten die deutschen Admirale, dass die Gefahr des Abschneidens dieser Versor-

Ein Minensuchboot, wie viele noch im Ersten Weltkrieg gebaut, in schwerer See.

gungsrouten die Alliierten mit an Sicherheit grenzender Wahrscheinlichkeit veranlassen würde Erleichterungen bei den durch den Versailler Vertrag auferlegten Bedingungen zu diskutieren.

Das Hauptproblem der Kreuzerkriegsführung hatte der damalige KptzS. Erich Raeder, der spätere Oberbefehlshaber der Kriegsmarine, in der offiziellen Geschichte des Krieges zur See 1914–1918 in seiner zweibändigen Darstellung »Der Kreuzerkrieg in den ausländischen Gewässern« umrissen, wofür er die Ehrendoktorwürde der Universität Kiel verliehen bekam. In Band 1 heißt es hierzu an verschiedenen Stellen:

»Die Entwicklung der modernen Verkehrsverhältnisse und des Nachrichtenwesens hat die Führung des Kreuzerkrieges durch den zur See Schwächeren allgemein erheblich erschwert. Die Dampfschiffe folgen ganz bestimmten Straßen, auf denen sich der gesamte Verkehr zusammendrängt. Der kürzesten Route zwischen zwei Häfen zu folgen, macht es dem Handelskrieg führenden Kreuzer zwar leichter, die feindlichen Handelsschiffe zu finden, ermöglicht aber auch dem Gegner, diese wohlbekannten Handelsstraßen zu schützen. Bei der hohen Entwicklung des Nachrichtendienstes, besonders infolge der Einführung der Funkentelegraphie auch auf den Handelsschiffen, muß der Kreuzer damit rechnen, daß er in Kürze gemeldet wird und eine demgemäße Kräfteverteilung erfolgt. Daher wird eine großangelegte Handelskriegsführung den Gegner zwingen, seine Handelsschiffe in Geleitzügen mit Unterstützung von Kriegsschiffen fahren zu lassen. Dies heißt wiederum, daß die Handelskrieg führenden Kreuzer ebenfalls in Gruppen jagen müssen, und früher oder später werden zwei Kreuzergeschwader auf hoher See zusammentreffen.«

Dem Ausgang einer solchen Möglichkeit hatte bereits vor dem Ersten Weltkrieg Großadmiral Alfred v. Tirpitz Ausdruck verliehen, als er sagte: »Die Nation mit der stärksten Schlachtflotte zur Unterstützung wird den Tag gewinnen.«

* * *

1927 beschrieb Admiral Hans Zenker, der Chef der Marineleitung, die Vorteile in einem Schreiben an den damaligen Chef der Marinestation der Ostsee, VAdm. Erich Raeder:

»Wir könnten kleine, schwer gepanzerte Schlachtschiffe für die Hafenverteidigung bauen oder wir können weiter über die Aufgaben nachdenken, denen wir uns in Zukunft gegenübersehen dürften. Monitore können nicht außerhalb unserer eigenen Küstengewässer operieren und wir brauchen modernere Konzepte, um die Macht der französischen Marine herauszufordern und um gleichzeitig stark genug zu sein, mit den Washingtoner Vertragskreuzern fertigzuwerden. Keines unserer vorhandenen Schiffe könnte eine dieser beiden Aufgaben in Angriff nehmen. Welche Wahl haben wir daher?«

Die Marineleitung unter Adm. Zenker entschied sich für die Handelskriegsführung in weit entfernten Gewässern und entwickelte einen neuen Schiffstyp: das Panzerschiff, bisweilen auch als »Taschenschlachtschiff« bezeichnet. DEUTSCHLAND, die erste 1933 in Dienst gestellte Einheit, fand die Bewunderung der ausländischen Marinen. Obwohl sich die britischen Admirale nicht übermäßig aufregten, antworteten die Franzosen mit dem Bau schnellerer und stärker gepanzerter Schiffe (wie etwa der DUNKERQUE und der STRASBOURG). Die Vorteile der Kreuzerkriegsführung schienen gewichtiger zu sein als die negativen Ansichten, die Erich Raeder früher zum Ausdruck gebracht hatte; denn als er 1928 Chef der Marineleitung wurde, richtete er sein Augenmerk weiterhin auf die südlichen Ozeane. Die im berühmten Z-Plan aufgelisteten »Überseekreuzer« zum Beispiel sollten zur Kreuzerkriegsführung gebaut werden, während die im Z-Plan aufgeführten Schlachtschiffe auch zum Schutz derartiger Handelsstörer in entfernten Gewässern eingesetzt werden sollten.

Eine der Hauptschwierigkeiten für die Kreuzerkriegsführung in südlichen Gewässern bestand in der Durchquerung des verhältnismäßig engen Nordatlantiks. Es gab für deutsche Schiffe keine Möglichkeit, ein unbehaglich nahes Passieren des alten Gegners Frankreich zu vermeiden. Und Großbritannien drohte, ein sogar noch größerer Dorn im Fleisch zu werden, im Stande, ebenfalls sehr bedrohlich zu wirken, besonders für beschädigte Schiffe auf dem Rückmarsch. Um dieses Problem zu bewältigen, bedurfte Deutschland daher einer Flotte von Schlachtschiffen zu ihrer Sicherung, besonders in den potenziell gefährlichen Gewässern. Diese brauchten keinen außerordentlich großen Aktionsradius und konnten deshalb auf konventionellere Art gebaut werden. Aus diesem Grunde umfassten die im Z-Plan aufgeführten Schlachtschiffe zwei unterschiedliche Kategorien: einen zukünftigen Schiffstyp für die Kreuzerkriegsführung und eine Reihe konventioneller Schiffe für den Einsatz im Nordatlantik und in europäischen Gewässern. Schlachtschiffe für die Kreuzerkriegsführung wurden nie gebaut, aber

Panzerschiff DEUTSCHLAND vor Anker. Die schwarz-weiß-roten Streifen über den Decken der 28-cm-Türme vorn und achtern dienten im Spanischen Bürgerkrieg der Identifizierung. Die 10,5-m-E-Messbasis auf dem Vormars-Leitstand des Röhrenmastes hatte eine hervorragende Optik.

M 18, eines der moderneren Minensuchboote. Wenn auch manche Fotos von Minensuchern in See diese Boote vor einer untergehenden Sonne ziemlich idyllisch aussehen lassen, so war das Leben an Bord doch überhaupt nicht gemütlich, wie diese Bildfolge zeigt. Es konnte sehr rau und feucht sein.

M 18 in überkommenden Seen, die Ausgucks auf der offenen Brücke durchnässend.

M 18 kämpft sich bei rauem Seegang durch die Nordsee.

BISMARCK und TIRPITZ waren Beispiele des Sicherungs- oder Eskorttyps.

Hitlers Machtergreifung und der Aufstieg des Nationalsozialismus werden im Allgemeinen als die Hauptauslöser für Deutschlands Plan zu Wiederaufrüstung zitiert. Doch Hitlers außerordentlich negativer Einfluss auf die Marine und ihre Entwicklung ist kaum erkannt worden. Zunächst einmal ist erstens in Betracht zu ziehen, dass Hitler oft als Diktator bezeichnet wird. Doch er war kaum in der Lage zu diktieren. Zum Zeitpunkt, als er an die Macht kam, hatten sich die Nationalsozialisten bereits zwei Privatarmeen geschaffen: die SA und die SS. Während die Erstere nach 1934 kaum noch eine Rolle spielte, führte dies hinsichtlich der Letzteren mit einem mächtigen »Reichsführer SS« zu einer unglaublichen Zersplitterung. Die SS verwirklichte ihre eigenen Vorstellungen und durchdrang, insbesondere in der zweiten Hälfte des Krieges, als Reichsführer SS Himmler nach dem Attentat vom 20. Juli 1944 zum Chef des Ersatzheeres ernannt wurde, viele Bereiche der deutschen Kriegsmaschinerie. Um nur ein Beispiel für diese Zersplitterung anzuführen: In den Ersten paar Monaten des Krieges befahl Hitler die Priorität für den U-Bootbau. Doch das System lieferte nicht die erforderlichen Stahlmengen, weil der Stahl für andere Zwecke abgezweigt wurde.

Hitlers Machtübernahme und das deutsch-britische Flottenabkommen von 1935 hatten insofern eine außerordentlich negative Auswirkung auf die Entwicklung der Marine, da diese Kombination Innovationen zum Stillstand brachte. Als Hitler Reichskanzler wurde, hatte er mehr als ein Viertel aller Wählerstimmen hinter sich. Doch die Nationalsozialisten wussten, dass sie ihr wankendes Fundament dringend konsolidieren mussten. Daher waren für sie Prestige und Quantität wichtiger als Qualität. Infolgedessen wandten sie sich der Massenfertigung auf der technischen Grundlage des Ersten Weltkrieges zu, anstatt die Anstrengungen der Reichsmarine auf dem Gebiet der Neuerungen fortzusetzen. So stand zum Beispiel die für den Gegner tödliche Technik, die zum Bau der »Elektrounterseeboote« des Typs XXI gegen Ende des Krieges führte, bereits 1935 zur Verfügung. Doch zu diesem Zeitpunkt gab es keinen Ansporn, um derart revolutionäre Waffensysteme zu entwickeln. Deutschland wählte stattdessen den technisch müheloseren Weg, um das erforderliche Kriegsmaterial mit geringen Anstrengungen und ohne Innovationen rasch zusammenzubauen.

Die Entwicklung der Marine unter Hitler verlief so rasch und chaotisch, dass das gesamte System in dem Augenblick kippte, als Großbritannien und Frankreich Deutschland den Krieg erklärten. Dies wird am besten durch das umfangreiche Umorganisationsproprammm veranschaulicht, das kurze Zeit nach dem Ausbruch des Konfliktes durchgeführt wurde. Für die Marine war es nicht nur notwendig, ihr administratives System zu ändern, sondern auch das gesamte Verfahren für den Einsatz und die Versorgung von Schiffen musste ebenfalls einer Änderung unterzogen werden. Dies sollte nicht als Kritik an der Marineführung verstanden werden, da hohe Führungsstellen häufig ohne fest umrissene Richtlinie arbeiteten. Es ist jedoch von Bedeutung, sich der Tatsache zu erinnern, dass ein großer Teil des Materials der Marine genauso ungeeignet war, einen Krieg gegen Großbritannien und Frankreich zu führen, wie dies das administrative System gewesen war. Doch die Maschinerie zu verändern, war weitaus schwieriger, als ein bürokratisches System zu modifizieren.

Als Großbritannien und Frankreich Deutschland den Krieg erklärten, gab sich die deutsche Marineführung keineswegs der Illusion hin, sie könnte einen Krieg zur See gewinnen. Als Großadmiral Raeder, der Oberbefehlshaber der Kriegsmarine, die Kriegserklärung vernahm, ließ er seinen Stab wissen: »Wir können der Welt nur beweisen, dass wir ehrenhaft zu sterben wissen.«

VERTRÄGE, ABKOMMEN, ULTIMATEN UND PLÄNE

Das »Diktat« von Versailles

Die siegreichen Alliierten forderten von Deutschland als Bedingung für die Beendigung des Ersten Weltkrieges ultimativ die Unterzeichnung des aus 440 Artikeln bestehenden Vertragswerkes.
In vielen Geschichtsbüchern wird es noch immer unter der Bezeichnung »Vertrag von Versailles« verschleiert, obwohl über seinen Inhalt keinerlei Verhandlungen mit den Besiegten stattfanden. Daher glich das Werk eher einem Diktat. Selbst David Lloyd George, der britische Premierminister der Jahre 1916 bis 1922, war über die Härte der von Frankreich durchgesetzten Bedingungen bestürzt. Er war der Auffassung, dass diese nur zu einem weiteren Krieg führen könnten, der dreimal so kostspielig sein würde wie der letzte. Der Senat des amerikanischen Kongresses lehnte die Ratifizierung des Vertrages mit der Mehrheit seiner Stimmen ab. Doch trotz des weit verbreiteten Widerstandes gegen die auf 200 Seiten niedergeschriebenen Konzentration von Hass und Unrecht wurde der Vertrag der besiegten deutschen Nation aufgezwungen.

Die Unterzeichnung des Dokumentes erzeugte beträchtliche Unruhe und Aufruhr im Inneren

Ein Schnellfeuergeschütz auf der Back von *T 157*. Diese Waffen kamen zu Ausbildungszwecken an Bord und wurden häufig mit anderen Booten geteilt und daher von Boot zu Boot überführt.

Deutschlands und machte deutlich, dass die Mehrheit der Bevölkerung ihre politischen Führer dafür verachtete, diesen harten Bedingungen zugestimmt zu haben. Die allgemeine Klausel, der sog. »Kriegsschuld-Artikel«, in der anerkannt werden musste, dass Deutschland – und nur Deutschland allein – für den Beginn des Krieges verantwortlich war, verursachte eine weit verbreitete Verbitterung.

Im Folgenden werden die hauptsächlichen, die Marine betreffenden Bestimmungen aufgeführt:

Abschnitt II:
Bestimmungen über die Seemacht

Art. 181: [Schiffsbestand der Nachkriegsmarine]
Nach Ablauf einer Frist von zwei Monaten nach Inkrafttreten des gegenwärtigen Vertrages dürfen die deutschen Seestreitkräfte in Dienst höchstens betragen:

- 6 Schlachtschiffe der DEUTSCHLAND- oder LOTHRINGEN-Klasse,
- 6 Kleine Kreuzer,
- 12 Zerstörer,
- 12 Torpedoboote oder

eine gleiche Anzahl von Ersatzschiffen der im Art. 190 vorgesehenen Bauart. Es darf kein Unterwasserfahrzeug darunter sein...

Art. 182: [Minenräumfahrzeuge]
Bis zur Beendigung der im Art. 193 vorgesehenen Minenräumarbeiten hat Deutschland die von [den Alliierten] festzusetzende Anzahl Minenräumfahrzeuge in Dienst zu halten.

Art. 183: [Personalbestand der Nachkriegsmarine]
Nach Ablauf einer Frist von zwei Monaten nach Inkrafttreten des gegenwärtigen Vertrages darf die gesamte Kopfstärke der deutschen Kriegsmarine, Offiziere und Personal aller Grade und Gattungen eingeschlossen, 15.000 Mann nicht übersteigen. In dieser Zahl ist die Besatzung der Flotte und die Mannschaft im Küstenverteidigungs-, Küstensignal-, Verwaltungs- und Landdienst inbegriffen. Die gesamte Kopfstärke an Offizieren und Deckoffizieren darf die Zahl 1500 nicht übersteigen. Binnen einer Frist von zwei Monaten ... ist das Personal, soweit seine Kopfstärke über das obige Ziel hinausgeht, zu demobilisieren. Ohne Anrechnung auf die oben festgesetzte Kopfstärke dürfen in Deutschland weder Marine- noch Heeresformationen noch Reserveverbände für einen mit der Marine zusammenhängenden Dienst gebildet werden.

Art. 184: [Eigentumsverzicht]
Mit Inkrafttreten des gegenwärtigen Vertrags verliert Deutschland das Eigentum an allen deutschen Überwasserkriegsschiffen, die sich außerhalb der deutschen Häfen befinden. Deutschland verzichtet auf alle Rechte an den genannten Schiffen. ... Schiffe die zur Zeit in neutralen Häfen interniert sind, sind an [die Alliierten] auszuliefern...

Art. 185: [Auslieferung der deutschen Flotte]
Binnen zwei Monaten nach Inkrafttreten des gegenwärtigen Vertrages sind die nachstehend aufgeführten deutschen Überwasserkriegsschiffe den [Alliierten] in den [von ihnen] zu bestimmenden alliierten Häfen auszuliefern. Die Schiffe müssen desarmiert sein... Sie müssen aber ihre gesamte Artillerie an Bord haben.
Schlachtschiffe: OLDENBURG, THÜRINGEN, OSTFRIESLAND, HELGOLAND, POSEN, WESTFALEN, RHEINLAND, NASSAU. Kleine Kreuzer: STETTIN, DANZIG, MÜNCHEN, LÜBECK, STRALSUND, AUGSBURG, KOLBERG, STUTTGART und außerdem 42 moderne Zerstörer und 50 moderne Torpedoboote, die durch die [Alliierten] bezeichnet werden.

Art. 186: [Im Bau befindliche Kriegsschiffe]
Mit Inkrafttreten des gegenwärtigen Vertrages hat die deutsche Regierung unter Überwachung der [Alliierten] den Abbruch aller zur Zeit im Bau befindlichen deutschen Überwasserkriegsschiffe in die Wege zu leiten.

Art. 187: [Behandlung der Hilfskreuzer] ...

Art. 188: [Auslieferung bzw. Abbruch der U-Boote]
Nach Ablauf einer Frist von einem Monat nach Inkrafttreten des gegenwärtigen Vertrages müssen alle deutschen Unterseeboote ebenso wie die Hebeschiffe und Docks für Unterseeboote einschließlich des Druckdocks den [Alliierten] ausgeliefert sein. Diejenigen dieser Unterseeboote, Schiffe und Docks, die nach Ansicht der [Alliierten] imstande sind, mit eigener Kraft zu fahren oder geschleppt zu werden, sind von der deutschen Regierung in die hierfür bezeich-

neten Häfen der alliierten Länder zu überführen. Die anderen Unterseeboote, sowie die im Bau befindlichen, hat die deutsche Regierung unter Aufsicht der [Alliierten] vollständig abbrechen zu lassen...

Art. 189: [Verbleib des Abbruchmaterials]

Alle Gegenstände, Maschinen und Materialien, die von dem Abbruch der deutschen Kriegsschiffe jeder Art, Überwasserschiffe oder Unterseeboote herrühren, dürfen nur zu rein gewerblichen oder reinen Handelszwecken Verwendung finden. An das Ausland dürfen sie weder verkauft noch abgetreten werden.

Art. 190: [Ersatzbauten f. d. Nachkriegsmarine]

Es ist Deutschland untersagt, irgendwelche Kriegsschiffe zu bauen oder zu erwerben, es sei denn zum Ersatz der durch den gegenwärtigen Vertrag (Art. 181) vorgesehenen in Dienst gestellten Einheiten. Die vorerwähnten Ersatzbauten dürfen keine größere Wasserverdrängung haben als

- 10.000 t für die Schlachtschiffe,
- 6000 t für die Kleinen Kreuzer,
- 800 t für die Zerstörer,
- 200 t für die Torpedoboote.

Außer im Falle des Verlustes eines Schiffes dürfen die Einheiten der verschiedenen Klassen erst nach einem Zeitraum von

- 20 Jahren für die Schlachtschiffe und Kreuzer,
- 15 Jahre für die Zerstörer und Torpedoboote,

gerechnet vom Stapellauf an, ersetzt werden.

Art. 191: [Verbot von U-Booten]

Der Bau und Erwerb aller Unterwasserfahrzeuge, selbst zu Handelszwecken, ist Deutschland untersagt.

Art. 192: [Besitz bzw. Auslieferung von Waffen und Munition]

Die in Dienst gestellten deutschen Kriegsschiffe dürfen nur die durch die [Alliierten] festgesetzten Mengen an Waffen, Munition und Kriegsmaterial an Bord oder in Reserve haben. Binnen eines Monats nach Festsetzung obiger Mengen sind die Bestände an Waffen, Munition und Kriegsmaterial jeder Art, einschließlich Minen und Torpedos, die sich zur Zeit in den Händen der deutschen Regierung befinden und die über die erwähnten Mengen hinausgehen, den [Alliierten] an den von ihnen bezeichneten Ort auszuliefern...

Art. 193: [Minenräumung]

Mit Inkrafttreten des gegenwärtigen Vertrages hat Deutschland unverzüglich die Räumung der Minen innerhalb folgender Zonen der Nordsee östlich 4° 00' östlicher Länge von Greenwich in die Wege zu leiten:

1. zwischen 53° 00' u. 59° 00' nördlicher Breite u.
2. nördlich von 60° 30' nördlicher Breite.

Deutschland hat diese Zonen frei von Minen zu halten...

Art. 194: [Marinepersonal, Ausschluß der Wehrpflicht]

Das Personal der deutschen Marine darf sich ausschließlich im Wege freiwilliger Verpflichtung, und zwar bei Offizieren und Deckoffizieren für die Dauer von mindestens 25, bei Offizieren und Mannschaften mindestens 12 aufeinanderfolgenden Jahren ergänzen. ... Das Personal, das aus dem Dienst der Kriegsmarine ausscheidet, darf keine Art militärischer Ausbildung erhalten und keinen Dienst, weder in der Flotte, noch im Heer, wieder annehmen. Die Offiziere, die der deutschen Kriegsmarine angehören und nicht demobilisiert werden, müssen sich verpflichten, ihren Dienst bis zum Alter von 45 Jahren fortzusetzen, es sei denn, daß sie den Dienst aus berechtigten Gründen verlassen. Kein Offizier oder Mann der Handelsmarine darf irgendwelche militärische Ausbildung erhalten.

Art. 195: [Nord-Ostsee-Kanal, Befestigungen]

Damit allen Nationen völlig freier Zutritt zur Ostsee gesichert wird, darf Deutschland in der Zone zwischen 55° 27' und 54° 00' nördlicher Breite und 9° 00' und 16° 00' östlicher Länge von Greenwich keine Befestigungen anlegen und keine die Seewege zwischen Nordsee und Ostsee beherrschenden Geschütze aufstellen. Die Befestigungen, die zur Zeit in dieser Zone vorhanden sind, sind zu schleifen und die Geschütze unter Aufsicht der [Alliierten] zu entfernen. Die deutsche Regierung hat den [Alliierten] alle zur Zeit in ihrem Besitz befindlichen Unterlagen über das Fahrwasser der Fahrrinne nebst angrenzenden Gewässern zwischen Nordsee und Ostsee vollständig zur Verfügung zu stellen.

Art. 196: [Befestigungen an der Küste] ...

Art: 197: [Großfunkstationen]

Während einer Frist von drei Monaten nach Inkrafttreten des gegenwärtigen Vertrages dürfen

die deutschen drahtlosen Großstationen von Nauen, Hannover und Berlin ohne Ermächtigung der [Alliierten] nicht dazu verwendet werden, um Nachrichten über Angelegenheiten der Seemacht, des Heeres oder der Politik zu übermitteln, die für Deutschland oder die mit Deutschland während des Krieges verbündet gewesenen Mächte von Belang sind.
Handelsdrahtungen dürfen diese Stationen übermitteln, aber nur unter Überwachung der [Alliierten], die auch die zu benutzende Wellenlänge festsetzen. Während derselben Frist darf Deutschland weder auf seinem eigenen Gebiet, noch auf dem Österreichs, Ungarns, Bulgariens oder der Türkei drahtlose Großstationen errichten.

Abschnitt III: Bestimmungen über die militärische und Seeluftfahrt.

Art. 198: [Verbot von Luftstreitkräften]
Deutschland darf Luftstreitkräfte weder zu Lande noch zu Wasser als Teil seines Heereswesens unterhalten...
Art. 202: [Auslieferung der Luftfahrzeuge]
Mit Inkrafttreten des gegenwärtigen Vertrages ist das ganze militärische und Marineluftfahrzeugmaterial ... den [Alliierten] auszuliefern...

Abschnitt IV: Interalliierte Überwachungsausschüsse

Art. 209: [Der interalliierte Marineüberwachungsausschuß]
... Die deutsche Regierung hat dem interallierten Marineüberwachungsausschuß alle Auskünfte und Schriftstücke zu liefern, die er für nötig erachtet, um sich über die vollständige Durchführung der Bestimmungen über die Seemacht zu vergewissern, namentlich die Pläne der Kriegsschiffe, die Zusammensetzung ihrer Bestückung, die Einzelheiten und die Modelle von Kanonen, Munition, Torpedos, Minen, Sprengstoffen und Apparaten für drahtlose Telegraphie, überhaupt von allem, was auf das Material für die Seekriegsführung Bezug hat, sowie alle Unterlagen, deren Inhalt gesetzliche, Verwaltungsbestimmungen oder interne Dienstvorschriften bilden...

Zusätzlich zu den oben erwähnten Bedingungen gab es noch eine umfangreiche detaillierte Liste von Kriegsreparationen, deren Erfüllung eines riesigen Heeres von Arbeitern bedurfte, die sich als Sklaven sahen, die für die Alliierten arbeiteten. Die damit verbundene Armut und Not, die sich in der Weltwirtschaftskrise gegen Ende des Jahrzehnts fortsetzte, schuf einen idealen Nährboden für den von der NSDAP verkörperten politischen Extremismus. Nach langen Jahren des Hungers und der Arbeitslosigkeit, lediglich durch einen kurzen Zeitraum einer wirtschaftlichen Belebung unterbrochen, waren große Teile der Bevölkerung mehr als glücklich ihre Chancen durch die von Hitler auf Grund seiner herausfordernden Verkündungen gebotenen Aussichten wahrzunehmen. Bedauerlicherweise erkannte die Mehrheit der Deutschen durch die unvollständige Berichterstattung in Rundfunk und Zeitungen nicht, dass sich durch die Weltwirtsschaftskrise das übrige Europa wie auch die USA in einer ähnlichen sozial prekären Lage befanden. Daher waren die Hitler folgenden Menschen sich kaum der Tatsache bewusst, dass ein Großteil ihrer Not nicht direkt aus den Lasten des Versailler Vertrages herrührte, sondern sich aus der allgemeinen wirtschaftlichen Lage in der Welt ergab. Die Siegermächte gingen sogar soweit, Nachrichten über die wirtschaftliche Depression zu unterdrücken, wodurch sich die Probleme sogar noch verschlimmerten. Wer die Sozialgeschichte Europas mit der wunder-

Die Schwere Artillerie (28 cm) des Schlachtschiffes GNEISENAU feuert.

3,7-cm-Flak C/30 in Doppellafette C/30 in Aktion. Bei diesem halbautomatischen Waffensystem musste jedes Rohr von Hand geladen werden, aber die 6-Schuss-Patronenrahmen ermöglichten eine schnellere Schussfolge.

baren Erleuchtung betrachtet, die »im Nachhinein« genannt wird, fragt sich, ob Großbritanniens Entscheidung von 1939, Deutschland den Krieg zu erklären, nicht der verzweifelte Versuch war, die »Furcht vor dem Feind« als ein Mittel zu benutzen, um die rebellierende Arbeiterklasse im Rahmen der eigenen stagnierenden Wirtschaft in Schranken zu halten.

Der Washingtoner Vertrag 1922

Am 12. November 1921 eröffnete Warren Harding, der Präsident der USA, in Washington die »Konferenz über Fragen der Seerüstung in Verbindung mit den Problemen des Pazifischen Ozeans«, die schließlich Anfang 1922 zur Unterzeichnung eines Vertrages führte. Anfangs hatten die USA nur Großbritannien, Frankreich und Japan eingeladen, denen jedoch später Einladungen an China, Italien, die Niederlande, Belgien und Portugal folgten.

Hauptziel war der Versuch gewesen, die massiven Flottenrüstungen, vor allem von Japan, zu begrenzen. Infolgedessen ging Japan auch als der Hauptverlierer hervor. Die Flottenstärken Großbritanniens, der USA, Japans, Frankreichs und Italiens zueinander wurden im Verhältnis 5 : 5 : 3 : 1,75 : 1,75 festgelegt. Daneben sah der Vertrag Höchstgrenzen für die Typverdrängung und Geschützkaliber der Schiffe wie folgt vor:

- bei Schlachtschiffen 35.000 ts und Kaliber 40,6 cm,

Ein Schnellfeuergeschütz an Bord von *U 123*, wenn auch das sinkende Schiff offensichtlich einen Torpedotreffer erhalten hat. Das breite Vorschiff lässt ein Boot vom Typ IX erkennen. Zu Kriegsbeginn führten U-Boote üblicherweise zwei große Decksgeschütze: 10,5 cm für den Typ IX sowie 8,8 cm für den kleineren Typ VII.

- bei Flugzeugträgern 27.000 ts (zwei Umbauten bis 33.000 ts) und 10 x 20,3 cm (Umbauten 8 x 20,3 cm) sowie
- bei Geschützten Kreuzern 10.000 ts und Kaliber 20,3 cm (daher »Washington«- oder »Vertrags«-Kreuzer = Schwerer Kreuzer genannt).

Höchstzulässige Gesamttonnagen sowie Altersgrenzen für Schlachtschiffe und Flugzeugträger ergänzten das Vertragswerk.

Die Konferenz legte ferner die Parameter für die Typverdrängung fest, zukünftig bei allen Kriegsschiffen in »long tons« zu 1016 kg und nicht in metrischen Tonnen zu 1000 kg gemessen. In Deutschland führte die Abkehr von der bisher zu Grunde gelegten metrischen Tonne als Auswirkung auf den Versailler Vertrag zu einem »Tonnagesprung«, d.h. Deutschland konnte die Größe seiner Schiffe geringfügig steigern.

Der Londoner Vertrag 1930

Dies war ein Versuch, die erkannten Mängel des Washingtoner Flottenvertrages zu beseitigen und die Unzufriedenheit der Seemächte zu beschwichtigen. Das Vertragswerk betraf vor allem die Einführung des Leichten Kreuzers als »Kategorie B« (bis zu 10.000 ts und bis Kaliber 15,5 cm) sowie die Begrenzungen bei Zerstörern und Unterseebooten, denen jedoch Frankreich und Italien nicht zustimmten. Japan kündigte die Flottenverträge mit französischer Unterstützung am 29. Dezember 1934, während dies die Westmächte 1936 taten.

Das Londoner U-Bootabkommen 1930

Die entscheidende Bestimmung des Abkommens sah vor, dass zur Verhinderung von Überraschungsangriffen die Unterseeboote gezwungen waren, das Handelsschiff zunächst aufgetaucht anzuhalten und zu durchsuchen. Es konnte nur versenkt werden, wenn es als Fracht Bannware führte und wenn für die Sicherheit seiner Besatzung und evtl. Passagiere ausreichend gesorgt war. Wie dies durchzuführen war, wurde nicht aufgeführt.

Als Bedingung für die Sonderregelung bei U-Booten im deutsch-britischen Flottenabkommen trat Deutschland 1936 dem Londoner U-Bootabkommen bei. Es erließ auf seiner Grundlage die »Prisenordnung« der Marine, die genaue Vorschriften über das Anhalten und Durchsuchen der Handelsschiffe sowie über Befreiungen von dieser Verpflichtung enthielt (eingeschränkter U-Bootkrieg).*

Das deutsch-britische Flottenabkommen 1935

Nachdem Hitler am 16. März 1935 in seiner berühmten Proklamation den Versailler Vertrag aufgekündigt und ein neues Wehrgesetz mit der Einführung der allgemeinen Wehrpflicht (als Gesetz erlassen am 21. Mai 1935) verkündet hatte, war Großbritannien weiterhin auf eine vertragliche Einbindung Deutschlands bedacht. Daher wurde am 18. Juni 1935 in London das deutsch-britische Flottenabkommen unterzeichnet. Mit diesem Abkommen begrenzte Deutschland gegenüber der Royal Navy seine Flottenstärke freiwillig auf 35 %, ausgenommen U-Boote. Hier betrug das Verhältnis zunächst 45 : 100, wobei eine spätere Steigerung in Aussicht gestellt war. Im übrigen waren die Obergrenzen für die Gesamttonnage in den einzelnen Schiffskategorien genau festgelegt worden. Somit war über die Gesamtstärke der Flotte hinaus auch die Anzahl der Schiffe innerhalb jeder Kategorie exakt bestimmt.

Großbritannien war mit dieser Vereinbarung zufrieden, da es noch kein wirksames Abkommen zur Rüstungsbegrenzung mit Japan hatte. Nach seiner Auffassung würde dieser Vertrag zumindest ein Wettrüsten in Europa verhindern. Admiral Erich Raeder meinte seinem Stab gegenüber, dass der Tag mit der Unterzeichnung dieses Abkommens der glücklichste seines Lebens wäre, da Deutschland in den kommenden Jahren nicht auf bessere Bedingungen für die Marine hätte hoffen können. Später ging er soweit, Kriegsspiele zu verbieten, in denen Großbritannien der Gegner war. Am 28. April 1939 kündigte Hitler den Vertrag auf.

* Anm. d. Übers.: Auf Grund ihrer einwandfreien völkerrechtlichen Grundlage gilt diese Prisenordnung heute als Bundesgesetz weiter.

Der Z-Plan 1938

Der »Z-Plan« war die Bezeichnung eines Bauprogramms der Marine für die folgenden zehn Jahre, das 1938 im OKM formuliert wurde. Dieser Plan entstand als Ergebnis eines Meinungsumschwungs bei Hitler, als dieser Ende Mai 1938 gegenüber dem damaligen Generaladmiral Raeder die Möglichkeit zum Ausdruck brachte, dass mit Großbritannien und folglich mit der Royal Navy als Gegner gerechnet werden müsste. Er betonte jedoch, dass ein solcher Fall frühestens 1948 eintreten würde. Dies war in der Tat ein drastischer Meinungsumschwung, da Raeder nur ein paar Monate zuvor die Zusicherung erhalten hatte, dass die Wahrscheinlichkeit eines Krieges mit Großbritannien nicht bestünde.

Im Gefolge erster Diskussionen hatte sich im OKM die Auffassung durchgesetzt, eine Flotte von Schiffen mit einem extrem hohen Fahrbereich zu bauen, beruhend auf dem Panzerschiff-Konzept mit der Absicht, sie zum Abfangen von Geleitzügen aus Handelsschiffen auf hoher See in weit entfernten Gewässern einzusetzen. Eine solche Handelskriegführung würde Großbritannien zwingen, starke Kriegsschiffe zur Geleitsicherung abzustellen, und auf diese Weise wären die Ressourcen der Royal Navy gebunden. Gleichzeitig würde Deutschland mit konventionelleren Schlachtschifftypen, wie etwa die BISMARCK und die TIRPITZ, die Handelsschifffahrt in größerer Nähe zu den heimischen Gewässern angreifen. KptzS. Werner Fuchs, der für die militärischen Fragen des Kriegsschiffbaus im OKM (A IV) zuständig war, fasste die Baumöglichkeiten für Panzerschiffe und Schlachtschiffe in drei Bauplänen (I–III) zusammen. Er stellte jedoch bald fest, dass die Erfordernisse über die vereinbarten Begrenzungen in den internationalen Abkommen weit hinausgingen. Die weitere Planung erfolgte auf der Grundlage des Plans III. KptzS. Fuchs fasste die undurchführbaren Maximalforderungen in einem »Plan X« zusammen. Daraus entstand der durchführbare »Plan Y«, der zwar nicht alle operativen Forderungen der Flottenabteilung (A I, später A V) erfüllte, aber im OKM gebilligt wurde. Am 25. Oktober 1938 erfolgte seine Schlussvorlage zusammen mit der Denkschrift »Seekriegführung gegen England« beim Ob.d.M., der dem Bauplan mit einigen Änderungen unter der neuen Bezeichnung »Plan Z« zustimmte. Hitler billigte den Z-Plan am 29. Januar 1939 und betonte erneut, er brauche die Flotte für seine politischen Zwecke nicht vor 1946.

Die genauen Einzelheiten sind unerheblich, denn die noch mehrfach geänderte Friedensplanung wurde nach Kriegsausbruch im September 1939 zu Gunsten neuer Prioritäten aufgegeben. Insofern wurde das bis dahin im Gange befindliche Schiffbauprogramm kaum beeinflusst. Die Bedeutung des Z-Planes ergibt sich daraus, weil er das Denken der obersten Marineführung hinsichtlich einer starken Überwasserflotte mit extrem hohen Fahrbereich widerspiegelt. Als dann der Krieg ausbrach, ging Deutschland langsam zu einer Flotte über, die sich auf Unterseeboote und leichte Seestreitkräfte konzentrierte. Doch dieses Umdenken trat nicht sofort ein und erst Anfang 1943 befahl Hitler das Verschrotten der großen Überwasserschiffe.

Doch Karl Dönitz, der am 30. Januar 1943 als Nachfolger Raeders zum Großadmiral beförderte B.d.U., war gegen einen solchen Schritt, weil sich große Ressourcen des Gegners direkt gegen das deutsche Reichsgebiet richten würden, sobald die Alliierten zur Erkenntnis kämen, dass die deutsche Flotte keine Bedrohung mehr darstellen würde. Hinzu kam, dass der Entschluss zum Bau einer großen U-Bootsflotte so spät im Kriege gefasst wurde, dass ein großer Teil der Neubauten nicht mehr zum Einsatz kam.

Die Konferenz von Casablanca

Vom 14. - 25. Januar 1943 fand zwischen dem amerikanischen Präsidenten Roosevelt und dem britischen Premierminister Churchill sowie den militärischen Führungsstäben der beiden Länder die Konferenz von Casablanca statt, an der Atlantikküste Marokkos gelegen. Neben den weiteren Operationen im Mittelmeerraum (Tunesien, Landung auf Sizilien) wurde gemeinsam beschlossen, nicht nur dem Krieg gegen die U-Boote höchste Priorität zu verleihen sondern auch die totale Vernichtung Deutschlands und der deutschen Bevölkerung zu ihrem Hauptziel zu machen. Wenn auch Josef Stalin, der Führer der Sowjetunion, infolge des heftig tobenden Krieges

Suche nach Verschütteten in Wilhelmshaven 1944 nach einem Bombenangriff.

im Inneren seines Landes nicht teilnahm, stimmte er später zu, dass die Alliierten auf der bedingungslosen Kapitulation Deutschlands bestehen müssten. Ein anderes Ende des Krieges in Europa sollte nicht in Betracht gezogen werden. Wie mehrere einflussreiche britische und amerikanische Politiker äußerten, »schließe dies die Tür für Verhandlungen fester zu als gegenüber Napoleon auf der Höhe seines Schreckensregimentes über ganz Europa«.

Diese schreckliche Belastung scheint von manchem Historiker der Nachkriegszeit glattweg vergessen worden zu sein, aber sie spielt für die Verlängerung des Krieges in Europa eine bedeutende Rolle. Die Forderung der »bedingungslosen Kapitulation« wurde von der deutschen Führung als eine Fortsetzung des Krieges bis zu einem Zeitpunkt verstanden, an dem in Deutschland nichts mehr übriggeblieben war. Es war nicht mehr nur ein Krieg gegen Hitler oder gegen seine Partei sondern gegen das deutsche Volk schlechthin.

Diese Formel bedeutete die totale Zerstörung der Industrie und die Rückführung Deutschlands auf die Stufe eines Agrarlandes (»Morgenthau-Plan«). Das einzige sichere Ergebnis eines solchen Handelns konnte nur darin bestehen, Millionen von Deutschen dem Hungertod preiszugeben. Gleichzeitig beanspruchte die Sowjetunion Millionen von Menschen, um sie als Sklaven für sich arbeiten zu lassen. Außerdem sollte das noch vorhandene Deutschland gewaltige Reparationslasten tragen. Es sollte keine deutsche Regierung mehr geben, um für die Bevölkerung zu sprechen, da alle inneren Angelegenheiten von den Siegermächten zu regeln waren.

Diese alliierte Formel machte es den Militärs fast unmöglich Hitler zu beseitigen oder eine sofortige Beendigung des Krieges zu fordern. So blieb als Alternative nur noch übrig, den Kampf bis zum bitteren Ende fortzuführen. Obwohl die genaue Bedeutung der Formel »bedingungslose Kapitulation« hinsichtlich ihrer Interpretation offen blieb und die Alliierten nach dem Kriege versuchten, die Härte ihrer Bedeutung abzuschwächen, entsprach die oben dargelegte Ansicht dem, wie Großadmiral Dönitz und andere Deutsche in führenden Positionen die damalige Situation sahen. Dies erklärt auch, warum niemand von ihnen einer früheren Kapitulation zustimmen konnte. Wie Dönitz es ausdrückte: »Hätte man aufgegeben, wären diejenigen als Verräter am Volk, dem sie dienten, gebrandmarkt worden.« Diese Auffassung wurde zudem durch die Millionen Tote, hauptsächlich Frauen und Kinder sowie alte Menschen, unter der deutschen Zivilbevölkerung gestärkt, die dem Luftkrieg der Alliierten zum Opfer fielen, während ihre Häuser zu Ruinen wurden. Es gab Luftangriffe auf deutsche Städte, die in einer einzigen Nacht größere Verluste forderten als die Gesamtverluste durch Bombenangriffe auf Großbritannien während des gesamten Krieges. Nach dem Kriege erhärtete sich diese Auffassung durch die massiven Zerstörungen, die von den Alliierten an Hafeneinrichtungen, Trockendocks, Kränen, Industrieanlagen und Hochwasserschutzeinrichtungen für das tiefer gelegene Land vorgenommen wurden.

Kiel: Mit dem Fortgang des Krieges brachten Luftangriffe zunehmend mehr Zerstörungen und Volltreffer wie im Bild; sie erschwerten das Arbeiten der Marinestäbe, weshalb diese in Betonbunker verlegt wurden.

Der »Scharnhorst«-Bunker in Kiel beherbergte den Stab der 5. U-Flottille. Diese Flottille war wichtig, da sie für die Ausrüstung der neuen Boote zuständig war, die zu ihrer ersten Feindfahrt ausliefen.

DIE ORGANISATION DER KRIEGSMARINE, NOVEMBER 1938

- **Oberbefehlshaber der Wehrmacht**
  Adolf Hitler
  - **Oberkommando der Wehrmacht**
    Generalfeldmarschall Keitel
    - **Oberbefehlshaber der Kriegsmarine und Chef der Seekriegsleitung**
      Generaladmiral Dr.h.c. Erich Raeder
      - **Oberkommando der Kriegsmarine**
        Chef des Marinekommandoamtes und zugleich Chef des Stabes der Skl.
        Konteradmiral Otto Schniewind
        - Marinekommandoamt (A)/Seekriegsleitung (Skl.) u. a.:
          - Operationsabteilung (1/Skl.): KptzS. Kurt Fricke
          - Abt. Marinenachrichtendienst (MND: A III bzw. 3/Skl.)
            - MND III: Funkaufklärung mit Funkentzifferungsdienst (xB-Dienst)
          - Marineausbildungsabteilung (A IV): KptzS. Werner Fuchs
          - Flottenabteilung (A V, vorher A I)
        - Allgemeines Marineamt (B): VAdm. v. Fischel u. a.
          Marinekonstruktionsamt (K), später Amt Kriegsschiffbau (K): Ministerialdirektor Schulz
          - Schiffbauabteilung
          - Maschinenbauabteilung
        - Kommandierender Admiral der Marinestation der Ostsee
          Admiral Rolf Carls
        - Kommandierender Admiral der Marinestation der Nordsee
          Admiral Alfred Saalwächter
        - Marinegruppenbefehlshaber Ost
          Admiral Conrad Albrecht
        - Flottenkommando/Flottenchef:
          Admiral Hermann Boehm
          - Befehlshaber der Panzerschiffe
            Konteradmiral Wilhelm Marschall
            Dienststelle: Wilhelmshaven
          - Befehlshaber der Aufklärungsstreitkräfte
            Vizeadmiral Hermann Densch
            Dienststelle: Kiel
          - Führer der Torpedoboote
            Konteradmiral Günther Lütjens
            Dienststelle: Swinemünde
          - Führer der Minensuchboote
            Fregattenkapitän Friedrich Ruge
            Dienststelle: Cuxhaven
          - Führer der Unterseeboote
            Kapitän z.S. und Kommodore Karl Dönitz
            Dienststelle: Kiel

OPERATIONSBEFEHL FÜR HANDELSSTÖRER ENDE 1940

Die folgende Darstellung ist auszugsweise eine verallgemeinerte Zusammenfassung der Operationsanweisungen, wie sie Ende 1940 an die Kommandanten von Hilfskreuzern zur Handelskriegsführung ergingen.

A. Kommandanten-Anweisung ...

B. Politische Lage

... Zur Vervollständigung des Lagebildes sind die durch Beobachtung der deutschen, neutralen und feindlichen Nachrichtendienste gegebenen Möglichkeiten auszunutzen.

Bei der Auswertung der fremden Nachrichtendienste ist zu beachten, daß sie fast ausnahmslos in einem Deutschland abträglichen Sinne gefärbt sind. Neben bewußten Lügen versuchen sie, durch halbe oder aus dem Zusammenhang gerissene Wahrheiten ein für uns ungünstiges Bild hervorzubringen. Die Gefahr, den entnervenden Eindruck der fremden Nachrichtendienste zu erliegen, ist besonders bei längerer Abwesenheit von der Heimat groß. Der Glaube an die Gerechtigkeit unserer Sache und den Sieg unserer Waffen und das unbedingte Vertrauen auf unseren Führer werden den Kommandanten und die Besatzung gegen diese Einflüsse schützen.

Als Gegner sind folgende Staaten zu behandeln: Großbritannien einschließlich sämtlicher Kolonien, Indien, Kanada, Australien, Südafrika, Neuseeland, Ägypten, der Irak sowie alle belgischen und französischen Kolonien. Die USA, Spanien, Rußland und die Republik Irland sind als Neutrale zu behandeln. Alle Anstrengungen müssen unternommen werden, um Zwischenfälle mit neutralen Staaten zu vermeiden, da einige von ihnen nach einem Rechtfertigungsgrund suchen, um in den Krieg gegen Deutschland einzutreten.

Nur Japan und Italien sind als befreundete Staaten zu behandeln. Die Territorien des letzteren im Osten sind als Stützpunkte für Handelsstörer nicht zu gebrauchen, da sie keine modernen Einrichtungen besitzen. Sie können sich jedoch als geeignete Zufluchtsplätze erweisen. Zwischen Japan und Deutschland besteht ein Freundschaftspakt. Daher gibt es verschiedene Häfen die im Falle von Schwierigkeiten angelaufen werden können. ...

C. Feindlage

... Der Gegner ist *nicht* imstande, seinen gesamten Überseehandel in Form von gesicherten Geleitzügen zu schützen. Es ist daher weiterhin mit unbewachten Seeräumen und mit zahlreichen Einzelfahrern zu rechnen. ... In Küstennähe ist mit laufender Luftüberwachung zu rechnen, die auch von neutralen Staaten durchgeführt wird.

D. Eigene Streitkräfte ...

E. Aufgabe

Kreuzerkriegführung in außerheimischen Gewässern. Durchführung von Minenverseuchungen gem. Anlage a). Gemeinsames Operieren mit U-Booten gem. Anlage b).

Der Schwerpunkt der Aufgabe liegt in der Bindung feindlicher Streitkräfte zur Entlastung der Heimat und in der Schädigung des Gegners:

a) durch den Zwang zur Geleitzugbildung und verstärkten Sicherung seiner Schiffahrt, auch in entfernten Seegebieten,
b) durch die damit verbundene starke Beanspruchung seiner Streitkräfte,
c) durch Abschreckung der neutralen Schiffahrt gegen das Fahren im Dienste des Gegners,
d) durch weitere nachteilige Folgen handelspolitischer und finanzieller Art.

Zur Lösung der Aufgabe ist eine *langandauernde* Bindung und Beunruhigung des Gegners wichtiger als eine hohe Versenkungsziffer. ...

»Schießen der Mittagssonne« an Bord des Hilfskreuzers THOR. Das Erhalten eines genauen Schiffsortes war wesentlich. Zumeist wurden die Messungen von mehreren Personen vorgenommen, um die Ergebnisse vergleichen und Fehler ausschalten zu können. Die langen Schatten zeigen eine größere Entfernung vom Äquator an.

Im Funkraum. Das Gerät in der linken unteren Ecke, das der Funker bedient, ist die Schlüsselmaschine »Enigma« der Marine. Ursprünglich mit drei Schlüsselwalzen oberhalb des Tastenfeldes (wie im Bild) ausgestattet, kam

Anfang 1942 eine vierte hinzu (die »Griechenwalze«: Marineschlüssel M 4), ausgewählt aus einem Vorrat von acht. Rechts unten im Einschub: Die »Enigma« von vorn. Beachte die Steckerverbindungen.

F. Weisungen für die Durchführung

Durch überraschendes Auftreten in wechselnden Seegebieten ist der Gegner immer wieder vor neue Lagen zu stellen und zum Ansatz zahlreicher Handelsschutzstreitkräfte zu zwingen. Die Tarnmaßnahmen und die bei den Angriffen auf Handelsfahrzeuge angewandten Methoden sind häufig zu wechseln, damit der Gegner kein klares Bild von der Anwesenheit des Hilfskreuzers gewinnen und nicht feststellen kann, wieviele Handelsstörer in See stehen. Ein anzugreifendes Handelsschiff muß daran gehindert werden seine Funkanlage zu benützen, damit es dem Gegner erschwert wird, die Anwesenheit eines Hilfskreuzers und seine nächsten Bewegungen zu erkennen. Ist die Anwesenheit in einem Seegebiet dem Gegner bekanntgeworden, so ist dieses zu verlassen. Die Verlegung der Tätigkeit hat unter Einschaltung einer genügend langen Wartezeit in ein so weit entferntes Seegebiet zu erfolgen, daß die vom Gegner ergriffenen Abwehrmaßnahmen nicht gleichzeitig auch auf das neue Operationsgebiet wirksam werden können.

Zeitweiliges Absetzen in entlegene Seegebiete auch für längere Zeit kann daher zweckmäßig sein. Gefechtsberührung mit feindlichen Seestreitkräften, auch bei anscheinend unterlegener Bewaffnung, ist zu vermeiden. Unter keinen Umständen darf das Risiko einer Beschädigung eingegangen werden. Ist jedoch ein Zusammenstoß unvermeidlich, so ist, unter Ausnutzung der Tarnung, durch überraschenden und rücksichtslosen Einsatz aller Kampfmittel die Vernichtung des Gegners anzustreben. Große Aufmerksamkeit muss den kleinsten Einzelheiten der Tarnung einschließlich des Verhaltens der Seeleute an Deck gewidmet werden. Hilfreich kann auch die Vermittlung des Eindrucks sein, es befänden sich Frauen und Kinder an Bord.

Sind die Möglichkeiten, Kreuzerkrieg zu führen, erschöpft, so hat das Schiff in die Heimat zurückzukehren. Ist die Rückkehr unmöglich, so entscheidet der Kommandant der Lage entsprechend. Alle noch verbleibenden Möglichkeiten, den Gegner zu schädigen, sind unter vollem Einsatz auszunutzen. Das kann auch das Anlaufen eines Hafens der italienischen Kolonien sein, um das Schiff mit seiner Besatzung für Kampfhandlungen in diesem Raum zur Verfügung zu stellen. Als letzte Möglichkeit bleibt noch das Anlaufen eines neutralen Hafens und das Versenken des Schiffes auf tiefem Wasser außerhalb der Hoheitsgewässer.

G. Operationsgebiet ...
H. Ausmarsch ...
I. Richtlinien für den Handelskrieg ...

K. Versorgung

Eine Versorgung mit Brennstoff und Proviant ist nur auf Anforderung des Hilfskreuzers vorgesehen. Jede Anstrengung, sich aus den Frachten gekaperter Schiffe zu versorgen, ist daher wahrzunehmen. Bei speziellen Anforderungen ist der hohe Zeitbedarf zu beachten, wobei eine *Ablieferung nicht garantiert werden kann.*

L. Nachrichtenbestimmungen

... Vom Verlassen des Heimathafens ab Funkstille. Die Funkstille darf durchbrochen werden:

a) Bei Feindberührung oder falls der Standort des Hilfskreuzers anderweitig bekannt geworden ist. in diesem Falle *kurze* Meldung durch Funkspruch über: Erfolge, Standort, Absichten, Bereitschaft, Brennstoffbestände, Seeausdauer und Erfahrungen, soweit für weitere Operationen von Bedeutung.
b) Zur Abgabe von Kurzfunksprüchen nach dem Kurzverfahren, falls Funkverkehr notwendig oder zweckmäßig ist, ohne daß der Standort des Hilfskreuzers dem Gegner bekannt ist.

(Die Deutschen standen unter dem Eindruck, dass die britische Seite die Abgabeposition des Kurzsignals, das aus einem Kode sehr weniger Morsebuchstaben bestand, nicht einpeilen konnte.)

Anlage b): Weisung für die Zusammenarbeit mit den U-Booten

... Der Hilfskreuzer hat ausreichend Ressourcen an Bord, um als Versorgungsschiff für zwei U-Boote zu fungieren. Operationsziel der U-Boote ist der feindliche Kriegs- und Handelschiffsverkehr an der westafrikanischen Küste, um dann nach Frankreich zurückzukehren. Eigene Handelskriegsmaßnahmen haben während dieser Zeit zu unterbleiben. Jedem Fahrzeug ist auszuweichen. . .

SEEKRIEGSLEITUNG UND KREUZERKRIEGSFÜHRUNG

Eröffnungszüge

Im Falle eines Krieges erwartete Deutschland von der Royal Navy die Errichtung einer Blockade, um seine Häfen zu sperren. Daher war es die Absicht der Seekriegsleitung, die größeren Schiffe in See zu entsenden ehe ihr Auslaufen verhindert werden konnte. Ein derartiges Handeln wurde als vordringlich angesehen, da sich die beiden großen Schlachtschiffe, die BISMARCK und die TIRPITZ, die eine Blockade aufbrechen konnten, noch im Bau befanden. Ansonsten hatte Deutschland keine andere Möglichkeit, um eine solche Belagerung zu beseitigen. Obwohl das Oberkommando der Marine die SCHARNHORST und die GNEISENAU als Schlachtschiffe klassifizierten, handelte es sich bei beiden Schiffen aus technischer Sicht nur um Schlachtkreuzer mit einer aus neun 28-cm-Geschützen bestehenden Hauptbewaffnung. BISMARCK und TIRPITZ besaßen mit je acht 38-cm-Geschützen eine sehr viel stärkere Bewaffnung. Der Unterschied in der Leistungsfähigkeit lässt sich noch besser durch die Mittelartillerie veranschaulichen: Alle vier Schiffe führten 15-cm-Geschütze. Die älteren Geschütze der Schlachtkreuzer hatten eine maximale Reichweite von 12.000 m, während BISMARCK und TIRPITZ Ziele in etwas mehr als 20.000 m Entfernung erreichen konnten.

Ironischerweise war die Royal Navy nicht in der Lage, eine derartige Blockade einzurichten, und als der Krieg begann, besaß Deutschland nur die drei Panzerschiffe, um in fernen Gewässern Operationen durchzuführen. Eines dieser Schiffe, die ADMIRAL SCHEER (KptzS. Hans-Heinrich Wurmbach), lag zur Maschinenüberholung in Wilhelms-

Das Feuerschiff »Elbe 2«. Näher zum Land stand »Elbe 1«, während sich »Elbe 3« weiter in See befand. Mit ihrer Hilfe konnten die Schiffe die Tiefwasserrinne in der trichterförmigen Ansteuerung nach Cuxhaven und Hamburg finden.

Panzerschiff ADMIRAL GRAF SPEE. Im Vormars des Gefechtsmastes ist die an der 10,5-m-E-Messdrehhaube angebrachte »Matrazen«-Antenne des FuMO 26 (seetakt.) zu erkennen. Ein ähnliches Aussehen hatte die ADMIRAL SCHEER vor dem Umbau. Die vier rechteckigen Öffnungen der Admiralsbrücke – je eine für einen Buchstaben des Wortes »Spee« – sind ein gutes Unterscheidungsmerkmal, denn die ADMIRAL SCHEER wies nur drei auf. Letztere besaß auch nicht die große rechteckige Schriftplatte »Coronel« (an den Seesieg VAdm. Graf v. Spees 1914 vor Coronel/Chile erinnernd). Außerdem hatte die SCHEER statt des einen Scheinwerfersstandes vorn zwei Scheinwerferkonsolen rechts und links des Turms. Beim Umbau verlor die SCHEER ihren typischen Gefechtsturm, ersetzt durch einen Röhrenmast wie bei der DEUTSCHLAND.

haven und sollte anschließend umgebaut werden. Infolgedessen war das Panzerschiff bis Mitte 1940 nicht einsatzbereit. Die beiden anderen Panzerschiffe, die ADMIRAL GRAF SPEE (KptzS. Hans Langsdorff) und die DEUTSCHLAND (KptzS. Paul Wenneker), waren ebenfalls für einen Dockaufenthalt im Rahmen routinemäßiger Werftliegezeiten vorgesehen, die jedoch verschoben wurden. Beide Schiffe verließen daher am 21. bzw. am 24. August die deutschen Gewässer, um die vorher festgelegten Wartepositionen in abgelegenen Teilen des Atlantiks in der Nähe der vorgesehenen Einsatzgebiete zu beziehen. ADMIRAL GRAF SPEE lief in den Südatlantik, während die DEUTSCHLAND im Norden näher zur Heimat hin verblieb. Das Tross-Schiff der DEUTSCHLAND, die WESTERWALD (KKpt.d.R. Peter Grau), verließ Deutschland etwa um dieselbe Zeit und die ALTMARK (KKpt.d.R. Heinrich Dau), ein weiteres zweckgebautes Flottenversorgungsschiff, nahm in Port Arthur/Texas Gasöl und Wasser über, ehe sie zur ADMIRAL GRAF SPEE stieß.

Nach der durch Großbritannien und Frankreich am 3. September 1939 verkündeten Kriegserklärung erging von der Seekriegsleitung der Kriegsmarine ein Funkspruch, der allen Einheiten in See den sofortigen Beginn der Feindseligkeiten mitteilte. Der Einsatzbefehl für die Panzerschiffe zum Handelskrieg betonte die Beachtung der Prisenordnung. Dies bedeutete, dass Handelsschiffe nicht durch Überraschungsangriff versenkt werden durften. Sie mussten vorher angehalten, untersucht und gegebenenfalls durchsucht werden. Ein Versenken war nur gestattet, wenn sie Konterbande an Bord hatten. Gleichzeitig hatte das aufbringende Kriegsschiff für die Sicherheit der Besatzung zu sorgen. Hitler glaubte immer noch daran, dass der Frieden wiederhergestellt werden könnte, nachdem der Polenfeldzug zu einem zufrieden stellenden Ende gebracht worden war. Daher wollte er dieses Ziel nicht aufs Spiel setzen, indem er für die britische Regierung die Lage verschärfte. So erhielten die beiden Panzerschiffe am 5. September als eine weitere

Vom Spanien-Einsatz zurückkehrend, passiert das Panzerschiff DEUTSCHLAND – Ende 1939 in LÜTZOW umbenannt – mit der Besatzung in Paradeaufstellung an Oberdeck die Drehbrücke im Hafen von Wilhelmshaven.

Konzession Hitlers im Rahmen dieser Strategie die Weisung, den Handelskrieg zu unterbrechen und sich weit von den Operationsgebieten abzusetzen. Am selben Tag geschah noch ein weiteres bedeutendes Ereignis. Der amerikanische Präsident, Franklin D. Roosevelt, kündigte die sog. »Panamerikanische Sicherheitszone« an, die am 3. Oktober durch die Panamerikanische Union verkündet wurde. Eine breite Zone vor dem amerikanischen Kontinent, die sich in den westlichen Nord- und Südatlantik erstreckte und von Kriegsschiffen der US-Marine durch »Neutralitätspatrouillen« überwacht wurde, sollte in diesem Bereich Kampfhandlungen der Krieg führenden Staaten verhindern. Dieser Schritt war für die Royal Navy möglicherweise nachteiliger als für die Kriegsmarine, da nur wenige deutsche Schiffe im Stande waren, so weit von ihren Stützpunkten entfernt zu operieren. Hitler war bestrebt zu verhindern, dass die USA gegen Deutschland Partei ergriffen, und da Verhandlungen zwischen den beiden Staaten im Gange waren, hatten die deutschen Seestreitkräfte nicht nur die Bestimmungen der Prisenordnung genau zu beachten, sondern Zwischenfälle mit den Vereinigten Staaten um jeden Preis zu vermeiden.

Oben und gegenüber: Die Selbstversenkung der ADMIRAL GRAF SPEE am 17. Dezember 1939 vor Montevideo Der Schornstein zeigt zwei Dieselabgasschächte. Die Verwendung von Dieselmotoren sollte ursprünglich Schornsteine entbehrlich machen, um ein Schiff mit flachem Aufbau zu erhalten, einem modernen Flugzeugträger ähnelnd. Doch tief liegende Abgasschächte erzeugen ein erhebliches Problem, denn das in den riesigen Schiffsmotoren verbrannte schwere Heizöl erzeugt braune, ölige Rückstände, die sich an der erstbesten kühlen Oberfläche niederschlagen. Daher hätten sich die schornsteinlosen Aufbauten mit schwarzem Ruß überzogen. Beachte, dass sich die überaus geheime FuMO-Antenne noch immer an der E-Messdrehhaube befindet; sie wurde u.a. von britischen Agenten geborgen und verschaffte der Royal Navy Erkenntnisse über die Leistung des deutschen Radars.

Die beiden Panzerschiffe erreichten unentdeckt ihre Wartegebiete, während die Royal Navy keine Vorstellung von ihrem Verbleib hatte. Dieser Vorgang war nicht ereignislos verlaufen. So gelang es zum Beispiel der ADMIRAL GRAF SPEE nur knapp, einem Sichten durch den britischen Schweren Kreuzer CUMBERLAND zu entgehen, der von Freetown nach Rio de Janeiro unterwegs war. Das Bordflugzeug der ADMIRAL GRAF SPEE hatte, ohne selbst gesehen zu werden, auf einem Aufklärungsflug den sich nähernden Kreuzer gesichtet und das Panzerschiff durch Blinkspruch gewarnt, das daraufhin mit der ALTMARK Kurs änderte. Schließlich bekamen DEUTSCHLAND und ADMIRAL GRAF SPEE am 26. September die Erlaubnis, die Handelskriegsführung wieder aufzunehmen. Zu diesem Zeitpunkt hatte jedes der Schiffe bereits ein Viertel seines Brennstoff- und Proviantvorrates verbraucht und die Notwendigkeit zur Durchführung der aufgeschobenen Werftliegezeiten war immer dringender geworden. Die Royal Navy vermutete, dass zumindest ein Handelsstörer in See stand, erhielt aber dafür bis Ende Oktober keine Bestätigung, als die gerettete Besatzung des britischen Frachters CLEMENT, des ersten Opfers der ADMIRAL GRAF SPEE, Südamerika erreichte. Die Anwesenheit eines zweiten Handelsstörers wurde erst sehr viel später definitiv bekannt, als die Geretteten des norwegischen Frachters LORENTZ W. HANSEN auftauchten.

Die britische und die französische Marine reagierten mit der Bildung von Jagdgruppen, die die Handelsstörer zum Kampf stellen sollten. Hierbei handelte es sich im Einzelnen um die:

- »Force F«, bestehend aus den Schweren Kreuzern BERWICK und YORK, zur Überwachung der Gewässer zwischen Nordamerika und Westindien;
- »Force G«, bestehend aus den Schweren Kreuzern EXETER und CUMBERLAND, zu denen später noch die Leichten Kreuzer AJAX und ACHILLES kamen, zur Überwachung der Gewässer vor der Ostküste Südamerikas;
- »Force H«, bestehend aus den Schweren Kreuzern SUSSEX und SHROPSHIRE, zur Überwachung der Gewässer am Kap der Guten Hoffnung;
- »Force I«, bestehend aus den Schweren Kreuzern CORNWALL und DORSETSHIRE sowie dem Flugzeugträger EAGLE, zur Überwachung des südlichen Indischen Ozeans;
- »Force K«, bestehend aus dem Schlachtkreuzer RENOWN und dem Flugzeugträger ARK ROYAL, zur Überwachung der Gewässer vor der Nordostküste Brasiliens;
- »Force L«, bestehend aus dem Schlachtschiff DUNKERQUE, dem Flugzeugträger BÉARN sowie den Leichten Kreuzern GEORGES LEYGUES, GLOIRE und MONTCALM, operierend im Atlantik von Brest aus;
- »Force M«, bestehend aus den Schweren Kreuzern DUPLEIX und FOCH, zur Überwachung der Gewässer vor Westafrika von Dakar aus; und die
- »Force N«, bestehend aus dem Schlachtschiff STRASBOURG, dem Flugzeugträger HERMES und dem Leichten Kreuzer NEPTUNE zur Überwachung der westindischen Gewässer.

Die Aufstellung dieser Jagdgruppen zeigt, dass die Kriegsmarine ihr Ziel, gegnerische Streitkräfte zu binden, erfolgreich erreicht hatte.

Es ist kaum überraschend, dass die anfänglichen Anstrengungen dieser Gruppen nur zu geringem Erfolg führten. Lediglich der britische Leichte Kreuzer CARADOC brachte das Versorgungsschiff EMMY FRIEDRICH (4372 BRT) auf, das auf dem Wege zur ADMIRAL GRAF SPEE war und sich selbst versenkte. Es bestand kaum Aussicht, die Handelsstörer in den riesigen Seegebieten zu finden. Die Royal Navy brauchte verzweifelt ein paar Anhaltspunkte. Solche Informationen konnten nur aus Funkmeldungen gewonnen werden, die die angegriffenen Handelsschiffe sendeten. An Stelle des standardmäßigen SOS-Signals wurden spezifiziertere Notrufe eingeführt, um auch die Art des Angreifers zu bezeichnen. So stand »RRR« anfangs für Überwasser-Handelsstörer, später von »QQQ« gefolgt, das einen als Handelsschiff getarnten Hilfskreuzer bedeutete. Der Vorsatz »SSS« wurde verwendet, um den Angriff eines Unterseebootes zu bezeichnen. Zu Anfang wurden die Buchstaben dreimal gesendet, aber im späteren Verlaufe des Krieges wurden sie viermal wiederholt. Unter dem Zu-Grunde-Legen solcher Notrufe war der Befehlshaber des südamerikanischen Geschwaders, Commodore Harwood, zur Vorhersage im Stande, dass die ADMIRAL GRAF SPEE auf die Mündung des Rio de la Plata zulief. Dort beabsichtigte er, das Panzerschiff, mit seiner »Force G« abzufangen. Harwoods brillante Schlussfolgerung führte zum berühmten Seegefecht vor dem Rio de la Plata und zur Selbstversenkung der ADMIRAL GRAF SPEE nahe Montevideo am 17. Dezember 1939.

Inzwischen hatte die DEUTSCHLAND den Rückruf erhalten und nach der Versenkung von lediglich zwei Schiffen den Rückmarsch angetreten. Sie befand sich bereits wieder rund vier Wochen in Gotenhafen, ehe die Royal Navy ihren Verbleib feststellte. Die beiden schwer zu definierenden Schwesterschiffe, die Schlachtschiffe SCHARNHORST (KptzS. Kurt Caesar Hoffmann) und GNEISENAU (KptzS. Harald Netzbandt), schlüpften kurze Zeit nach Rückkehr der DEUTSCHLAND aus ihrem Stützpunkt mit der Absicht zur Entlastung der ADMIRAL GRAF SPEE im Südatlantik die den Blockadedienst versehenden Kreuzer der »Northern Patrol« anzugreifen. Der deutschen Seite war das Vorhandensein dieser Blockadestreitkräfte bekannt und es war bereits ein Erfolg an sich, in den offenen Nordatlantik auszubrechen. VAdm. Wilhelm Marschall, der an Bord der GNEISENAU eingeschiffte Flottenchef, hatte Befehl keinerlei Risiko einzugehen. Er marschierte mit seinen Schiffen in die Island-Färöer-Enge um einen Ausbruch nach Süden vorzutäuschen. Danach kehrte er jedoch wieder in den Norden zurück und ging auf Heimatkurs. Sein Versuch, den Gegner in die Irre zu führen, erreichte bei dieser Gelegenheit sein Ziel nicht, denn die britische Seite hatte keine genaue Kenntnis von den Bewegungen des Ver-

Im Bild die SCHARNHORST, von vorn schwierig zu erkennen, da sie weitgehend dem Schwesterschiff gleicht. Oberhalb von Turm »Berta« ist an Backbord (rechts im Bild) die segeltuchverkleidete Nock der Navigationsbrücke ausgeschwungen. Dies lässt die Nähe des Schiffes zum Hafen vermuten. Die 6-m-E-Messbasis auf dem vorderen Kommandostand (zwischen den beiden Halbkugeln der vorderen Fla-Leitstände erkennbar) ist wie die 10,5-cm-E-Messbasis im Vormars (an der FuMO-Antenne seitlich rechts zu sehen) nach Backbord ausgerichtet.

bandes. Tatsächlich sichtete nur der Hilfskreuzer RAWALPINDI die SCHARNHORST, die er für das Panzerschiff DEUTSCHLAND hielt, dessen Anwesenheit zuvor gemeldet worden war, ehe ihn das deutsche Schlachtschiff versenkte.

Bis zum Ende des Jahres 1939 lagen alle deutschen Überwasser-Handelsstörer wieder in den Häfen und das Jahr ging mit einer Zwischenpause zu Ende. Der Erfolg der großen Schiffe im Hinblick auf versenkte Tonnage scheint mager, wenn diese mit den Ergebnissen verglichen werden, die eine Hand voll winziger U-Boote sowie Minen und Flugzeuge erzielt hatten, aber das Versenken von Schiffen war nicht das hauptsächliche Ziel. Als viel wichtiger wurde angesehen, dass die großen Schiffe einen unverhältnismäßig großen Teil der gegnerischen Schifffahrt stören und Seestreitkräfte zu ihrem Schutz binden sollten. Bei der Bewertung der versenkten Tonnage muss auch daran erinnert werden, dass deutsche Großkampfschiffe ständig durch Befehle behindert waren, einerseits so viele Schiffe wie möglich zu versenken, aber andererseits jedes Risiko zu vermeiden.

Erfolgreiche Operationen im Atlantik ohne Eingreifen der Royal Navy ermöglichte der B-Dienst (Funkbeobachtungsdienst mit dem xB-Dienst: Funkentzifferungsdienst), der zur Abteilung Marinenachrichtendienst (3/Skl.) unter Leitung von KptzS. Heinz Bonatz gehörte. Bereits

Etappen-V-Schiff TANNENFELS (DDG »Hansa«) zur Versorgung von Hilfskreuzern.

im Mai 1915 war ein Funkabhör- und Nachrichtendienst eingerichtet worden um den gegnerischen Funkverkehr zu überwachen und die gesammelten Informationen auszuwerten. 1939 verwendete die Royal Navy noch veraltete Schlüsselmittel, die der deutschen Seite halfen, in die britischen Kodes einzubrechen. Der B-Dienst wies seine Mängel auf und einige Admirale beklagten sich, dass seine Informationen zu spät kamen um danach zu handeln, aber die Personalstärke des Dienstes war klein und konnte nicht den gesamten Funkverkehr auswerten. Die Stärke des Systems lag in seiner Fähigkeit, den gegnerischen Funkverkehr zu beobachten, sobald eine Operation im Gange war. Zum Beispiel stellte der B-Dienst während des Norwegen-Unternehmens im April 1940 häufig Auslaufzeiten für Geleitzüge fest, obwohl es unmöglich war, sie zu verfolgen, da die Schiffe Funkstille bewahrten, sobald sie in See gegangen waren. Der B-Dienst bekam auch Informationen über die Verteilung der britischen Flotte, indem Aufklärungsflugzeuge ihre Hauptankerplätze überflogen. Auf diese Weise erhielten die verantwortlichen Offiziere ein genaues Bild, mit welchen gegnerischen Schiffen eine mögliche Konfrontation infrage kam. In den beiden ersten Kriegsjahren war Deutschland hinsichtlich des Marinenachrichtendienstes im Vorteil. Im Vergleich hierzu hatten britische Seestreitkräfte keine oder nur wenige Anhaltspunkte bezüglich des Verbleibs deutscher Schiffe.

Hilfskreuzer brechen aus

Die erste Welle von Hilfskreuzern war bereit, im März 1940 aus deutschen Häfen auszulaufen, wenige Wochen vor Beginn des Norwegen-Unternehmens. Die Kommandanten dieser Schiffe hatten Entscheidungsfreiheit, auf welcher der beiden faktisch möglichen Routen sie nach Süden in den offenen Atlantik ausbrechen sollten. Sie konnten entweder die Färöer-Inseln runden und dann durch die Island-Färöer-Enge mit Südwestkurs durchbrechen oder sie konnten weiter nach Norden ausholen, um ihr Glück mit einem Marsch durch die Dänemarkstraße zwischen Island und Grönland zu versuchen. (Von der ersten Welle nahm nur die KOMET eine andere Route. Sie erreichte den Pazifik mit Ostkurs über den Sibirischen Seeweg. Nach der Besetzung Frankreichs waren dann die Hilfskreuzer der zweiten Welle kühn genug den Englischen Kanal zu passieren.) Die Passage der Dänemarkstraße war in Anbetracht der Eisberge schwierig, aber sie bot zwei eindeutige Vorteile. Erstens herrschte in diesem Seegebiet häufig Nebel, der benutzt werden konnte, um die Bewegungen der Handelsstörer zu verbergen. Und zweitens war es leichter, in den fernen Gewässern nördlich von Island geeignete Verstecke zu finden, wo die Handelsstörer passende Wetterbedingungen abwarten konnten, ohne eine Entdeckung befürchten zu müssen. Die Tatsache, dass mit Ausnahme der BISMARCK-Gruppe alle deutschen Kriegsschiffe ohne Schwierigkeiten durch die Dänemarkstraße kamen, zeigt, wie gut die natürlichen Elemente in den Tagen vor dem Einsatz des Radars die Schiffe schützen konnten.

Das Panzerschiff DEUTSCHLAND war am 15. November 1939 in Schwerer Kreuzer LÜTZOW umbenannt worden. Das Schiff hatte seine Werftliegezeit beendet und war bereit, mit der ersten Welle der Hilfskreuzer auszulaufen, aber die Seekriegsleitung bestand zunächst auf der Teilnahme des Schiffes an der Besetzung Norwegens am 9. April 1940. Die Tage der LÜTZOW (KptzS. August Thiele) als Handelsstörer endeten abrupt zwei Tage später am 11. April, als der Kreuzer auf dem Rückmarsch nach Kiel am Eingang des Kattegats einen Torpedotreffer des britischen U-Boots SPEARFISH erhielt. Das Tross-Schiff des Kreuzers wäre wieder die WESTERWALD gewesen, die nunmehrige NORDMARK, deren Kommandant, immer noch FKptd.R. Peter Grau, durch die Verzögerung ziemlich frustriert war. Auch sein Schiff war beim Norwegen-Unternehmen eingesetzt. Er ersuchte daher um die Erlaubnis, selbstständig als Handelsstörer in See zu gehen. Hierfür wären die drei 15-cm-Schnellfeuergeschütze der NORDMARK eine angemessene Bewaffnung gewesen. Auch ihre Geschwindigkeit hätte ausgereicht, aber die Seekriegsleitung lehnte das Ersuchen ab. Seine große Treibstoffladung stand dem im Wege; denn sie war nicht nur zu wertvoll, sondern stellte im Gefecht auch ein Risiko dar. Hinzu kam, dass das Schiff als ein leichtes Opfer für den Gegner angesehen wurde, sobald erst einmal seine Beschreibung zirkulierte, denn seine typische Tankersilhouette konnte nicht getarnt werden. (Um den Gegner aus diesem Grunde zu verwirren, war auch die WESTERWALD Ende November 1939 in NORDMARK umbenannt worden.)

Erste Maßnahmen gegen Handelsstörer

Die ersten Hilfskreuzer – auch als »Geisterschiffe« bezeichnet – operierten etwa vier Monate lang, ohne dass die britische Seite von ihrer Anwesenheit Kenntnis erhielt. Erst Mitte Juli 1940 erreichten definitive Nachrichten vom Vorhandensein dieser Schiffe die britische Admiralität. Die Royal Navy stoppte sofort das Auslaufen von Einzelfahrern und leitete die Schifffahrt um, aber die Chancen die Handelsstörer zu stellen, waren

Hilfskreuzer THOR (Schiff 10) noch mit dem Vorkriegsnamen SANTA CRUZ am Bug. Kommandanten waren auf der ersten Fahrt KptzS. Otto Kähler (nach dem Krieg Heirat mit der Witwe von GenAdm v. Friedeburg) und auf der zweiten KptzS. Günther Gumprich (gefallen im Herbst 1943 an Bord von Hilfskreuzer MICHEL). Das Schiff fiel Ende 1942 dem Explosionsunglück auf der UCKERMARK in Yokohama zum Opfer.

Der Leichte Kreuzer KÖLN schlingert beträchtlich bei mäßigem Seegang. Die mäßigen See-Eigenschaften führten bei den Kreuzern der K-Klasse verbunden mit Festigkeitsschwächen zu Rissen und Brüchen im mittleren Bereich des Schiffskörpers.

Auf der KÖLN war das Bemannen der oberen Stände bei rauem Seegang so etwas wie eine Kunst; das Emporsteigen zu ihnen erforderte beachtliche akrobatische Fähigkeiten. Vielleicht förderte die Marine deswegen Gymnastik und Geschicklichkeit. Auf der Seitenkonsole ist eben über dem Schanzkleid die Optik einer E-Messbasis zu erkennen.

gering. Es handelte sich um nur wenige Schiffe und die britische Seite hatte keine Vorstellung von ihrem Verbleib. Zudem hatten die Seestreitkräfte, die Ende 1939 zur Jagd auf die ADMIRAL GRAF SPEE und die DEUTSCHLAND zusammengezogen worden waren, nunmehr anderweitige Aufgaben zu erfüllen.

Trotzdem die Aussichten, die deutschen Hilfskreuzer zu finden, dürftig waren, stieß der britische Hilfskreuzer ALCANTARA am 28. Juli 1940 im Südatlantik auf die THOR, die zur zweiten Staffel der ersten Welle dieser »Geisterkreuzer« gehörte. Das sich anschließende Gefecht verlief rasch und entscheidend. THOR beschädigte die ALCANTARA so schwer, dass sich das britische Schiff zurückziehen musste. Dieses kurze Gefecht machte deutlich, dass die Hilfskreuzer nicht nur existent waren, sondern dass sie auch im Stande waren, eine eindrucksvolle Schlagkraft zu entwickeln. Von Afrika aus wurden zwei britische Schwere Kreuzer – die CUMBERLAND aus Simonstown und die DORSETSHIRE aus Freetown – entsandt, um die THOR zu jagen. Doch ihr Einsatz war aussichtslos, da sich das Gefecht schon vor längerer Zeit und auf der anderen Seite des Südatlantik ereignet hatte.

Diese Bestätigung, dass Handelsstörer in See standen, veranlasste das Operative Feindlagezentrum (OIC) in der britischen Admiralität, ein besonderes Unterreferat einzurichten, das sich ausschließlich mit diesen »Geisterkreuzern« befasste. Anfangs waren sowohl die Maßnahmen als auch die Einsatzmittel, die erforderlich waren, um wirksam mit diesem Problem fertig zu werden, fast bis zur Nutzlosigkeit begrenzt. Doch die mit dieser nachrichtendienstlichen Arbeit beauftragten Offiziere sammelten die Informationen in dem Versuch, ein Lagebild des Gegners zu erstellen, um die zur Verfügung stehenden Schiffe so wirksam wie nur möglich einzusetzen.

Die Kreuzerkriegsführung auf dem Höhepunkt

Den gesamten Sommer 1940 hindurch operierten die deutschen Hilfskreuzer außerordentlich erfolgreich. Gegnerische Kriegsschiffe behinderten sie hierbei kaum. Die langen Stunden mit Tageslicht und das jahreszeitlich gute Wetter der Sommermonate waren für das Durchführen weiterer Ausbruchsversuche von Deutschland aus ungünstig. Zudem blieben eine Anzahl Schiffe, die einsatzbereit waren, in den Häfen für die geplante Landung auf den Britischen Inseln (Unternehmen »Seelöwe«) in Bereitschaft. Sie wurden erst für einen selbstständigen Seekriegseinsatz freigegeben, nachdem im Herbst die endgültige Verschiebung dieses Unternehmens eintrat.

Die Weisungen, die der aus eigentlichen Kriegsschiffen bestehenden nächsten größeren Welle erteilt wurden, unterschieden sich von jenen, die ein Jahr zuvor ergangen waren. Obwohl einzeln fahrende Handelsschiffe leichte Ziele darstellten, hatte die deutsche Seekriegsleitung aus Erfahrungen gelernt, dass ihre Notrufsignale zur Umleitung des gesamten anderen Handelsverkehrs führten, woraufhin sich die Aufgabe der Handelsstörer noch weiter erschwerte. Das Hauptziel für die als Handelsstörer eingesetzten Kriegsschiffe sollten in Zukunft schwach gesicherte Geleitzüge sein, die der Marinenachrichtendienst erkannte. Hier bestand die Auffassung, dass Erfolge auf diesem neuen Operationsgebiet dem Gegner einen weit größeren Schaden zufügen würden, als die bisher erzielten sporadischen Einzelversenkungen.

Das erste als Handelsstörer eingesetzte Kriegsschiff dieser Welle war der Schwere Kreuzer ADMIRAL SCHEER (KptzS. Theodor Krancke), früher als Panzerschiff klassifiziert, der Ende Oktober 1940 aus Deutschland auslief und als erster Handelsstörer das neuartige operative Vorgehen anwenden sollte. Die Royal Navy erlangte erst Kenntnis von den Bewegungen der ADMIRAL SCHEER, als sie einen Geleitzug angriff, den der britische Hilfskreuzer JERVIS BAY sicherte. Im Dezember 1940 folgte der ADMIRAL SCHEER der Schwere Kreuzer ADMIRAL HIPPER (KptzS. Wilhelm Meisel) in den Nordatlantik. Doch die Turbinenanlage mit ihrer begrenzten Seeausdauer hinderte diesen Schweren Kreuzer daran, in den Südatlantik und den Indischen Ozean zu gehen, wie dies ein Panzerschiff konnte. Stattdessen blieb die über die Dänemarkstraße ausgebrochene ADMIRAL HIPPER zur Handelskriegsführung im Nordatlantik und lief danach als erstes großes deutsches Schiff mit Brest einen französischen Atlantikhafen an. Ein weiterer Nachteil für die

ADMIRAL HIPPER waren ihre ständigen Maschinenstörungen, die in kritischen Zeiten immer wieder auftraten, und für den Ausgang mehrerer Gefechte große Auswirkungen hatten.

Das Jahr 1941 begann für die deutsche Seite verheißungsvoll. Die ADMIRAL SCHEER und fünf Hilfskreuzer befanden sich in südlichen Gewässern, während der Hilfskreuzer KORMORAN (FKpt. Theodor Detmers) am Beginn seiner ereignisreichen Fahrt stand. SCHARNHORST (KptzS. Kurt Caesar Hoffmann) und GNEISENAU (KptzS. Otto Fein) mussten ihren ersten Durchbruchsversuch infolge erheblicher Sturm- und Seeschäden abbrechen. Der zweite Versuch Ende Januar 1941 (Unternehmen »Berlin«) führte zu einer sehr erfolgreichen Handelskriegsunternehmung im Nord- und Mittelatlantik, nach der die Schiffe Ende März 1941 in Brest einliefen. Nach einer zweiten Atlantikunternehmung, die trotz der unzuverlässigen Maschinenanlage des Schweren Kreuzers erfolgreich verlief, kehrte die ADMIRAL HIPPER nach einem weiteren kurzen Aufenthalt in Brest im Frühjahr 1941 nach Kiel zurück.

Ende März 1941 trat in den Aktivitäten der Handelsstörer in den nördlichen Gewässern eine erneute Pause ein, nachdem sich alle regulären Kriegsschiffe entweder in Brest oder wieder in deutschen Häfen befanden. Die Kriegsmarine hatte allen Grund, mit ihren Anstrengungen zufrieden zu sein, besonders wenn hierbei in Betracht gezogen wird, dass die Erfolge auf Kosten der stärksten Marine der Welt erzielt worden sind. ADMIRAL HIPPER hatte bewiesen, dass die begrenzte Seeausdauer der regulären Schweren Kreuzer kein Hinderungsgrund war, sie in wirksamer Weise gegen die Handelsschifffahrt einzusetzen, während andererseits THOR gezeigt hatte, dass Hilfskreuzer erfolgreich ihre Pendants in der Royal Navy bekämpfen konnten. Doch die Aktivitäten der Handelsstörer hatten ihren Höhepunkt erreicht und auf lange Sicht sah die Lage düster aus. Die deutschen Werften waren voll ausgelastet und es bestand keine Aussicht, dass bis Ende 1941 weitere Umbauten von Handelsschiffen zu Hilfskreuzern erfolgen konnten; denn die Fertigung von U-Booten hatte Priorität. Die verräterischen Anzeichen der Niederlage waren hinter den noch

Die Backbord-Brückennock des U-Bootbegleitschiffes OTTO WÜNSCHE (1943); achteraus das übliche »Spinnengewebe« der Funkantennen am Fockmast.

erfolgreichen Einsätzen verborgen und es bestand die Hoffnung, dass das Jahr 1942 weitere Erfolge bringen würde.

Auf dem Höhepunkt des Kreuzerkrieges hinter der Bühne

Das Handelsstörer-Referat im OIC der britischen Admiralität hatte über jeden der deutschen Hilfskreuzer ein detailliertes Dossier zusammengetragen und Ende Mai 1941 ergänzten regelmäßige interne Mitteilungen seine Berichte. Sich über halsstarrige Handelsschiffskapitäne oder über jene hinwegsetzend, die nicht soviel neue Informationen verarbeiten konnten, wechselte die Admiralität das Verfahren und machte die verfügbaren Informationen der gesamten Schiffsbesatzung zugänglich. Daraus ergab sich ein wachsendes Bewusstsein für die Gefahren, denen sich die Männer draußen auf hoher See gegenüberzusehen hatten.

Anfangs wurden die britischen Kriegsschiffe in ihren Bemühungen behindert, beim Anhalten die Identität der Handelsschiffe zu überprüfen, da zu viele Kapitäne die offiziellen Richtlinien nicht befolgten und nicht korrekt antworteten, wenn sie dazu aufgefordert wurden. Das Zeit raubende Verfahren, an Bord eines jeden Schiffes zu gehen, um die Schiffspapiere zu überprüfen, wurde schließlich durch die Einführung eines geheimen Identifizierungssystems für alle Handelschiffe unter britischer Überwachung ersetzt. Das neue Verfahren ergänzte eine Einrichtung, die als »Schachmatt-System« bekannt war. Mit ihrer Hilfe konnten Kriegsschiffe rasch mit den neuesten Informationen über den Verbleib jedes alliierten Schiffes versorgt werden. Auf diese Weise war es für ein gegnerisches Schiff, getarnt mit einer falschen Identität, fast unmöglich, seine Maskierung noch lange aufrechtzuerhalten, sobald es zur Identifizierung aufgefordert worden war.

Zunächst waren viele Handelsschiffskapitäne dagegen gewesen, einen Notruf zu senden, wenn sich ihnen ein verdächtiges Schiff näherte, falls das Senden eines solchen Notrufs von der deutschen Funküberwachung entdeckt werden sollte. Die britische Admiralität wies sie ständig dringend auf die Tatsache hin, dass der Gegner keine derartigen Einrichtungen besaß und dass die Royal Navy verzweifelt alle Informationen brauchte, die dazu beitragen konnten, die Positionen der Handelsstörer genau zu bestimmen. Es erfolgte die Einführung eines Systems, wodurch eine Sichtmeldung gesendet wurde, sobald ein verdächtig aussehendes Schiff in Sicht kam. Keine Maßnahmen wurden jedoch getroffen, wenn diese Meldung später widerrufen wurde, weil sie sich als Falschalarm herausstellte. Die Deutschen erbeuteten Dokumente, die Einzelheiten dieses Verfahrens enthielten, und waren gelegentlich im Stande das eigene Funkgerät des Opfers zu benutzen, um solche Notsignale selbst zu widerrufen.

Auch das Radar begann einen bedeutsamen Beitrag in der Kreuzerkriegsführung zu leisten. Bereits 1941 erhielten britische Kriegsschiffe die ersten leistungsfähigen Radargeräte – zu einem Zeitpunkt, als die deutsche Radar- oder Funkmessentwicklung auf Grund von Hitlers Entscheidung, die Forschung auf diesem Gebiet zu stoppen, ihren Vorsprung zu verlieren begann und zurückblieb. Die deutschen Funkmessantennen wiesen riesige, matrazenähnliche Rahmen auf, die hoch oben im Schiff an der Vormars-Drehhaube angebracht waren. Damit diese Geräteausstattung geheim blieb, erhielten die Antennen einen Segeltuchüberzug, sobald sich das Kriegsschiff den Küstengewässern näherte. So setzte die ADMIRAL HIPPER ihr Funkmessgerät ein, um Fühlung am Geleitzug SLS 64 zu halten, den der Kreuzer am 12. Februar 1941 angriff. Der Schwere Kreuzer hatte den Geleitzug in der Nacht zuvor bereits mit Funkmess geortet, aber er schloss erst zum Angriff heran, nachdem die Stärke der Sicherung festgestellt worden war. Danach versenkte die ADMIRAL HIPPER im ersten Licht des Morgens in rascher Folge sieben Schiffe und beschädigte zwei weitere. Auch GNEISENAU und SCHARNHORST hatten einen Monat zuvor ihre Funkmessgeräte eingesetzt, um während des Ausbrechens in den Atlantik beim Unternehmen »Berlin« den britischen Kriegsschiffen auszuweichen. Die ADMIRAL SCHEER hatte ebenfalls eine Funkmessanlage an Bord, als sie in den Indischen Ozean vorstieß. Zudem hatte das Panzerschiff sie benutzt, um im Nordatlantik einzeln fahrenden Handelsschiffen auszuweichen, während es auf das ausersehene Ziel wartete: den von der JERVIS BAY gesicherten Geleitzug.

Großbritannien schlägt zurück

Der Untergang des Schlachtschiffes BISMARCK (KptzS. Ernst Lindemann mit dem Flottenchef, Admiral Günther Lütjens, und seinem gesamten Stab an Bord) markierte den Wendepunkt im Kampf der Royal Navy gegen die Handelsstörer. Dies war das erste Mal, dass eine große deutsche Einheit bei dem Versuch gestellt wurde, in den freien Atlantik auszubrechen. Darüber hinaus spielte auch das Radar eine wichtige Rolle bei der Verfolgung der beiden deutschen Schiffe. Im Mai 1941 war das neue Schlachtschiff BISMARCK zusammen mit dem ebenfalls neuen Schweren Kreuzer PRINZ EUGEN (KptzS. Helmut Brinkmann) im Rahmen des Unternehmens »Rheinübung« zu seinem ersten und einzigen Vorstoß in der Handelskriegsführung ausgelaufen. Anschließend zog die Royal Navy aus ihrem Erfolg Nutzen, indem sie das wichtigste Glied zerstörte, ohne dass Handelsstörer überhaupt nicht operieren konnten: das Etappensystem. Handelsstörer konnten sich mit Proviant und Vorräten aus ihren Opfern versorgen, aber Munition konnte auf diesem Wege nicht beschafft werden. Deshalb war ein leistungsfähiges Versorgungsnetz von Bedeutung, besonders da es immer schwieriger wurde, Schiffe unter Bedingungen aufzubringen, die für den angreifenden Handelsstörer günstig waren. Viele Handelsschiffe waren sich nunmehr der möglichen Gefahr bewusster und führten keine vollen Bunker mit kostbarem Brennstoff mehr mit. Sie hatten nur noch gerade soviel dabei, um den nächsten Anlaufhafen zu erreichen.

Nach dem Krieg hatte noch jahrelang die Auffassung bestanden, dass sich die Versorgungsschiffe in dem Netz gefangen hatten, das um die BISMARCK gezogen worden war, aber dies war nicht der Fall gewesen. Später freigegebene »Ultra«-Dokumente haben enthüllt, dass das Vorgehen gegen das Etappensystem eine gut geplante, selbstständige Operation war. Der Mai und der Juni 1941 waren in der Tat für die Kriegsmarine schwarze Monate. Sie verlor einen von Ostasien kommenden Blockadebrecher – die ELBE (9179 BRT), den am 6. Juni ein Trägerflugzeug der EAGLE in der Nähe der Azoren versenkte – sowie neun Etappenschiffe, sämtlich als Ergebnis einer gut durchgeführten Verfolgung. Diese Verluste wirkten sich auf die Handelsstörer in den südlichen Gewässern verheerend aus, besonders auf den rückmarschierenden Hilfskreuzer ORION (FKpt. Kurt Weyher). Die Maschinen der ORION hatten Störungen, ihre Treibstoffbunker waren fast leer und auch Munition war für ein längeres Gefecht nicht mehr vorhanden. Das Schiff musste schließlich aus dem Hilfskreuzer ATLANTIS (KptzS. Bernhard Rogge) versorgt werden, der sich nur schwer von dem kostbaren Heizöl trennen konnte, obwohl es die ORION dringend brauchte, um die französische Atlantikküste erreichen zu können. Übrigens waren auch die Versorgungspositionen der PRINZ EUGEN bekannt und der Schwere Kreuzer wäre zu einem leichten Opfer geworden, hätte ihn nicht eine Maschinenstörung zum Anlaufen von Brest gezwungen.

Im Verlaufe des Juni 1941 wurden die folgenden neun Etappenschiffe versenkt

- ALSTERTOR (ex-ROSE): Versorgungsschiff, selbst versenkt am 23. Juni auf 41° 12' N und 13° 10' W bei Annäherung britischer Seestreitkräfte;
- BABITONGA (ex-OSIRIS): Etappenschiff, selbst versenkt am 21. Juni auf 02° 05' S und 27° 42' W bei der Annäherung des Schweren Kreuzers HMS LONDON;
- EGERLAND (ex-North America): Begleittanker, selbst versenkt am 5. Juni 07° N und 31° W beim Aufbringen durch die LONDON und den Zerstörer HMS BRILLIANT;
- ESSO HAMBURG (ex-ESSO COLON): Begleittanker für BISMARCK, PRINZ EUGEN und U-Boote, selbst versenkt am 4. Juni auf 07° 35' N und 31° 25' W bei Annäherung von LONDON und BILLIANT;
- FRIEDRICH BREME: Begleittanker für BISMARCK und PRINZ EUGEN, selbst versenkt am 12. Juni auf 44° 44' N und 22° 20' W bei Annäherung des Leichten Kreuzers HMS SHEFFIELD;
- GEDANIA: Begleittanker für BISMARCK, PRINZ EUGEN und U-Boote, aufgebracht durch den Hilfskreuzer HMS MARSDALE am 4. Juni auf 43° 38' N und 22° 15' W;
- GONZENHEIM (ex-KONGSFJORD): Spähschiff für BISMARCK und PRINZ EUGEN, selbst ver-

Bootsmanöver an Bord des Etappen-V-Schiffes und Blockadebrechers ANNELIESE ESSBERGER. Wenn auch lästig, so waren diese Übungen doch eine lebenswichtige Routine. Sie dienten nicht nur dem schnellen Verlassen des Schiffes, sondern waren genauso nützlich, um ein britisches Kriegsschiff zu täuschen. Um die Tarnung aufrechtzuerhalten, ging bei Annäherung eines Kriegsschiffes ein Teil der Besatzung in »offensichtlicher Panik« in die Boote.

senkt am 4. Juni auf 43° 29' N und 24° 04' W bei der Annäherung britischer Kriegsschiffe;

- LOTHRINGEN (ex-PAPENDRECHT): Begleittanker für BISMARCK, PRINZ EUGEN und U-Boote, aufgebracht am 15. Juni auf 19° 49' N und 25° 31' W durch den Leichten Kreuzer HMS DUNEDIN nach Sichten durch ein Trägerflugzeug der EAGLE; und
- BELCHEN (ex-SYSLA): Versorgungstanker für BISMARCK, PRINZ EUGEN und U-Boote, versenkt auf 59° N und 47° W durch die Leichten Kreuzer HMS KENYA und AURORA.

Die Tross-Schiffe SPICHERN (ex-KROSSFONN) und ERMLAND sowie drei Blockadebrecher – die italienischen Schiffe ATLANTA und TODARO sowie die deutsche REGENSBURG – schlüpften durch das Netz und erreichten westfranzösische Atlantikhäfen.

Das Ende des Kreuzerkrieges

Im Verlaufe des Sommers 1941 mag der allgemeine Fortgang des Krieges zur See für die deutsche Seite relativ verheißungsvoll ausgesehen haben, vor allem dann, wenn rückblickend die erheblichen Erfolge einbezogen werden, die während der ersten Monate des Jahres 1942 in den amerikanischen Gewässern eintreten sollten. Die eigentliche Entwicklung verhieß jedoch ein düsteres Bild. Nach dem Verlust der BISMARCK waren zunächst nur noch die beiden Panzerschiffe und die beiden Schweren Kreuzer in einsatzfähigem Zustand vorhanden. Die LÜTZOW (ex-DEUTSCHLAND, KptzS. Leo Kreisch) verlegte dann nach längerer Werftliegezeit zur Wiederaufnahme der Handelskriegsführung nach Norwegen. Hier erzielten am 13. Juni 1941 Beaufort-Torpedobomber vor Egersund einen Torpedotreffer mittschiffs. Die ADMIRAL SCHEER befand sich nach ihrer Werftliegezeit ab Juli 1941 im Ausbildungsdienst in der Ostsee und sollte später nach Norwegen verlegen. Infolge seiner Maschinenstörungen und der Vergrößerung seines Bunkervolumens lag die ADMIRAL HIPPER immer noch in der Werft, während bei PRINZ EUGEN, SCHARNHORST und GNEISENAU in Brest Reparaturen durchgeführt wurden. Diese Schäden waren die Folge von Luftangriffen der RAF und die Schiffe sollten erst zu Beginn des Jahres 1942 wieder Einsatzfähigkeit erlangen. Die Lage bei den Hilfskreuzern stellte sich etwas besser dar. Lediglich ein Hilfskreuzer (PINGUIN unter KptzS. Ernst-Felix Krüder) war durch Feindeinwirkung verloren gegangen. Die übrigen waren entweder zurückgekehrt oder befanden sich noch auf Feindfahrt; aber ihre Erfolge hatten angesichts der Gegenmaßnahmen, die von den Alliierten gegen Handelsstörer eingeführt worden waren, beträchtlich abgenommen.

Nach der Vernichtung des Etappensystems im Juni 1941 war es der Kriegsmarine nicht mehr möglich, ein neues Versorgungssystem einzurichten, das sich auf europäische Gewässer stützte. Stattdessen richtete Deutschland den Blick in den Fernen Osten, um aus Japan kriegswichtige Nachschubgüter zu bekommen. Das Auslaufen von Handelsschiffen aus Europa kam nicht völlig zum Stillstand, wie oft angenommen worden ist, aber nur wenigen Blockadebrechern gelang es, aus französischen Häfen nach Fernost auszulaufen bzw. von dort wieder zurückzukehren.

Ende 1941 konnte Großbritannien bereits einen beträchtlichen Teil des deutschen Funkverkehrs entziffern und bis zum Ende des darauf folgenden Jahres hatte diese nachrichtendienstliche Tätigkeit erheblich zugenommen. ATLANTIS, der Erste zum Einsatz gekommene Hilfskreuzer, wurde am 22. November 1941 als direktes Ergebnis der Kodebrecher in Bletchley Park versenkt, nachdem diese die über Funk an *U 126* (Kptlt. Ernst Bauer) übermittelten Weisungen mit den Einzelheiten des Treffpunktes entziffert hatten. Kurze Zeit später erlitt das U-Bootversorgungsschiff (Z-Schiff) PYTHON ein ähnliches Schicksal, nachdem es die Überlebenden der ATLANTIS aufgenommen hatte. Die PYTHON war zur Untergangsstelle beordert worden, nachdem auf deutscher Seite der in englischer Sprache in korrektem britischen Kode gesendete Notruf des Handelsstörers aufgefangen worden war. Nebenbei bemerkt wurde der deutsche Funkschlüssel für die Hilfskreuzer nie gebrochen; Bletchley Park erlangte die Kenntnis von der Position des Handelsstörers durch das Eindringen in den Schlüsselbereich »Triton« für den Funkverkehr der U-Boote.

Im Februar 1942 erzielte die Brest-Gruppe – SCHARNHORST (KptzS. Kurt Caesar Hoffmann),

PRINZ EUGEN beim Kanaldurchbruch der »Brestgruppe« am 11.-13. Februar 1942 in die Nordsee. Dicht unter der englischen Küste herrscht auf allen Gefechtsstationen gespannte Aufmerksamkeit: bei der Flak (unten) genauso wie auf der Brücke des Schweren Kreuzers (oben). Mit dem Rücken zur Kamera: der Kommandant KptzS. Hellmuth Brinkmann (Bordmütze mit silbernem Rand). Niemand hatte ein so leichtes Passieren der gefährlichen Enge erwartet und jeder sah mit Erleichterung die Sonne über der Nordsee aufgehen.

Von der PRINZ EUGEN aus: Ein Torpedoboot der sichernden 3. T-Flottille beim Kanaldurchbruch.

GNEISENAU (KptzS. Otto Fein) und PRINZ EUGEN (KptzS. Helmut Brinkmann) – einen psychologischen Sieg über die Royal Navy, als die Schiffe von Brest aus auf dem Marsch in die Heimat den Englischen Kanal passierten (Unternehmen »Cerberus«). Der so genannte Kanaldurchbruch entstand als direkte Folge von Hitlers »intuitivem Gefühl« einer Landung der Alliierten in Norwegen. Infolgedessen befahl er Großadmiral Raeder, diese drei großen Einheiten in nördliche Gewässer zu verlegen. Raeder erhob gegen diese Verlegung Einwände, aber Hitler legte dar, dass diese Schiffe in Norwegen besser verwendet wären und schlug einen raschen Durchbruch durch den Kanal vor. Raeder protestierte gegen die Wahl der Route, musste sich jedoch fügen und die drei Einheiten gingen stark gesichert unter Führung von Vizeadmiral Otto Ciliax, dem Befehlshaber der Schlachtschiffe, in See. Das mit Kühnheit durchgeführte riskante Unternehmen vollzog sich ohne große Schwierigkeiten, spornte aber die britische Seite zu großen Anstrengungen an, ähnliche Bravourstücke in Zukunft zu verhindern. Die britische Wachsamkeit verstärkte sich und ließ den Weg durch den Kanal für die zweite Welle der aus Deutschland ausgelaufenen Hilfskreuzer zu einem gefährlichen Vorhaben werden. THOR (KptzS. Günther Gumprich) gelang es, Anfang Dezember 1941 ohne große Schwierigkeiten den Kanal zu passieren, während der Marsch des Hilfskreuzers MICHEL (KptzS.d.R. Hellmuth v. Ruckteschell) im März 1942 unter heftigen Seegefechten verlief. STIER (KptzS. Horst Gerlach) kam im Mai 1942 als letzter Handelsstörer – wieder unter heftigen Seegefechten – durch die Meerenge. Britische Seestreitkräfte versenkten am 14. Oktober 1942 im Kanal die KOMET (KptzS. Ulrich Brocksien), und CORONEL (KptzS. Ernst Thienemann) musste im Februar 1943 infolge erlittener Beschädigungen beim Versuch des Durchbruchs das Unternehmen abbrechen, um seiner Vernichtung zu entgehen. Die wenigen Handelsstörer, die in die südlichen Gewässer gelangten, waren ziemlich erfolgreich, wenn auch keiner von ihnen die hohen Versenkungsziffern der Vorgänger mehr erreichte. Sie erzeugten jedoch ein hohes Maß an Verwirrung, indem sie die Auslauftermine der Handelsschiffe verzögerten, die Schiffe zu langen Umwegen zwangen, die Royal Navy von anderen Aufgaben abhielten und insgesamt vorteilhafte Ergebnisse erzielten.

Auf der Signalbrücke der PRINZ EUGEN beim Kanaldurchbruch. Aus Klugheit, um Funkstille zu wahren, wurden zur Nahverständigung Flaggensignale bevorzugt.

Die letzten Pläne, um schwere Einheiten der Kriegsmarine im Atlantik einzusetzen, stammten vom 26. August 1942, als in einer Konferenz Hitler mit Raeder, VAdm. Theodor Krancke, der Ständige Vertreter des Ob.d.M. im Führerhauptquartier und frühere Kommandant der ADMIRAL SCHEER, sowie KptzS. Karl-Jesko v. Puttkammer, der Marineadjudant Hitlers, die Möglichkeiten erörterte, den Schweren Kreuzer ADMIRAL SCHEER in den Südatlantik zu entsenden. Raeder war der Überzeugung, die ADMIRAL SCHEER hätte eine gute Chance, durch das Netz der Alliierten zu schlüpfen. Der Lohn für eine solche Feindfahrt wäre möglicherweise in politischer und psycholo-

PRINZ EUGEN beim Kanaldurchbruch: Zusätzlich eingeschiffte Heeres-Vierlingsflaks auf der Back und auf Turm B.

Hilfskreuzer WIDDER (Schiff 21): Unter der deutschen Kriegsflagge das achtere 15-cm-Geschütz enttarnt und gefechtsbereit. Getarnt sah es wie ein Deckshaus aus und hatte sogar ein aufgemaltes Bullauge.

gischer Hinsicht groß. Hitler weigerte sich jedoch; denn zum einen sah er die Gefahr einer alliierten Landung auf dem europäischen Festland und zum anderen hielt er die Luftunterstützung für nicht stark genug, um der ADMIRAL SCHEER den Beistand zukommen zu lassen, der bei einem derart riskanten Unternehmen erforderlich war.

Nach dieser Zusammenkunft verschlechterte sich die allgemeine Lage bezüglich des Krieges zur See rasch und die Aussichten, Hilfskreuzer in die außereuropäischen Gewässer zu entsenden, schwanden außerordentlich schnell dahin. Im Dezember 1942 befahl Raeder die Einstellung der Umbauarbeiten für den letzten Handelsstörer: *Schiff 49* (ex-AMERSKERK). Dieses 7900 BRT große Schiff war im April 1940 in den Niederlanden beschlagnahmt und an den Norddeutschen Lloyd übergeben worden. Als Hilfskreuzer hätte es den Namen COBURG erhalten, wäre eine Indienststellung erfolgt. Wie bereits erwähnt, war *Schiff 14* CORONEL Anfang Januar 1943 auslaufbereit und nach einer kurzen Verzögerung infolge schlechten Wetters verließ die CORONEL am 7. Februar die Deutsche Bucht in Richtung Kanal. Um diese Zeit operierten jedoch die britischen Schiffe ungehindert vor der französischen Küste und hatten auch bei Tage keine Besorgnis, von der Kriegsmarine angegriffen zu werden. Die Chancen eines Durchbruchs für die CORONEL waren dürftig. Dennoch wurde das Unternehmen befohlen und der Marsch des Schiffes wurde sorgsam überwacht, bis infolge der durch Angriffe erlittenen Beschädigungen klar wurde, dass die Royal Navy zu stark war. Daher erfolgte der Abbruch des Unternehmens. Lediglich der Hilfskreuzer MICHEL stand noch in See. Er war im Mai 1943 unter Führung von KptzS. Günther Gumprecht zu seiner zweiten Unternehmung aus Japan in den Pazifik ausgelaufen. Allerdings standen zu seiner Unterstützung keine Versorgungsschiffe mehr zur Verfügung. Infolgedessen blieben seine Operationen begrenzt. Doch dies spielt kaum mehr eine Rolle, denn die Handelsstörer hatten aufgehört, ein wirksames Mittel des Seekriegs zu sein. Ein Erfolg ließ sich nur mehr daran messen, wie lange es einem solchen Schiff gelang, in See zu bleiben. Die Überwasserkriegsführung in fernen Gewässern war zum Stillstand gekommen.

ZWISCHENFÄLLE UND UNTERNEHMEN

Unternehmen »Weiß«: Der deutsche Angriff auf Polen

Am 1. September 1939 eröffnete um 04.45 Uhr das veraltete Linienschiff SCHLESWIG-HOLSTEIN unter KptzS. Gustav Kleikamp den Seekrieg. Es beschoss von Danzig-Neufahrwasser aus die zum damaligen Freistaat Danzig gehörende Westerplatte, einen polnischen Stützpunkt an einer schmalen Landspitze in der Weichsel-Mündung. Die vier 28-cm- und sechs 15-cm-Geschütze des alten Linienschiffes waren für eine derartige Nahbeschießung ideal geeignet, die die Verteidigung schwächen sollte, ehe mehrere Marinestoßtrupps zum Angriff übergehen konnten. Doch die getarnten Betonbunker hielten stand und erst die Knappheit an Munition und Proviant zwang die polnische Besatzung schließlich dazu, sich sieben Tage später zu ergeben.

Dieses Ereignis und das betrifft auch den gesamten deutschen Angriff auf Polen wird heute als ein ungerechtfertigter Angriff starker Streitkräfte gegen ein kleines Land betrachtet. Doch zur damaligen Zeit sahen dies viele Deutsche in einem völlig anderen Licht. Modernen Geschichtsbüchern fehlt häufig die Erklärung, dass das polnische Volk seine Sprache, Kultur und Nationalität mehrere Jahrhunderte lang bewahren musste, weil es – ohne einen eigenen Staat zu besitzen – aufgeteilt zwischen mehreren Staaten leben musste, die auf das polnische Territorium Anspruch erhoben. Nach dem Ersten Weltkrieg benutzten 1919 die siegreichen Alliierten diese polnische Entschlossenheit zur Unabhängigkeit

Herbstmanöver 1937. Das Legen von Nebelwänden gehörte zu den häufigen Übungen.

als Werkzeug, um Deutschland, Österreich und Russland noch weiter zu schwächen. Große Teile ihrer Staatsgebiete wurden abgetrennt, um mit der Republik Polen einen neuen Staat zu gründen. 20 Jahre später, als der Zweite Weltkrieg begann, befanden sich unter den in Polen einmarschierenden Soldaten viele, die bereits geboren waren, als diese Gebiete von Deutschland abgetrennt wurden – und sie wuchsen in einer Zeit auf, in der das bestehende Bildungssystem diesen Groll weiter vertiefte.

Der militärische Angriff auf Polen wird heute sehr einseitig bewertet. Trotzdem lässt er sich nicht entschuldigen und die spätere zum Teil harte Behandlung der Polen ebenso wenig. Dennoch ist es auch wichtig, sich daran zu erinnern, dass die Mehrheit der in Polen einmarschierenden Soldaten ihr Handeln nicht als Invasion eines fremden Landes sondern als ein teilweises Wiedererobern eigenen Gebietes und als Befreiung der unterdrückten und drangsalierten volksdeutschen Minderheit ansahen, die – ebenso wie die ungarischen, ukrainischen, slowakischen oder jüdischen Minderheiten – unter einem aggressiven Chauvinismus und einer extrem protestantenfeindlichen Haltung führender polnischer Kreise und Institutionen zum Teil schwer zu leiden hatte. Nicht wenige von ihnen waren nach dem Ersten Weltkrieg aus ihrer Heimat vertrieben worden und die geringe Entschädigung, die die Vertriebenen – wenn überhaupt – erhalten hatten, war infolge der Abwertung der deutschen Mark während der dramatischen Inflation der frühen 20er-Jahre verloren gegangen. Zudem hatte sich Polen nach dem Ersten Weltkrieg mit Duldung der Alliierten rein deutsche Gebiete bzw. Gebiete mit mehrheitlich deutscher Bevölkerung angeeignet bzw. erhob nach wie vor Anspruch auf sie. Danzig mag als Beispiel dafür stehen.

Der ALTMARK-Zwischenfall

Nachdem die aus dem Südatlantik zurückkehrende ALTMARK unter KKpt.d.R. Heinrich Dau die Blockade in der Island-Färöer-Enge durchbrochen hatte, benutzte das Tross-Schiff der ADMIRAL GRAF SPEE mit 303 Gefangenen an Bord den Schärenweg innerhalb der neutralen norwegischen Hoheitsgewässer. Von norwegischen Torpedobooten begleitet, verriet deren Funkverkehr die Anwesenheit des deutschen Schiffes an die Royal Navy. Von einem britischen Flugzeug entdeckt, versuchte ein britischer Zerstörerverband am 16. Februar 1940 die unbewaffnete ALTMARK nahe Egersund zu stoppen, die im Jössingfjord Schutz suchte. Der Zerstörer COSSACK (Cdr. P.L. Vian) ging daraufhin in der Nacht längsseits, enterte das deutsche Schiff und holte die befreiten Gefangenen von Bord, wobei acht deutsche Seeleute getötet wurden. Die beiden anwesenden norwegischen Torpedoboote SKARV und KJELL protestierten zwar gegen die bewaffnete Neutralitätsverletzung, griffen aber nicht ein. Dies ließ erkennen, dass Norwegen mehr der alliierten Seite in wohlwollender Neutralität zuneigte. Diese Handlungsweise zusammen mit einem ähnlichen Vorfall, der den amerikanischen Frachter CITY OF FLINT betraf (siehe unten Seite 65), bestärkte die deutsche Seite in ihrer Absicht Norwegen zu besetzen. Das ausschlaggebende Moment war jedoch die unmittelbar drohende Gefahr einer alliierten Unterbrechung der für Deutschland strategisch wichtigen Erzzufuhr aus Schweden, die per Bahn durch Norwegen ihren Weg in den ebenfalls norwegischen Verladehafen Narvik nahm.

Der ATHENIA-Zwischenfall

Am 3. September 1939, dem Tag der britischen Kriegserklärung an Deutschland, missachtete ObltzS. Fritz-Julius Lemp, der Kommandant von *U 30*, das Verbot, Passagierschiffe anzugreifen. Er torpedierte und versenkte ohne Warnung die 13.581 BRT große ATHENIA. Er hatte das britische Passagierschiff für einen Hilfskreuzer gehalten. Da er die Versenkung nicht gemeldet hatte, beschuldigte die deutsche Propaganda den britischen »Secret Service« und den Marineminister Winston Churchill der vorsätzlichen Sabotage, um Deutschland in ein schlechtes Licht zu setzen. Als *U 30* einige Zeit später von Feindfahrt zurückkehrte und die Wahrheit herauskam, befahl Hitler, die entsprechende Seite aus dem Kriegstagebuch des U-Bootes zu entfernen und alle Hinweise auf die Versenkung zu vernichten. Gleichzeitig wurde die Besatzung zum Stillschweigen verpflichtet. Das Verbot des Angriffs auf Passagierschiffe, auch wenn sie in einem von Kriegsschiffen gesicherten Geleitzug fuhren, wurde nochmals betont. Der

Befehl blieb bis zum 17. August 1940 in Kraft. Dieser außerordentlich bedauerliche Zwischenfall führte in Großbritannien zur Schlussfolgerung, dass Deutschland den Befehl zur uneingeschränkten Ubootkriegsführung erteilt hatte, obwohl das genaue Gegenteil stimmte.

Der CITY OF BENARES-Zwischenfall

Das britische Passagierschiff CITY OF BENARES (11.000 BRT) torpedierte und versenkte *U 48* (Kptlt. Heinrich Bleichrodt) am 18. September 1940 wenige Minuten nach Mitternacht, nur ein paar Wochen später, nachdem die Seekriegsleitung den uneingeschränkten Angriff auf Schiffe dieser Kategorie freigegeben hatte. Obwohl das Passagierschiff abgeblendet und ohne besondere Kennzeichnung in einem nicht gesicherten Geleitzug fuhr, hatten die Passagiere an Bord kaum Rettungsboot-Übungen durchgeführt. Unter den 300 ums Leben gekommenen Passagieren befanden sich auch 77 der 90 Kinder, die nach Kanada evakuiert werden sollten. Nach dem Kriege wurde Kptlt. Bleichrodt beschuldigt, gewusst zu haben, dass sich Kinder an Bord befunden hätten. Konzentrierte Versuche wurden unternommen, um ihn zum Geständnis zu verleiten, er hätte bewusst die Tötung der Kinder herbeigeführt. Diese Beschuldigungen waren absurd, da Bleichrodt weder wusste, welches Schiff er genau in diesem Geleitzug angriff noch was sich an Bord befand. Im Mondschein, der die ansonsten dunkle Nacht durchdrang, erkannte Bleichrodt lediglich ein legitimes Ziel. Trotz beträchtlichen Drucks, den die britische Seite ausübte, besaß Bleichrodt die Charakterstärke, um sich einem solchen Geständnis zu widersetzen. Infolge mangelnder Beweise brach die Anschuldigung schließlich zusammen. Die interessante Tatsache ist hinzuzufügen, dass eine Reihe von Offizieren der Royal Navy, die selbst auf See waren, diesen ungerechtfertigten Angriff auf Bleichrodt ebenfalls als ungerecht ansahen und ihn warnten, dass die Behörden den Versuch planten, ihn zu hängen.

Der CITY OF FLINT-Zwischenfall

Zu Beginn des Krieges brachte das Panzerschiff DEUTSCHLAND am 9. Oktober 1939 ein Handelsschiff der USA auf, das zum Mittelpunkt diplomatischer Auseinandersetzungen wurde. Der Vorfall zeigte, dass Norwegen seine Neutralität wohlwollend zu Gunsten der Alliierten ausübte. Neben anderen Gesichtspunkten bestärkte er die deutsche Seite darin, das Land zu besetzen, ehe es zu einer britischen Basis wurde. Siehe hierzu auch der Abschnitt über die DEUTSCHLAND (unten Seite 81 f.).

Operation »Deadlight«

»Deadlight« (d. h. eine Blende vor dem Bullauge), ist der Deckname für die alliierte Operation 1945/46, in der die nach dem Kriege ausgelieferten deutschen U-Boote nördlich von Irland durch britische Seestreitkräfte versenkt wurden. Als der Krieg endete, erhielten die noch in See stehenden deutschen U-Boote den Befehl, aufzutauchen und besondere Weisungen abzuwarten sowie eine schwarze Flagge zu setzen. Sie hatten dann einen ihnen bezeichneten alliierten Hafen anzulaufen. Boote in Häfen, die sich noch in deutscher Hand befanden, mussten entwaffnet werden. Später wurden alle U-Boote weitgehend zu folgenden abgesperrten britischen Sammelplätzen gebracht:

- am Loch Eriboll (an der Westseite der schottischen Nordküste),
- am Loch Ryan (westlich von Dumfries, Schottland) und
- Lisahally (manchmal auch Lisnahilly genannt) am Loch Foyle in der Nähe von Londonderry, Nordirland.

Von dort aus wurden die U-Boote in kleinen Gruppen am Rande des Festlandschelfs auf tiefem Wasser versenkt. Einige sanken hierbei auch auf Tiefen, wo sie von Tauchern erreicht werden konnten. Die erste Gruppe verließ die Sammelplätze am 25. November 1945 und die letzte am 7. Januar 1946. Insgesamt wurden 116 U-Boote versenkt. Eine in den 80er-Jahren durchgeführte Erkundung ergab, dass alle auf flacherem Wasser versenkten U-Boote von Souvenirjägern geplündert worden waren.

Gibraltar: Unternehmen »Felix«

Vorkriegspläne zur Eroberung Gibraltars wurden im August 1940 unter dem Decknamen »Unternehmen Felix« zu einem ersten Operationsentwurf ausgearbeitet. Das Hauptziel bestand darin, die britische Dominanz im westlichen Mittelmeer auszuschalten und es den Alliierten zu

U 123: Die großen U-Boote vom Typ IX führten achteraus des Kommandoturms noch eine halbautomatische 3,7-cm-Flak C/30 U (verbesserte Flak 18 des Heeres) in Lafette C/39 U als Decksgeschütz, das von Hand geladen werden musste. 1943 erhielten die U-Boote die 3,7-cm-Flak M 42 (Flak 36) in C/39 U, mit 8-Schuss-Rahmen und deutlich höherer Schussfolge. Das Schiff im Hintergrund scheint mehrere Artillerietreffer in die Bordwand erhalten zu haben. Doch wie der wasserdichte Propfen im Rohr zeigt, wurde das Geschütz bei diesem Anlass nicht benutzt.

erschweren, Geleitzüge entlang der nordafrikanischen Küste laufen zu lassen. Gleichzeitig würde der deutsche Besitz Gibraltars eine ideale Basis für den Einsatz der U-Boote im Atlantik darstellen. Der Plan hätte eine beträchtliche Unterstützung Spaniens erfordert, aber General Franco war der Auffassung, der Bürgerkrieg hätte von seinem Land zu große Opfer gefordert. Er widerstand daher allen Bemühungen, in einen Konflikt gegen Großbritannien hineingezogen zu werden. Infolgedessen wurden alle deutsche Pläne für einen Angriff auf Gibraltar aufgegeben.

Der GREER-Zwischenfall

Am 4. September 1941 – drei Monate vor dem Kriegseintritt der USA – teilte ein britisches Flugzeug dem US-Zerstörer GREER (Lt.Cdr. Frost), der sich auf dem Wege nach Island befand, die Position von *U 652* (ObltzS. Georg-Werner Fraatz) mit. Das U-Boot tauchte, wurde aber von dem neutralen Zerstörer mit Asdic geortet und verfolgt. Während der Zerstörer die britische Maschine einwies, griff diese das U-Boot mit Wasserbomben an. In der Annahme, von der GREER angegriffen worden zu sein, schoss Fraatz zwei Torpedos, die jedoch beide vorbeigingen. *U 652* konnte glücklicherweise der sich anschließenden Wasserbombenverfolgung durch den Zerstörer entkommen. Präsident Roosevelt bezeichnete am 11. September 1941 den Zwischenfall als einen offenen Akt der Aggression durch das U-Boot und nahm ihn zum Anlass, den sog. »Schießbefehl« *(shoot-on-sight-order)* gegen Schiffe der »Achsenmächte« zu erlassen, die sich in Seegebiete wagen, »deren Schutz für die amerikanische Verteidigung erforderlich« ist. Hitler, der die Amerikaner aus dem Krieg heraushalten wollte, billigte Fraatz' Verhalten als korrekt. Er erteilte jedoch den strikten Befehl, jeden Zwischenfall mit amerikanischen Schiffen zu vermeiden. Selbst wenn sie angegriffen würden, sollten sich U-Boote nicht durch offensives Handeln verteidigen.

Der KEARNY-Zwischenfall

Im Oktober 1941 gehörte der US-Zerstörer KEARNY (Lt.Cdr. Danis) zur Sicherung des ostgehenden alliierten Geleitzuges SC 48. Noch immer waren die Vereinigten Staaten ein neutrales Land, das sich nicht im Kriegszustand befand. Am Morgen des 17. Oktober torpedierte *U 568* (Kptlt. Joachim Preuß) die KEARNY und beschädigte das Schiff, auf dem ein Dutzend Seeleute fielen. Preuß hatte die KEARY für einen britischen Zerstörer der »Tribal«-Klasse gehalten. Die Folge hiervon war, dass den U-Booten noch striktere Beschränkungen auferlegt wurden, während die Britenfreundliche US-Propaganda diesen Vorfall als ein weiteres Beispiel der mörderischen Aggression der U-Boote ausschlachtete.

Der LACONIA-Zwischenfall

Im Gefolge der Versenkung des britischen Truppentransporters LACONIA (19.695 BRT) am 12. September 1942 nordöstlich der Insel Ascension stellte KKpt. Werner Hartenstein, der Kommandant von *U 156*, fest, dass sich unter anderem 1800 italienische Kriegsgefangene an Bord befunden hatten. Die U-Bootführung unterstützte die sofort eingeleiteten Rettungsmaßnahmen und befahl weitere U-Boote in das Seegebiet zur Hilfeleistung. Gleichzeitig gab Hartenstein im Klartext einen Funkspruch in englischer Sprache ab und forderte Hilfe an. Er gab die Zusage, nicht anzugreifen, und bedeckte die Geschütze mit Rotkreuzflaggen. Diplomatische Verhandlungen mit Frankreich über die Waffenstillstandskommission führten zur Entsendung von Kriegsschiffen aus Westafrika, um die Überlebenden aufzunehmen. Ein »Liberator«-Bomber der US-Heeresluftwaffe von Ascension griff jedoch die U-Boote mit den Rettungsbooten im Schlepp in fünf Angriffen mit Bomben an. Als Folge davon erließ Admiral Karl Dönitz, der B.d.U., an seine Kommandanten den Befehl, in Zukunft keine Rettungsmaßnahmen mehr durchzuführen. Nach dem Kriege spielte dieser so genannte *LACONIA-Befehl* im Prozess gegen Dönitz vor dem Internationalen Militärtribunal in Nürnberg eine große Rolle. Die Anklage behauptete, Dönitz' Entscheidung habe zu dem Befehl geführt, Überlebende zu töten. Obwohl der Gerichtshof von dem Flugzeugangriff wusste, wurde angenommen, dass dieser eine spontane Entscheidung des Piloten gewesen wäre, der keine Kenntnis von der Rettungsaktion gehabt hatte. Der Gerichtshof hatte offiziell keine Erkenntnisse, dass dieser Angriff auf Schiffbrüchige von alliierten Stellen geplant und angeordnet worden war.

Der japanische Überfall auf Pearl Harbor

Japanische See- und Luftstreitkräfte griffen in massiven Luftschlägen am 7. Dezember 1941 ohne Vorwarnung den amerikanischen Marinestützpunkt und Ankerplatz der US-Pazifikflotte auf Hawaii an. Bei diesen Angriffen wurden 19 Kriegsschiffe versenkt, darunter vier Schlachtschiffe, 200 Flugzeuge zerstört, über 150 weitere beschädigt und fast 2500 Mann getötet. Die Japaner hingegen verloren lediglich 29 Flugzeuge, ein Flottenunterseeboot und fünf Klein-U-Boote. Einen Beitrag zu diesem Vorstoß lieferte auch der Hilfskreuzer ATLANTIS, der geheime Papiere erbeutet hatte, die den Japanern übergeben wurden. Sie enthielten Angaben über die militärische Kräfteverteilung der Briten in Fernost. Im Gefolge dieses Angriffs erklärte Deutschland den Vereinigten Staaten den Krieg.

Der PELEUS-Zwischenfall

Nach der Versenkung des 4695 BRT großen griechischen Frachters PELEUS am 13. März 1944 im Südatlantik vor Afrika befahl Kptlt. Heinz Wilhelm Eck, der Kommandant von *U 852*, schwimmende Wrackteile mit Maschinengewehrfeuer und Handgranaten zu vernichten, um die Versenkungsposition nicht an Flugzeuge zu verraten. Im Zuge dieser rücksichtslosen Aktion wurde auch eine Reihe von Überlebenden der Besatzung getötet. Fast zwei Monate später wurde *U 852* bei einem Luftangriff am 2. Mai vor Ostafrika schwer beschädigt. Eck musste sein Boot an der Küste von Italienisch-Somaliland etwa 80 km südlich von Kap Guardafui auf Strand setzen. Der Besatzung gelang es, das Boot zu sprengen und an Land zu kommen. Kurze Zeit später entdeckte die Sloop HMS FALMOUTH die Überreste des Wracks, die ein Enterkommando untersuchte. Dann wurden auch die U-Bootmänner aufgespürt und gefangen genommen. Der 29 Jahre alte Eck, LtzS. August Hoffmann, der II.WO (der I.WO war gefallen), Marineoberstabsarzt Dr. Weißpfennig, der Bordarzt, Kptlt.(Ing.) Lenz, der Leitende Ingenieur, und der Matrosenobergefreite Schwender wurden vor einem britischen Militärgericht in Hamburg angeklagt und wegen der Tötung der PELEUS-Überlebenden am 20. Oktober 1945 verurteilt: die drei ersteren zum Tod durch Erschießen und die beiden Letzteren zu hohen Gefängnisstrafen. Unberücksichtigt blieb, dass vier der Angeklagten auf Befehl gehandelt hatten. Die Todesurteile wurden am 30. November im Süden Hamburgs durch ein Exekutionskommando vollstreckt.

Dies waren die einzigen Angehörigen der U-Bootwaffe, die wegen Kriegsverbrechens zum Tode verurteilt wurden, obwohl die Alliierten versuchten andere U-Bootangehörige – zum Teil unter Folter – zu falschen Geständnissen zu zwingen. Der Fall Eck ist noch immer bei einigen ehemaligen U-Bootfahrern Gegenstand der Auseinandersetzung, da sie dem Militärgericht unfaires Handeln vorwerfen. Die Verteidigung hätte kaum eine Chance gehabt und die alliierten Offiziere, die U-Bootmänner auf Rettungsflößen ermordeten, wären nie vor ein Kriegsgericht gekommen.

Stichwort »Regenbogen«

Dies war das deutsche Stichwort für den Befehl zur Selbstversenkung für alle Einheiten der Kriegsmarine im Falle der Niederlage. Es bedeutete, dass auch die U-Boote den Alliierten nicht in die Hände fallen sollten. Ausdrückliche Bestätigung erfolgte durch die Skl. noch am 3. Mai 1945. Einer wesentlichen Forderung der Alliierten bei der Kapitulation, die deutschen Schiffe unbeschädigt zu übergeben, stimmte Großadmiral Karl Dönitz

St. Nazaire: In der Bildmitte (schräg verlaufend) das große »Normandie«-Trockendock, als Einziges in einem frz. Biskayahafen zur Aufnahme der TIRPITZ geeignet und daher Ziel eines wagemutigen britischen Kommando-Unternehmens Ende März 1942.

zu. Er erteilte der Skl. am 4. Mai die Weisung, das Stichwort »Regenbogen« nicht in Kraft zu setzen. FKpt. Heinrich Liebe und ObltzS. Martin Duppel, zwei U-Bootkommandanten aus dem Stabe des B.d.U., verlangten eine Bestätigung des Befehls, das Sichwort »Regenbogen« nicht auszugeben, von Dönitz selbst. Der Adjudant des Großadmirals, KKpt. Lüdde-Neurath, ließ sie nicht vor und teilte ihnen mit: »Wenn ich U-Bootkommandant wäre, wüsste ich, was ich zu tun hätte.« Da der Sender des B.d.U.-Stabes hierzu nicht benutzt werden durfte, ging das Stichwort »Regenbogen« mündlich über die wenigen noch vorhandenen Telefonleitungen inoffiziell hinaus. Die Entfernung nach Wilhelmshaven an der Nordsee war zu groß, aber KKpt. Heinrich Bleichrodt, der dortige dienstälteste Seeoffizier, befahl die Versenkung der Boote. Von der Royal Navy später getadelt, teilte er den Admiralen mit, dass ein Marineoffizier in dieser Lage keinen Befehl zur Selbstversenkung braucht. Er hätte bereits in der Schule gelernt, dass ein Schiff nicht übergeben wird. Etwa 67 Boote fielen lediglich der Selbstversenkung anheim.

St. Nazaire: Operation »Chariot«

Nazaire war ein französischer Biskaya-Hafen, der als deutscher U-Bootstützpunkt diente. Er war in der Nacht vom 27./28. März 1942 Ziel eines britischen Kommandounternehmens um die Schleuse (NORMANDIE-Dock) ins innere Hafenbecken zu zerstören. Sie war groß genug, um dem Schlachtschiff TIRPITZ als Trockendock zu dienen. Der mit Sprengstoff angefüllte alte Zerstörer CAMPBELTOWN rammte in der Schleuse bei Flut das innere Schleusentor und detonierte mit einem Zeitzünder. Der Gezeitenzugang zu den U-Bootbunkern blieb erhalten. Dieses Angriffsunternehmen betonte jedoch die Verwundbarkeit des in der Nähe bei Kernével gelegenen B.d.U.-Hauptquartiers, das kurze Zeit später wieder nach Paris verlegt wurde.

Unternehmen »Seelöwe«

war der Deckname für die geplante Landung in Großbritannien. Dieses Unternehmen wurde weitgehend in einer Atmosphäre entschiedener Halbherzigkeit vorangetrieben. Sie vermittelt den Eindruck, dass die geplante Landung mehr als ein Mittel diente, um Druck auf die britische Regierung für die Zustimmung zu Waffenstillstandsverhandlungen auszuüben, als einen ernsten Versuch einer Landung darzustellen. Die örtlichen Befehlshaber erhielten den Befehl, beträchtliche Ressourcen zu mobilisieren, aber ein Großteil der erforderlichen Unterstützung, die sie aus Deutschland brauchten, blieb aus. Die Planung begann im Frühsommer 1940 und wurde schließlich Mitte Oktober 1940 aufgegeben. In dieser Zeit waren Vorbereitungen für das Versorgen und Unterbringen der Truppen sowie das Versammeln des Transportraums in folgenden Häfen getroffen worden: Rotterdam, Hoek van Holland, Vlissingen, Antwerpen, Zeebrügge, Ostende, Nieuport, Dünkirchen, Gravelines, Calais, Boulogne, Le Tréport, Dieppe, Fécamp und Le Havre.

Folgende Transportflotten waren gemäß den geplanten Landungsräumen vorgesehen:

- Transportflotte B (VAdm. Hermann v. Fischel) mit je zwei Schleppverbänden und Geleitzügen aus Rotterdam, Ostende und Dünkirchen: Küste zwischen Folkestone und Dungeness,
- Transportflotte C (KptzS. Gustav Kleikamp) mit je einem Schleppverband und Geleitzug aus Antwerpen und Calais: Küste zwischen Dungeness und Cliff End (Winchelsea),
- Transportflotte D (KptzS. Werner Lindenau) mit einem Schleppverband aus Boulogne: Küste zwischen Bexhill und Eastburne Head sowie
- Transportflotte E (KptzS. Ernst Scheuerlen) mit einem Motorboot-/Motorseglerverband und zwei Geleitzügen aus Le Havre: Küste zwischen Brighton und Selsey Bill.

DIE FLOTTE

Schlachtschiffe

BISMARCK
Stapellauf: 14. Februar 1939 bei Blohm & Voss, Hamburg.
Indienststellung: 24. August 1940.
Endschicksal: Gesunken am 27. Mai 1941 im Nordatlantik.

TIRPITZ
Stapellauf: 1. April 1939 bei der Kriegsmarinewerft Wilhelmshaven.
Indienststellung: 25. Februar 1941
Endschicksal: Verlust der Seefähigkeit durch Luftangriff am 15. September 1944 im Altafjord. Gesunken nach Luftangriff am 12. November 1944 nahe Tromsö. Abgewrackt zwischen 1948 und 1957.

GNEISENAU
Stapellauf: 8. Dezember 1936 bei den Deutschen Werken, Kiel.
Indienststellung: 21. Mai 1938.
Endschicksal: Schwere Beschädigungen beim Luftangriff in der Nacht vom 26./27. Februar 1942 in Kiel. Am 4. April 1942 nicht einsatzfähig zum Umbau nach Gotenhafen verlegt. Außerdienststellung: 1. Juli 1942. Am 27. März 1945 als Blockschiff in Gotenhafen versenkt. Am 12. September 1951 gehoben und abgebrochen.

SCHARNHORST
Stapellauf: 3. Oktober 1936 bei der Kriegsmarinewerft Wilhelmshaven.
Indienststellung: 7. Januar 1939.
Endschicksal: Gesunken am 26. Dezember 1943 in der Barentssee.

SCHLESIEN
Stapellauf: 28. Mai 1906 bei F. Schichau, Danzig.
Indienststellung: 5. Mai 1908.
Endschicksal: Minentreffer am 2. Mai 1945. Selbst versenkt auf Swinemünde-Reede am 4. Mai 1945. Abgewrackt zwischen 1949 und 1951.

SCHLESWIG-HOLSTEIN
Stapellauf: 18. August 1905 bei der Krupp-Germaniawerft, Kiel.
Indienststellung: 6. Juli 1908.
Endschicksal: Schwere Beschädigungen durch Luftangriff am 18. Dezember 1944 in Gotenhafen und auf flachem Wasser gesunken. Am 26. Januar 1945 außer Dienst gestellt und am 21. März 1945 gesprengt.

BISMARCK

Die Admiralität in London beobachtete den Bau, den Stapellauf und die Indienststellung des damals stärksten Schlachtschiffes der Welt mit großer Besorgnis. Dann verlegte der Gigant zur weiteren Ausrüstung und zum Einfahren nach Gotenhafen. Dort befand er sich weit außerhalb der Reichweite der damaligen Fernaufklärungsflugzeuge. Als Adolf Hitler das Schlachtschiff am 5. Mai 1941 in Gotenhafen besichtigte, äußerte er seine Besorgnis hinsichtlich des bestehenden Vorstoßes in den Atlantik. Admiral Günter Lütjens, der Flottenchef, versicherte ihm jedoch, dass BISMARCK nichts zu fürchten hätte. Einen solchen Optimismus teilte die Seekriegsleitung nicht. KptzS. Karl Topp, der Kommandant der TIRPITZ, hatte mit seinen Offizieren ein gründliches Kriegsspiel abgehalten, um die Chancen festzustellen, den offenen Atlantik zu erreichen. Als erbarmungslose Schlussfolgerung ergab sich, dass die Überlebenschance des Schiffes gleich null war, sobald die Royal Navy erkannt hatte, dass es unterwegs war. Großbritannien konnte unter keinen Umständen einem derart starken Schiff erlauben, in der riesigen Weite des Atlantik ein Chaos zu verursachen. Der beste Weg, eine solch potenzielle Katastrophe zu verhindern, bestand darin, das Schiff nicht dorthin gelangen zu lassen.

Kurze Zeit später ging die deutsche Kampfgruppe, bestehend aus der BISMARCK (KptzS. Ernst Lindemann) und dem Schweren Kreuzer PRINZ EUGEN (KptzS. Helmut Brinkmann), am 18. Mai 1941 zum Unternehmen »Rheinübung« von Gotenhafen aus in See. Damit begann die

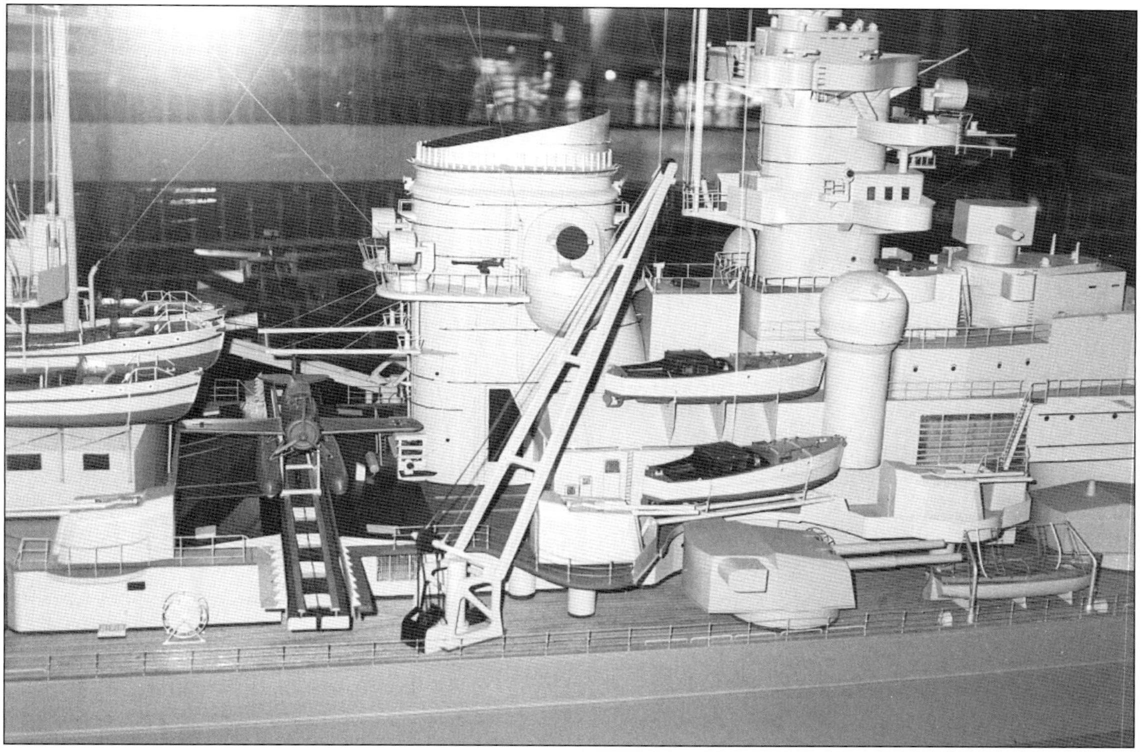

Ein Modell des Schlachtschiffes BISMARCK im Marine-Ehrenmal Laboe bei Kiel. Die großartige Sammlung von Schiffsmodellen trägt sehr zum Wert des Ehrenmals bei, weil sie den eigentlichen Grund für seine Existenz zu erklären vermag. Im Bild rechts vom Kran sind an Steuerbord zwei der insgesamt sechs 15-cm-Doppeltürme der Mittelartillerie des Schiffes zu erkennen. Ferner sind drei von insgesamt acht 10,5-cm-Doppellafetten der Schweren Flak zu unterscheiden. Die kugelförmige Abdeckung auf dem kreisrunden Podest direkt vor den beiden Verkehrsbooten beherbergte einen der vier dreiachsig stabilisierten Fla-Leitstände. Direkt vor der Brücke befindet sich der vordere Artillerieleitstand mit der 7-m-E-Messdrehbasis und oben am Bildrand im Vormars des Turmmastes mit der bereits verdeckten 10,5-m-E-Messdrehbasis der Haupt-Artillerieleitstand. Auf der Schornsteinplattform mit ihren vier 150-cm-Scheinwerfern, je einer an jeder Ecke, ist die geöffnete Schutzhaube des vorderen an Steuerbord zu sehen. Links vom Kran eines der beiden querschiffs angeordneten Katapulte mit einer Arado Ar 196.

erste und einzige Feindfahrt der BISMARCK. Obwohl das Glück eine Rolle spielte, damit frühzeitige Aufklärungsergebnisse London erreichten, war die Royal Navy bereit, alles gegen die beiden schweren Einheiten einzusetzen, was zur Verfügung stand. Dies war nicht so einfach, wie es sich anhört. Hierbei war die genaue Kenntnis des Zeitpunktes, an dem die beiden Schiffe in See gingen, von entscheidender Bedeutung. Ansonsten könnten die britischen Schiffe zu früh auslaufen und gerade im entscheidenden Augenblick, wenn es zum Gefecht käme, ihren Brennstoff verbraucht haben.

Den Schutz des schlechten Wetters ausnutzend, verließ Admiral Günter Lütjens, der auf BISMARCK eingeschiffte Flottenchef, mit seiner Kampfgruppe den zeitweiligen Ankerplatz in den norwegischen Gewässern zu einem Zeitpunkt, als eine niedrige Wolkendecke und entsetzliche Wetterbedingungen die üblichen gegnerischen Aufklärungsflüge verhinderten. Doch trotz der schlechten Sicht und der bereits früher mit

SCHARNHORST und GNEISENAU gewonnenen Erfahrungen hatte den deutschen Admiral nunmehr das Glück verlassen. London wusste, dass die Kampfgruppe ihren Marsch angetreten hatte, und der schneidige Einsatz eines einsamen Piloten, Michael Suckling, erbrachte die Bestätigung. Der an Bord des deutschen Flaggschiffes eingeschifften B-Dienstgruppe gelang es nicht, Erkenntnisse über den Gegner zu gewinnen. Zudem war Adm. Lütjens in dieser kritischen Phase unterrichtet worden, dass sich die Royal Navy noch in Scapa Flow befände, während HMS HOOD und HMS PRINCE OF WALES bereits ausgelaufen waren. Zu diesem Zeitpunkt steuerte die BISMARCK-Gruppe zu diesen beiden starken Gegnern schon einen Kollisionskurs.

Dann sichtete der Schwere Kreuzer HMS SUFFOLK am Abend des 23. Mai die deutsche Kampfgruppe auf einem südwestlichen Kurs am Eingang der Dänemarkstraße im Nordwesten Islands. Hiermit war die deutsche Absicht erkannt und die SUFFOLK zog sich rasch wieder in den Nebel zurück. Unter Benutzung ihres Radars hielt sie an der deutschen Kampfgruppe Fühlung und meldete laufend deren Position mit Kurs und Geschwindigkeit. Der B-Dienst an Bord der deutschen Schiffe fing diese Funksprüche auf, während die Kampfgruppe die Nebelbänke auszunutzen versuchte, um ihre Verfolger – zu denen nunmehr auch der Schwere Kreuzer HMS NORFOLK gehörte – abzuschütteln. Doch bei jeder Verbesserung der Sicht waren die verfolgenden Kreuzer zu erkennen. Eine andere Möglichkeit, die Verfolger loszuwerden, gab es nicht; denn auf sie in den Nebel hinein zuzudrehen und sie anzugreifen, erbrachte keinen Erfolg, da die Kreuzer abdrehten, ehe die Schwere Artillerie der deutschen Schiffe zum Tragen gebracht werden konnte. Freiherr Burkhard v. Müllenheim-Rechberg, der dienstälteste überlebende Seeoffizier der BISMARCK, schrieb: »Und Lütjens folgerte, daß die Briten über ein auf große Entfernung einwandfrei arbeitendes Funkmeßortungsgerät verfügten, eine Erkenntnis, die für seine Auffassung die gesamte atlantische Kriegführung mit Überwasserschiffen auf einen Schlag in eine bestürzende neue Dimension rückte.«

Am Morgen des 24. Mai kam die deutsche Kampfgruppe mit dem Schlachtkreuzer HOOD und dem neuen Schlachtschiff PRINCE OF WALES ins Gefecht. Das nur kurze Zeit dauernde Island-Gefecht endete mit der Versenkung der HOOD, nachdem eine der Munitionskammern einen Volltreffer erhalten hatte, während die noch nicht vollständig eingefahrene PRINCE OF WALES abdrehte. PRINZ EUGEN kam ohne Schäden davon, wohingegen BISMARCK drei 35,6-cm-Treffer erhalten hatte. Zwei der Treffer verursachten schwerere Schäden, deren Auswirkungen den künftigen Gang der Ereignisse beeinflussen sollten. Ein Treffer hatte im Vorschiff ein riesiges Leck hinterlassen, durch das fast 2000 t Seewasser eintraten und das zu einer beträchtlichen Ölspur im Kielwasser führte, die für jedes Aufklärungsflugzeug zu erkennen war. Zudem hatte der Treffer die Schieber der Ölförderleitung im Vorschiff blockiert, sodass 1000 t Heizöl vom Verbrauch abgeschnitten blieben. Der zweite Treffer führte zum Ausfall eines E-Werks, eines Kessel- und des Kesselhilfsmaschinenraums. Das eingedrungene Seewasser führte zum Tiefertauchen vorn und zu einem geringen Herabsetzen der Höchstgeschwindigkeit. Der Flottenstab hatte eine Brennstoffergänzung für BISMARCK in Norwegen im Gegensatz zu PRINZ EUGEN, die volle Bunker erhielt, nicht als erforderlich erachtet. Hierdurch blieb dem deutschen Flottenflaggschiff keine Alternative; es musste einen direkten Zwangskurs in die Sicherheit der französischen Küste steuern.

Ständig hohe Fahrtstufen zu laufen, bedeutete für PRINZ EUGEN erneut eine Brennstoffergänzung. Daher entließ der Flottenchef den Schweren Kreuzer zum Treffpunkt mit einem Begleittanker, ehe dieser die Handelskriegsführung im Nordatlantik aufnehmen konnte. BISMARCK hingegen steuerte nunmehr einen direkten Kurs in Richtung Brest, nachdem Adm. Lütjens der Auffassung war die Verfolger abgeschüttelt zu haben. Am 26. Mai 1941 sichtete jedoch im Laufe des Vormittags ein »Catalina«-Flugboot des Küstenkommandos der RAF die BISMARCK. Bei einem Luftangriff von Trägerflugzeugen der ARK ROYAL in den Abendstunden erzielte eine »Swordfish« einen Lufttorpedotreffer, der den Rudermaschinenraum des Schlachtschiffes voll laufen ließ, während die Ruder in einer Backbord-Hartruderlage klemmten. Hiermit war BISMARCK nicht mehr manövrierfähig. In der Nacht wehrte sie einsetzende Angriffe der 4. Zerstörerflottille ab, aber die Schwere Artillerie der Schlachtschiffe KING GEORGE V und RODNEY setzte am folgenden Tag das dem Untergang geweihte Schiff außer Gefecht. Nicht mehr im Stande zu kämpfen, versenkte sich der Stolz der deutschen Flotte selbst. Am 27. Mai um 10.39 Uhr sank das Schiff über das Heck und nahm sowohl KptzS. Lindemann als auch den Flottenchef Admiral Lütjens, zwei Tage nach seinem 52. Geburtstag, mit in die Tiefe. Zusätzlich zu den erwähnten Schiffen waren an der Jagd auf die BISMARCK zwei Flugzeugträger, 12 Kreuzer, 21 Zerstörer und über 50 Flugzeuge des RAF-Küstenkommandos beteiligt. Das letzte, anderthalb Stunden währende Gefecht verbrauchte rund 3000 Schuss [sic] der Schweren Artillerie und mehrere Torpedos, um das deutsche Schiff außer Gefecht zu setzen.

TIRPITZ

Im Gegensatz zu vielen kleineren Einheiten, die in erheblicher Anzahl Schiffe versenkten, erlangte die TIRPITZ, die »einsame Königin des Nordens«, Berühmtheit, indem sie nichts unternahm. Ihre bloße Anwesenheit stellte eine derartige Bedrohung für die Alliierten dar, dass zuweilen Geleitzüge nach Nordrussland angehalten wurden, nur weil sie aus ihrem Versteck tief in den norwegischen Fjorden auftauchen *konnte*. Die gegen sie durchgeführten britischen Angriffsunternehmen zu beschreiben, würde allein ein ganzes Buch füllen. Dennoch stammte die Entscheidung, das Schlachtschiff im Labyrinth der schroffen Felsen zu verbergen, nicht von der deutschen Marineführung. Zusammen mit dem Schweren Kreuzer ADMIRAL SCHEER hatte die Seekriegsleitung einen Vorstoß zur Handelskriegsführung in den Nordatlantik geplant. Hitler war es, der persönlich eingriff. Die Erprobungsfahrten der TIRPITZ (KptzS. Karl Topp) in der Ostsee zur Kenntnis nehmend, während die BISMARCK zu Tode gejagt wurde, befahl er der Seekriegsleitung, das geplante Unternehmen zu widerrufen. Hitler entschied, das Schlachtschiff nach Trondheim zu verlegen, wo es etwa sechs Monate lang verblieb, ehe es sich zu seiner ersten Feindfahrt herauswagte. Hierbei handelte es sich um einen schnellen

Das kleinste Kaliber an Bord der TIRPITZ: eine 2-cm-Vierlingsflak von insgesamt 80 2-cm-Rohren (1944).

Die Oberfeldwebelmesse an Bord des Schlachtschiffes TIRPITZ.

und überraschenden Vorstoß gegen die Geleitzüge PQ 8 und QP 12 – mit »PQ« wurden die alliierten Geleitzüge von Island nach Russland und mit »QP« die in Gegenrichtung bezeichnet –, der keinen Erfolg erbrachte, obwohl es einem der Sicherungszerstörer der TIRPITZ gelang, einen kleinen leer fahrenden sowjetischen Frachter zu versenken.

Der erste bedeutsame Angriff gegen die TIRPITZ fand Ende Oktober 1942 ein abruptes Ende, als nur wenige Seemeilen vor Erreichen des Zieles der Fischkutter die beiden unter den Bootskörper gehängten »Chariots« verlor, nachdem er sie über die Nordsee transportiert hatte. Ein »Chariot« war ein torpedoähnliches Klein-U-Boot mit abnehmbaren Gefechtskopf vorn, der unter dem anzugreifenden Schiff befestigt wurde. Es hatte zwei Mann Besatzung, die rittlings auf dem Gerät saßen: »Torpedoreiter«. Der Fischkutter hatte am 26. Oktober unter Führung von Leif Larsen die Shetland-Inseln verlassen. Trotz dieser Enttäuschung war das Ziel zu bedeutsam, um aufgegeben zu werden, und die Royal Navy unternahm mit Klein-U-Booten vom Typ »X-Craft« einen weiteren Versuch. Am 22. September 1943 befestigten zwei der X-Boote ihre Sprengladungen unter der TIRPITZ. Ihre Detonationen führten zu erheblichen Erschütterungsschäden und Wassereinbrüchen. Die Backbordmaschine und ein E-Werk fielen aus. Die schwersten Schäden erlitten die Feuerleitsysteme und die aus ihren Rollenlagern gehobenen schweren 38-cm-Türme A und C. Somit fiel die TIRPITZ längere Zeit als Kampfeinheit aus.

Nach den fast ein halbes Jahr dauernden Reparaturen und Erprobungen setzte die britische Seite am 3. April 1944 einen weiteren massiven Angriff in Gang. Diesmal griffen die Flottenflugzeugträger FURIOUS und VICTORIOUS sowie die Geleitträger EMPEROR, FENCER, PURSUER und SEARCHER, gesichert durch ein Schlachtschiff, Kreuzer und Zerstörer, mit 41 »Barracuda«-

Torpedobombern unter dem Schutz von 62 Jägern die TIRPITZ an. Das Schlachtschiff erhielt 14 Bombentreffer und die Verluste unter der Besatzung umfassten 122 Tote und 316 Verwundete, während die Angreifer lediglich vier Flugzeuge verloren. Dieser Angriff setzte die »Königin des Nordens« für weitere drei Monate außer Gefecht. Die Wirksamkeit der deutschen Flakverteidigung hinterlässt nur ein Kopfschütteln. Wenn ein vor Anker liegendes Schlachtschiff, das eine starke Bewaffnung aufweist, mit einem Angriff von verhältnismäßig schwachen und kleinen Flugzeugen nicht fertig wird, wie sollten dann U-Boote mit beträchtlich geringerer Feuerkraft und einer schaukelnden Geschützplattform mehr als eine sehr geringe Chance gegen die viel größeren und besser gepanzerten Flugzeuge des Küstenkommandos der RAF haben?

Doch die TIRPITZ zog weiterhin Angriffe auf sich und hielt den Gegner in Zugzwang, obwohl sie dafür kaum mehr geeignet war. Nach mehreren erfolglosen Luftangriffen im Sommer 1944 griffen am 10. September 1944 erstmals »Lancaster«-Bomber mit 5,4-t-«Tallboy«-Bomben an. Eine dieser Bomben durchschlug das Vorschiff und detonierte tief unten im Schiff vor dem Panzerquerschott, das standhielt, aber im Vorschiff große Zerstörungen bewirkte. Mit diesem Treffer verlor die TIRPITZ ihre Seefähigkeit und zugleich auch ihre Gefechtsfähigkeit. Doch die Präsenz des Schiffes wurde weiterhin aufrechterhalten. Als Sicherungsschiffe getarnte Schlepper zogen die TIRPITZ aus ihrem versteckten Fjord zu einem neuen Liegeplatz bei Tromsö. Der Trick wirkte. Weitere Luftangriffe folgten und am 12. November 1944 trafen die »Lancaster«-Bomber die TIRPITZ schließlich entscheidend. Sie kenterte und sank auf flachem Wasser. Trotz reduzierter Besatzung waren die Verluste mit über 900 Toten sehr hoch und nur 880 Überlebende konnten gerettet werden.

GNEISENAU und SCHARNHORST

Die ausländischen Marinen klassifizierten diese beiden Schiffe als Schlachtkreuzer, obwohl sie in der deutschen Marine als Schlachtschiffe bezeichnet wurden.

Im Mai 1939 hatte die GNEISENAU (KptzS. Erich Förste) die ADMIRAL GRAF SPEE als Flottenflaggschiff abgelöst. Doch auch mit Kriegsbeginn hielt der Ausbildungsdienst noch an. Anfang Oktober 1939 lief die GNEISENAU mit dem Leichten Kreuzer KÖLN (KptzS. Theodor Burchardi) und mehreren Zerstörern zur ersten Feindfahrt in die Nordsee aus. Anschließend bereiteten sich sowohl GNEISENAU als auch ihr Schwesterschiff SCHARNHORST (KptzS. Kurt Caesar Hoffmann) gegen Ende Oktober auf einen Vorstoß gegen die Blockadekreuzer der »Northern Patrol« in der Island-Färöer-Enge vor. Absicht war es auch, die Wachsamkeit des Gegners zu prüfen und den deutschen Handelsschiffen das Dasein für einen Blockadedurchbruch im Nordatlantik zu erleichtern. Schließlich musste das Ende November durchgeführte Unternehmen als eine großartige Probefahrt abgeschrieben werden, weil die Royal Navy von der Anwesenheit der deutschen Schiffe erst sehr spät Kenntnis erhielt und die erwartete Kreuzerblockade schwach war. Die britische Kenntnis von den Bewegungen der deutschen Schiffe war derart unvollkommen, dass die SCHARNHORST, als sie der Hilfskreuzer RAWALPINDI sichtete, als das Panzerschiff DEUTSCHLAND identifiziert wurde, dessen Anwesenheit im Nordatlantik zu einem früheren Zeitpunkt gemeldet worden war. Die Versenkung der RAWALPINDI (Capt. R.C. Kennedy) am 23. November 1939 war das einzige bemerkenswerte Scharmützel mit der Royal Navy. Statt der Briten fügte das stürmische Wetter der GNEISENAU einiges an Schäden zu.

Nach dieser Unternehmung nahmen die beiden schwer voneinander zu unterscheidenden Schlachtschiffe nur noch an einem weiteren Vorstoß im Februar 1940 in die Nordsee teil. Danach waren sie im April am Unternehmen »Weserübung-Nord« – der Besetzung Norwegens – beteiligt. Pläne, die GNEISENAU mit der ADIRAL HIPPER Mitte Juni zur Handelskriegsführung in den Nordatlantik zu entsenden, mussten enttäuscht aufgegeben werden, als Lt.Cdr. David Ingram, Kommandant des britischen Unterseebootes CLYDE, einen Torpedotreffer auf GNEISENAU erzielte. Ironischerweise hatte die SCHARNHORST bereits kurz zuvor beim Unternehmen »Juno« einen Torpedotreffer des Zerstörers HMS ACASTA (Cdr. Glasford) erhalten. Im Verlaufe dieser Unternehmung, die sich Anfang

Wachfreie Seeleute lauschen den Klängen der Bordkapelle der TIRPITZ an Oberdeck. Oben im Bild sind zwei hintereinander versetzt stehende 15-cm-Doppeltürme zu sehen. Auf BISMARCK und TIRPITZ waren an Steuerbord und Backbord je zwei dieser Turmpaare nach vorn und eines hinter der Schiffsmitte nach achtern gerichtet.

Panzerschiff ADMIRAL GRAF SPEE (links) und das Schlachtschiff GNEISENAU. Letztere wie auch die SCHARNHORST hatten vorn je zwei und achtern je einen 28-cm-Drillingsturm, während BISMARCK und TIRPITZ je zwei 38-cm-Doppeltürme vorn und achtern aufwiesen. Im Bild ist der Haupt-Artillerieleitstand mit der 10,5-m-E-Messdrehhaube darüber im Vormars des Turmmastes zu sehen. Vor der Brücke liegt der vordere Artillerieleitstand mit seiner 6-m-E-Messdrehbasis.

Brücke und Turmaufbau des Schlachtschiffes GNEISENAU 1941 in Brest. Die Grundanordnung glich dem des BISMARCK-Modells, ausgenommen die 15-cm-Mittelartillerie mit dem vorderen und achteren Paar jeweils in Einzelaufstellung (Bildmitte). Der Großmast an der Achterkante des Schornsteins ist ein wertvolles Unterscheidungsmerkmal: Bei der SCHARNHORST befand er sich zwischen Katapult und achterer E-Messbasis weiter achtern.

Juni gegen Truppentransporter vor Harstad richtete, hatten die beiden Schlachtschiffe den Flugzeugträger GLORIOUS sowie die Zerstörer ACASTA und ARDENT versenkt.

Nach einer behelfsmäßigen Ausbesserung ihrer Schäden in Trontheim verlegten die beiden Schlachtschiffe Ende Juni bzw. Juli zur endgültigen Ausbesserung nach Kiel und anschließend zur Gefechtsausbildung nach Gotenhafen. Ende Dezember 1940 liefen die beiden schweren Einheiten erneut zur Handelskriegführung in Richtung Nordatlantik aus. Infolge Seeschäden auf GNEISENAU musste auch dieser Versuch abgebrochen werden. Ein zweiter Versuch Ende Januar 1941 gelang schließlich und das Unternehmen »Berlin« lief an. Der aufmerksame B-Dienst erkannte am zunehmenden Funkverkehr die zur Jagd auf die beiden Schlachtschiffe angesetzten starken Seestreitkräfte des Gegners. Admiral Günter Lütjens, der auf GNEISENAU eingeschiffte Flottenchef, war gewarnt. Er brach den Versuch des Durchbruchs südlich von Island ab, ging mit seinen Schiffen auf nördliche Kurse und wich der Gefahr aus. Rückblickend betrachtet, hätten die beiden Schiffe vermutlich ohne Zwischenfall den freien Atlantik erreicht. Doch damals herrschte die Auffassung vor, es wäre besser keine Auseinandersetzung mit den britischen Kriegsschiffen zu riskieren. Falls die deutsche Kampfgruppe durchbrechen sollte, war schließlich immer noch ein Zusammentreffen mit der Royal Navy möglich. Daher standen nördlich und südlich von Island Versorgungsschiffe in Bereitschaft. Zunächst ergänzte die Kampfgruppe nordöstlich der Insel

Jan Mayen aus dem Begleittanker ADRIA Brennstoff und dann war das Wetter mit den deutschen Schiffen im Bunde, als sie zum Marsch durch die Dänemarkstraße ansetzten. Ein Sturm mit Stärke 7 - 9 wütete und die Temperaturen sanken bis auf -18° C. Zudem waren die Schiffe der *Home Fleet* infolge Heizölknappheit zur Umkehr gezwungen worden. Die Admiralität in London ließ sie jedoch nicht so bald wieder in See gehen und beging wiederum denselben Fehler. Die nächste Kampfgruppe, mit der sich die *Home Fleet* quälen sollte, war dann die der BISMARCK.

Das kalte und stürmische Wetter hielt bis weit in den Februar 1941 an. Als es sich besserte, stieß die Kampfgruppe am 22. Februar auf fünf nicht gesicherte Schiffe aus einem aufgelösten Geleitzug, die allesamt versenkt wurden. Am 15. März kamen sechs weitere Schiffe, zum Teil beladene Tanker, in Sicht, von denen drei versenkt wurden. Die drei anderen Tanker wurden aufgebracht und mit Prisenbesatzung nach Frankreich gesandt. Einer dieser Tanker, die POLYCARB unter Führung von LtzS.(S) Klemp, erreichte die Gironde-Mündung. Die beiden anderen – die SAN CASIMIRO unter LtzS.(S) Alfons Grenz und die BIANCA unter LtzS.(S) Westip – versenkten sich später vor dem Aufbringen durch die Briten selbst. Das Glück blieb den deutschen Schiffen hold. Einen Tag später versenkten sie zehn weitere, nicht gesicherte Schiffe aus einem aufgelösten Geleitzug. Doch die Rauchsäulen lockten auch das Schlachtschiff HMS RODNEY an, das die GNEISENAU überraschte, noch während sie Überlebende des brennenden Frachters CHILEAN REEFER aufnahm. Auf den Anruf der RODNEY »What ship?«, antwortete die GNEISENAU mit »HMS EMERALD!«, ehe sie mit hoher Fahrt ablief.

Erneut brach die britische Flotte in hektische Aktivität aus, um mit einer verzweifelten Anstrengung der deutschen Kampfgruppe den Weg abzuschneiden, ehe sie die Sicherheit der französischen Gewässer erreichte. Doch für Admiral Lütjens bestand keine Notwendigkeit, Spießruten zu laufen. Stattdessen ergänzte die Kampfgruppe Brennstoff in See und ihr Glück hielt weiterhin an. Ein Funkausfall verhinderte die Weitergabe einer

Schlachtschiff GNEISENAU vor 1939: Katapult noch auf dem Turm C, ohne Schornsteinaufsatz.

Sichtmeldung durch ein Flugzeug der ARK ROYAL. Als die Maschine zum Träger zurückgekehrt war, verhinderte einsetzendes Schlechtwetter weitere Aufklärungsflüge. Infolgedessen liefen GNEISENAU und SCHARNHORST ohne weitere Störungen am 22. März 1941 in Brest ein und brachten das Unternehmen »Berlin« zu einem sehr erfolgreichen Abschluss.

Die britische Luftaufklärung hatte sich beträchtlich verbessert, seit die ADMIRAL HIPPER am 27. Dezember 1940 zum ersten Mal Frankreich angelaufen hatte, und Brest lag unbehaglich nahe an den britischen Flugplätzen. So dauerte es auch nicht lange, bis die britischen Bomber über Brest erschienen, um die beiden Schlachtschiffe anzugreifen. Auch die britischen Bombenzielgeräte hatten seit den ersten Angriffen auf die ADMIRAL HIPPER Verbesserungen erfahren. Bei den einsetzenden Luftangriffen erhielt die GNEISENAU mehrere Bombentreffer und zumindest einen Lufttorpedotreffer, den Flying Officer Kenneth Campbell erzielte, der dabei ums Leben kam. Auch die SCHARNHORST erlitt Schäden durch Bombentreffer. Beiden Schiffen war hierdurch ein längerer Hafenaufenthalt aufgezwungen, sodass sie zu weiterer Handelskriegführung nicht im Stande waren. Stattdessen verlegten sie mit dem berühmten Kanaldurchbruch im Februar 1942 zurück in heimische Gewässer. Die durch Luftangriff in der Nacht vom 26./27. Februar 1942 in Kiel schwer beschädigte GNEISENAU wurde nach Gotenhafen verlegt und zum Umbau am 1. Juli 1942 außer Dienst gestellt, um schließlich am 28. März 1945 als Blockschiff versenkt zu werden. SCHARNHORST nahm noch an einigen Unternehmen in nördlichen Gewässern teil. Schließlich sank sie im Seegefecht vor dem Nordkap am 26. Dezember 1943 in arktischen Gewässern.

Der Seemann trägt einen Kessel wie ihn Backschafter zum Essenholen benutzen. Hier geht es jedoch um eine Wette, wer ihn am schnellsten um das Schiff befördert. Im Kessel befindet sich Wasser, damit sein Träger nicht zu schnell gehen kann. Bei der Marine gab es viele solche Wettbewerbe zur Unterhaltung und oft wurden sie weit ernster als die offiziellen genommen. Bei einem anderen Spiel musste ein Ei mit der Nase über Deck gerollt werden.

Verschnaufpause an Deck. Der Seemann hinten links liest die Frontzeitung »Gegen Engeland«, die die Marine während des Krieges in Frankreich herausgab.

SCHLESIEN und SCHLESWIG-HOLSTEIN

Diese beiden veralteten Linienschiffe dienten als Kadettenschulschiffe. 1906 vom Stapel gelaufen, fehlte ihnen jeglicher Unterwasserschutz. In der Skagerrakschlacht des Ersten Weltkrieges erlitt dieser Schiffstyp schwere Verluste, woraufhin diese Schiffe aus der Frontlinie zurückgezogen wurden. Nach 1919 bildeten die noch vorhandenen Einheiten trotz ihrer Mängel nach dem Willen der Alliierten zunächst das Rückgrat der deutschen Nachkriegsflotte. Der Entwurf der beiden 1939 noch aktiv in der Flotte in Dienst stehenden Linienschiffe stammte aus einer Zeit, ehe der Versailler Vertrag das Geschützkaliber begrenzte. So kamen die schweren Geschütze der SCHLESWIG-HOLSTEIN zum Einsatz, um mit der Beschießung der polnischen Stellungen auf der Westerplatte bei Danzig am 1. September 1939 den Krieg zu eröffnen. Diese beiden »alten Damen« waren, so seltsam es klingen mag, während des gesamten Krieges hindurch im Einsatz. SCHLESWIG-HOLSTEIN erhielt am 18. Dezember 1944 in Gotenhafen einen RAF-Bombentreffer, der sie schwer beschädigte. Das auf flachem Wasser gesunkene Schiff wurde am 21. März 1945 gesprengt. Die SCHLESIEN lief am 2. Mai 1945 während eines Beschießungseinsatzes gegen die vorrückende Rote Armee auf eine von der RAF gelegte Grundmine, wurde auf Swinemünde-Reede geschleppt und versenkte sich dort am 4. Mai 1945 selbst.

Panzerschiffe

Im Februar 1940 erfuhren die Panzerschiffe eine Umklassifizierung in »Schwere Kreuzer«.

DEUTSCHLAND / LÜTZOW
(umbenannt am 15. November 1939)
Stapellauf: 19. Mai 1931 bei den Deutschen Werken, Kiel.
Indienststellung: 1. April 1933.
Endschicksal: Schwere Beschädigung durch Bombennahtreffer der RAF am 16. April 1945 in der Kaiserfahrt bei Swinemünde. Auf flachem Wasser mit intakter Artillerie auf Grund gesetzt. Am 4. Mai 1945 durch Sprengung zerstört.

Wohndeck der 2. Division an Bord des alten Linienschiffes SCHLESIEN.

ADMIRAL GRAF SPEE
Stapellauf: 30. Juni 1934 bei der Kriegsmarinewerft Wilhelmshaven.
Indienststellung: 6. Januar 1936.
Endschicksal: In den frühen Abendstunden des 17. Dezember 1939 in der Mündung des Rio de la Plata vor Montevideo/Uruguay selbst versenkt.

ADMIRAL SCHEER
Stapellauf: 1. April 1933 bei der Kriegsmarinewerft Wilhelmshaven.
Indienststellung: 12. November 1934.
Endschicksal: In der Nacht vom 9./10. April 1945 in der Werft der Deutschen Werke in Kiel während der Werftliegezeit durch RAF-Bombentreffer schwer beschädigt und gekentert. Das Wrack wurde nicht geborgen. Es liegt unter Schotter begraben, als das Bassin nach dem Krieg aufgefüllt wurde. Heute befindet sich dort ein Parkplatz.

DEUTSCHLAND

Die DEUTSCHLAND erlebte ihren ersten Einsatz mit Toten während des Spanischen Bürgerkrieges, als sie am Nachmittag des 29. Mai 1937 auf der Reede von Ibiza/Balearen vor Anker lag. Bei einem Angriff republikanischer Flugzeuge trafen zwei Bomben das Schiff und forderten 31 Tote und 110 Verwundete. Nach Kriegsausbruch versenkte die DEUTSCHLAND im Atlantik zwei Handelsschiffe und brachte am 9. Oktober 1939 ein drittes auf, das zu einem politischen Spielball beträchtlichen Ausmaßes wurde. Der US-Frachter CITY OF FLINT (4963 BRT, Kpt. Joseph H. Gainard) wurde mit Konterbande an Bord angetroffen, d.h. das Schiff konnte versenkt werden. Doch KptzS. Paul Wenneker, der Kommandant des Panzerschiffes, wusste auch, dass es genauso wichtig war, die Amerikaner nicht zu verletzen. Er ließ die Gefangenen der beiden zuvor aufgebrachten Schiffe auf den Frachter bringen und sandte ihn mit einem Prisenkommando unter Führung von LtzS.(S) Hans Pußbach an Bord Richtung Deutschland. Nördlichen Kurs steuernd, um der Royal Navy auszuweichen, lief die CITY OF FLINT zunächst den Hafen von Murmansk im Norden der noch befreundeten Sowjetunion zur Brennstoffergänzung an. Dann lief Pußbach mit seiner Prise auf dem Schärenweg entlang der norwegischen Küste

Admiral Paul Wenneker, Kommandant des Panzerschiffes DEUTSCHLAND bei Kriegsbeginn und anschließend Marineattaché, an der Botschaft in Tokio.

nach Süden. Doch die diplomatischen Beziehungen zu Norwegen waren nicht so gut, wie die deutsche Seekriegsleitung angenommen und Mitte August im Operationsbefehl für die DEUTSCHLAND vermerkt hatte. Die Norweger betrachteten die Anwesenheit eines amerikanischen Handelschiffes mit einem deutschen Prisenkommandanten in ihren Hoheitsgewässern als eine Verletzung ihrer Neutralität und ein entsandtes norwegisches Kriegsschiff brachte den Frachter auf. Als Folge dieses Ereignisses wurden die deutsche Prisenbesatzung interniert, die Gefangenen freigelassen und der Frachter schließlich den Amerikanern zurückgegeben.

LÜTZOW

Nach dieser ersten Feindfahrt ging die DEUTSCHLAND in die Werft zur Überholung, die bereits für den vergangenen August vorgesehen war. In LÜTZOW am 15. November 1939 umbenannt, bereitete sich das Panzerschiff auf einen weiteren Einsatz im Handelskrieg vor. Gleichzeitig gab es einen Kommandantenwechsel, da KptzS. Paul Wenneker bereits zuvor erfolgreich als Marineattaché, in Japan gedient hatte und nunmehr auf diesen verantwortungsvollen Posten zurückkehren sollte. KptzS. August Thiele war als Kommandant eines Hilfskreuzers vorgesehen, als er das Kommando über die LÜTZOW erhielt. Doch aus dem Einsatz in der Handelskriegsführung wurde

Panzerschiff DEUTSCHLAND 1934 in Fahrt. Die drei T-förmigen E-Messdrehbasen sind deutlich zu erkennen: je eine 10,5-m-Basis auf dem achteren und dem Haupt-Artillerieleitstand im Vormars sowie eine 7-m-Basis auf dem vorderen Artillerieleitstand oberhalb der Brücke.

Rückkehr der DEUTSCHLAND vom Spanien-Einsatz mit 31 Toten, gefallen bei einem rotspanischen Luftangriff auf das Schiff. Die Särge mit den Gefallenen werden feierlich von Bord gebracht, um anschließend im Beisein des *Führers* beerdigt zu werden.

nichts mehr, denn alle diesbezüglichen Pläne wurden durch die Besetzung Norwegens Anfang April 1940 aufgehoben. So wurde das erste Panzerschiff der Welt zusammen mit dem neu in Dienst gestellten Schweren Kreuzer BLÜCHER und dem Leichten Kreuzer EMDEN der Kriegsschiffgruppe 5 zur Besetzung Oslos zugeteilt. Dabei wurde die BLÜCHER durch norwegische Küstenbatterien versenkt und die LÜTZOW erlitt Beschädigungen.

Die deutsche Luftaufklärung hatte Skagerrak und Kattegat frei von gegnerischen Streitkräften gemeldet, aber versäumt, die Anwesenheit britischer Unterseeboote festzustellen. Die Seekriegsleitung hatte den sofortigen Rückmarsch nach dem Ausschiffen der Heerestruppen befohlen und so ging KptzS. Thiele mit seinem Schiff ohne U-Bootsicherung in See. Lt.Cdr. Forbes, der Kommandant des britischen Unterseebootes SPEARFISH nahm die Chance voll wahr und erzielte einen Torpedotreffer ins Achterschiff der LÜTZOW, der den Schweren Kreuzer außer Gefecht setzte. Unter Sicherung der 17. U-Jagdflottille aus umgebauten Fischdampfern brachten Schlepper das Schiff zurück nach Kiel. Dort machte LÜTZOW am 13. April 1940 fest.

Nie mehr wurde das ehemalige Panzerschiff für den Zweck eingesetzt, zu dem es entworfen worden war: Handelskriegsführung in weit entfernten Gewässern. Im Juni 1941 befand sich die LÜTZOW wieder in norwegischen Gewässern, um erneut in den offenen Atlantik auszubrechen, als ein einzelner »Beaufort«-Torpedobomber, den die aufgezogene Fla-Kriegswache für ein deutsches Flugzeug hielt, unbemerkt zum Torpedoangriff ansetzte und einen Treffer erzielte, der schwere Beschädigungen verursachte. Angriffe weiterer Torpedobomber blieben ohne Erfolg. Nachdem zwei der vier Motorenräume wieder klar waren, entschloss sich der Kommandant, KptzS. Leo Kreisch, zur

Ehrenwache an Bord der DEUTSCHLAND. Die bereits auf Ibiza und in der Kronkolonie Gibraltar würdig bestatteten Toten wurden auf Befehl Hitlers wieder für die Begräbniszeremonie am 17. Juni 1937 in Wilhelmshaven exhumiert.

Obwohl viele Seeleute an Bord der größeren Schiffe Kojen hatten, gab es noch einen beträchtlichen Anteil, der in Hängematten schlief und auf unglaublich beengtem Raum lebte. Die auf der Back stehenden Flaschen widerlegen die Auffassung mancher Autoren, wonach Alkohol an Bord der Schiffe verboten war. Dieses Foto entstand lange vor dem Kriege und der junge Mann im Vordergrund könnte Otto Schuhart (Crew 29) sein, der spätere Kommandant von *U 29*, der am 17. September 1939 westlich von Irland den Flugzeugträger HMS COURAGEOUS versenkte.

Rückkehr nach Kiel. Im Mai 1942 kehrte die LÜTZOW nach Norwegen zurück und war an mehreren Vorstößen in arktische Gewässer beteiligt, ohne große Erfolge zu erzielen. Im Herbst 1943 kehrte der Schwere Kreuzer in die östliche Ostsee zurück und fand als Schulschiff Verwendung. Ab Herst 1944 kam die LÜTZOW bei Beschießungseinsätzen gegen die Rote Armee zum Einsatz. Nach einem Luftangriff der RAF am 16. April 1945 auf flachem Wasser in der Kaiserfahrt bei Swinemünde auf Grund gesetzt, beschossen die Schwere und die Mittelartillerie recht wirkungsvoll die vorrückende Rote Armee, bis nach Verbrauch der letzten Munition das Schiff am 4. Mai 1945 gesprengt wurde.

ADMIRAL GRAF SPEE

Die ADMIRAL GRAF SPEE lief am 21. August 1939 unter KptzS. Hans Langsdorff aus Wilhelmshaven aus, um im Südatlantik 1500 km östlich der brasilianischen Stadt Salvador eine Warteposition einzunehmen. Nach Eingang des Funkspruches in der Nacht vom 25./26. September mit der Freigabe zur Handelskriegsführung drei Wochen nach Kriegsbeginn steuerte die ADMIRAL GRAF SPEE sofort die stark befahrenen Schifffahrtsrouten zwischen Kapstadt und Freetown auf der afrikanischen Seite des Südatlantik an. Als erstes Opfer brachte sie am 30. September den 5051 BRT großen Frachter CLEMENT auf. Als deren Besatzung als

Eine Seitenansicht der ADMIRAL GRAF SPEE unmittelbar nach dem Seegefecht vor dem Rio de la Plata. Es hat den Anschein, als ob die Seeleute noch geschäftig dabei wären, die Schäden in der Hoffnung zu beseitigen, nach Deutschland durchzubrechen. Links im Bild ist der wie ein runder Tank aussehende achtere Fla-Leitstand mit E-Messgerät zu erkennen. Darunter und rechts davon befindet sich der Backbordkran mit seinem Arm oberhalb der beiden achteren 15-cm-Backbordgeschütze. Oberhalb des Kranarms ist das Katapult zu sehen, an das sich rechts der achtere Artillerieleitstand anschließt. Auf dem Katapult steht eine völlig ausgebrannte Arado Ar 196, deren Treibstofftanks vor Gefechtsbeginn offensichtlich voll gewesen waren. Flugbenzin wurde an einem sicheren Platz gebunkert und durch Hineinpumpen eines inaktiven Gases wie Stickstoff oder CO_2 in den Bunker mit einer Leitung an den Tankstutzen befördert, damit sich über dem schnell verdunstendem Benzin keine entzündlichen Dämpfe bildeten.

Gefangene an Bord kam, bemerkte sie den Namen »Admiral Scheer«, der an der Bordwand durch eine dünne Farbschicht schimmerte. Nachdem die Gefangenen später einem neutralen Schiff übergeben wurden, sorgten sie dafür, dass sich die Nachricht von der Anwesenheit der »Admiral Scheer« rasch verbreitete. Auf den ersten Blick mochte es schwierig sein, den Grund für diese Maskerade zu erkennen, denn selbst Experten hatten Probleme, die beiden Schiffe zu unterscheiden, während die Leistungsfähigkeit und auch die Feuerkraft mehr oder weniger identisch waren. Es sollte jedoch der Eindruck vermittelt werden, dass sich in den Gewässern des Südatlantik zwei Handelsstörer aufhielten.

Im Anschluss daran wurde die ADMIRAL GRAF SPEE als britisches Kriegschiff getarnt, indem das große Entfernungsmessgerät vor der Brücke mit einer 28-cm-Doppelturm-Attrappe aus Holz und Segeltuch überdeckt wurde, durchzogen mit dunkelgrauen Flecken über dem hellgrauen Friedensanstrich des Schiffes. Zu Vervollständigung der Tarnung erhielt das Vorschiff eine aufgemalte Bugwelle. In dieser Tarnung lief die ADMIRAL GRAF SPEE in den Indischen Ozean, wo Langsdorff beabsichtigte, eine Anzahl Schiffe zu versenken, um seine Anwesenheit kundzutun, ehe er auf die amerikanische Seite des Südatlantik überwechselte. Im Gedanken an den Heimmarsch wollte er mit der Ablenkung den Eindruck vermitteln, dass er um Kap Hoorn ginge. Das Versenken einer Reihe von Schiffen unterwegs erleichterte es der Royal Navy, den künftigen Kurs des Panzerschiffes einzuschätzen. Commodore Harwood, der Führer des südamerikanischen Geschwaders, vermutete daher korrekt, dass die ADMIRAL GRAF SPEE auf den Schifffahrtsrouten vor der Mündung des Rio de la Plata erscheinen würde. Am 13. Dezember 1939 stieß sie auf Harwoods drei Kreuzer und das berühmte Seegefecht vor dem Rio de la Plata nahm seinen Anfang. An dessem Ende standen die Selbstversenkung des Panzerschiffes vor Montevideo und der Freitod Langsdorffs in Buenos Aires. Auf ihrer ersten und einzigen Feindfahrt versenkte die ADMIRAL GRAF SPEE neun Schiffe mit insgesamt über 50.000 BRT, ohne dass auf beiden Seiten Opfer an Menschenleben zu beklagen waren. Die britischen Gefangenen beschrieben KptzS. Langsdorff als einen sehr human handelnden Offizier. Sie entsandten sogar mit Kapitän Pottinger von der SS ASHLEA einen Vertreter zu seinem Begräbnis, der einen Kranz niederlegte, für den sie gesammelt hatten.

Das Seegefecht vor dem Rio de la Plata

Über die ADMIRAL GRAF SPEE und das 75 Minuten dauernde berühmte Seegefecht ist bereits so viel geschrieben worden, dass es an sich überflüssig wäre, an dieser Stelle die Einzelheiten nochmals zu beschreiben. Eine wichtige Frage muss jedoch beantwortet werden: Warum ereignete sich das Gefecht überhaupt? Panzerschiffe sollten doch im Stande sein, jedem Schlachtschiff davonzulaufen und jeden Kreuzer aus dem Wasser zu blasen, ohne in die Reichweite der gegnerischen Geschütze zu gelangen. Was ging vor dem Rio de la Plata schief?

Als das Panzerschiff am 13. Dezember 1939 kurz vor 06.00 Uhr die drei britischen Kreuzer – EXETER, AJAX und ACHILLES – auf etwa 31.000 m Entfernung sichtete, wurden sie anfangs für einen Leichten Kreuzer mit zwei Zerstörern gehalten. An Bord der ADMIRAL GRAF SPEE wurden sie als Sicherung eines Geleitzuges angesprochen und Langsdorff befahl volle Fahrt, ließ Gefechtsstationen besetzen und hielt auf sie zu, jeden Augenblick das Erscheinen von Handelsschiffen erwartend. Der inzwischen erkannte Schwere Kreuzer EXETER identifizierte den Gegner sofort als Panzerschiff und ging auf Gefechtskurs, während die beiden Leichten Kreuzer, wie vorher festgelegt, sich auf die andere Flanke begaben um das Panzerschiff in die Zange zu nehmen. EXETER und ADMIRAL GRAF SPEE näherten sich einander mit einer kombinierten Geschwindigkeit von rund 50 kn. Obwohl EXETER die volle Wucht der ersten Salven des Panzerschiffes hinnehmen musste, kam sie so rasch heran, dass sie ihre Geschütze gegen das deutsche Schiff zum Tragen bringen konnte, auf diese Weise den überlegenen Vorteil des Panzerschiffes eliminierend. AJAX und ACHILLES näherten sich bis auf etwa 8000 m zu Torpedoangriffen. Häufig den Kurs wechselnd, entgingen sie den schweren Salven der ADMIRAL GRAF SPEE, während die Entfernung für die 28-cm-Geschütze gleichzeitig zu gering wurde, um noch ein genaues Schießen zu ermöglichen. Zudem ist es wichtig sich daran zu erinnern, dass Panzerschiffe vorn und achtern nur je *einen* großen Drillingsturm besaßen. Dies machte eine Feuerverteilung in verschiedene Richtungen ziemlich problematisch.

Das Panzerschiff erhielt 20 Treffer (zwei davon 20,3 cm). Sie setzten ein 15-cm- und ein 10,5-cm-Geschütz außer Gefecht und beschädigten wichtige Einrichtungen, darunter auch Feuerleitanlagen. Im Großen und Ganzen war seine Gefechtsfähigkeit intakt geblieben. Die Verluste umfassten 36 Tote und 60 Verwundete. Von Bedeutung war, dass der Restbestand an Munition ein längeres Gefecht nicht mehr zuließ. An dieser Stelle ist es erforderlich, Langsdorffs Charakter zu berücksichtigen. Er ist als humaner Mensch von großem Ansehen beschrieben worden, der sich um das Wohlergehen anderer, besonders um das seiner ihm unterstehenden Männer, sehr sorgte. Bis zu diesem Gefecht hatte es keinerlei Verluste an Menschenleben gegeben und jetzt sah er sich plötzlich der harten und blutigen Wirklichkeit des Krieges gegenüber. Mit Sicherheit zog Langsdorff seine Männer, während er in den nächsten paar Tagen in Montevideo um einen Entschluss rang, mehr in Betracht, als dies viele andere Kommandanten getan hätten.

Seine Entscheidung, in Montevideo zur Durchführung von Reparaturen einzulaufen, ist als falsch kritisiert worden. Er teilte jedoch noch am Tage des Gefechtes seine Absicht um 19.37 Uhr

Der Befehlsübermittler scheint nicht sehr glücklich zu sein. Verglichen mit den langen Wartezeiten vorher, in denen die Männer nur herumstanden, um zu warten dass etwas passiert, verlief ein Gefecht gewöhnlich sehr kurz.

der Seekriegsleitung mit und Berlin hatte umgehend über Funk sein Einverständnis gegeben. Die Ereignisse nach dem Gefecht sind ebenfalls bekannt und bedürfen keiner weiteren Ausführung. In der Annahme, durch überlegene Streitkräfte des Gegners abgeschnitten zu sein, entschied sich Langsdorff, sein Schiff lieber selbst zu versenken als weitere Verluste an Menschenleben aufs Spiel zu setzen. Auch in dieser Frage hatte die Seekriegsleitung nach einem längeren Nachrichtenaustausch zugestimmt. Die Besatzung der ADMIRAL GRAF SPEE hatte viel Zeit gehabt, über die Zerstörung ihres Schiffes nachzudenken und hatte eine Anzahl ungewöhnlicher Sprengladungen mit Zeitzündern angebracht. So hingen zum Beispiel Torpedogefechtsköpfe »mit der Nase nach unten« von Decken, um das Innere in die Luft zu sprengen, sobald die Befestigungstaue durchgebrannt waren. Nichtsdestoweniger blieben viele wichtige Teile der Ausrüstung übrig und britischen Agenten gelang es später die geheime Funkmessanlage der ADMIRAL GRAF SPEE zu entfernen, die der Royal Navy einen wertvollen Einblick in ihre Leistungsfähigkeit vermittelte.

ADMIRAL SCHEER

Die Schwere Artillerie der ADMIRAL SCHEER eröffnete im Ernstfall zum ersten Mal während des Spanischen Bürgerkrieges das Feuer, um am 31. Mai 1937 als Vergeltung für den Angriff auf die DEUTSCHLAND die rotspanische Stadt Almeria zu beschießen. Bei Beginn des Zweiten Weltkrieges war das Panzerschiff infolge von Motorenschäden nicht kriegsbereit. Als das Kriegsnotprogramm anlief, lag die ADMIRAL SCHEER (KptzS. Hans-Heinrich Wurmbach) auf Schillig-Reede außerhalb von Wilhelmshaven. Am 4. September 1939 griffen britische Bomber vom Typ Bristol »Blenheim« die deutschen Kriegsschiffe vor Wilhelmshaven an. Bei nur leichten eigenen Schäden schoss das Panzerschiff drei der Maschinen ab. Anschließend absolvierte es rasch seine Werftliegezeit und verlegte in die Ostsee. Ab 1. Februar 1940 führte die ADMIRAL SCHEER wie geplant ihren Umbau in der Kriegsmarinewerft Wilhelmshaven durch. Kurz vor der Fertigstellung griff die RAF erneut die Stadt an. Die einsatzbereite Flak des Schiffes schoss einen »Wellington«-Bomber ab. Ende Juli 1940 verlegte der Schwere Kreuzer unter KptzS. Theodor Krancke zu Erprobungen und Ausbildung nach Gotenhafen. Erst nach der endgültigen Verschiebung der in Großbritannien geplanten Landung am 12. Oktober 1940 wurde die ADMIRAL SCHEER zur Handelskriegsführung ausgerüstet. Krancke erhielt die Weisung, die Tätigkeit der ADMIRAL GRAF SPEE in den südlichen Ozeanen fortzusetzen. Sein Verbleib in heimischen Gewässern, während sich die ersten Handelsstörer ihrer Erfolge erfreuten, hatte es ihm ermöglicht, von ihnen nützliche Informationen in Erfahrung zu bringen und verbesserte Angriffsverfahren zu planen.

Die ADMIRAL SCHEER verließ am 23. Oktober 1940 Gotenhafen, passierte vier Tage später die gigantischen Schleusen des Nord-Ostsee-Kanals bei Brunsbüttel und steckte vorsichtig hinter dem *Sperrbrecher 12* (ex-Stolzenfels) die Nase hinaus in die Elbmündung, um in der Hoffnung auf gutes (d.h. schlechtes) Wetter nach Norden in den Atlantik vorzustoßen. Am 31. Oktober kam der Schwere Kreuzer in einem schweren Sturm von der schmalen Dänemarkstraße zwischen Grönland und Island frei. Trotz der zusätzlichen Vorsichtsmaßnahmen, um ein solches Ereignis zu verhindern, wusch die stürmische See zwei Männer über Bord.

Im weiteren Verlauf des Unternehmens wich die ADMIRAL SCHEER mehreren Einzelfahrern aus. Krancke hatte von seinen Vorgängern gelernt, dass der Angriff auf ein einzelnes Schiff den Ozean von allen anderen Zielen leerfegte. Daher wurde, sobald eine Mastspitze in Sicht kam, das Funkmessgerät eingesetzt, um festzustellen, ob es sich um einen Einzelfahrer oder um einen Geleitzug handelte. Diese Anlage war ursprünglich zur Entfernungsmessung mithilfe elektromagnetischer Strahlung entwickelt worden, um sie einzusetzen, nachdem ein Ziel optisch gesichtet worden war. Sie war weder eine Anlage zur Rundumortung noch war sie ständig in Betrieb. Stattdessen wurde ein verhältnismäßig schmaler Elektronenstrahl für kurze Zeit auf ein Ziel gerichtet, um die Entfernung zu messen oder um, wie in diesem Fall, den Gegner zu überwachen, während er sich außer Sicht befand.

Krancke musste nicht lange auf seinen ersten Geleitzug warten. Der B-Dienst hatte ihn bereits über ein Geleit voraus der ADMIRAL SCHEER informiert und so mussten die Schiffe nur noch gefunden werden. Dies war die Aufgabe des an Bord mitgeführten Aufklärungsflugzeuges, dessen Flugzeugführer (ObltzS. Ulrich Pietsch) Weisung hatte, Funkstille zu wahren und ungesehen zurückzukehren. Krancke war sich ziemlich sicher, dass die Royal Navy seinen Verbleib nicht kannte, und wollte das Überraschungsmoment voll ausnutzen. Doch das Schicksal entschied anders. Als das Flugzeug zurückkam und die Sichtung des Geleitzuges meldete, entschloss sich Krancke noch vor Einbruch der Dunkelheit anzugreifen, weil er den Verlust des Fühlunghaltens an den Schiffen während der kommenden Nacht nicht riskieren wollte.

Gerade als das Bordflugzeug mit Pietsch wieder an Bord genommen wurde, hatte der schnelle Bananendampfer MOPAN an diesem verhängnisvollen 5. November 1940 den viel langsameren Geleitzug HX 84 überholt und lief dem Schweren Kreuzer direkt vor die Rohre. Den Einzelfahrer für einen Hilfskreuzer haltend, der vor dem Geleitzug herlief, sah sich Krancke gezwungen, zuerst den Frachter aufzubringen, statt sich auf die Schiffe

ADMIRAL SCHEER vor dem Umbau mit der Flagge der Reichsmarine am Heck. Unterhalb befindet sich das vom Sommer 1933 bis 1940 geführte Hoheitsabzeichen. Am Mast weht die Nationalflagge.

Die inzwischen zum Schweren Kreuzer umklassifizierte ADMIRAL SCHEER nach dem Umbau 1940 mit Tarnanstrich. Den pyramidenförmigen Gefechtsturm ersetzte aus Gewichtsgründen ein Röhrenmast wie ihn die DEUTSCHLAND erhalten hatte.

des Geleitzuges zu konzentrieren, die in kurzem Abstand folgten. Dadurch ohnehin schon kostbares Tageslicht verlierend, griff das Schicksal erneut ein. Die Sicherung der 37 Schiffe des Geleitzuges oblag dem Hilfskreuzer HMS JERVIS BAY unter dem Kommando von Capt. E. S. F. »Fogarty« Fegen, der zunächst nicht erwartet hatte, dass das am Horizont erschienene Kriegsschiff ein deutsches war. Als Fegen es schließlich als Gegner identifizierte, befahl er den Handelsschiffen, sich zu zerstreuen, während er dem fast sicheren Tod ins Auge sah, als er die Herausforderung des Giganten annahm. Für dieses Gefecht erhielt er posthum die höchste britische Tapferkeitsauszeichnung: das Viktoriakreuz. Fegens halbstündiges Gefecht verursachte mehr, als nur den unter seiner Verantwortung stehenden Schiffen einige kostbare Minuten zu verschaffen, um sich zu zerstreuen, es zwang auch die ADMIRAL SCHEER ein Drittel der Granaten für seine Schwere Artillerie und die Hälfte der Munition für die 15-cm-Mittelartillerie zu verbrauchen. Ohne den schnellen Bananendampfer MOPAN und die Tapferkeit der Männer auf der HMS JERVIS BAY wären weit mehr als die fünf Handelsschiffe versenkt worden.

Der Angriff der ADMIRAL SCHEER hatte weit reichende Folgen. Andere bereits unterwegs befindliche Geleitzüge wurden sofort zurückgerufen und mussten im Hafen verbleiben, bis eine Schlachtschiffsicherung bereitgestellt werden konnte. Gleichzeitig gingen Verbände mit schweren Einheiten und dem Ziel in See, der ADMIRAL SCHEER den Rückmarsch über die nördlichen Gewässer nach Deutschland oder zur französischen Küste zu verlegen. Keine dieser Maßnahmen berührte Krancke, denn er steuerte mit Generalkurs 190° den Treffpunkt im Mittelatlantik an, um am 12. November 1940 aus dem Versorgungstanker EUROFELD (Kpt. Blessin) Brennstoff zu ergänzen und den Marsch in den Südatlantik fortzusetzen.

Nunmehr nutzte Krancke jede Gelegenheit, um die Vorteile der Kreuzerkriegsführung wahrzunehmen, indem er aus seinen Opfern Proviant ergänzte, um zum einen die Seeausdauer der ADMIRAL SCHEER zu verlängern und zum anderen Hilfskreuzer und U-Boote zu versorgen. Sobald seine Position in einem Seegebiet bekannt wurde, verlegte er sein Operationsgebiet, um an anderer Stelle Verwirrung zu erzeugen. Dieses Vorgehen führte den Schweren Kreuzer weit in den Indi-

Eine überwältigende Nahaufnahme der ADMIRAL SCHEER aus der Vorkriegszeit. Deutlich erkennbar sind die beiden 10,5-m-E-Messbasen auf dem achteren sowie dem Haupt-Artillerieleitstand im Vormars.
Weitere Hauptmerkmale sind: Die vier 15-cm-Steuerbordgeschütze der Mittelartillerie in Schilden; achteraus der Brücke, aber noch oberhalb des seitlich ausgeschwungenen Beibootes zwei der sechs 8,8-cm-Fla-Geschütze C/32 in Doppellafette C/31 (1939 Umrüstung auf 10,5 cm); unterhalb der achteren E-Messbasis zwei der acht 3,7-cm-Fla-Geschütze C/30 in Doppellafette C/30; direkt vor dem Schornstein und links dahinter die beiden voll stabilisierten, runden Fla-Leitstände SL 4 mit einer 4-m-

E-Messbasis (später teilweise durch Hauben geschützt); auf dem Plattformkranz rund um den Schornstein vier der sechs 160-cm-Scheinwerfer – der Mann vor dem achteren Paar kann als Größenvergleich dienen (rechts von ihm eine der damaligen vier 2-cm-Fla-Einzellafetten C/30). Die beiden anderen Scheinwerfer befinden sich auf Seitenkonsolen am Gefechtsturm. Unterhalb des erkennbaren Steuerbord-Scheinwerfers sind im Gefechtsturm die seitlichen Fensteröffnungen der Admiralsbrücke und direkt darunter die Ebene der Navigationsbrücke mit dem Kartenhaus sowie dem Signaldeck unter dem Kranhaken zu erkennen. Unübersehbar steht auf dem Turmkatapult eine Heinkel He 60 als Bordflugzeug (ohne Flugzeughalle), später durch eine Ar 196 ersetzt.

schen Ozean. Zusammentreffen mit anderen deutschen Schiffen, besonders mit Hilfskreuzern, spielten in diesem Zusammenhang eine wichtige Rolle. Einladungen zum »Kaffeetrinken« stellten weit mehr als den Wunsch dar, neue Gesichter zu sehen. Sie wurden dazu benutzt, um Neuigkeiten, Erfahrungen, Bücher aus den Bordbibliotheken, Kinofilme, Zeitschriften und viele andere Dinge auszutauschen, die das Leben erträglicher gestalten konnten.

Bis zum Januar 1941 hatte Krancke genug Erfahrungen über das Verhalten gegnerischer Kriegsschiffe gesammelt, um die ADMIRAL SCHEER als britischen Kreuzer auszugeben. Auf diese Weise war es möglich, dicht an die ahnungslosen Handelsschiffe heranzukommen, ohne dass sie Notrufe über Funk aussandten. Obwohl die meisten der aufgebrachten Schiffe versenkt wurden, blieben einige zunächst als Versorgungsschiffe zurück und andere wurden mit Prisenbesatzungen an Bord nach Europa in Marsch gesetzt. So wurde der am 17. Januar 1941 im Südatlantik aufgebrachte norwegische Tanker SANDEFJORD (8038 BRT) zum Beispiel mit einer wertvollen Ladung von 11.000 ts Rohöl zum Gefangenenschiff für 241 Gefangene, das mit einer Prisenbesatzung unter Führung von LtzS.(S) Erwin Goetsch am 27. Februar in der südwestfranzösischen Gironde-Mündung eintraf.

Eine Woche zuvor hätte das Glück die ADMIRAL SCHEER fast verlassen. Am 20. Februar 1941 sichtete das »Walrus«-Bordflugzeug des Leichten Kreuzers HMS GLASGOW auf einem Aufklärungsflug den Handelsstörer nördlich von Madagaskar und funkte eine genaue Positionsmeldung, aufgenommen vom Flugzeugträger HERMES, den Schweren Kreuzern CANBERRA, AUSTRALIA, HAWKINS und SHROPSHIRE sowie den Leichten Kreuzern CAPETOWN, EMERALD und ENTERPRISE, die aus mehreren Richtungen auf die gemeldete Position zuliefen. Auf der britischen Lagekarte sah dies bestimmt so aus, als ob die Tage der Schiffe kapernden ADMIRAL SCHEER gezählt waren. Doch das Glück stand dem deutschen Schiff erneut zur Seite. Eine Wetterverschlechterung war die Ursache, dass das Bordflugzeug der GLASGOW die Fühlung verlor und die ADMIRAL SCHEER aus der Schlinge schlüpfte. Eine weitere fast tödliche Situation entstand einige Tage später, als der B-Dienst an Bord des auf Südkurs befindlichen Schweren Kreuzers einen »RRR«-Notruf über Funk auffing, der von einem britischen Handelsschiff stammte und auf einer Position in der Nähe zwei unbekannte Kriegsschiffe meldete. Krancke trat daraufhin sofort den Rückmarsch in den Südatlantik an.

Zu diesem Zeitpunkt war auch die Seekriegsleitung in Berlin nervös geworden, da sie die ADMIRAL SCHEER in Gefahr wähnte. Infolgedessen erhielt Krancke den Befehl, Generalkurs 370° abzusetzen, d.h. den Heimmarsch anzutreten. Nach einem Treffen mit den Versorgungsschiffen überquerte der Schwere Kreuzer am 15. März 1941 den Äquator, um sich am nächsten Tag mit *U 124* (Kptlt. Wilhelm Schultz) zu treffen. Das U-Boot, eines der ersten großen Boote, die im Südatlantik operierten, brachte Ersatzteile für das Funkmessortungsgerät.

So konnte die ADMIRAL SCHEER sicher die Dänemarkstraße am 27. März passieren, um am 30. März auf der Höhe von Bergen zu stehen. Sein Schiff sicher nach Hause gebracht zu haben, muss für Krancke das schönste Geburtstagsgeschenk gewesen sein; er wurde an diesem Tag 48 Jahre alt. Die Anspannung von 161 Seetagen begann nachzulassen, als das Schiff am 1. April in den späten Abendstunden in Kiel festmachte. Der Schwere Kreuzer hatte 46.419 sm (ca. 86.000 km) zurückgelegt sowie 15 Schiffe versenkt und zwei weitere als Prisen nach Frankreich gesandt. Damit war diese Feindfahrt mit insgesamt 113.531 BRT die erfolgreichste eines regulären deutschen Überwasserkriegsschiffes.

Danach ging die ADMIRAL SCHEER zur Überholung in die Werft und hielt sich anschließend unter dem Kommando von KptzS. Wilhelm Meendsen-Bohlken in der Ostsee und in norwegischen Gewässern auf. Über das nächste größere Unternehmen der ADMIRAL SCHEER ist sehr wenig geschrieben worden, vielleicht weil kaum Versenkungserfolge erzielt und keine Zusammenstöße mit der Royal Navy zu verzeichnen waren. Dennoch muss das Unternehmen »Wunderland« als eine der dramatischsten Feindfahrten des Zweiten Wektkrieges eingeordnet werden. Dieses Unternehmen fand in der zweiten Augusthälfte 1942 statt, nachdem der japanische Geheimdienst der deutschen Seite schon im

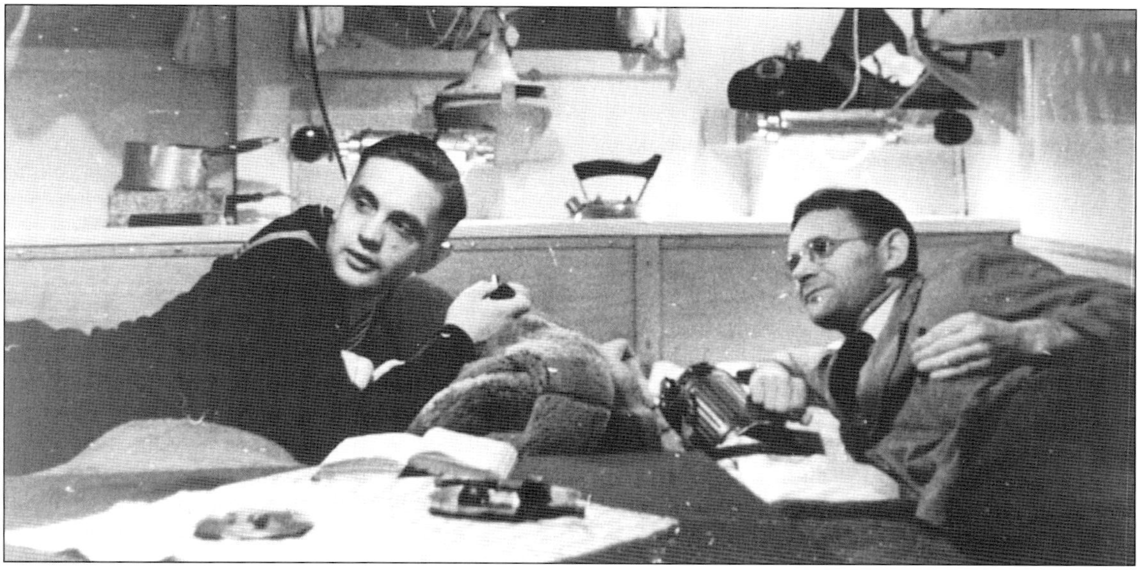

Während die Seeleute auf den kleineren Booten relativ unbequem wohnten, genossen sie auf den größeren Schiffen eine fast luxuriöse Unterbringung – in manchen Fällen besser als das, was sie von zu Hause aus gewohnt waren. Rechts im Bild ein Oberfeldwebel, vor dessen rechter Hand seine Gasmaskenbüchse liegt. Über ihm kann noch eine weitere Koje heruntergeklappt werden. Links sind als Zeichen des Komforts sogar ein kleiner Kocher und eine Pfanne zu sehen.

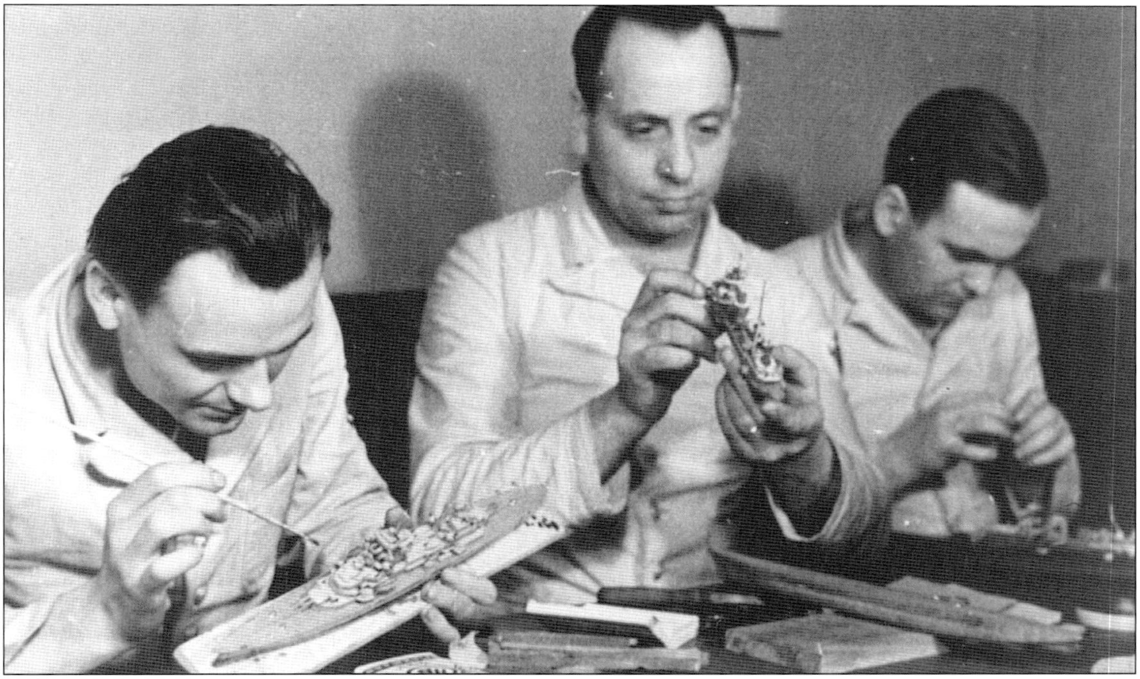

Wenn auch die Seeleute viel Dienst machen müssen, so gibt es doch auch Zeiten für Basteleien und gemütliches Beisammensein. Die Fotos stammen vermutlich von Bord der PRINZ EUGEN.

Frühjahr über einen sowjetischen Geleitzug von Wladiwostok aus über den Sibirischen Seeweg nach Westen berichtet hatte. Dies bedeutete eine trügerische Fahrt durchs Eis von fast 12.000 km Länge ohne unterwegs auf nennenswerte Häfen zu stoßen.

Die deutsche Seekriegsleitung konnte nur auf die Erfahrungen des Hilfskreuzers KOMET (KAdm. Robert Eyssen) zurückgreifen und wies daher das Marinegruppenkommando Nord an, ein Memorandum über das Entsenden von Kriegsschiffen in die Sibirische See zu erstellen. Das Ergebnis stand rasch zur Verfügung und war weitgehend negativ: kaum Kenntnisse über die Eislage, keine regelmäßigen Wetterbeobachtungen in den letzten zehn Jahren, keine Aussicht auf das Entsenden von Aufklärungsflugzeugen und kein Einbeziehen der Region in Studien des Marinenachrichtendienstes. Diese Überlegungen wurden noch diskutiert, als die Japaner Einzelheiten über einen weiteren Geleitzug berichteten, der ausgelaufen war. Daher ging die deutsche Seekriegsleitung aufs Ganze und befahl KptzS. Meendsen-Bohlken, dem Kommandanten der ADMIRAL SCHEER, den Geleitzugverkehr in der Kara-See anzugreifen.

Nach dem Auslaufen am 16. August 1942 aus dem nordnorwegischen Skjomenfjord traf der Schwere Kreuzer am 18. August mit *U 601* (Kptlt. Peter Ottmar Grau) zusammen, um über die genaue Erkundung der Pack- und Treibeislage zu berichten. Ein weiteres Treffen mit *U 251* (Kptlt. Heinrich Timm) in der Kara-See folgte, dem zweiten zugewiesenen U-Boot zur Erkundung der Eislage. Die von den beiden U-Booten gelieferten Informationen ergänzten die Aufklärungsflüge des Bordflugzeuges der ADMIRAL SCHEER, das am Abend des 20. August schließlich neun Schiffe sichtete, die sich ihren Weg nach Westen erkämpften. Die Elemente der Natur wandten sich jedoch gegen den Schweren Kreuzer und die Schiffe gelangten nicht in die Reichweite seiner Geschütze. Später fand das Flugzeug zehn weitere Schiffe in der Wilkitzki-Straße, aber diesmal standen dem Handelsstörer keine Seekarten zur Verfügung, die genau genug waren, um in diese gefährlichen Gewässer vorzudringen.

Erstaunlich war wenige Tage später der geleistete Widerstand während eines kurzen Gefechtes mit dem 1384 BRT großen Eisbrecher SIBIRJAKOV, der am 25. August versenkt wurde.

Überraschend war dieses kleine Schiff in der einsamen Weite der Wildnis voll auf den Krieg vorbereitet und kämpfte mit unerwarteter Entschlossenheit. Eine ähnliche Reaktion stellte das deutsche Schiff danach fest, als es den isolierten Außenposten Port Dickson angriff. Pläne zur Zerstörung der Funkstation durch ein Landungskommando mussten aufgegeben werden, da zwei Küstenbatterien so gut getarnt waren, dass sie von den deutschen Beobachtern erst bemerkt wurden, als sie auf die Beschießung heftig antworteten.

Schwere Kreuzer

ADMIRAL HIPPER

Stapellauf: 6. Februar 1937 bei Blohm & Voss, Hamburg.
Indienststellung: 29. April 1939.
Endschicksal: Am 3. Mai 1945 im Dock in Kiel gesprengt. Wrack im Juli 1945 in die Heikendorfer Bucht geschleppt, auf Grund gesetzt und später dort abgebrochen.

BLÜCHER

Stapellauf: 8. Juni 1937 bei den Deutschen Werken, Kiel.
Indienststellung: 20. September 1939.
Endschicksal: Gesunken am 9. April 1940 im Oslofjord.

PRINZ EUGEN

Stapellauf: 22. August 1938 bei der Germaniawerft, Kiel.
Indienststellung: 1. August 1940.
Endschicksal: 14. Dezember 1945 Auslieferung an die USA. Zielschiff bei den Atombombenversuchen am 1. und 25 Juli 1946 im Bikini-Atoll. Fast alle Zielschiffe sanken, während PRINZ EUGEN zwei Atombomben-Explosionen überlebte. Danach wurde der Schwere Kreuzer ins Kwajalein-Atoll geschleppt. Am 22. Dezember 1946 kenterte das Schiff aufgrund undichter Außenbordverschlüsse am Innenriff und liegt seitdem kieloben unter Wasser. Mitte der 90er-Jahren wurden Pläne bekannt, die PRINZ EUGEN zu heben und als »Schiff des Friedens« zu restaurieren.

Schwerer Kreuzer PRINZ EUGEN: Die Munitionsmanner der 10,5-cm-Flak, die sich bei schlechtem Wetter oft mit der 24 kg schweren Patrone auf schlüpfrigen Decks bewegen mussten, hatten Schwerstarbeit zu leisten.

Ein Sicherungsfahrzeug kommt längsseits des Schweren Kreuzers PRINZ EUGEN.

Die Schiffsglocke der ADMIRAL HIPPER im Marine-Ehrenmal Laboe bei Kiel. Die Ehrenhalle, durch die der Weg zur feierlichen Weihehalle führt, ist mit einer Anzahl Erinnerungsstücke ausgestattet, die eine stimmungsvolle Atmosphäre in dem schmucklosen Gebäude erzeugen.

Obwohl die Panzerschiffe in Schwere Kreuzer umklassifiziert wurden, gab es einige bedeutsame Unterschiede in technischer und operativer Hinsicht zwischen diesen beiden Schiffsklassen. Die technischen Daten zeigen auf, dass die Schweren Kreuzer eine geringere Seeausdauer besaßen als die Panzerschiffe, wobei die Turbinenanlagen der ersteren auch einen größeren Treibstoffverbrauch aufwiesen. Dies bedeutete, dass die Seeausdauer der Schweren Kreuzer stets nur auf etwas mehr als 14 Tage begrenzt war, wenn keine Versorgungstanker bereitgestellt werden konnten. Andererseits konnten die Dieselmotoren der Panzerschiffe mit langsamer Fahrt betrieben werden, um sehr wenig Treibstoff zu verbrauchen oder sogar ganz abgeschaltet werden, um überhaupt nichts zu verbrauchen.

ADMIRAL HIPPER

Die See-Erprobungen im Sommer 1939 ließen erkennen, dass noch einige Modifizierungen durchgeführt werden mussten, ehe die ADMIRAL HIPPER (KptzS. Hellmuth Heye) einsatzbereit war. Obwohl die Indienststellung des Schweren Kreuzers nur vier Monate vor Kriegsbeginn erfolgte, mussten Teile des Schiffes völlig neu entworfen werden. Die wahrscheinlich offensichtlichste dieser Änderungen war neben der Schornsteinkappe ein neuer, ausfallender Vorsteven, ein sog. »Klipperbug«, um ein Untertauchen des Vorschiffs bei schwerem Wetter zu vermeiden. Dies war von Bedeutung, da die über Deck waschenden Seen sonst den vorderen Geschützturm überfluteten. Infolgedessen konnte die ADMIRAL HIPPER erst beim Norwegen-Unternehmen im April 1940 zum

Einsatz kommen. Der berühmte Rammstoß des britischen Zerstörers GLOWWORM am 8. April hatte zur Folge, dass in die Bordwand des Schweren Kreuzers ein ziemlich großes Loch gerissen worden war, und dies bedeutete, dass die ADMIRAL HIPPER erst im Juni wieder einsatzbereit war. Die folgenden Monate waren mit weiterem Missgeschick angefüllt. SCHARNHORST und GNEISENAU hatten bei verschiedenen Gelegenheiten Torpedotreffer erhalten und so blieb die ADMIRAL HIPPER in den arktischen Gewässern allein übrig. Sie versenkte lediglich einen kleinen Dampfer, die 1940 BRT große ESTER THORSEN, ehe KptzS. Hellmuth Heye Anfang August 1940 den Befehl erhielt, sein Schiff nach Wilhelmshaven in die Werft zu bringen. Danach lag der Schwere Kreuzer in ständiger Bereitschaft, war aber zur Untätigkeit verurteilt, bis die endgültige Verschiebung des Unternehmens »Seelöwe« Mitte Oktober 1940 eintrat.

Inzwischen hatte eine drastische Veränderung der Kriegslage die Möglichkeit eröffnet, das Schiff mit seiner beschränkten Seeausdauer zum Handelskrieg in den Nordatlantik zu entsenden, damit es anschließend zur Brennstoffergänzung einen westfranzösischen Hafen anlaufen konnte. Mittlerweile war Heye im September 1940 zum Chef des Stabes beim Befehlshaber der Sicherung der Ostee ernannt worden. Ihn hatte als Kommandant KptzS. Wilhelm Meisel abgelöst, den auch ein gehöriges Teil Missgeschick traf. Zuerst erhielt das in den Atlantik auslaufende Tross-Schiff, die UCKERMARK – ex-ALTMARK, KKpt.(S) Josef Amfaldern –, am 14. September einen Minentreffer. Der Seekriegsleitung war es nicht möglich, so rasch einen Ersatztanker bereitzustellen, sodass die ADMIRAL HIPPER nicht in den Atlantik auslaufen konnte. Als dann der Begleittanker FRIEDRICH BREME bereitstand und das Marinegruppenkommando West den Begleittanker THORN zur Verfügung des Schweren Kreuzers gestellt hatte, brach Letzterem nach dem Auslaufen in Kiel die unentbehrliche Hauptkühlwasserpumpe der Steuerbordturbine. Kaum war dieser Schaden in Kristiansand-Süd behoben worden, trat am Pumpensystem ein weiterer Schaden auf. Wieder in See gegangen, kam es auf der Höhe von Bergen zum Bruch der Haupt-Schmierölzuleitung mit einem größeren Brand im Steuerbord-Turbinenraum und die ADMIRAL HIPPER musste nach Kiel zurückkehren.

Der einzige Trost für diese Kette von Missgeschicken bestand darin, dass diese Verzögerungen die Ausrüstung eines schnellen Ersatzschiffes für die UCKERMARK möglich machten. Das Tross-Schiff DITHMARSCHEN – KKpt.(S) Walter v. Zatorski – lief am 23. November 1940 in den Atlantik aus, um zunächst als Versorgungsschiff und später als selbstständiger Handelsstörer zu fungieren. Frühere Vorschläge, diese zweckgebauten Tross-Schiffe als Handelsstörer zu verwenden, waren verworfen worden, weil die typische Tankersilhouette nicht getarnt werden konnte. Diesmal war jedoch die Seekriegsleitung der Auffassung, dass der Widerstand nicht so stark wie angenommen und das In-Kauf-Nehmen des Risikos einen solchen Einsatz durchaus wert wäre. Letztlich wäre der Tanker mit drei 15-cm-Geschützen stark genug bewaffnet, um mit den meisten Handelsschiffen fertig zu werden. Erneut erfüllten sich die wohl gemeinten Absichten nicht. Eine Woche später erzwang eine Maschinenhavarie auch die Rückkehr dieses Schiffes in den Hafen und der Begleittanker ADRIA musste entsandt werden, um die Brennstoffergänzung der ADMIRAL HIPPER nordostwärts von Island durchzuführen.

Anfang Dezember 1940 trat die ADMIRAL HIPPER ohne weitere Zwischenfälle den Marsch nach Norden an, ergänzte Brennstoff aus dem Heizölfahrzeug WOLLIN in Bergen sowie später aus dem Tanker ADRIA und passierte am 7. Dezember die Dänemarkstraße. Auf dem Marsch nach Süden, begleitet von schlechtem Wetter, beölte der Schwere Kreuzer aus der FRIEDRICH BREME, ehe das Pech wieder eine Trumpfkarte gegen ihn ausspielte. Erneut gab es mit der Steuerbordturbine Probleme. Sie waren gerade beseitigt, als ein stark gesicherter Geleitzug auftauchte, dem die ADMIRAL HIPPER nur ausweichen konnte. Am 22. Dezember verschwand das Bordflugzeug des Kreuzers, ohne je wieder gesehen zu werden. Weiteres Pech folgte am 24. Dezember, als die ADMIRAL HIPPER über Funkmess den Truppentransport-Geleitzug WS 5A ortete, der jedoch eine außerordentlich starke Sicherung hatte. Diesmal gelangte sie in die Reichweite des Schweren Kreuzers HMS BERWICK und es kam zu einem

Obermaschinist Fritz Kiemle in seiner Kammer an Bord des Leichten Kreuzers KÖLN hält ein Nickerchen. Auf dem Schreibpult steht die Tragebüchse der Gasmaske und daneben liegt eine Taschenlampe. Die Bordmütze wurde »Schiffchen« oder »Käppi« genannt und ließ sich flach zusammenfalten.

kurzen Gefecht. Hierbei erhielt der Torpedooffizier die Erlaubnis, einen Dreierfächer zu schießen, aber der Luftdruck der eigenen 20,3-cm-Geschütze der HIPPER hatte die Schwenkeinrichtung beschädigt, sodass keine Torpedos abgefeuert werden konnten. Auf der BERWICK wurden Treffer beobachtet, aber auf beiden Seiten entstand kein ernster Schaden. Am späten Nachmittag des 27. Dezember 1940 lief die ADMIRAL HIPPER mit einer Besatzung in Brest ein, die eher enttäuscht als in gehobener Stimmung war.

Die RAF brauchte gerade sieben Tage, um den Schweren Kreuzer zu finden und in einem ersten Luftangriff 90 ts Bomben auf ihn abzuwerfen. Zum Glück für das deutsche Schiff waren die Bomben nicht gut gezielt und so trat kein ernsthafter Schaden ein, obwohl die Umgebung des Hafens von Brest stark getroffen wurde. Die britische Propaganda von damals verzeichnete die Freude der Franzosen über diese Angriffe. Es wurde der Eindruck erweckt, als ob sich jene, die ihr Eigentum verloren oder körperlichen Schaden erlitten hatten, vor Freude auf den Straßen drängten, um hoffnungsvoll mit britischen Fahnen den vorbeifliegenden Flugzeugen zuzuwinken.

Am 1. Februar 1941 lief die ADMIRAL HIPPER zu einer zweiten Unternehmung aus. Ein beträchtlicher Teil der Besatzung war ausgetauscht worden und dies machte sich ein paar Tage später bemerkbar, als das Beölen aus den Bunkern des Tankers SPICHERN ungewöhnlich lange dauerte. Doch die neuen Leute brachten auch das Glück mit. Nachdem das Fühlunghalten von *U 37* (Kptlt. Nicolai Clausen) seit dem 8. Februar am Geleitzug HG 53 keinen Erfolg für den Kreuzer gebracht hatte, stieß die ADMIRAL HIPPER am 12. Februar

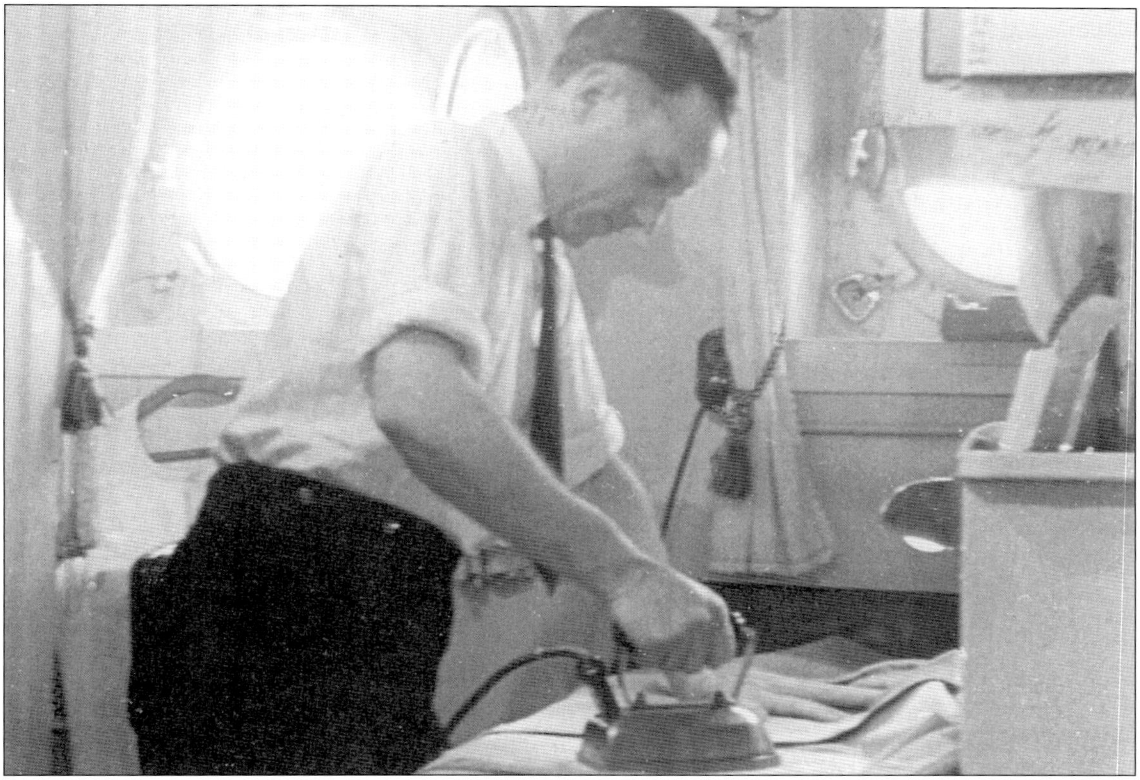

Fritz Kiemle demonstriert die vielseitige Verwendbarkeit des Pultes in einer Oberfeldwebel-Kammer, die nicht der Überheblichkeit höherer Dienstgrade diente. Der »Papierkrieg« hatte solche Ausmaße angenommen, dass sehr viel Zeit mit Verwaltungsarbeit verbracht werden musste.

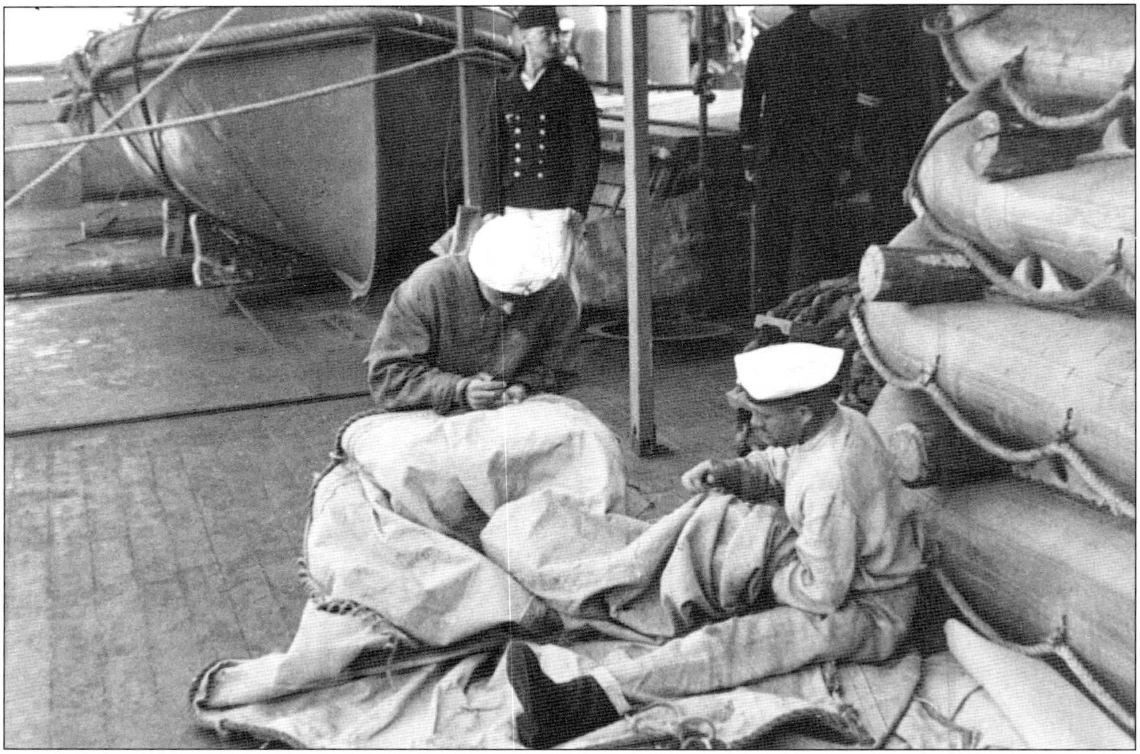

Althergebrachte Fertigkeiten wie Segelmachen waren sogar noch an Bord der modernen Kriegsschiffe des Zweiten Weltkrieges gefragt.

auf den Geleitzug SLS 64, der von Freetown in Westafrika nach Norden unterwegs war. Unter Einsatz des Funkmessgerätes versenkte der Schwere Kreuzer sieben Handelsschiffe, musste aber angesichts der Brennstoff- und Munitionslage nach 12 Tagen in See die Fortführung der Unternehmung abbrechen, obwohl die Gruppe West eine Versorgung aus der FRIEDRICH BREME vorgeschlagen hatte.

Diesmal war die britische Luftaufklärung etwas schneller und der erste Luftangriff erfolgte bereits einen Tag nach dem Einlaufen der ADMIRAL HIPPER in Brest. Doch noch immer waren die Bomben schlecht gezielt. Obwohl in Brest weitere Gebäudeschäden entstanden, erlitt der Kreuzer auch diesmal keine ernsthaften Schäden. Es war das launische Maschinensyndrom, das ihn im Hafen festhielt, nicht die Bombenwürfe. Mit einer Auswahl von Worten, die üblicherweise nicht in Wörterbüchern stehen, befahl die Seekriegsleitung die Rückkehr des Schiffes zur Durchführung der Reparaturen nach Deutschland. Der Rückmarsch nach dem Auslaufen am 15. März verlief ereignislos, da die Gegenseite dies erst bemerkte, als es zu spät für Maßnahmen war. Nach einer zweimaligen Brennstoffergänzung, zuerst aus dem Begleittanker THORN vor dem Marsch durch die Dänemarkstraße und dann aus dem Heizölfahrzeug WOLLIN in Bergen, traf die ADMIRAL HIPPER am 28. März 1941 in Kiel ein und machte um 14.30 Uhr fest. Danach kam der Kreuzer nie wieder im Nordatlantik als Handelsstörer zum Einsatz. Er wurde nach Nordnorwegen verlegt und unternahm Vorstöße gegen Russland-Geleitzüge, wobei er am 30. Dezember 1942 (Unternehmen »Regenbogen«) schwer beschädigt wurde. Zur Reparatur nach Deutschland zurückverlegt, blieb die ADMIRAL HIPPER in der Ostsee und wurde schließlich am 3. Mai 1945 im Dock der Deutschen Werke in Kiel von der eigenen Besatzung gesprengt.

Der Schwere Kreuzer PRINZ EUGEN mit seiner Schweren Artillerie aus je zwei 20,3-cm-Doppeltürmen vorn und achtern.

PRINZ EUGEN: Aufklaren nach der Übung. Die Männer mannen Kartuschen der Schweren Artillerie.

BLÜCHER

Die erste und einzige Feindfahrt der BLÜCHER (KptzS. Heinrich Woldag) endete ziemlich abrupt im Rahmen des Unternehmens »Weserübung« im frühen Morgengrauen des 9. April 1940. An der Spitze der Kriegsschiffgruppe 5 in den Oslofjord mit Heerestruppen an Bord zur Besetzung der norwegischen Hauptstadt eingelaufen, erhielt die BLÜCHER mehrere Artillerie- und zwei Torpedotreffer durch Landbatterien in der Dröbak-Enge, woraufhin der Schwere Kreuzer sank. Die Gesamtverluste betrugen 125 Seeleute und 195 Heeressoldaten. Das Wrack liegt noch immer im außerordentlich tiefen Wasser des Fjords.

PRINZ EUGEN

Die Jungfernfahrt der PRINZ EUGEN unter KptzS. Helmut Brinkmann verzögerte sich durch einen Bombentreffer, den das Schiff in der Nacht vom 1./2. Juli 1940 in Kiel kurz vor der Indienststellung erhalten hatte. Am 23. April 1941 beschädigte ein Minennahtreffer den Kreuzer. Wieder entstanden nur geringe Schäden und am 18. Mai 1941 lief der Schwere Kreuzer zusammen mit dem Schlachtschiff BISMARCK zum Unternehmen »Rheinübung« in den Nordatlantik aus. Die PRINZ EUGEN entging einer Versenkung durch die große Anzahl der auf britischer Seite aufgebotenen Schiffe; denn zu einem Zeitpunkt, als die Gegenseite die Fühlung verloren hatte, lief sie unbemerkt zur selbstständigen Handelskriegsführung ab. Wieder war es das Syndrom der Schweren Kreuzer – die Maschinenstörungen –, die schließlich Brinkmann zum Einlaufen in Brest zwangen. Die Reparaturen waren gut vorangekommen, als die PRINZ EUGEN am 2. Juli 1941 ein Luftangriff der RAF erwischte. Ein schwerer Bombentreffer tötete den Ersten Offizier, FKpt. Otto Stooß, und etwa 60 weitere Besatzungsangehörige und verursachte beträchtliche Schäden. Erst am 7. Februar 1942 konnte Brinkmann die PRINZ EUGEN wieder als kriegsbereit melden, die anschließend am Unternehmen »Cerberus« – dem berühmten Kanaldurchbruch am 11. - 13. Februar 1942 – mit der Brest-Gruppe teilnahm. Ende Februar verlegte der Schwere Kreuzer in norwegische Gewässer und am 23. Februar traf ein Torepdo des britischen Unterseebootes TRIDENT (Lt.Cdr. George Gregory) vor dem Einlaufen nach Trondheim das Achterschiff, der das Heck abknicken ließ. Damit fiel das Schiff für Unternehmen in naher Zukunft aus. Nach einer bis zum Mai dauernden Notreparatur in Trondheim konnte die PRINZ EUGEN mit einem Behelfsruder trotz heftiger Angriffe durch britische Flugzeuge und Unterseeboote während des gefährlichen Rückmarsches sicher am 18. Mai in Kiel einlaufen.

Erst Anfang Januar 1943 konnte die Kriegsbereitschaft der PRINZ EUGEN wiederhergestellt werden, aber Pläne für einen weiteren Einsatz als Handelsstörer kamen nicht zur Verwirklichung. Mit einer Verwendung als Schulschiff und mit Beschießungseinsätzen gegen das Vorrücken der Roten Armee ging der Krieg zu Ende. Der Schwere Kreuzer beendete seine Tage zunächst als Versuchsschiff der amerikanischen Marine, die – mit deutscher Besatzung an Bord – vor allem die Schnelligkeit und Zielsicherheit der Schiffsartillerie untersuchte mit dem Ergebnis, dass sich die US Navy eingestehen musste, nichts Vergleichbares zu besitzen. Schließlich wurde PRINZ EUGEN 1946 als Zielschiff für die amerikanischen Atombomben-Versuche 1946 ins Bikini-Atoll geschleppt, wo der Schwere Kreuzer wieder für Erstaunen sorgte, indem er zwei Atombomben-Explosionen überstand. Danach wurde er ins Kwajalein-Atoll geschleppt, wo er auf Grund undichter Außenbordverschlüsse am 22. Dezember 1946 kenterte. Eine seiner Schiffsschrauben hat der Deutsche Marinebund nach Deutschland zurückgeholt; sie befindet sich jetzt auf dem Gelände des Marine-Ehrenmals Laboe bei Kiel.

Hilfskreuzer

Die Verwendung von Handelsschiffen als Kriegsschiffe oder als »Freibeuter«, wie sie in den frühen Tagen genannt wurden, stellte gegenüber dem kostspieligen und langwierigen Bau von Kriegsschiffen eine bequemere Alternative dar. Das System der Kriegsführung als Handelsgeschäft ging Mitte des 19. Jahrhunderts zu Ende, als die Handlungsgrundlage, der sog. »Kaperbrief« als Vollmacht der Regierung, durch die Pariser Seerechtsdeklaration vom 16. April 1856 abgeschafft wurde. Preußen plante im Deutsch-Französischen Krieg von 1870/71 bewaffnete

Versorgung in der Südsee: von links die Prise TRIONA, das Etappen-V-Schiff KULMERLAND und der Hilfskreuzer KOMET.

Handelsschiffe gegen Frankreich einzusetzen, aber Großbritannien und die Vereinigten Staaten leisteten gegen diese Praxis einen derartigen Widerstand, dass sie aufgegeben wurde. Erst in den Flottenmanövern im Herbst 1895 unternahm das deutsche Oberkommando der Kaiserlichen Marine das Experiment, das in einen Kreuzer umgebaute Handelsschiff NORMANIA zu verwenden. Zehn Jahre später führte im Russisch-Japanischen Krieg der zufällige japanische Angriff auf ein britisches Handelsschiff zur Erörterung einiger Grundregeln für die Kriegsführung mit Handelsschiffen auf der Konferenz im niederländischen Den Haag.

Die II. Haager Konferenz von 1907 stimmte im Akommen vom 18. Oktober in den Hauptpunkten überein. Über die Verwandlung von Kauffahrteischiffen in Kriegsschiffe heißt es dort:

- Das Schiff muss dem direkten Befehl, der unmittelbaren Aufsicht und der Verantwortlichkeit der Macht unterstellt sein, deren Flagge es führt;
- es muss die äußeren Abzeichen der Kriegsschiffe seines Heimatlandes tragen;
- sein Befehlshaber muss im Staatsdienste stehen und von der zuständigen Staatsgewalt ordnungsgemäß bestellt sein; sein Name muss in der Rangliste der Kriegsmarine enthalten sein;
- die Mannschaften müssen den Angaben der militärischen Disziplin unterworfen sein und haben die Gesetze und Gebräuche des Krieges zu beobachten.

Hiermit sollte eine Teilnahme von zivilen Schiffen unter Handelsschiffskapitänen an Kampfhandlungen verhindert werden. Eine Tarnung war erlaubt; allerdings musste vor Beginn von Kampfhandlungen die Tarnung abgeworfen und die wahre Identität enthüllt werden. Somit wurden von da an Hilfskreuzer als regelrechte Kriegsschiffe angesehen – im Unterschied zu Bestimmungen, die das Führen von Handelsschiffen mit Defensivbewaffnung regeln. Handelsschiffe konnten bewaffnet werden und die Geschütze zur Selbstverteidigung einsetzen. Doch Handelsschiffsseeleute stellten sich außerhalb des Gesetzes und wurden zu Piraten, sobald sie ihre Waffen einsetzten, um ein anderes Schiff anzugreifen.

Hilfskriegsschiffe stellten für die deutsche Marineführung ein attraktives Vorhaben dar und Projekte dieser Art wurden mit den privaten Reedereien begierig diskutiert; die mit der NORMANIA durchgeführten Übungen waren bei der Marine noch frisch in Erinnerung. Großzügige Subventionen und ein wenig Nötigung schufen eine gewisse Übereinstimmung über die grundlegenden baulichen Einrichtungen, die in Schiffsentwürfe aufgenommen werden mussten. Doch diese Einzelheiten waren noch kaum in den Umlauf gelangt, als der Erste Weltkrieg ausbrach. Die Initiative ergreifend, ließ die deutsche Marine eine Anzahl Handelsschiffe bewaffnen und sandte sie hinaus, um in weit entfernten Gewässern die Handelsschifffahrt anzugreifen. Einige dieser Hilfskreuzer erwiesen sich als außerordentlich

Die Verschlüsse der 3,7-cm-Fla-Geschütze C/30 in Doppellafette C/30. Die Rohre wurden einzeln von Hand geladen. Der Kanonier rechts im Bild hält eine 3,7-cm-Patrone in der Hand.

erfolgreich; sie verringerten den enormen Druck, der auf den europäischen Gewässern lastete, indem sie gegnerische Kriegsschiffe in Übersee banden. Die Einführung der verlässlichen ölbefeuerten Maschinenanlagen auch bei zivilen Schiffen machte später die Möglichkeit, Handelsschiffe in Hilfskreuzer umzubauen, nach dem Ausbruch des Zweiten Weltkrieges sogar noch attraktiver. Die wenigen »Gespensterkreuzer« in weit entfernten Gewässern operierten außerordentlich erfolgreich und erzielten als Handelsstörer größere Erfolge als die meisten zweckgebauten Kriegsschiffe.

Die Hilfskreuzer wurden zwischen den Kriegen in der deutschen Marine ursprünglich als »Handelsschutzkreuzer« bezeichnet, da der Vertrag von Versailles Hilfskreuzer nicht erlaubte. Später wurde diese Bezeichnung als »Handelsstörkreuzer« interpretiert, aber ihre Abkürzung »HSK« blieb dieselbe. Benutzt wurde diese Abkürzung im amtlichen Verkehr mit den arabischen Nummern 1-8 (später noch 9 und 10) als Zusatz, z.B. »HSK 5«. Zudem wurde noch zwischen »Schweren Hilfskreuzern« (über 7000 BRT) und »Leichten Hilfskreuzern« unterschieden. Gleichwertig daneben existierten außerdem die Verwaltungsbezeichnung – sie bestand aus dem Vorsatz »Schiff« mit einer wahllosen arabischen Nummer, z. B. »Schiff 33« – und der Traditionsname, für den der Kommandant das Vorschlagsrecht hatte, z. B. »Pinguin«. Die britische Admiralität in London bezeichnete die deutschen Hilfskreuzer als »Raider« mit einem Buchstaben des Alphabets in der Reihenfolge ihrer Entdeckung, bei »A« beginnend. So lauteten die Bezeichnungen für ein und dasselbe Schiff: »Schwerer Hilfskreuzer Schiff 33 PINGUIN, HSK 5« und »Raider F«.

ATLANTIS

Das ehemalige Motorschiff GOLDENFELS (7862 BRT) der Reederei DDG »Hansa«, Bremen: Schwerer Hilfskreuzer Schiff 16 ATLANTIS, HSK 2, Raider C, 17.600 t, Besatzung: 350 Mann, Bewaffnung: 6 x 15 cm, 1 x 7,5 cm, 2 x 3,7 cm, 4 x 2 cm, 4 x 53,3-cm-T-Rohre, 92 Minen, 2 Bordflugzeuge. Werdegang: 30. November 1939 in Dienst gestellt. Ausgelaufen am 11. März 1940 unter KptzS. Bernhard Rogge aus Kiel, 622 Seetage (102.000 sm) ohne Anlaufen eines Hafens, 16 Handelsschiffe versenkt sowie 6 Prisen ergibt 22 Schiffe mit insgesamt 145.698 BRT, selbst versenkt am 22. November 1941 nach Gefechtsschäden durch den Schweren Kreuzer HMS DEVONSHIRE.

Konteradmiral Bernhard Rogge in der Uniform der Bundesmarine. Er pflegte zu spaßen, seine Karriere reiche vom Piraten bis zum Admiral. Seine Zeit als Kommandant des Hilfskreuzers ATLANTIS hatte ihm den tiefen Respekt seiner Kollegen und Gegner sowie der Historiker eingebracht.

Wenn auch viele Autoren ihre Abenteuergeschichten mit zusätzlicher Würze versehen haben, indem sie behaupteten, dass eine kleine Kampfhandlung zu einer dramatischen Änderung der Weltgeschichte führte, so muss die Mehrzahl dieser Behauptungen mit Vorbehalt behandelt werden. Das Aufbringen des 7528 BRT großen britischen Frachters AUTOMEDON durch die ATLANTIS trug jedoch zum japanischen Angriff auf Pearl Harbor und zum offiziellen Kriegseintritt der USA bei. So leistete in der Tat eine einzige kleine Kampfhandlung einen größeren Beitrag zur Weltgeschichte. Als der Hilfskreuzer ATLANTIS die AUTOMEDON aufbrachte, hatte das Turbinenschiff u. a. die geheime Kurierpost für das britische Oberkommando Fernost an Bord, d. h. Papiere von höchster Geheimhaltungsstufe, wie z. B. ein Geheimbericht des Kriegskabinetts über die militärische Lage im Fernen Osten, genaue Angaben über die Verteilung aller alliierten See-, Luft- und Landstreitkräfte einschl. aller Flugplätze, Material des britischen Geheimdienstes, Verteidigungspläne für den Fernen Osten, Kampfanweisungen für die Verteidigung Singapurs usw. Diese Papiere waren so brisant, dass sie nicht im Schiffssafe mit den üblichen Verschluss-Sachen eingeschlossen wurden. Stattdessen wurden die zusätzlich beschwerten Bündel auf der Brücke aufbewahrt, sodass sie für den unwahrscheinlichen Fall sofort über Bord geworfen werden konnten, falls das Schiff dem Gegner in die Hände fallen sollte. Rogges Schuss vor den Bug der AUTOMEDON am Morgen des 11. November 1940 führte sofort zum Erhöhen ihrer Geschwindigkeit und dem Funken von Notrufen. Infolgedessen eröffnete der Hilfskreuzer das Feuer und die nächste Salve traf neben dem Funkraum auch die Brücke. Dort tötete sie augenblicklich alle Offiziere, die von der in ihrer Obhut befindlichen geheimen Kurierpost wussten.

Rogge und sein Adjudant, der LtzS.d.R. Dr. Ulrich Mohr, erkannten die Bedeutung der Papiere. Doch sie – und später auch die Japaner – hielten die Papiere zunächst für eine Fälschung, weil sie für die Japaner von einem unglaublichen Wert waren. Einige Tage später wurde der aufgebrachte norwegische Tanker OLE JACOB mit einer Prisenbesatzung unter Führung von Kptlt.(S) Kamenz, dem ehemaligen Zivilkapitän der ATLANTIS, nach Japan in Marsch gesetzt. An Bord befanden sich auch zwei große Weidenkörbe mit den erbeuteten Dokumenten für Admiral Paul Wenneker, dem deutschen Marineattaché, in Tokio. Diese streng geheimen Informationen verschafften den Japanern die erforderlichen nachrichtendienstlichen Unterlagen und vertraulichen Mitteilungen für ihren Kriegseintritt.

Bletchley Park bei London, das geheime Entzifferungszentrum der Briten für den Funkverkehr, entzifferte einen abgehörten Funkspruch vom 12. Dezember 1940 aus Tokio nach Berlin. Großbritannien konnte aber die sich in der Folge entwickelnde Kette der Ereignisse nicht verhindern, die zum dramatischen Kriegseintritt Japans durch den Angriff auf die in Pearl Harbor vor Anker liegende US-Pazifikflotte führte. Rogge war einer der drei Deutschen, denen mit der Überreichung des Samurai-Schwertes höchste Ehre erwiesen wurde. Wenn auch vielleicht für den Ausgang des Krieges bedeutungslos, könnte es von Interesse sein, hinzuzufügen, dass Kamenz mit der Sibirischen Eisenbahn nach Berlin zurückkehrte. Er fuhr nach Frankreich weiter, anschließend brachte ihn ein U-Boot zu einem Versorgungsschiff im Südatlantik und mit ihm konnte er letztlich zu seinem alten Schiff, der ATLANTIS, zurückkehren.

AMERSKERK u. Ä.

Ursprünglich erbeuteter niederl. Neubau, als »Schiff 49« vorgesehen, ab 1944 Zielschiff. Ähnlich MINDEN (ex-LODZ), erbeuteter polnischer Neubau, ab 1943 Zielschiff. Ebenfalls als Hilfskreuzer waren vorgesehen, aber nie ausgerüstet: NEIDENFELS und MOLTKEFELS (DDG »Hansa«) sowie die nicht fertig gestellten deutschen Neubauten COBURG und MARBURG (NDL).

CORONEL

Das ehemalige Motorschiff TOGO (5042 BRT) der Woermann-Linie AG, Hamburg: Leichter Hilfskreuzer Schiff 14 CORONEL, HSK 10, Raider K, 12.700 t, Besatzung: 350 Mann, Bewaffnung: 6 x 15 cm, 6 x 4 cm (Bofors), 8 x 2 cm, 3 Bordflugzeuge.
Werdegang: 18. August 1940 in Dienst gestellt, zunächst Minenschiff TOGO. Ausgelaufen als Hilfskreuzer CORONEL unter KptzS. Ernst Thienemann am 31. Januar 1943 aus der Ostsee. Für einen Durchbruch durch den Englischen Kanal erwies sich der Widerstand durch gegnerische See- und Luftstreitkräfte als zu stark. Nach Beschädigungen und Notreparatur in Dünkirchen Abbruch des Unternehmens und Rückkehr der CORONEL am 2. März 1943 nach Kiel, um ihre Vernichtung zu vermeiden. Später wieder umbenannt in TOGO und als Nachtjagdleitschiff verwendet, fuhr das Schiff nach dem Kriege als norwegische SVALBARD.

HANSA

Das ehemalige Motorschiff GLENGARRY (9138 BRT) der Glen-Linie, London, ab 1940 MEERSBURG der Hamburg-Amerika-Linie, Hamburg, erhielt den Namen HANSA als Zielschiff ab dem 29. Februar 1944. Der Umbau zum Schweren Hilfskreuzer ab 1942 – als »Schiff 5« bezeichnet, ohne HSK-Nr. – wurde infolge Bombenschäden Mitte 1943 eingestellt. Nach dem Kriege fuhr das Motorschiff wieder unter britischer Flagge zunächst als EMPIRE HUMBER und dann erneut als GLENGARRY.

KOMET

Das ehemalige Motorschiff EMS (3287 BRT) des Norddeutschen Lloyd, Bremen: Leichter Hilfskreuzer Schiff 45 KOMET, HSK 7, Raider B, 7500 t, Besatzung: 269 Mann, Bewaffnung: 6 x 15 cm, 2 x 3,7 cm, 4 x 2 cm, 6 x 53,3-cm-T-Rohre, 30 Minen, 2 Bordflugzeuge, leichtes S-Boot »LS 2«.
Werdegang: 2. Juni 1940 in Dienst gestellt. Ausgelaufen am 3. Juli 1940 unter KptzS. (später KAdm.) Robert Eyssen aus Gotenhafen über den Sibrischen Seeweg durch die Beringstraße in den Pazifik. Beschießung von Nauru sowie Versenkung von 3 Schiffen allein (21.378 BRT) und 7 Schiffen (43.162 BRT) gemeinsam mit ORION. Rückmarsch im Oktober 1941 um Kap Hoorn nach Frankreich und durch den Kanal. Einlaufen in Hamburg nach 516 Seetagen (87.000 sm) am 30. November 1941.

Ausgelaufen am 7. Oktober 1942 zur zweiten Unternehmung (manchmal als KOMET II bei gleicher Schiffsidentität bezeichnet) unter KptzS. Ulrich Brocksien aus Hamburg. Beim Durchbrechen des Englischen Kanals, um in den freien Atlantik zu gelangen, schossen britische Seestreitkräfte am 14. Oktober die KOMET auf der Höhe von Kap de la Hague in Brand. Anschließend torpedierte und versenkte das *MTB 236* den Hilfskreuzer mit seiner gesamten Besatzung (251 Mann); es gab keine Überlebenden.

KORMORAN

Das ehemalige Motorschiff STEIERMARK (8736 BRT) der Hamburg-Amerika-Linie, Hamburg: Schwerer Hilfskreuzer Schiff 41 KORMORAN, HSK 8, Raider G, 19.900 t, Besatzung: 400 Mann, Bewaffnung: 6 x 15 cm, 2 x 3,7 cm, 5 x 2 cm, 6 x 53,3-cm-T-Rohre, 360 Minen, 2 Bordflugzeuge, leichtes S-Boot *LS 3* mit 30 Minen. Werdegang: Am 9. Oktober 1940 in Dienst gestellt. Ausgelaufen am 3. Dezember 1940 unter FKpt. Theodor Detmers aus Gotenhafen, 350 Seetage, 10 Schiffe (56.965 BRT) sowie den Leichten Kreuzer SYDNEY versenkt und eine Prise (11.309 BRT) aufgebracht, gesunken am 20. November 1941 um 00.35 Uhr nach einem Gefecht mit dem australischen Leichten Kreuzer HMAS SYDNEY.

Detmers frühere Erfahrungen mit den launischen Hochdruckheißdampf-Turbinen auf dem Zerstörer HERMANN SCHOEMANN kam ihm gut zustatten, als er auf der KORMORAN mit einer Reihe unglücklicher Maschinenzusammenbrüche konfrontiert wurde. Bis zum Zeitpunkt ihrer Versenkung hatte der Leitende Ingenieur, Kptlt.(Ing.) Stehr, den 350-maligen Ersatz von Lagern überwacht! Das Ende kam rasch, brachte aber viel Geheimnisvolles mit sich, das bis zum heutigen Tag andauert, und jedes Mal, wenn ein Historiker das mysteriöse Drama zu ergründen sucht, wird es aufs Neue belebt. KORMORAN, der größte der Hilfskreuzer im Zweiten Weltkrieg, wurde als Folge eines Duells mit dem weit überlegenen australischen Kreuzer SYDNEY versenkt, der mit seiner

Die KOMET (7500 t), der kleinste Hilfskreuzer der Kriegsmarine, unter Führung von KptzS./KAdm. Robert Eyssen bei einem Treffen mit dem V-Schiff ANNELIESE ESSBERGER. Die KOMET erreichte drei Monate nach dem Auslaufen Anfang September 1940 den Pazifik, indem sie 2960 sm über den Sibirischen Seeweg zurücklegte, davon 720 sm in Eisfahrt. Sie hatte vermutlich als erstes nicht sowjetisches Schiff dieses Wagnis unternommen. Vor ihr hatte es nur wenige Schiffe gegeben, die in einer einzigen Sommersaison die Bering-Straße erreichten. Der den Hilfskreuzer begleitende sowjetische Eisbrecher hatte dieses Glück nicht! Er blieb im Eis stecken und musste überwintern.

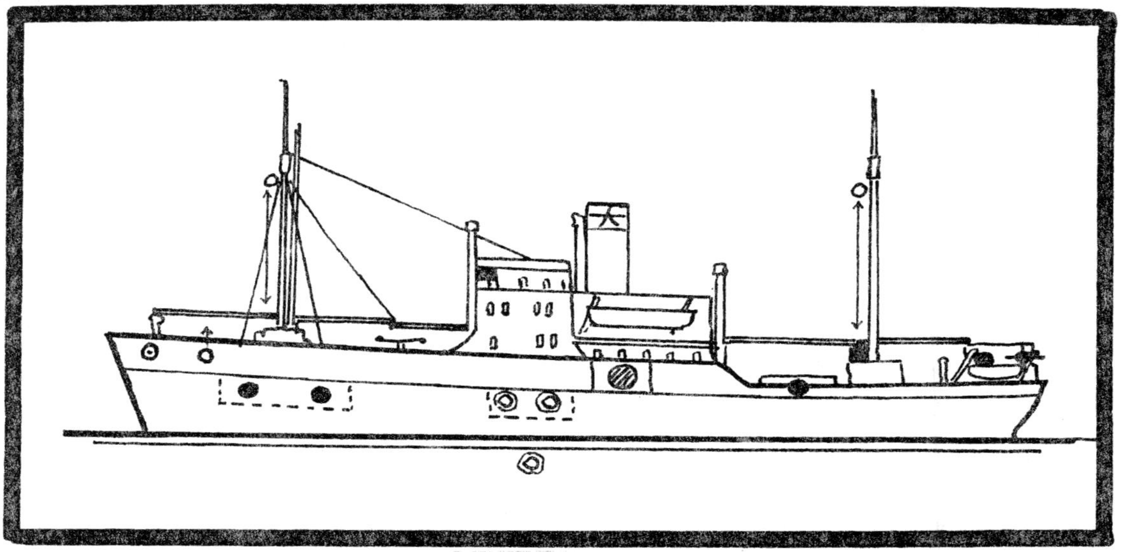

○ = 4 - 2 cm (o.79 inch) A.A.guns, during action hoisted up on both masts and on foxle deck

✦ = 1 - 3.7 cm (1.46 inch) double A.A.gun aft

⊙ = 1 - 6 cm (2.36 inch) gun for warning ships on the foxle deck

● = 6 - 15 cm (5.91 inch) guns, of which 4 guns could fire to either side simultaneously

◎ = 4 surface and 2 underwater torpedo tubes

■ = 2 fire control positions

╥ = 1 range finder, during action raised

Not shown, 1 Arado-seaplane and 1 light speed-boat, especially constructed for mine laying purposes.

I FOUND THIS IN MY LOG. SOMEHOW, I HAD BEEN ABLE TO JOT IT DOWN, BASED ON MY OWN OBSERVATIONS AND DISCUSSIONS. HOWEVER, I CANNOT GUARANTEE, THAT IT IS ABSOLUTELY CORRECT. PERSONALLY, I BELIEVE YES IT IS. IN EYSSENS BOOK "KOMET", I DO NOT SEE ANY SUCH SKETCH.

Hilfskreuzer KOMET, gezeichnet von Otto Giese: 4 x 2-cm-Fla-MG (auf beiden Masten und der Back), 1 x 3,7-cm-Doppelflak achtern, 1 x 6-cm-Buggeschütz, 6 x 15 cm Seezielartillerie (4 in der Breitseite), 6 x 53,3-cm-T-Rohre (2 x 2 über und 2 x 1 unter Wasser), je ein Feuerleitstand Brücke und achtern, 1 E-Messgerät. Nicht sichtbar: 1 Bordflugzeug Ar 196, 1 leichtes S-Boot als Minenleger eingerichtet.

gesamten Besatzung ebenfalls unterging. Der unausgewogene Charakter des Duells, angereichert mit vielen unrichtigen Informationen, gab zu jeder Art Geschichten Anlass, die alles und jedes von japanischen Unterseebooten bis zu deutschen »Fliegenden Untertassen« für den Untergang der SYDNEY verantwortlich machten. Als Folge hiervon blieb der ehrliche Bericht der Überlebenden von der KORMORAN, die Australien erreichten, oft unbeachtet.

In heimischen Gewässern kreuzend, verführte die deutsche Tarnung den australischen Kreuzer zu einem falschen Gefühl der Sicherheit. Infolgedessen ging er zu dicht heran, zeigte hierbei seine Breitseite und bot der verdeckt aufgestellten, unterlegenen Bewaffnung des Hilfskreuzers ein ideales Ziel. KORMORAN feuerte mehrere wirksame Breitseiten auf unglaublich kurze Entfernung ab, ehe die Australier erkannten, was vor sich ging, und so waren sie kaum in der Lage, sich von dem überfallartigen Angriff zu erholen. Eine Vergeltungsgranate detonierte jedoch im Maschinenraum des »Gespensterkreuzers« und ließ FKpt. Detmers keine Alternative übrig, außer sich selbst zu versenken. In dem kurzen Gefecht an jenem heißen Nachmittag des 19. November 1941 fielen 80 Angehörige seiner Besatzung, aber ein großer Teil der Überlebenden erreichte das australische Festland und ging in Kriegsgefangenschaft. Es ist schwierig zu erklären, warum es keine Überlebenden der SYDNEY gab, aber es muss daran erinnert werden, dass ihre Decks mit schwerem Artilleriebeschuss beharkt wurden und das Gefecht in haiverseuchten Gewässern stattfand.

Die späteren Auseinandersetzungen hinsichtlich dieses Gefechtes veranschaulichen auch, wie Geschichte leicht verzerrt werden kann. Als ein Angehöriger des Maschinenpersonals der KORMORAN als Kriegsgefangener Englisch lernte, übersetzte er einen Zeitungsartikel, in dem ein Reporter sich vorstellte, was geschehen sein könnte. Diese Übersetzungsübung wurde dann von der Lagerleitung beschlagnahmt und für einen Augenzeugenbericht gehalten, obwohl sich der Verfasser die ganze Zeit über im Maschinenraum aufgehalten hatte und überhaupt nicht Zeuge dessen war, was draußen vor sich ging. Zudem gab es einige Historiker, die ihre eigenen Versionen von der Versenkung verbreiteten. Sie behaupteten, die Aussagen der KORMORAN-Besatzung seien ungenau, weil nicht einmal eine Übereinstimmung darin bestünde, zu welchem Zeitpunkt die SYDNEY zum ersten Mal gesichtet worden sei. Selbst Hilfskreuzer mit ihren etwas primitiveren Einrichtungen geben keine Meldungen durch Zurufe über Deck weiter! Auch auf einem Hilfskreuzer waren Telefone in Gebrauch. Der Erste, der den australischen Kreuzer gesichtet hat, müsste der Ausguck im »Krähennest« gewesen sein und keiner der anderen Ausgucks dürfte von seiner Sichtmeldung etwas gehört haben. Daher gab der nächste Ausguck auf halber Masthöhe ein paar Minuten später seine eigene Meldung ab und die Ausgucks an Deck meldeten als Letzte das Sichten des Kreuzers. Wenn die Berichte genau sind, dann müssen sie infolgedessen einen Zeitunterschied aufweisen, wenn mehrere Ausgucks nacheinander dasselbe Objekt sichten.

MICHEL

Das ehemalige Motorschiff BIELSKO (4740 BRT) der Gdynia-America-Linie, Gdynia, 1939 erbeutet, später BONN des Norddeutschen Lloyd, Bremen: Leichter Hilfskreuzer Schiff 28 MICHEL, HSK 9, Raider H, 10.900 t, Besatzung: 400 Mann, Bewaffnung: 6 x 15 cm, 1 x 10,5 cm, 4 x 3,7 cm, 4 x 2 cm, 6 x 53,3-cm-T-Rohre, 2 Bordflugzeuge, leichtes S-Boot *LS 4.* Werdegang: 17. September 1941 in Dienst gestellt. Ausgelaufen am 9. März 1942 unter KptzS.d.R. Hellmuth v. Ruckteschell aus Kiel. Marsch durch den Englischen Kanal in fernöstliche Gewässer. Da eine Rückkehr nach Europa für zu riskant angesehen wurde, lief die MICHEL am 2. März 1943 nach fast einem Jahr in Kobe (Japan) ein. Sie versenkte 14 Schiffe mit 94.363 BRT. Neu ausgerüstet und überholt lief der Hilfskreuzer am 21. Mai 1943 unter KptzS. Günther Gumprich zu seiner zweiten Unternehmung aus. Auf dem Rückmarsch (3 versenkte Schiffe mit 27.632 BRT) versenkte das US-Unterseeboot TARPON am 17. Oktober 1943 den Hilfskreuzer vor Japan.

Die Feindfahrt der MICHEL hatte keinen guten Start. In der Nacht, während der größte Teil der Besatzung den letzten Landgang in Cuxhaven genoss, riss sich das festgemachte Schiff los. Der zu diesem Zeitpunkt dienstälteste Offizier an Bord

– Kptlt. Konrad Hoppe, der Pilot des Bordflugzeuges – traf die vernünftige Entscheidung, das Schiff hinaus in die Elbmündung treiben zu lassen und das Tageslicht abzuwarten, um es wieder festzumachen. Ein paar Tage später passierte nahe Ostende das Gegenteil und die MICHEL lief auf Grund. Die Feindfahrt endete fast ein Jahr später im japanischen Kobe. Nachdem die MICHEL bereits wieder im Südatlantik stand, wurde der Rückmarsch nach Europa als zu gefährlich angesehen. Krankheit zwang KptzS.d.R. v. Ruckteschell, das Kommando für eine zweite Unternehmung an KptzS. Günther Gumprich abzugeben. Am 21. Mai 1943 aus Yokohama ausgelaufen, geriet MICHEL zufällig in einen alliierten Geleitzug, in dem er eine Zeit lang mitlief, ehe Gumprich bei einsetzender schlechter Sicht abdrehen konnte. Nach dem Kriege klagten die Briten KptzS.d.R. v. Ruckteschell wegen Kriegsverbrechens an und verurteilten ihn zu 10 Jahren Zuchthaus, weil er Schiffe länger als notwendig hätte beschießen lassen. Dies scheint sehr seltsam, zumal viele alliierte Kriegsschiffe mit beträchtlich größerer Härte als MICHEL angegriffen hatten. Doch v. Ruckteschell hatte bereits als U-Bootkommandant im Ersten Weltkrieg den »Briten den Bart versengt« und es scheint sehr wahrscheinlich, dass seine Verurteilung die Rache für diese frühere Beeinträchtigung des britischen Stolzes gewesen war.

ORION

Das ehemalige Turbinenschiff KURMARK (7021 BRT) der Hamburg-Amerika-Linie, Hamburg: Schwerer Hilfskreuzer Schiff 36 ORION, HSK 1, Raider A, 15.700 t, Besatzung: 376 Mann, Bewaffnung: 6 x 15 cm, 1 x 7,5 cm, 2 x 3,7 cm, 4 x 2 cm, 6 x 53,3-cm-T-Rohre, 228 Minen, 1 Bordflugzeug. Werdegang: Am 9. Dezember 1939 in Dienst gestellt. Ausgelaufen am 30. März 1940 unter FKpt. Kurt Weyher aus Kiel. Nach 511 Seetagen (127.337 sm) am 23. August 1941 in Royan an der Gironde-Mündung eingelaufen. Dem Hilfskreuzer fielen einschl. der Prisen allein 6 Schiffe mit 39.132 BRT und zusammen mit KOMET weitere 7 Schiffe mit 43.162 BRT zum Opfer. Danach Werkstattschiff, ab Januar 1944 Artillerieschulschiff HEKTOR und ab Januar 1945 Kadettenschulschiff ORION. Gesunken am 4. Mai 1945 nach sowjetischem Luftangriff bei Swinemünde.

Da das Schiff eine Hochdruckheißdampf-Turbinenanlage besaß, konnten seine Maschinen nicht abgeschaltet werden, um Heizöl zu sparen. Die ORION legte infolgedessen mit erstaunlichen 235.956 km die längste Distanz aller »Gespensterkreuzer« zurück. Am 24. August 1941 wurden auf ORION Flagge und Wimpel niedergeholt und das Schiff stellte als Hilfskreuzer außer Dienst.

PINGUIN

Das ehemalige Motorschiff KANDELFELS (7766 BRT) der Reederei DDG »Hansa«, Bremen: Schwerer Hilfskreuzer Schiff 33 PINGUIN, HSK 5, Raider F, 17.600 t, Besatzung: 420 Mann, Bewaffnung: 6 x 15 cm, 1 x 7,5 cm, 2 x 3,7 cm, 4 x 2 cm, 2 x 53,3-cm-T-Rohre, 300 Minen, 2 Bordflugzeuge. Werdegang: Am 6. Februar 1940 in Dienst gestellt. Ausgelaufen am 15. Juni 1940 unter KptzS. Ernst-Felix Krüder aus Gotenhafen. An Tonnage der erfolgreichste Überwasser-Handelsstörer überhaupt: 28 Schiffe (darunter 16 Prisen) mit insgesamt 136.551 BRT. Gesunken nach 357 Tagen in See am 8. Mai 1941 im Gefecht mit dem Schweren Kreuzer HMS CORNWALL nördlich der Seychellen. Infolge der detonierenden eigenen Minen gab es an Bord des Hilfskreuzers 341 Tote.

STIER

Das ehemalige Motorschiff CAIRO (4778 BRT) der Atlas-Levante-Linie, Bremen: Leichter Hilfskreuzer Schiff 23 STIER, HSK 6, Raider E, 11.000 t, Besatzung: 324 Mann, Bewaffnung: 6 x 15 cm, 2 x 3,7 cm, 4 x 2 cm, 2 x 53,3-cm-T-Rohre, 2 Bordflugzeuge. Werdegang: Nach Verwendung ab 25. November 1939 als Eisbrecher und danach als Minenschiff am 9. November 1941 als Hilfskreuzer in Dienst gestellt. Ausgelaufen am 10. Mai 1942 unter KptzS. Horst Gerlach aus Kiel. Nach 140 Tagen in See geriet die STIER am 27. September 1942 mit dem bewaffneten US-«Liberty«-Schiff STEPHEN HOPKINS ostwärts von Bahia ins Gefecht, das versenkt wurde. Der Hilfskreuzer trug selbst so schwere Schäden davon, dass er noch am selben Tag aufgegeben werden musste. Er hatte bis dahin 4 Schiffe (29.409 BRT) versenkt. Mit den aufgenommenen Überlebenden der STIER traf der Blockadebrecher TANNENFELS am 2. November 1942 nach abenteuerlicher Fahrt in Royan an der Gironde-Mündung ein.

Hilfskreuzer MICHEL von der STIER aus – ein seltenes Zusammentreffen in südlichen Gewässern.

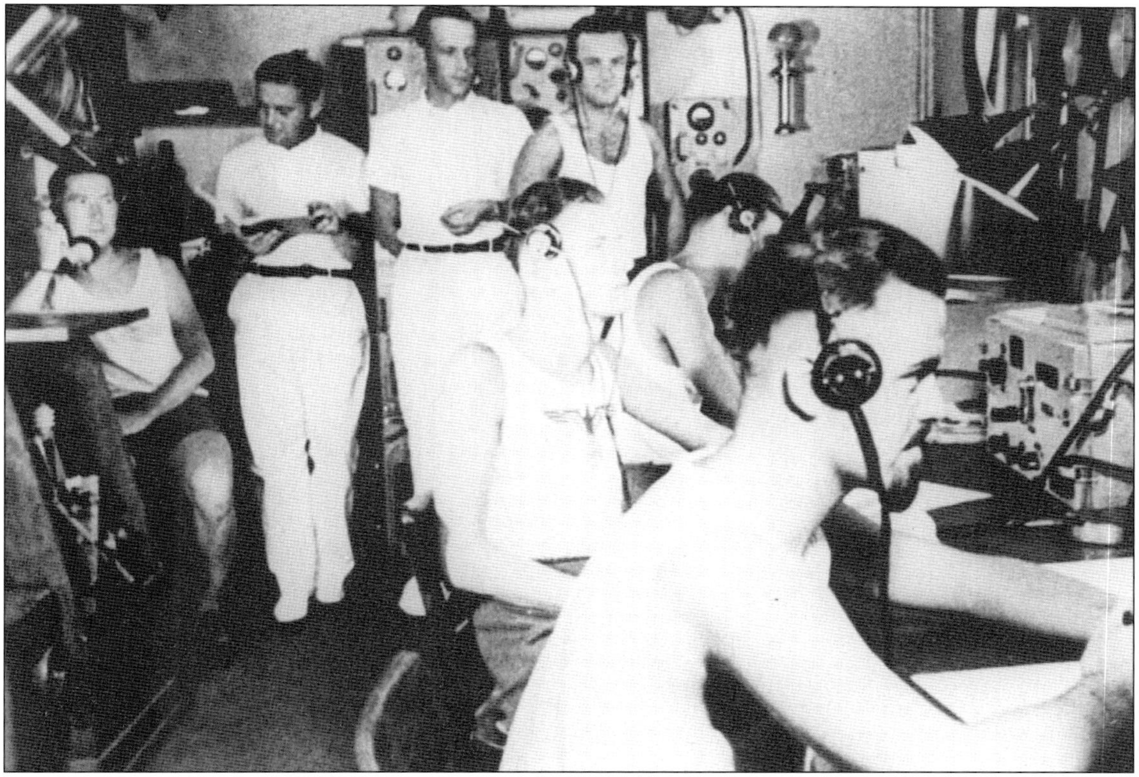

Der Funkraum an Bord des Hilfskreuzers MICHEL.

THOR

Das ehemalige Turbinenschiff SANTA CRUZ (3862 BRT) der Oldenburg-Portugiesische Dampfschifffahrts-Reederei, Hamburg: Leichter Hilfskreuzer Schiff 10 THOR, HSK 4, Raider E, 9200 t, Besatzung: 345 Mann, Bewaffnung: 6 x 15 cm, 1 x 6 cm, 2 x 3,7 cm, 4 x 2 cm, 4 x 53,3-cm-T-Rohre, 1 Bordflugzeug. Werdegang: Am 15. März 1940 in Dienst gestellt. Ausgelaufen am 6. Juni 1940 unter KptzS. Otto Kähler aus Kiel. 329 Seetage (57.532 sm) mit 11 versenkten Schiffen (87.313 BRT) und einer Prise (9289 BRT), eingelaufen am 30. April 1941 in Hamburg. Nach einer Werftliegezeit zur zweiten Unternehmung unter KptzS. Günther Gumprich am 30. November 1941 aus Kiel nach Bordeaux ausgelaufen. Nach zwei vergeblichen Versuchen gelang am 14. Januar 1941 aus der Gironde-Mündung der Ausbruch in den freien Atlantik. Der Absicht, Walfangmutterschiffe in der Antarktis aufzubringen, war kein Erfolg beschieden. Nach 321 Seetagen lief die THOR am 9. Oktober 1942 in Yokohama ein. Dem Hilfskreuzer waren 10 Schiffe (56.037 BRT) zum Opfer gefallen, darunter drei Prisen.

In Yokohama vernichtete am 30. November 1942 ein Explosionsunglück beim Reinigen der Tanks auf dem Tross-Schiff UCKERMARK mit einem verheerenden Brand außer dem Versorger LEUTHEN auch den Hilfskreuzer THOR. Im Verlaufe seiner ersten Unternehmung führte die THOR drei Gefechte mit britischen Hilfskreuzern: mit der ALCANTARA, mit der CARNARVON CASTLE und mit der VOLTAIRE.

WIDDER

Das ehemalige Turbinenschiff NEUMARK (7851 BRT) der Hamburg-Amerika-Linie, Hamburg: Schwerer Hilfskreuzer Schiff 21 WIDDER, HSK 3, Raider D, 16.800 t, Besatzung: 363 Mann, Bewaff-

Die Offiziere des Hilfskreuzers PINGUIN: in der Mitte KptzS. Ernst-Felix Krüder, der Kommandant, und ganz rechts außen ObltzS. Hans-Karl Hemmer, der jüngste Offizier an Bord. Es entspricht der Tradition, dass das wichtigste Mitglied der Besatzung stets auf dem Boden sitzt.

Einer der Ausgucks an Bord des Hilfskreuzers THOR auf halber Masthöhe. Eine Segeltuchverkleidung gewährt einigen Wetterschutz.

nung: 6 x 15 cm, 1 x 7,5 cm, 2 x 3,7 cm, 4 x 2 cm, 4 x 53,3-cm-T-Rohre, 2 Bordflugzeuge. Werdegang: Am 30. November 1939 in Dienst gestellt. Ausgelaufen am 5. Mai 1940 unter KKpt.d.R. Hellmuth v. Ruckteschell aus der Elbmündung. Nach 180 Seetagen und mit 10 versenkten Schiffen (58.644 BRT) lief die WIDDER am 31. Oktober 1940 in Brest ein. Am 14. November 1940 als Hilfskreuzer außer Dienst gestellt. Das Schiff hatte ständig mit seiner unzuverlässigen Maschinenanlage zu kämpfen, die eine zweite Unternehmung nicht zuließ. Ab 1941 fand es als Werkstattschiff in norwegischen Gewässern Verwendung. Nach dem Krieg britische Beute als ULYSSES und 1954 wieder in deutschem Besitz als FECHENHEIM, die ein Jahr später nach einer Strandung im Sturm sank.

Die achteren 15-cm-Geschütze des Hilfskreuzers WIDDER im Gefecht.

Leichte Kreuzer

EMDEN
Stapellauf: 7. Januar 1925 bei der Marinewerft Wilhelmshaven.
Indienststellung: 15. Oktober 1925.
Endschicksal: Schwere Beschädigungen durch Luftangriff der RAF im April 1945 in Kiel. Am 26. April erfolgte die offizielle Außerdienststellung und am 3. Mai 1945 wurde der Kreuzer in die Heikendorfer Bucht geschleppt und selbst versenkt, später abgebrochen.

KARLSRUHE
Stapellauf: 20. August 1927 bei den Deutschen Werken, Kiel.
Indienststellung: 6. November 1929.
Endschicksal: Am 9. April durch Torpedotreffer des britischen U-Bootes TRUANT vor Kristiansand-Süd schwer beschädigt und später durch das Torpedoboot GREIF mit Torpedos versenkt.

KÖLN
Stapellauf: 23. Mai 1928 bei der Marinewerft Wilhelmshaven.
Indienststellung: 15. Januar 1930.
Endschicksal: Bei einem Luftangriff der 8. USAAF am 30. März 1945 in flachem Wasser auf ebenem Kiel am Liegeplatz in Wilhelmshaven gesunken. Am 5. April 1945 offiziell außer Dienst gestellt.

KÖNIGSBERG
Stapellauf: 26. März 1927 bei der Marinewerft Wilhelmshaven.
Indienststellung: 17. April 1929.
Endschicksal: Am 10. April 1940 durch einen Luftangriff britischer Marineflugzeuge im norwegischen Bergen versenkt.

LEIPZIG
Stapellauf: 18. Oktober 1928 bei der Marinewerft Wilhelmshaven.
Indienststellung: 8. Oktober 1931.
Endschicksal: Nach der Kapitulation vom dänischen Apenrade nach Wilhelmshaven geschleppt, wurde der Kreuzer mit Giftgasbehältern und Gasmunition an Bord von den Alliierten am 16. Dezember 1946 in der Nordsee versenkt.

NÜRNBERG
Stapellauf: 8. Dezember 1934 bei den Deutschen Werken, Kiel.
Indienststellung: 2. November 1935.
Endschicksal: Am 5. Januar 1946 an die UdSSR ausgeliefert und in ADMIRAL MAKAROV umbenannt. Der Kreuzer wurde 1961 außer Dienst gestellt und abgebrochen.

Obwohl sich das äußere Erscheinungsbild einiger Leichter Kreuzer im Laufe der Zeit veränderte, waren zumindest die Konstrukteure gegenüber den Historikern bei der Suche nach der Identifizierung dieser Kategorie hilfreich, indem jedes dieser Schiffe in seitlichen Aussparungen mitschiffs an Steuerbord und an Backbord je einen (EMDEN) oder je zwei Torpedorohrsätze führte. In den Tagen vor der Erfindung des Radars entworfen, als leistungsfähige Funkanlagen noch ein wesentliches Element darstellten, sollten die Leichten Kreuzer die Augen und Ohren der Schlachtschiffe sein. Ihrer Konstruktion lag die Vorstellung zu Grunde, dass sie stark genug sein sollten, um mit leicht bewaffneten Gegnern fertig zu werden, aber auch schnell genug zu sein hatten, um Gegnern mit überlegener Feuerkraft davonzulaufen.

Anfang der 20er-Jahre war die Technik ausreichend fortgeschritten um diesem Konzept eine beträchtliche Wendigkeit beizufügen, und die Kreuzer schienen zu den Wunderschiffen der Zukunft zu werden. Turbinen für hohe Fahrtstufen wurden durch Dieselmotoren ergänzt, um eine ungewöhnlich lange Seeausdauer zu erzeugen, während die Verbesserungen in der Bewaffnung die Artillerie wirksam genug werden ließen, um den Gedanken nahe zu legen, dass diese Kreuzer auch als einsame Handelsstörer und Minenleger dienen könnten. Die Möglichkeiten schienen riesig zu sein; und es war nicht nur die deutsche Marine, die darüber nachdachte. Jene, die die Beschränkungen des Versailler Vertrages auferlegten, setzten die Maximalgröße für Leichte Kreuzer mit 6000 t nicht ohne Grund fest. Sie wussten genau, dass die modernen Aufgaben für ein solches Schiff nicht in einen Kreuzer dieser Größe hineingepresst werden konnten. Daher musste einiges geopfert werden, als die Reichsmarine den Bau ihrer neuen Kreuzergeneration begann, und

Die KARLSRUHE läuft in den Hafen von New York ein, die Besatzung in Paradeaufstellung.

Der röhrenförmige Mast des Leichten Kreuzers KARLSRUHE mit dem Haupt-Artillerieleitstand und der 6-m-E-Messdrehbasis im Topp, der auch das »Spinnengewebe« der Funkantennen und der Signalrah trägt. Beachte die drei Scheinwerfer.

Auf dem Achterdeck eines Leichten Kreuzers der K-Klasse: Ein Vizeadmiral geht von Bord. Deutlich sind die versetzt angeordneten achteren 15-cm-Drillingstürme zu erkennen. Die angetretenen Mannschaften tragen zur weißen Hose das weiße Hemd, während die beiden Maate als Vorgesetzte, der Gewohnheit entsprechend, das blaue Hemd anhaben.

es ist nicht schwierig zu erkennen, wo die Konstrukteure Gewicht sparten. Ein rascher Blick auf die Bewaffnung der EMDEN, des ersten der neuen Kreuzer, offenbart das Hauptziel der Einsparungen. Seeoffiziere, die eines Tages mit dem Schiff in den Krieg ziehen mussten, waren vom Mangel an Feuerkraft nicht sonderlich beeindruckt, aber zu dieser Zeit gab es nichts, auf das sie hätten feuern sollen, und so hielten sie diesen Mangel für weniger bedeutend.

Der nächste Kreuzertyp, der auf dem Entwurf der KÖNIGSBERG beruhte, war weit beeindruckender. Die Bewaffnung sah gut aus, die Leistungsfähigkeit war fast erregend und die See-Eigenschaften waren ausgezeichnet. Insgesamt ein gut gelungener Schiffstyp, der aber – und das war eher ein großes »Aber« – an den Seiten eine zu dünne Beplattung aufwies, um im Rahmen der durch den Versailler Vertrag auferlegten Beschränkungen zu bleiben. Die neue Schweißtechnik ermöglichte die Verwendung dünnerer Stahlplatten gegenüber jenen, die erforderlich waren, um vernietet zu werden. Sehr bald schon stellte die Marine dann fest, dass die Beanspruchung durch schwere Seen bei einigen Bereichen der Schiffe zu Festigkeitsschwächen führte. Sturmschäden wurden zuzeiten zu einer unangenehmen Begleiterscheinung, besonders auf der KARLSRUHE, bei der Risse im Schiffskörper auftraten, während sie sich in der Vorkriegszeit bei einer Ausbildungsreise, um Flagge zu zeigen, an der amerikanischen Westküste entlang kämpfte. Die erlittenen Schäden hatten zu Leckagen geführt, sodass der Leichte Kreuzer im kalifornischen San Diego ins Dock gehen musste.

Der Leichte Kreuzer NÜRNBERG. Im Gegensatz zur vorausgegangenen K-Klasse wies die NÜRNBERG nur einen Schornstein auf und die beiden achteren Drillingstürme waren nicht versetzt angeordnet. Die LEIPZIG hatte ein ähnliches Aussehen. Zudem führten alle Leichten Kreuzer eine starke Torpedowaffe.

Der Leichte Kreuzer KARLSRUHE in Kiel vor dem Kriege zur Kieler Woche über die Toppen geflaggt. Der »Große Flaggenschmuck« wurde nicht willkürlich angebracht, sondern Flaggen und Wimpel wurden nach Anordnung und nach genau festgelegter Reihenfolge, am Bug beginnend, abwechselnd gesetzt.

Der Leichte Kreuzer KARLSRUHE vor Anker. Auch die KARLSRUHE führte mit vier 53,3-cm-Drillingsrohrsätzen (bis 1934 50 cm) in seitlicher Anordnung eine starke Torpedowaffe. Im Bild sind auf Höhe der Schornsteine die beiden Steuerbord-Rohrsätze in ihren kastenähnlichen Vertiefungen deutlich erkennbar.

Die Kreuzer der K-Klasse hatten eine zu geringe Materialstärke, um den durch den Versailler Vertrag auferlegten Beschränkungen zu entsprechen. Daher erlitt die KARLSRUHE 1936 ernste Schäden (Risse und Brüche) in einem Sturm an der amerikanischen Westküste und musste in San Diego ins Dock (im Bild). Die Menge der zum Trocknen aufgehängten Wäsche deutet eine zurückliegende schwere Zeit an.

Die unter Sonnensegel im Dock liegende KARLSRUHE ist zu einem offiziellen Empfang geschmückt. Der Kreuzer ist als KARLSRUHE deutlich zu identifizieren: Zum einen ist die an Backbord achtern angebrachte Namensplatte gut lesbar (links) und zum anderen ist am Bug (oben) das Wappen der Stadt Karlsruhe mit der Inschrift »FIDELITAS« erkennbar.

KARLSRUHE. In ihrer traditionellen Aufklärungsaufgabe hatten die Kreuzer eher überlegene Streitkräfte auf die Schlachtlinie zu ziehen als kleinere Schiffe anzugreifen. Daher waren die beiden achteren Drillingstürme versetzt angeordnet – im Bild deutlich zu sehen – um seitlich voraus einen größeren Bestreichungswinkel zu erzielen.

Infolgedessen konnten nur LEIPZIG, KÖLN und NÜRNBERG am Spanischen Bürgerkrieg teilnehmen, in dem sie sich als großartige Schiffe erwiesen. Nach dem Beginn des Zweiten Weltkrieges wurde keiner der Leichten Kreuzer vor die letzte Probe gestellt, sich in schweren Seegefechten selbst verteidigen zu müssen. Bei der Besetzung Norwegens erlitt die KÖNIGSBERG am 9. April 1940 erhebliche Beschädigungen durch Küstenbatterien beim Einlaufen nach Bergen. Sturzbomber der britischen Marineluftwaffe versenkten den Kreuzer am nächsten Tag im Hafen. Das Unterseeboot HMS TRUANT (Lt.Cdr. C.H. Hutchinson) torpedierte am 9. April abends die KARLSRUHE vor Kristiansand-Süd auf dem Rückmarsch.

Das Wrack musste später durch das Torpedoboot GREIF mit zwei Torpedos versenkt werden. Der Torpedotreffer der TRUANT forderte elf Tote, während die übrige Besatzung abgeborgen werden konnte. Die KÖLN sank bei einem Luftangriff der 8. USAAF kurz vor Kriegsende an ihrem Liegeplatz in Wilhelmshafen in flachem Wasser auf ebenem Kiel. Das Oberdeck ragte aus dem Wasser und die Geschütze waren noch einsatzbereit. Die bei einem Luftangriff der RAF im April 1945 in Kiel schwer beschädigte EMDEN wurde schließlich in der Heikendorfer Bucht bei Kiel am 3. Mai selbst versenkt. Hingegen diente die nach der Kollision mit der PRINZ EUGEN (15.10.1944) nicht mehr instandgesetzte LEIPZIG als Ausbildungshulk in Gotenhafen.

Im März 1945 wurde der Leichte Kreuzer als Schwimmende Artillerie in der Danziger Buch eingesetzt, wo er mit seinen 15-cm-Geschützen wirkungsvoll sowjetische Bereitstellungen und Angriffsschwerpunkte unter Feuer nahm. Nach dem Verschuß sämtlicher Munition (ca. 1000 Granaten) verlegte die LEIPZIG nach Dänemark. Nach dem Kriege diente sie in Wilhelmshaven als Wohnhulk, ehe sie 1946 von den Alliierten – angeblich mit unerwünschter Gasmunition an Bord* – in der Nordsee versenkt wurde. (Bei Gott, so ergibt sich nach dem Denken von Militärs eine produktive Verwendung von gutem Qualitätsstahl und unerwünschtem Giftgas!). Ein Turmschild der Leipzig befindet sich als Erinnerungsstück in der Marineschule Mürwik; die Schiffsglocke ist im Besitz der evangelischen Kirchengemeinde Telgte.**

Zum Zeitpunkt der Kapitulation lag die NÜRNBERG in Kopenhagen. Sie wurde am 5. Januar an die UdSSR ausgeliefert und fuhr unter sowjetischer Flagge als ADMIRAL MAKAROV, ehe sie Anfang der 60er-Jahre verschrottet wurde.

* Nach Angaben von Augenzeugen befand sich keine Gasmunition an Bord; siehe auch Quelle unten.

** Eine äußerst akribisch recherchierte Dokumentation über die LEIPZIG entstand mit dem Buch von *Willi Schultz: Kreuzer LEIPZIG 1929-1946, Baugeschichte – Einsätze – Schicksal.* Motorbuch Verlag, Stuttgart 1996. (Leider vergriffen).

Zerstörer, Torpedoboote und Schnellboote

Zerstörer

1. Zerstörerflottille

Im Herbst 1938 mit den Booten der 1. und der 3. Zerstörerdivision aufgestellt. Nach den schweren Verlusten während des Norwegen-Feldzuges im April 1940 wurde die 1. Z-Flottille aufgelöst. Die noch vorhandenen Einheiten kamen zur 5. Z-Flottille.

Einheiten: GEORG THIELE (Z 2), MAX SCHULTZ (Z 3), RICHARD BEITZEN (Z 4), FRIEDRICH IHN (Z 14), ERICH STEINBRINCK (Z 15) und FRIEDRICH ECKOLDT (Z 16).

Flottillenchefs: KptzS. Wilhelm Meisel vom 1. Oktober 1938 bis 1. Oktober 1939, danach FKpt. Fritz Berger bis zur Auflösung.

2. Zerstörerflottille

Im Herbst 1938 mit den Booten der 2. Zerstörerdivision aufgestellt. Nach den schweren Verlusten während des Norwegen-Feldzuges im April 1940 wurde die 2. Z-Flottille aufgelöst. Die noch vorhandenen Einheiten kamen zur 6. Z-Flottille.

Einheiten: LEBERECHT MAASS (Z 1), PAUL JACOBI (Z 5), THEODOR RIEDEL (Z 6), HERMANN SCHOEMANN (Z 7) und BRUNO HEINEMANN (Z 8).

Flottillenchefs: KptzS. Friedrich Bonte vom 1. November 1938 bis 1. Oktober 1939, danach FKpt. Rudolf v. Pufendorf bis zur Auflösung.

Der Zerstörer HANS LODY (Z 10) vom Typ 1934 A in einem norwegischen Fjord bei Skjeberg. Dieses bemerkenswerte Modell mit Funkfernsteuerung baute Ivar Berntsen im Maßstab 1 : 32.

Eine weitere Ansicht dieses großartigen Schiffsmodells von Ivar Berntsen, aufgenommen in einem norwegischen Fjord – eine ähnliche Umgebung wie jene, in der Zerstörer schwere Gefechte führten.

Ein Zerstörer verlässt die Schleuse und fährt in den Nord-Ostsee-Kanal ein. Erkennbar sind die achteren 12,7-cm-Geschütze sowie die Wasserbomben am Heck. Auf der Back des zweiten Zerstörers (rechts) ist das Fliegererkennungszeichen zu sehen.

Ivar Berntsens Modell der HANS LODY: Deutlich sind die fünf 12,7-cm-Geschütze und achteraus der Schornsteine die beiden 53,3-cm-Vierfach-Torpedorohrsätze zu sehen.

3. Zerstörerflottille

Im Dezember 1939 mit den Booten der 5. Zerstörerdivision aufgestellt. Nach den schweren Verlusten während des Norwegen-Feldzuges im April 1940 wurde die 3. Z-Flottille aufgelöst. Der noch vorhandene Zerstörer (Z 20) kam zur 6. Z-Flottille.

Einheiten: DIETHER VON ROEDER (Z 17), HANS LÜDEMANN (Z 18), HERMANN KÜNNE (Z 19), KARL GALSTER (Z 20) und ANTON SCHMITT (Z 22).

Flottillenchefs: FKpt. Hans-Joachim Gadow vom 1. Dezember 1939 bis zur Auflösung.

4. Zerstörerflottille

Im April 1939 aufgestellt und nach den schweren Verlusten während des Norwegen-Feldzuges im April 1940 aufgelöst. Der Einzige noch vorhandene Zerstörer (Z 10) kam zur 6. Z-Flottille. Am 1. Oktober 1942 erfolgte die Neuaufstellung der 4. Z-Flottille mit neuen Booten.

Einheiten: 1939: WOLFGANG ZENKER (Z 9), HANS LODY (Z 10), BERND VON ARNIM (Z 11), ERICH GIESE (Z 12) und ERICH KOELLNER (Z 13). Ab 1942: *Z 31, Z 32, Z 33, Z 34, Z 37, Z 38* und *Z 39.*

Flottillenchefs: FKpt. Erich Bey vom 1. April 1939 bis zur Auflösung. Nach der Neuaufstellung KKpt. Georg Langheld bis April 1943, danach KptzS. Rolf Johannesson bis Dezember 1944 und KptzS. Freiherr Hubert v. Wangenheim bis Kriegsende.

5. Zerstörerflottille

Im Mai 1940 weitgehend mit den noch vorhandenen Booten der 1. Z-Flottille aufgestellt.

Einheiten: RICHARD BEITZEN (Z 4), FRIEDRICH IHN (Z 14), ERICH STEINBRINCK (Z 15), FRIEDRICH ECKOLDT (Z 16) und *ZH 1* (ex-niederl. GERARD CALLENBURGH).

Flottillenchefs: FKpt. Alfred Schemmel bis August 1940, danach KptzS. Fritz Berger bis Juli 1942, KptzS. Alfred Schemmel erneut bis Dezember 1942, KptzS. Max-Eckhart Wolff bis Februar 1944 und schließlich KptzS. Georg Langheld bis Kriegsende.

Das Torpedoboot *T 18*. Noch ein bemerkenswertes Modell des Norwegers Ivar Berntsen. Die vor der Brücke an Steuerbord liegende Otter gehörte zum Bugschutzgerät, um vor dem Boot das Fahrwasser freizuräumen.

T 18 des Typs »Torpedoboot 1937«: Eine Nahaufnahme der Steuerbordseite der Brücke. Das von Ivar Berntsen gefertigte Modell ist aus dieser Sicht von einem echten Boot kaum zu unterscheiden.

Berntsens Modell des *T 18* zeigt die beiden 53,3-cm-Drillingstorpedorohrsätze achteraus des Schornsteins (vor und hinter dem Großmast gelegen) sowie eine 2-cm-Flak C/35 in Vierlingslafette C/38.

6. Zerstörerflottille
Im Mai 1940 mit den noch vorhandenen Booten der 2., 3. und 4. Z-Flottille nach dem Norwegen-Feldzug aufgestellt.
Einheiten: PAUL JACOBI (Z 5), THEODOR RIEDEL (Z 6), HERMANN SCHOEMANN (Z 7), BRUNO HEINEMANN (Z 8), HANS LODY (Z 10), KARL GALSTER (Z 20) sowie später *Z 35, Z 36* und *Z 43.*
Flottillenchefs: KptzS. Erich Bey (gleichzeitig F.d.Z.) bis November 1940, danach KptzS. Schulte-Hinrichs bis April 1943, KptzS. Friedrich Kothe bis Dezember 1944 und KptzS. Heinz Peters bis Kriegsende.

7. Zerstörerflottille
Die 7. Z-Flottille wurde nicht aufgestellt.

8. Zerstörerflottille – »Narvik-Flottille«
Im Dezember 1940 aufgestellt und nach schweren Verlusten im August 1944 aufgelöst. Eine Neuaufstellung erfolgte im November 1944.
Einheiten: *Z 23, Z 24, Z 25, Z 26, Z 27, Z 28, Z 29* und *Z 30.*
Flottillenchefs: KptzS. Gottfried Pönitz bis März 1943, dann KptzS. Hans Erdmenger bis Dezember 1943, FKpt. Georg Langheld bis April 1944, KptzS. Theodor Freiherr v. Mauchenheim genannt Bechtolsheim bis Juni 1944 und FKpt. Georg Ritter und Edler Herr v. Berger bis August 1944. Nach der Neuaufstellung KptzS. Heinrich Gerlach bis Kriegsende.

Liste der Zerstörer
LEBERECHT MAASS (Z 1)
GEORG THIELE (Z 2)
MAX SCHULTZ (Z 3)
RICHARD BEITZEN (Z 4)
PAUL JACOBI (Z 5)
THEODOR RIEDEL (Z 6)
HERMANN SCHOEMANN (Z 7)
BRUNO HEINEMANN (Z 8)
WOLFGANG ZENKER (Z 9)

HANS LODY (Z 10)
BERND VON ARNIM (Z 11)
ERICH GIESE (Z 12)
ERICH KOELLNER (Z 13)
FRIEDRICH IHN (Z 14)
ERICH STEINBRINCK (Z 15)
FRIEDRICH ECKOLDT (Z 16)
DIETHER VON ROEDER (Z 17)
HANS LÜDEMANN (Z 18)
HERMANN KÜNNE (Z 19)
KARL GALSTER (Z 20)
WILHELM HEIDKAMP (Z 21 – Führerzerstörer bis 10. April 1940)
ANTON SCHMITT (Z 22)
Z 23 - Z 39: Keine zusätzlichen Namen zugewiesen
Z 40 - Z 42: nicht fertig gestellt
Z 43: Kein zusätzlicher Name zugewiesen
Z 44 - Z 50: Nicht fertig gestellt bzw. begonnen
ZH 1 (ex-niederl. GERARD CALLENBURGH): kein zusätzlicher dt. Name zugewiesen
HERMES (ZG 3 – ex-griech. VASILEFS GEORGIOS)

Torpedoboote

1. Torpedobootsflottille
Bis zum Frühjahr 1941 zum Legen von offensiven und defensiven Minensperren in der Nordsee eingesetzt. Verlegung in die Ostsee und anschließende Auflösung.

2. Torpedobootsflottille
Bis zum Frühjahr 1941 Teilnahme an einer Reihe von Unternehmen in der Nordsee einschließlich Minenlegen, danach Verlegung in die Ostsee. Boote der 1. T-Flottille stießen im August 1941 zur 2. T-Flottille. Im Sommer 1942 in nördlichen Gewässern zu Geleitsicherungsaufgaben eingesetzt und anschließend der Torpedoschule als Schulboote zugewiesen. Verwendung in der Ostsee bis Kriegsende.

3. Torpedobootsflottille
Von Anfang 1942 an in der Nordsee und im Westraum bis zum Frühjahr 1943 eingesetzt, während zur selben Zeit andere Boote der Flottille in nördliche Gewässer verlegt wurden. Im Sommer 1943 in dänischen Gewässern und anschließend in der Ausbildung verwendet. Einsätze in der Ostsee und in den Zugängen zur Nordsee bis Kriegsende.

4. Torpedobootsflottille
Im Februar 1943 in westfranzösischen Gewässern für Aufgaben der Geleitsicherung und des Legens von defensiven Minensperren aufgestellt und im Frühjahr 1944 aufgelöst.

5. Torpedobootsflottille
Einsätze von Kriegsbeginn an in der Nordsee sowie später in niederländischen und französischen Gewässern. Infolge großer Verluste später aufgelöst. Noch vorhandene Boote traten zur 4. T-Flottille.

6. Torpedobootsflottille
Einsätze von Kriegsbeginn an in der Nordsee und Teilnahme am Norwegen-Feldzug. Auflösung der Flottille im Februar 1941, wobei die noch vorhandenen T-Boote zur 5. T-Flottille traten. Neuaufstellung im November 1943 mit neuen Booten. Nach schweren Verlusten in der Ostsee im Herbst 1944 aufgelöst.

7. Torpedobootsflottille
Im Juni 1940 mit ex-norwegischen T-Booten aufgestellt. Zur Geleitsicherung in Nord- und Ostsee sowie in der Ausbildung eingesetzt und im Dezember 1940 aufgelöst.

8. Torpedobootsflottille
Die 8. T-Flottille wurde nicht aufgestellt.

9. Torpedobootsflottille
Im September 1943 mit ex-italienischen T-Booten in Piräus für den Einsatz in der Ägäis aufgestellt und im Oktober 1944 aufgelöst. Neuaufstellung mit neuen ex-italienischen T-Booten im Februar 1945 und Einsatz in der Adria.

10. Torpedobootsflottille
Im Januar 1944 mit ex-italienischen T-Booten an der Westküste Italiens für den Einsatz im Ligurischen Meer aufgestellt.

Die Entwicklung der deutschen Torpedoboote und Zerstörer kann leicht mit der Einführung des landwirtschaftlichen Traktors verglichen werden. Als die ersten von ihnen auf den Markt kamen, zog es die Mehrzahl der Landwirte vor, an den bisherigen erprobten Arbeitspferden festzuhalten. Doch

Der Maschinenraum eines Torpedobootes. Nach dem Mützenband zu urteilen, könnte es sich um die SEEADLER handeln, die als eines der ersten neuen Boote 1926 vom Stapel lief.

als später eine Vielfalt von nützlichem Zubehör hinzukam, wurden diese Fahrzeuge zum unentbehrlichen Arbeitsgerät. Nach dem Ersten Weltkrieg folgte die Entwicklung der Zerstörer in Großbritannien, in den USA und in Deutschland etwas anderen Richtungen im Denken, weil jedes Land andere Vorstellungen von ihrer Verwendung hatte.

Großbritannien brauchte Fahrzeuge für Geleitsicherungsaufgaben, die im Stande waren, mit den Unterseebooten fertig zu werden, während das deutsche Denken noch immer in die Vision des Großadmirals v. Tirpitz von einem Torpedoträger eingehüllt war. Daher wurden die ersten Fahrzeuge vom Zerstörertyp als »Torpedoboote« bezeichnet. Deutschlands mangelndes Interesse für Zerstörer veranschaulichte die Tatsache, dass der erste Zerstörer nach dem Ersten Weltkrieg erst 1937 in Dienst gestellt wurde, und dann erfolgte auch noch die Unterstellung der Zerstörer unter den Befehl des »Führers der Torpedoboote«. Erst der Ausbruch des Krieges 1939 vermittelte allgemein die Erkenntnis, dass diese größeren Boote mit ihren etwa 1500 - 2500 ts Standardverdrängung eine unwahrscheinliche Mannigfaltigkeit in der Verwendung boten. Mit ihren Torpedos waren sie im Stande, große Kriegsschiffe anzugreifen, das Mitführen von Wasserbomben machte sie zu idealen Unterseebootsjägern, ihre artilleristische Bewaffnung ließ sie mit

Das T-Boot ALBATROS führte wie ein kleiner Zerstörer drei 10,5-cm- und vier 3,7-cm-Geschütze.

Ein Minensuch- oder M-Boot in See. Beachte das 10,5-cm-Geschütz auf der Back.

Flugzeugen genauso fertigwerden wie mit der Mehrzahl der schnellen Angriffsboote und die Fähigkeit, Minen zu legen, verlieh ihnen eine vierte bedeutende Aufgabe. Es dauerte nicht lange, dann waren die Zerstörer das wichtigste Arbeitspferd für die Flotte und sie waren auf allen Kriegsschauplätzen zu finden, auf denen die Marine zum Einsatz kam. Dies galt auch für deutsche Zerstörer.

Die Dienststelle des »Führers der Torpedoboote« (F.d.T.), eingerichtet am 25. September 1933 in Swinemünde an der Ostseeküste, umfasste Torpedoboote, Zerstörer und Schnellboote. Ab dem 1. November 1939 wurden die Zerstörer unter einem »Führer der Zerstörer« (F.d.Z.) ausgegliedert, während die Dienststelle des F.d.T. bis zum 20. April 1942 weiterbestand. Nach ihrer Auflösung traten die Torpedoboote unter den F.d.Z. und für die Schnellboote entstand am 20. April 1942 die Dienststelle des »Führers der Schnellboote« (F.d.S.), dem Flottenkommando direkt unterstellt. Sowohl der F.d.Z. als auch der F.d.T. unterstanden bis zum 1. August 1940 dem Befehlshaber der Aufklärungsstreitkräfte und von da an direkt dem Flottenkommando. Hierbei handelte es sich um truppendienstliche Unterstellungen, operativ erfolgte der Einsatz der Boote in der Regel durch andere Führungsstellen. Einige der Boote gehörten auch keiner bestimmten Flottille an, weil für sie andere Unterstellungsverhältnisse galten.

Unmittelbar nach Kriegsbeginn kam die Mehrheit der Torpedoboote und Zerstörer in der Ostsee zum Einsatz und nur ein kleinerer Teil befand sich in der Nordsee. Die meisten dieser Boote fanden zunächst beim Legen der defensiven Minensperren Verwendung. Dann gewährten ihnen die langen Winternächte und das jahreszeitlich bedingte Schlechtwetter die Gelegenheit vor der britischen Ostküste offensive Minenunternehmen durchzuführen. Im Frühjahr 1940 waren die Torpedoboote und Zerstörer an der Besetzung von Norwegen und Dänemark im Rahmen des Unternehmens »Weserübung« beteiligt. Hierbei waren sie den einzelnen Kriegsschiffsgruppen je nach Bedarf zugeteilt; ausgenommen die Kriegsschiffs-

Das 1908 vom Stapel gelaufene T-Boot *T 157* (ex-V 157) in den frühen Tagen der Reichsmarine.

Auch hier eines der Torpedoboote der ehemaligen Kaiserlichen Marine, die nach dem Versailler Vertrag nicht verschrottet werden mussten und einen Teil der neuen Flotte bildeten.

gruppe 1 unter Führung des F.d.Z., KptzS. und Kommodore Friedrich Bonte (gefallen am 10. April 1940 auf dem Führerzerstörer WILHELM HEIDKAMP), zur Besetzung von Narvik. Sie bestand ausschließlich aus zehn Zerstörern, die sämtlich verloren gingen. Der Kriegsschiffsgruppe 4 zur Besetzung von Kristiansand-Süd unter Führung von KptzS. Rieve, des Kommandanten der KARLSRUHE, war auch der F.d.T., KptzS. Hans Bütow, auf dem Torpedoboot LUCHS zugeteilt. Nach den schweren Verlusten während des Norwegen-Feldzuges kam es zu einer Reorganisation der gesamten Torpedoboots- und Zerstörerwaffe, obwohl diese organisatorischen Maßnahmen weitgehend nur truppendienstlicher Natur waren; denn nach wie vor erfolgte der Einsatz der Boote operativ in der Regel durch andere Führungsstellen.

Nach dem Besetzen der Benelux-Staaten folgten die Zerstörer und Torpedoboote dem Heer immer weiter nach Westen. Häfen wie Den Helder, Scheveningen und Rotterdam in den Niederlanden wurden ihre neuen Stützpunkte und diese Kette setzte sich weiter fort: über Antwerpen und Ostende in Belgien nach Boulogne, Le Havre und Cherbourg bis hin zu den französischen Biskayahäfen. In dieser Zeit wurden die Zerstörer zu derart unentbehrlichen Arbeitspferden, dass die Marine nach einer Ergänzung ihres mageren Bestandes durch ausländische Erwerbungen Ausschau hielt. Die ersten zusätzlichen Boote wurden bei der Königlich Norwegischen Marine als Beute beschlagnahmt. Einige erhielten neue Namen, die sich in das deutsche Namensmuster so einfügten, dass diese Boote leicht für Erzeugnisse heimischer Werften gehalten werden konnten: LÖWE (ex-GYLLER), LEOPARD (ex-BALDER), PANTHER (ex-ODIN) und TIGER (ex-TOR). Diese T-Boote konnten leicht mit Einheiten der WOLF- oder »Raubtier«-Klasse von 1927 verwechselt werden. Die übrigen Beuteboote waren durch den Buchstaben »A« in der Kennung (d. h. Abkürzung für Ausland) leichter zu erkennen, wie z. B. das französische T-Boot BOMBARDE, 1942 ital. Beute als *F.R. 41* und 1943 dt. Beute als *TA 9*. Eine ähnliche Bezeichnung gab es für die ausländischen

Nach dem Unternehmen »Weserübung«, der Besetzung Dänemarks und Norwegens: Wracks im Raum Narvik.

Beutezerstörer. Sie erhielten jedoch in der Kennung statt des »A« den Anfangsbuchstaben des Herkunftslandes, wie z. B. *ZH 1* (H für Holland) oder *ZG 3* (G für Griechenland). Die ersten Torpedoboots- und Zerstörer-Neubauten der Reichs- bzw. der Kriegsmarine erhielten statt einer Kennung offizielle Namen, wie z. B. MÖWE (Kennung: MÖ – keine T-Kennung) oder LEBERECHT MAASS (Z-Kennung: Z 1 – Z für Zerstörer). Torpedoboote erhielten ab Indienststellung 1939 keinen Namen mehr sondern nur noch eine T-Kennung, mit *T 1* (T für Torpedoboot) beginnend, während dies bei Zerstörern erst ab Indienststellung 1940 mit *Z 23* der Fall war.

Schnellboote

Diese schnellen Angriffsboote mit Torpedo- und/ oder Geschützbewaffnung (engl. Bezeichnung *Motor Torpedo Boat – MTB* – oder *Motor Gun Boat – MGB*) führten in der deutschen Marine als »Schnellboote« (S-Boote) Torpedo- und leichte Fla-Bewaffnung. Sie unterschieden sich von den Torpedobooten durch eine weitaus geringere Wasserverdrängung und eine sehr hohe Geschwindigkeit. Für ihr äußeres Erscheinungsbild waren die niedrige Bootssilhouette und die beiden (ab *S 26*) in der hoch gezogenen Back integrierten Torpedorohre an Backbord und Steuerbord charakteristisch.

1. S-Flottille
Bei Kriegsbeginn Einsätze in der Ostsee, später in der Nordsee, Teilnahme an der Besetzung Norwegens und Dänemarks sowie die anschließende Verlegung in den Westraum mit Einsätzen von der niederländischen und französischen Küste aus. Mitte 1941 Rückverlegung in die Ostsee mit Einsätzen gegen sowjetische Streitkräfte. Im Frühjahr 1942 Verlegung über die Donau ins Schwarze Meer mit Einsätzen bis zum Untergang der letzten Boote Ende August 1944.

2. S-Flottille
Ähnlich wie 1. S-Flottille. Nach Einsätzen in der Ostsee im Sommer und Herbst 1941 im Rahmen des Unternehmens »Barbarossa« verlegte die 2. S-Flottille wieder in den Westraum. Dort verblieb sie von Stützpunkten an der niederländischen Küste aus operierend bis zum Ende der Kämpfe 1945.

3. S-Flottille
Die im Mai 1940 aufgestellte Flottille operierte anschließend von der niederländischen Küste sowie kurzzeitig von Boulogne und Ostende aus im Westraum, um dann bis Herbst 1941 in der Ostsee gegen sowjetische Streitkräfte eingesetzt zu werden. Anfang Oktober 1941 verlegte die Flottille über Rhein und Rhone ins Mittelmeer. Dort operierten diese S-Boote im gesamten Mittelmeerraum zwischen Marsa Matruh/Ägypten und der algerischen Küste (»Afrika-Flottille«) sowie in der Adria bis zum Ende des Krieges.

4. S-Flottille
Im Oktober 1940 aufgestellt, verlegte die neu aufgestellte Flottille im Mai 1941 in den Westraum. Vielfach zu Mineneinsätzen vor der britischen Küste verwendet, operierte diese Flottille auch im Kanal und vor der niederländischen Küste bis zum Ende der Kämpfe 1945.

5. S-Flottille
Die im Sommer 1941 aufgestellte Flottille verlegte nach der Ausbildung in der Ostsee in den Westraum. Dort operierten die Boote bis Juni 1944 im Kanal, zuletzt im Invasionsraum von Cherbourg und Le Havre aus, bis alle Boote vernichtet waren. Die Neuaufstellung der 5. S-Flottille erfolgte im Juli 1944. Sie wurde zunächst in der östlichen Ostsee und dann ab Januar 1945 bis Kriegsende in der südlichen Nordsee eingesetzt.

6. S-Flottille
Im März 1941 aufgestellt, erfolgte der Einsatz der Flottille hauptsächlich im Kanal und in der Nordsee weitgehend von der niederländischen Küste aus bis Kriegsende, unterbrochen durch Kurzeinsätze 1942 in Norwegen und im Frühsommer 1944 in der östlichen Ostsee.

7. S-Flottille
Im Oktober 1941 aufgestellt, verlegte diese Flottille nach der Ausbildung im Herbst 1942 ins Mittelmeer. Einsätze siehe die 3. S-Flottille.

8. S-Flottille
Im November 1941 aufgestellt, kamen diese Boote von Nordnorwegen aus zum Einsatz. Nach ihrer Rückkehr nach Deutschland wurde die Flottille

am 10. Juli 1942 aufgelöst und die Boote traten zur 2. und 4. S-Flottille. Neuaufstellung der Flottille am 1. Dezember 1942 mit neuen Booten. Anschließend erfolgten Einsätze in Norwegen. Ab Mai 1943 verlegte die Flottille in den Westraum mit Einsatzraum vor der niederländischen Küste.

9. S-Flottille
Im April 1943 aufgestellt, kam die Flottille ausschließlich bis Kriegsende in der südlichen Nordsee und im Kanal zum Einsatz.

10. S-Flottille
Die Flottille wurde im März 1944 aufgestellt. Einsatz wie 9. S-Flottille.

11. S-Flottille
Erste Aufstellung im Februar bis zur Auflösung im Oktober 1943. Zweite Aufstellung im Mai 1944, aber Umbezeichnung in 5. S-Flottille (siehe dort). Dritte Neuaufstellung im Dezember 1944 in der Ostsee und ohne Einsatz im April 1945 wieder aufgelöst.

21. S-Flottille
Im September 1943 in der Ostsee mit Booten vom LS-Typ aufgestellt und dann im Eisenbahntransport ins Mittelmeer mit Stützpunkt Athen-Phaleron. Das Ende kam für diese Flottille im Oktober 1944.

22. S-Flottille
Im Dezember 1943 in der Ostsee mit Booten vom KS-Typ aufgestellt und im Eisenbahntransport an die nördliche Adria verlegt. Ohne Einsatz erfolgte die Auflösung im Oktober 1944.

24. S-Flottille
Am 1. November 1943 aus ex-italienischen Beutebooten in Athen-Phaleron aufgestellt. Einsätze in der Ägäis und später in der Adria bis Oktober 1944.

Die meisten Seemächte vernachlässigten nach dem Ersten Weltkrieg die Entwicklung von Schnellbooten. Großbritannien schien ihren Bau nur für den Export fortzusetzen und für Deutsch-

S 9 und *S 11*, zwei der ersten Schnellboote (Typ 1933). Beachte die 53,3-cm-Torpedorohre auf der Back. Im Hintergrund U-Boote (»Einbäume«) vom Typ II (1935).

land waren die durch den Versailler Vertrag auferlegten Beschränkungen überhaupt nicht geeignet, um sich mit diesem Bootstyp zu befassen. Es hatte den Anschein, als ob nur Frankreich und Italien für derartig kleine und schnelle Torpedoträger eine Zukunft sahen, wahrscheinlich weil das Mittelmeer einen idealen Seeraum für ihre Verwendung bot. Auch die deutsche Marine war von den Möglichkeiten dieser schnellen Boote fasziniert und fing an, sich mit ihnen zu beschäftigen. Eine Saga erstaunlicher Täuschungsmanöver hatte stattgefunden, ehe dieser Bootstyp hinter den Bestimmungen des Versailler Vertrages zum Vorschein kam. Die ersten Versuchsboote der Reichsmarine besaßen noch Ottomotoren. Diese waren für Kampfboote alles andere als wünschenswert; denn niemand fand an der Vorstellung Gefallen, auf einem derart leicht entzündlichen Treibstoffvorrat zu sitzen, sobald geschossen wird. Diese Boote erwiesen sich jedoch als weitaus geeigneter als dies erwartet worden war und entsprechende Modifizierungen führten bald zum Bau der ersten fünf S-Boote, die immer noch Ottomotoren besaßen.

Verschiedene Motorenhersteller versuchten eine Lösung zu finden, indem sie mehr Leistung aus dem Dieselantriebssystem herausholten. Ab dem sechsten S-Boot erhielten alle nachfolgenden Boote Viertakt-Dieselmotoren. Die Ergebnisse waren so viel versprechend, dass die deutsche Motorenfertigung bald ein Stadium erreicht hatte, bei dem der Grundentwurf des Dieselmotors durch solche mit Aufladung in der Leistung weiter verbessert wurde. Danach mussten Wege gefunden werden, um zu verhindern, dass die Boote in ihrer eigenen Bugwelle ertranken. Infolgedessen wurde die allgemeine Form des Bootskörpers verbessert, um bessere See-Eigenschaften zu erreichen. Der Typ S 38 wurde die Grundlage dieses neuen schnellen Bootstyps, angetrieben durch Dieselmotoren mit Aufladern. Diese leistungsfähigen Boote wurden bis Kriegsende gebaut.

Die Grundausstattung der Fla-Bewaffnung wurde ständig verbessert, sobald das Flugzeug

Zwei Flottillen- bzw. Gruppenstander mit einem Kommandantenwimpel darüber.

Das Foto zeigt ein »Mann über Bord«-Manöver auf kleinen Fahrzeugen. Hierzu balancierte üblicherweise ein Seemann am Ende einer langen Leiter über dem Wasser, um den oder das Aufzunehmende herauszufischen. Normalerweise wurde zur Durchführung dieses Manövers ein Rettungsgürtel über Bord geworfen.

während des Krieges zu einer immer größeren Bedrohung wurde. Doch das Problem war schwierig zu lösen, weil ein schnelles Boot, das über die Wellenkämme hüpfte, stets eine instabile Geschützplattform darstellte. Außerdem ergab sich die Tatsache, dass die meisten Flugzeuge engere Wendekreise drehen konnten als die S-Boote, obwohl es mancher Maschine bei dem Vorgang nicht mehr gelang, wieder Höhe zu gewinnen, sodass sie herunter aufs Wasser musste. Doch die Gefahr aus der Luft bestand nicht nur weiterhin, sondern vergrößerte sich noch durch die Ausrüstung der Flugzeuge mit schweren Maschinengewehren und Bordkanonen. Die stählerne Schutzverkleidung, mit der die Boote später versehen wurden, ließen sie durch das zusätzliche Obergewicht noch instabiler werden und die Bootsverluste durch Flugzeuge stiegen weiterhin alarmierend an. Schließlich schützten Steuerhaus und Brücke insgesamt eine leichte Panzerung: die sog. »Kalottenbrücke«. Trotz der Bedrohung aus der Luft blieb der Einsatz der S-Boote auf vielen Kriegsschauplätzen bis zum Ende des Krieges weiterhin erfolgreich.

Mit der Schaffung der Dienststelle des »Führers der Torpedoboote« (F.d.T.) am 25. September 1933 unterstanden auch die S-Boote dem F.d.T. bis zur Auflösung dieser Dienststelle am 20. April 1942. Gleichzeitig erhielten die S-Boote eine autonome Dienststelle mit der Schaffung des »Führers der Schnellboote« (F.d.S.). Erster F.d.S. war bis Kriegsende der KptzS. und Kommodore Rudolf Petersen. Die Arbeit des F.d.S. war weitgehend administrativer Natur, denn operativ erfolgte der Einsatz der Boote in der Regel durch andere Führungsstellen. Im Gegensatz zu T-Booten und Zerstörern operierten S-Boote rottenweise und kamen daher öfter im selbstständigen Flottillenverband zum Einsatz, ohne sich an andere Kampfverbände anpassen zu müssen. Darüber hinaus bestand ein

Ein »Letzter Gruß«, gefertigt aus einem einfachen Kreuz mit dem Mützenband der 2. Minensuchflottille. Das M-Boot passiert gerade eine Stelle, an der im Ersten Weltkrieg Kameraden fielen. Der Seemann trägt normale Arbeitskleidung mit Wollmütze, Wollpullover und Drillichhose.

weiterer wesentlicher Grund darin, dass sie in Seegebieten kämpften, in denen es kaum andere eigene Streitkräfte gab. Im Mittelmeer gab es ab Juli 1943 mit der Schaffung der 1. Schnellbootsdivision, der auch die operative Führung oblag, eine Besonderheit. Ihr unterstanden die 3., 7., 21., 22. und 24. S-Flottille.

Während die Versenkungszahlen anderer Streitkräfte, wie z. B. der U-Boote, beträchtlich abgenommen hatten, erzielten die S-Boote immer noch unwahrscheinliche Erfolge. So fielen den S-Booten im April 1944 bei einem einzigen Unternehmen mehr alliierte Soldaten zum Opfer als allen deutschen Streitkräften am D-Day an der Invasionsküste zusammengenommen. Dies geschah, als eine Hand voll S-Boote der 9. S-Flottille unter Führung von KKpt. Götz Freiherr v. Mirbach in die Lyme Bay an der Südküste von Devon eindrangen. Aus der Analyse des gegnerischen Funkverkehrs war die Erkenntnis ziemlich offensichtlich, dass es in diesem Seegebiet beträchtliche Bewegungen der alliierten Schifffahrt gab. Als dann die S-Boote der 9. S-Flottille angriffen, trafen ihre Torpedos einige Schiffe mit Soldaten an Bord, die für die Invasion in der Normandie übten. Die offiziellen Angaben sprechen von etwa tausend alliierten Soldaten, die dem Angriff zum Opfer fielen, während die an der Küste lebenden Einheimischen den Verdacht hegten, dass die wirkliche, damals vertuschte Anzahl der Toten beträchtlich höher war.

Kleine Schnellboote vom LS- und KS-Typ

In die Kategorie der kleinen Schnellboote gehörten die ab 1940/41 gebauten »Leichten S-Boote« (LS-Typ) und die »Küsten-Schnellboote« (KS-Typ).

Das Konzept der LS-Boote war schon vor der Jahrhundertwende entworfen worden. Bereits 1895 hatte der versuchsweise verwendete deutsche Hilfskreuzer NORMANIA zwei Motortorpedoboote mit Dampfantrieb an Bord gehabt. Das Haupthindernis bei der Entwicklung dieses Bootstyps war das Fehlen zuverlässiger Motoren gewesen, die schnell hätten gestartet werden können und die nicht durch die feuchten Bedingungen beeinträchtigt worden wären, die wahrscheinlich auf See anzutreffen waren. Sogar noch nach dem Ersten Weltkrieg, als der Dieselmotor das Konzept möglich machte, stellte sich heraus, dass das Gewicht normaler Torpedorohre ein in Fahrt befindliches Boot instabil werden ließ, und die Idee wurde mehr oder weniger aufgegeben. Erst die Beharrlichkeit eines Visionärs, Oberingenieur Heinz Docter aus Berlin, der in seiner Freizeit experimentierte, führte 1937 zu einem Entwurf, der den Einsatz leichter Schnellboote (2 x 45-cm-T-Rohre) im Zweiten Weltkrieg Wirklichkeit werden ließ.

Daneben entstanden kleine offensive Küsten-Minenleger (KM-Typ), die 1943 zum KS-Typ umgebaut wurden und statt der Minen zwei 45-cm-Heck-T-Rohre erhielten. Sie sollten bei der 22. S-Flottille in der Ägäis und in der Adria zum Einsatz gelangen.

Neben zwei LS-Booten ab 1941 in der Ägäis bei der 12. Küstenschutz-Flottille kamen 1943/44 nur noch etwa sechs LS-Boote bei der 21. S-Flottille in der Ägäis zum Einsatz. Je ein LS-Boot führten 1940/41 drei der Hilfskreuzer mit. Die meisten LS-Boote hatten ständig Motorenstörungen. Außerdem wurden ihre Torpedos als nicht groß genug angesehen, um Handelsschiffe zu stoppen. Dennoch ließen sich Kapitäne beeindrucken, weil sie glaubten, der Angriff wäre von einem U-Boot aus erfolgt. KptzS. Hellmuth v. Ruckteschell, Kommandant der Hilfskreuzer MICHEL und WIDDER, hatte dem OKM vorgeschlagen, dass jeder Hilfskreuzer mit zwei LS-Booten ausgerüstet werden sollte, die jedoch verlässliche Motoren haben müssten. Die von den LS-Booten mitgeführten Torpedos waren Lufttorpedos vom Kaliber 45 cm, keine normalen 53,3-cm-Torpedos für S- und U-Boote.

Versorgungsschiffe

Die folgenden Versorgungsschiffe und Tanker sind hier aufgeführt, weil sie sich in Seegebieten aufhielten, in denen sie mit gegnerischen Streitkräften in Berührung kamen; sie wurden häufig in seekriegsgeschichtlichen Zusammenhängen erwähnt.

ADRIA

Begleittanker. Der Motortanker (6358 BRT, Reederei Essberger, Hamburg), auch als Versorgungsschiff verwendet, gehörte zum Troßschiffverband Nord. 1945 britische Beute: EMPIRE TAGEOS.

Otto Giese, der Zweite Offizier der ANNELIESE ESSBERGER, auf der offenen Brücke. Er trat lange vor dem Kriege als Offiziersanwärter in die Handelsmarine ein. Eines der ersten Dinge, die er von seiner gesparten Heuer kaufte, war eine »Leica«-Kamera, die ihn bis zu seiner Gefangennahme 1945 im Fernen Osten überallhin begleitete. Er besitzt daher eine Sammlung hochinteressanter Fotos, die Deutschlands schicksalshafte Vergangenheit dokumentieren.

ALSTERTOR
V-Schiff. Das Motorkühlschiff (ex-norw. ROSE, 3063 BRT) gehörte zum Troßschiffverband. Selbst versenkt am 23. Juni 1941 beim Erscheinen des Hilfsschiffes HMS MARSDALE.

ALSTERUFER
V-Schiff. Das Motorkühlschiff (2719 BRT, Reederei Sloman, Hamburg) gehörte zum Troßschiffverband, später Bockadebrecher. Auf der Rückreise aus Japan versenkt durch RAF am 27. Deember 1943 im Nordatlantik.

ALTMARK (siehe auch UCKERMARK)
Tross-Schiff (10.698 BRT) des Panzerschiffes ADMIRAL GRAF SPEE. 6. August 1940 Umbenennung in UCKERMARK.

ANNELIESE ESSBERGER
Etappen-V-Schiff Japan (5173 BRT, Motorschiff der Reederei Essberger, Hamburg) für Hilfskreuzer KOMET und ORION sowie anschließend Einsatz als Blockadebrecher im Herbst 1941 nach Bordeaux. Selbst versenkt auf der Ausreise nach Japan am 21. November 1942 beim Erscheinen des Leichten Kreuzers USS MILWAUKEE im Südatlantik.

Die ANNELIESE ESSBERGER versorgt den kleinsten Hilfskreuzer, die KOMET unter Führung von KptzS./KAdm. Robert Eyssen, mit Vorräten und über Feuerwehrschläuche mit rund 700 t Heizöl. Zu diesem Zeitpunkt, etwa zwischen dem 15. und dem 22. Juli 1941, war die ANNELIESE ESSBERGER noch als japanisches Handelsschiff getarnt.

BABITONGA
Etappen-V-Schiff Brasilien (4453 BRT, Motorschiff der Hamburg-Südamerika-DG, Hamburg) für Hilfskreuzer ATLANTIS. Selbst versenkt am 21. Juni 1941 beim Erscheinen des Schweren Kreuzers HMS LONDON im Südatlantik.

BELCHEN
Stützpunkttanker. Der Motortanker (6367 BRT, ex-norw. SYSLA) war U-Bootversorger für das Unternehmen »Rheinübung«. Versenkt am 3. Juni 1941 durch Leichte Kreuzer HMS KENYA und AURORA in der Davisstraße.

Benno – siehe OLE JACOB

BURGENLAND
Etappen-V-Schiff Japan (7320 BRT, Motorschiff der Hamburg-Amerika-Linie, Hamburg), vorgesehen für Hilfskreuzer MICHEL. Einsatz als Blockadebrecher. Auf der zweiten Reise nach Bordeaux selbst versenkt am 5. Januar 1944 als letzter Bockadebrecher aus Ostasien beim Erscheinen des Leichten Kreuzers USS OMAHA.

CHARLOTTE SCHLIEMANN
Etappen-V-Schiff Spanien (7747 BRT, Motortanker der Reederei Schliemann & Menzell, Hamburg), ausgelaufen für die Hilfskreuzer STIER und MICHEL, Weiterreise nach Yokohama. Einsatz als U-Bootversorger im Indischen Ozean. Selbst versenkt am 12. Februar 1944 beim Erscheinen des Zerstörers HMS RELENTLESS.

DITHMARSCHEN
Tross-Schiff (10.821 BRT), gehörte zum Troßschiffverband Nord. 1945 britische Beute: SOUTHMARK, 1946 an US-Marine als Flottentanker CONECUH (AO/AOR 110) u.a. 1953 bei der 6. Flotte im Mittelmeer.

DOGGERBANK
U-Bootversorger. Das Motorschiff (5154 BRT, ex-brit. SPEYBANK) war Prise des Hilfskreuzers ATLANTIS. November 1941 Umrüstung zum Minenleger und Z-Schiff. 1942 Einsatz als Hilfsminenschiff (Schiff 53) vor Südafrika, danach als Blockadebrecher. Auf der Rückreise aus Japan irrtümlich durch *U 43* (Kptlt. Schwantke) südlich der Azoren am 3. März 1943 versenkt (1 Überlebender).

DRESDEN
Etappen-V-Schiff Brasilien (5567 BRT, Motorschiff des Norddeutschen Lloyd, Bremen), ausgelaufen für Hilfskreuzer ATLANTIS. 1942 von Frankreich aus Einsatz als Blockadebrecher Ostasien. Selbst versenkt am 25. August 1944 in Bordeaux. 1946 gehoben als frz. DOBA, gestrandet am 21. Juli 1950 bei Ras Hafonn in Somalia.

DUQUESA
Dieses britische Kühlschiff (8651 BRT) mit einer vollen Ladung Nahrungsmittel, vor allem Fleisch und Eier, brachte die ADMIRAL SCHEER am 18. Dezember 1940 im Südatlantik auf. Es diente verschiedenen Handelsstörern auf einer sicheren Position eine Zeit lang zur Versorgung mit Proviant (im Marinejargon von den Besatzungen als »Verpflegungsamt Wilhelmshaven-Süd« bezeichnet), konnte aber infolge Heizölmangels nicht als Prise in Marsch gesetzt werden. Als der Heizölvorrat für die Kühl- und Maschinenanlage erschöpft war, wurde das Kühlschiff am 20. Februar 1941 versenkt.

EGERLAND
Begleittanker. Der Motortanker (9789 BRT, ex-norw. NORTH AMERICA) gehörte zum Troßschiffverband, auch als U-Bootversorger eingesetzt. Selbst versenkt am 5. Juni 1941 im Zuge der BISMARCK-Operationen beim Erscheinen des Schweren Kreuzers HMS LONDON und des Zerstörers HMS BRILLIANT in der Freetown-Natal-Enge.

ELBE
Etappen-V-Schiff Japan (9180 BRT, Motorschiff des Norddeutschen Lloyd, Bremen), vorgesehen für Hilfskreuzer KOMET. Einsatz als Blockadebrecher. Versenkt im Zuge der BISMARCK-Operationen am 6. Juni 1941 durch Flugzeuge des britischen Flugzeugträgers EAGLE südlich der Azoren.

ELSA ESSBERGER
Etappen-V-Schiff Japan (6104 BRT, Motorschiff der Reederei Essberger, Hamburg), ausgelaufen

Die Brücke der ANNELIESE ESSBERGER während der Versorgung der KOMET mit Heizöl über Feuerwehrschläuche. Hoch oben sitzt ein Signalgast des Hilfskreuzers.

für Hilfskreuzer ORION und Etappen-V-Schiff OLE JACOB. Danach Einsatz als Blockadebrecher. Am 15. Januar 1942 in El Ferrol/Spanien eingelaufen, anschließend nach Frankreich gebracht und bei einem Luftangriff schwer beschädigt. Versenkt am 25. August 1944 in der Gironde als Blockschiff.

ERMLAND

Tross-Schiff (11.232 BRT), gehörte zum Troßschiffverband Nord. Am 23. September 1943 bei einem Luftangriff auf den Hafen von Nantes schwer beschädigt. Das Wrack wurde am 11. August 1944 selbst versenkt.

Motorschiff ERMLAND siehe unten WESERLAND.

ESSO HAMBURG

Begleittanker. Der Motortanker (9848 BRT, ex-amerik. ESSO COLON) gehörte zum Troßschiff-

Der Steuermann der ANNELIESE ESSBERGER und der Signalgast der KOMET. Ein Problem solcher Treffen bestand darin, dass die Besatzungen der Handelsschiffe oft nicht über das ausgebildete Peronal für das Zusammenarbeiten mit einem Kriegsschiff verfügten.

verband und war für GNEISENAU/SCHARNHORST, ADMIRAL SCHEER und BISMARCK/PRINZ EUGEN ausgelaufen. Selbst versenkt am 4. Juni 1941 beim Erscheinen des Schweren Kreuzers HMS LONDON und des Zerstörers HMS BRILLIANT in der Freetown-Natal-Enge.

EUROFELD
Etappen-V-Schiff Spanien (5947 BRT, Tankdampfer der Europ. Tankreederei, Hamburg), ausgelaufen 1940 für ADMIRAL SCHEER sowie die Hilfskreuzer WIDDER und THOR, ab 1941 Stützpunkttanker Westfrankreich und am 11. September 1944 in St. Nazaire als Blockschiff selbst versenkt.

FRIEDRICH BREME
Begleittanker. Der Motortanker (10.397 BRT, Waried-Tankschiff-Rhederei, Hamburg) gehörte zum Troßschiffverband West und war für ADMIRAL HIPPER, SCHARNHORST/GNEISENAU und BISMARCK/PRINZ EUGEN ausgelaufen. Selbst versenkt am 12. Juni 1941 beim Erscheinen des Leichten Kreuzers HMS SHEFFIELD im Nordatlantik.

GEDANIA
Begleittanker. Der Tankdampfer (8923 BRT, Waried-Tankschiff-Rhederei, Hamburg) gehörte zum Troßschiffverband. Im Zuge der BISMARCK-Operationen wurde die GEDANIA am 4. Juni 1941 im Nordatlantik vom Hilfsschiff HMS MARSDALE als Prise aufgebracht. Hierbei wurde wertvolles Schlüsselmaterial erbeutet, dass zum Knacken des deutschen Marineschlüssels »Heimische Gewässer« beitrug. Als britische Beute ab August 1941 als EMPIRE GARDEN und später als SOUTHERN GARDEN in Fahrt.

GONZENHEIM
V-Schiff. Das Motorschiff (4103 BRT, ex-norw. KONGSFJORD) war als Versorgungs- und Spähschiff für das Unternehmen »Rheinübung« mit BISMARCK/PRINZ EUGEN ausgelaufen. Selbst versenkt am 4. Juni 1941 beim Erscheinen des Schlachtschiffes HMS NELSON und des Leichten Kreuzers HMS NEPTUNE nördlich der Azoren.

HANSA
Tross-Schiff. Erstes (1929) zweckgebautes Tankschiff (5978 BRT) zur Begleitung großer Flotteneinheiten. 1936 Versorgungschiff im Spanien-Einsatz. Ende 1937 von der Kriegsmarine als SAMLAND übernommen und ab Kriegsbeginn dem Marinegruppenkommando West zugeteilt. Versenkt am 16. Juni 1940 durch das Unterseeboot HMS TETRARCH im Oslofjord.

ILL
Begleittanker. Der Motortanker (7603 BRT, ex-norw. TURICUM) gehörte zum Troßschiffverband Nord und diente der Versorgung von Handelsstörern sowie ab 1941 von U-Booten. 1945 wieder als norwegische TURICUM und später als italienische PUNTA ASPRA in Fahrt.

IRENE
Etappen-V-Schiff Heimat (4793 BRT, ex-norw. Motorschiff SILVAPLANA), durch Hilfskreuzer ATLANTIS im September 1941 als Prise nach Frankreich. Nach Umbau Einsatz als Blockadebrecher 1942/43 nach Singapur. Selbst versenkt am 10. März 1943 auf der Heimreise beim Erscheinen des Minenkreuzers HMS ADVENTURE westlich von Kap Finisterre.

KARIN
Etappen-V-Schiff Heimat (7322 BRT, ex-niederl. Motorschiff KOTA NOPAN), durch Hilfskreuzer KOMET im August 1941 als Prise nach Frankreich. Nach Umbau Einsatz als Blockadebrecher 1942/43 nach Singapur. Selbst versenkt am 10. April 1943 auf der Heimreise beim Erscheinen des Leichten Kreuzers USS SAVANNAH und des Zerstörers USS EBERLE in der Freetown-Natal-Enge.

KERTOSONO
U-Bootversorger. Dieses ex-niederl. Motorschiff (9289 BRT) hatte der Hilfskreuzer THOR 1940 im Mittelatlantik aufgebracht und als Prise nach Frankreich geschickt. 1941/42 Umbau zum Z-Schiff, fiel im September 1943 in Nantes einem Luftangriff zum Opfer und am 10. August 1944 wurde das Wrack selbst versenkt.

KETTY BRÖVIG
Etappen-V-Schiff Japan. Der ex-norw. Tankdampfer (7031 BRT), am 2. Februar 1941 vom Hilfskreuzer ATLANTIS nordöstlich von Madagaskar als Prise

Der Maschinenraum des Etappen-V-Schiffes WESERLAND (ex-ERMLAND). Obwohl Ölfeuerung praktischer war und weniger Dreck verursachte, war die Arbeit im Maschinenraum noch immer eine heiße und schmutzige Aufgabe.

Der Blockadebrecher RIO GRANDE trifft am 10. April 1942 aus dem japanischen Kobe im französischen Bordeaux ein.

aufgebracht, wurde als V-Schiff für ATLANTIS, TANNENFELS und ADMIRAL SCHEER in Dienst gestellt. Selbst versenkt am 4. März 1941 beim Erscheinen der Kreuzer HMAS CANBERRA und HMAS SYDNEY bei den Seychellen.

KÖNIGSBERG
Etappen-V-Schiff Brasilien (6466 BRT, Motorschiff des Norddeutschen Lloyd, Bremen), ausgelaufen für ORION und WIDDER. Selbst versenkt am 16. Juni 1940 vor Vigo beim Erscheinen eines frz. Hilfskreuzers.

KOTA PINANG
U-Bootversorger und Spähschiff. Dieses ex-niederl. Motorschiff (7275 BRT) wurde nach dem Einsatz als Spähschiff für die Unternehmung »Rheinübung« im Sommer 1941 zum Z-Schiff umgebaut. Versenkt am 3. Oktober 1941 durch Artillerie des Leichten Kreuzers HMS KENYA nördlich der Azoren.

KULMERLAND
Etappen-V-Schiff Japan (7363 BRT, Motorschiff der Hamburg-Amerika-Linie, Hamburg), ausgelaufen Herbst 1940 für Hilskreuzer KOMET und ORION sowie Herbst 1941 nochmals für KOMET. 1942 Einsatz als Blockadebrecher nach Bordeaux. Gesunken bei einem Luftangriff im Hafen von Nantes am 23. September 1943.

LEUTHEN
Etappen-Depotschiff Yokohama (7131 BRT, ex-brit. Passagierschiff NANKIN), aufgebracht durch Hilfskreuzer THOR im Indischen Ozean als Prise nach Yokohama entsandt. Beim Explosionsunglück auf der UCKERMARK Totalverlust (siehe dort).

LOTHRINGEN
Begleittanker. Der Motortanker (10.746 BRT, ex-niederl. PAPENDRECHT) gehörte zum Troßschiffverband und war für das Unternehmen »Rheinübung« ausgelaufen. Im Zuge der BISMARCK-Operationen am 15. Juni 1941 im Nordatlantik durch den Leichten Kreuzer HMS DUNEDIN und Flugzeugträger HMS ARK ROYAL als Prise aufgebracht. Hierbei wurde wertvolles Schlüsselmaterial erbeutet, das zum Einbruch in den deutschen Marineschlüssel »Heimische Gewässer« beitrug. Als britische Beute ab Herbst 1941 als EMPIRE SALVAGE und ab 1945 wieder als PAPENDRECHT in Fahrt.

MONSUN
Begleittanker. Der Motortanker (8038 BRT, ex-norw. SANDEFJORD, Januar 1941 Prise der ADMIRAL SCHEER) gehörte ab März 1941 zum Troßschiffverband Nord, wurde am 25. September 1943 bei einem Luftangriff auf den Hafen von Nantes schwer beschädigt und am 10. August 1944 selbst versenkt.

MÜNSTERLAND
Etappen-V-Schiff Japan (6315 BRT, Motorschiff der Hamburg-Amerika-Linie, Hamburg), ausgelaufen im Januar 1941 für Hilfskreuzer ORION und Etappen-V-Schiff OLE JACOB sowie im August 1941 für Hilfskreuzer ATLANTIS und KOMET. 1942 umbenannt in WALKENRIED und Einsatz als Blockadebrecher nach Bordeaux (Ankunft Mai 1942). Gestrandet am 20. Januar 1944 nach Beschuss brit. Küstenartillerie westlich von Kap Blanc Nez im Kanal.

NORDMARK
Das Tross-Schiff (10.848 BRT, ex-WESTERWALD) gehörte zum Troßschiffverband Nord. Versorgungsschiff für Handelsstörer und U-Boote im Nord- und Südatlantik. 1945 britische Beute und gehörte ab 1947 als BULAWAYO zur Royal Navy.

NORDSTERN
Stützpunkttanker. Das Turbinentankschiff (6994 BRT, ex-brit. BRITISH ADVOCATE und im Februar 1941 nach Frankreich gesandte Prise der ADMIRAL SCHEER) gehörte zum Troßschiffverband West und sank bei einem Luftangriff am 23. Juli 1944 im Hafen von Nantes.

NORDVARD
U-Bootversorger. Das ex-norw. Motorschiff (4111 BRT, im Herbst 1940 nach Frankreich gesandte Prise des Hilfskreuzers PINGUIN) wurde 1941 zum Z-Schiff umgebaut und sank am 28. Dezember 1944 bei einem Luftangriff als Stützpunktschiff für S-Boote im Moss-Sund/Oslofjord.

OLE JACOB
Etappen-V-Schiff in Kobe/Japan. Den ex-norw. Motortanker (8306 BRT) sandte im Herbst 1940 der Hilfskreuzer ATLANTIS als Prise nach Japan. Nach Einsatz für ORION, KOMET, PINGUIN und ALSTERTOR Weiterfahrt nach Bordeaux (Ankunft Juli 1941). Umbau zum Begleittanker BENNO und Einsatz als Treibstofftransporter für Japan. Gesunken am 24. Dezember 1941 durch brit. Luftangriff vor Puerto de Carino/Spanien.

OSORNO
Motorschiff (6951 BRT) der Hamburg-Amerika-Linie, Hamburg, war vorgesehen als Versorgungsschiff für den Hilfskreuzer MICHEL und unternahm als Blockadebrecher zwei erfolgreiche Reisen nach Japan. Bei der Rückkehr von der letzten Reise lief die OSORNO in der Gironde auf ein Wrack und konnte in sinkendem Zustand zum Abbergen der gesamten Ladung aufgesetzt werden.

PORTLAND
Etappen-V-Schiff Chile (7132 BRT, Motorschiff der Hamburg-Amerika-Linie, Hamburg), ausgelaufen Anfang 1941 als Gefangenentransporter für NORDMARK mit 327 Gefangenen nach Bordeaux. 1941/42 Einsatz als Blockadebrecher nach Japan.

Das Etappen-V-Schiff TANNENFELS für die Versorgung von Hilfskreuzern in der Gironde-Mündung.

Januar 1943 aus Bordeaux mit Treibstoffnachschub für Japan ausgelaufen. Selbst versenkt am 13. April 1943 beim Erscheinen des frz. Leichten Kreuzers GEORGES LEYGUES südlich von St. Helena.

PRAIRIE
Tarnung des Tross-Schiffes NORDMARK als US-Tanker, in verschiedenen Veröffentlichungen unter dem Namen PRAIRIE abgebildet.

PYTHON
U-Bootversorger. Das Motorfruchtschiff (3664 BRT der Afrik. Frucht Co. – F. Laeisz –, Hamburg) wurde im Mai 1941 zum Z-Schiff umgebaut und kam im Mittel- und Südatlantik zum Einsatz. Selbst versenkt am 1. Dezember 1941 mit den Überlebenden des Hilfskreuzers ATLANTIS an Bord beim Erscheinen des Schweren Kreuzers DORSETSHIRE südlich von St. Helena (keine Verluste). Dramatischer U-Boottransport aller Überlebenden nach Frankreich.

REGENSBURG
Etappen-V-Schiff Japan (8068 BRT, Motorschiff des Norddeutschen Lloyd, Bremen), ausgelaufen im Herbst 1940 für die Hilfskreuzer ORION und KOMET. Einsatz als Blockadebrecher im Mai/Juni 1941. Im Februar 1942 für Hilfskreuzer THOR ausgelaufen mit Weiterfahrt nach Japan. Februar 1943 ausgelaufen als U-Bootversorger und Weiterfahrt nach Frankreich. Selbst versenkt am 30. März 1943 beim Erscheinen des Leichten Kreuzers HMS GLASGOW in der Dänemarkstraße.

REKUM
Etappen-V-Schiff Spanien (5540 BRT, Tankdampfer der Reederei Ernst Glässel, Bremen), im Juli 1940 ausgelaufen für die Hilfskreuzer WIDDER und THOR und ab Herbst 1940 Stützpunkttanker in St. Nazaire. Am 21. März 1944 bei Boulogne durch britische Küstenartillerie im Kanal versenkt.

RHAKOTIS
Etappen-V-Schiff Chile, dann Japan (6753 BRT, Motorschiff der Hamburg-Amerika-Linie, Hamburg), in Yokohama ausgerüstet als Blockadebrecher und Gefangenentransporter, im September 1942 ausgelaufen für Hilfskreuzer MICHEL und Weiterfahrt nach Frankreich. Selbst versenkt am 1. Januar 1943 beim Erscheinen des Leichten Kreuzers HMS SCYLLA vor Kap Finisterre.

RIO GRANDE
Etappen-V-Schiff Brasilien (Tarnname BELGRANO, 6062 BRT, Motorschiff der Hamburg-Südamerik.-DG, Hamburg), ausgelaufen im Oktober 1940 als *Rio Grande do Sul* für Hilfskreuzer THOR. Von Bordeaux aus Einsatz als Blockadebrecher nach Japan. Während der zweiten Reise selbst versenkt am 4. Januar 1944 beim Erscheinen des Leichten Kreuzers USS OMAHA im Südatlantik nahe der Insel Ascension.

RUDOLF ALBRECHT
Etappen-V-Schiff Spanien (3817 BRT, Tankdampfer der Reederei Dr. M. Albrecht & Co., Hamburg), im März 1941 ausgelaufen für Hilfskreuzer KORMORAN und ab Mai 1941 Stützpunkttanker in Bordeaux. 1945 brit. Beute als EMPIRE TAGINDA und später unter verschiedenen Flaggen.

SCHLETTSTADT
Begleittanker. Der Motortanker (8055 BRT, ex-niederl. CORYDA) gehörte zum Troßschiffverband Nord. Einsatz für SCHARNHORST und GNEISENAU. 1945 brit. Beute in St. Nazaire und wieder niederl. CORYDA.

SPICHERN
Hilfstross-Schiff. Der Motortanker (9323 BRT, ex-norw. KROSSFONN, im Juni 1940 nach Frankreich gesandte Prise des Hilfskreuzers WIDDER) gehörte zum Troßschiffverband Nord. Bewaffnung ab 1941: 2 x 7,5 cm, 3 x 2 cm; ab Oktober 1942: 2 x 10,5 cm, 2 x 3,7 cm. Einsatz für verschiedene Handelsstörer. Die nach einem Luftangriff schwer beschädigte SPICHERN wurde am 31. August 1944 in Brest als Blockschiff versenkt. Gehoben und repariert ab 1949 als norw. RINGFJELL in Fahrt.

SPREEWALD
Etappen-V-Schiff Japan (5083 BRT, Motorschiff der Hamburg-Amerika-Linie, Hamburg), im Herbst 1941 ausgelaufen für Hilfskreuzer KORMORAN und Blockadebrecher nach Frankreich. Am 31. Januar 1942 versenkte *U 333* (Kptlt. Peter Erich Cremer) die SPREEWALD irrtümlich nördlich der Azoren.

TANNENFELS
Etappen-V-Schiff Afrika (7840 BRT, Motorschiff der DDG »Hansa«, Bremen), ausgelaufen aus Kismayu/Ital.-Somalia für ATLANTIS und ADMIRAL SCHEER und Weiterfahrt nach Bordeaux. Im Februar 1942 ausgelaufen für mehrere Hilfskreuzer und Einsatz als Blokadebrecher nach Japan (Ankunft in Bordeaux im November 1942). Selbst versenkt am 25. August 1944 in der Gironde.

THORN
Begleittanker. Der Motortanker (5486 BRT, ex-norw. RUTH) gehörte zum Troßschiffverband West, ausgelaufen für ADMIRAL HIPPER. Torpediert am 2. April 1941 durch das brit. U-Boot TIGRIS südwestlich der Loire-Mündung und am nächsten Tag gesunken.

UCKERMARK (ex-ALTMARK)
Das Tross-Schiff (umbenannt 6. August 1940) gehörte zum Troßschiffverband Nord. Bewaffnung: 3 x 15 cm, 2 x 3,7 cm, 4 x 2 cm). Marsch nach Yokohama. Am 30. November 1942 Explosionsunglück während der Reinigung der Tanks. Dieser Explosion fiel neben der LEUTHEN (siehe oben) auch der längsseits des Tross-Schiffes liegende Hilfskreuzer THOR zum Opfer.

WEISSENBURG
Begleittanker. Der Motortanker (6313 BRT, ex-brit. Ovatella) gehörte zum Troßschiffverband Nord, ausgelaufen für SCHARNHORST und GNEISENAU sowie für BISMARCK und PRINZ EUGEN. Gesunken durch Luftangriff am 23. November 1943 vor Texel.

WESER
Etappen-V-Schiff Mexiko (9179 BRT, Motorschiff des Norddeutschen LLoyd, Bremen). Ausgelaufen im September 1940 aus Manzanillo für Hilfskreuzer ORION und aufgebracht als Prise durch den kanadischen Hilfskreuzer PRINCE ROBERT. In Fahrt als britische VANCOUVER ISLAND wurde das Schiff am 15. Oktober 1941 durch *U 558* (Kptlt. Günther Krech) im Nordatlantik versenkt.

WESERLAND
Etappen-V-Schiff Japan (6528 BRT, Motorschiff ex-ERMLAND der Hamburg-Amerika-Linie, Hamburg). Die ERMLAND lag bei Kriegsausbruch in Manila/Philippinen und ging am 28. Juli 1940 nach Japan. Umbenannt in WESERLAND lief das Schiff am 28. Dezember 1940 für ADMIRAL SCHEER und ORION aus, anschließend Übernahme der Gefangenen von ORION und KOMET und Weiterfahrt nach Bordeaux (Ankunft 4. April 1941). Einsatz als Blockadebrecher ab Herbst 1942. Auf der Rückfahrt selbst versenkt am 3. Januar 1944 beim Erscheinen des Zerstörers USS SOMERS im Südatlantik.

WESTERWALD – siehe NORDMARK

WINNETOU
Etappen-V-Schiff Spanien (5113 BRT, Tankdampfer der Hansa-Tank-Reederei, Hamburg), ausgelaufen für Hilfskreuzer ORION mit anschließender Weiterfahrt nach Japan. Im Oktober 1942 an Japan übergeben: TAIKAN MARU. Versenkt am 12. August 1944 durch das Unterseeboot USS PUFFER östlich von Samar/Philippinen.

WOLLIN
Heizölfahrzeug (1765 BRT) in norwegischen Küstengewässern zur Treibstoffversorgung von Handelsstörern. 1945 brit. Beute und ab 1947 als WOLLIN unter Panama-Flagge.

Mit Kriegsbeginn unterschied die deutsche Marine sieben Kategorien von Versorgungsschiffen:

1. Tross-Schiffe (heute als Flottenversorger bezeichnet),
2. Hilfstross-Schiffe,
3. Begleittanker,
4. V-Schiffe, d. h. Versorgungsfrachtschiffe für Überwasserstreitkräfte,
5. Z-Schiffe oder U-Bootversorger,
6. Etappen-V-Schiffe und
7. Tanker im Stützpunktdienst.

Daneben gab es noch die Blockadebrecher, d. h. Handelsschiffe mit zivilen Besatzungen. Sie durchbrachen im Kriegsfrachtdienst (Marinesonderdienst – siehe unten) die um die deutschen und deutsch besetzten Häfen gelegte britische Blockade, hauptsächlich im Verkehr mit japanischen und japanisch besetzten Häfen im Fernen Osten. Blockadebrecher wurden jedoch auch zur Versorgung von Handelsstörern in See eingesetzt, wie umgekehrt auch Versorgungsschiffe der Marine vielfach als Blockadebrecher im Kriegsfrachtverkehr fuhren. Außerdem versorgten sich die Handelsstörer vor allem mit Proviant immer wieder aus ihren Opfern, ehe sie diese versenkten.

Tross-Schiffe wie die UCKERMARK (ex-ALTMARK) und die NORDMARK waren zweckgebaute Marinetanker von erheblicher Größe (über 10.000 BRT) mit Kapazitäten für Trockengüter und Einrichtungen zur Beölung von Überwasserschiffen und U-Booten in See. Sie hatten eine hohe Geschwindigkeit (21 kn), große Seeausdauer (6 Monate) sowie in der Regel eine militärische Besatzung an Bord. Eine Bewaffnung (siehe oben UCKERMARK) für einen eventuellen Hilfskreuzer-Einsatz war vorgesehen. Das ursprüngliche Konzept hatte einen Einsatz als Handelsstörer nach Beendigung ihrer Versorgungsfunktion vorgesehen.

Hilfstross-Schiffe waren marineeigene, als Tross-Schiffe umgebaute Tanker wie die SPICHERN (siehe oben). Ursprünglich keine deutschen Schiffe, gelangten sie als Prisen oder Beuteschiffe in den Besitz der Marine. Sie besaßen eine geringere Geschwindigkeit, hatten aber ebenfalls in der Regel eine militärische Besatzung an Bord und führten eine Bewaffnung zur Selbstverteidigung. Im Hafen unterstanden diese Schiffe bezüglich ihrer Beladung verschiedenen Verwaltungsdienststellen. Beide Arten von Tross-Schiffen führten so ziemlich alles mit, was die Kriegsschiffe für ihren Einsatz als Handelsstörer brauchten: Treiböl, Schmieröl, Destillat, Frischwasser, Proviant, Munition, Ersatzteile für die Maschinenanlage. Da die Schiffe häufig zur Versorgung bestimmter Handelsstörer entsandt wurden, nahmen sie auch Post und persönliche Güter mit.

Begleittanker hatten eine mäßige Geschwindigkeit (10 - 12 kn); ihre Hauptaufgabe bestand in der Brennstoffversorgung anderer Schiffe und U-Boote. Daher hatten sie nur eine geringe Trockengüterkapazität. Hierbei handelte es sich um behelfsmäßig als Versorger ausgerüstete Tanker privater Reedereien, die für die Marine unter Charter fuhren. Sie hatten eine zivile Besatzung mit einem militärischen Begleitkommando an Bord. Letzteres war für die zur Selbstverteidigung mitgeführte Bewaffnung (ähnlich wie die SPICHERN) sowie für den Fernmeldeverkehr zuständig und beriet den Kapitän in militärischen Angelegenheiten.

Bei den *V-Schiffen* handelte es sich um zivile Motorfrachtschiffe mit mittlerer Geschwindigkeit, die weitgehend Trockengüter an Bord hatten und nicht der Brennstoffversorgung dienten. Infolge ihrer Geschwindigkeit (14 - 17 kn) konnten sie auch als Spähschiffe eingesetzt werden. Hinsichtlich Besatzung, Bewaffnung usw. siehe Begleittanker. Die Hauptaufgabe der *Z-Schiffe* war die Versorgung der U-Boote mit Treibstoff, Torpedos usw. Hinsichtlich Besatzung, Bewaffnung usw. dieser speziell umgebauten Frachtschiffe siehe Begleittanker.

Etappen-V-Schiffe waren in der Regel deutsche Handelsschiffe, die zumeist durch die Marineattachés oder durch andere Vertrauenspersonen in ausländischen Häfen (Stationen im Etappensystem) zur Versorgung von Handelsstörern ausgerüstet wurden. Schließlich gab es noch die *Tanker im Stützpunktdienst* von privaten Reedereien, die nur eine mäßige Geschwindigkeit mit zivilen Besatzungen hatten, wie z. B. die BELCHEN. Sie dienten dem Treibstoffnachschub und versorgten nur gelegentlich Handelsstörer in See. Eine Bewaffnung mit einem militärischen Begleitkommando war nur ausnahmsweise an Bord.

Obwohl ein die Ozeane überspannendes Versorgungsnetz (Etappensystem) bereits lange Zeit vor Beginn des Ersten Weltkrieges als überaus bedeutsam angesehen wurde, war dies einer der letzten Bereiche, um den sich die Reichs- bzw. Kriegsmarine kümmerte. In den 20er-Jahren bestand für Versorgungsschiffe zunächst keine Notwendigkeit, aber das Fehlen schneller Flottenversorger wurde bereits 1926–1928 zu einem ziemlichen Problem, als der Leichte Kreuzer EMDEN (KptzS. Richard Foerster) seine erste um die Welt führende Ausbildungsreise mit Ölbefeuerung durchführte. Ab Juli 1929 wurde das erste im Reichsauftrag gebaute Tross-Schiff – die 5978 BRT große HANSA (siehe oben) – bei der Atlantik-Tank-Reederei, Hamburg, in enger Zusammenarbeit mit der Reichsmarine erprobt. Dies war möglich, da zwei Direktoren der Reederei ehemalige Marineoffiziere waren. Die HANSA hatte ein

Die Handelsflagge an Bord der ANNELIESE ESSBERGER 1941 nach ihrem Eintreffen in Bordeaux.

Der Verwaltungsoberfeldwebel in seinem Reich. Das Tagebuch für 1942 im Regal nennt zwar Marine und Datum, denkt sich aber der Leser die Uniformen weg, so könnte dies ein Bild aus jeder Marine der Welt sein. Vorräte wie diese waren von derart großer Bedeutung, dass Schiffe ohne sie nirgendwo operieren konnten.

Kreuzerheck, um im Schlepp mit verschiedenen Beölungssverfahren zu experimentieren, und stand ab Ende 1930 als Begleittanker zur Verfügung. Verschiedene andere Tankschiffe begleiteten in den 30er-Jahren Einheiten der Kriegsmarine, wie z.B. die der HANSA sehr ähnliche ADRIA oder die RUDOLF ALBRECHT, die später auch bei der Versorgung von Handelsstörern zum Einsatz kamen.

Die Erprobungen mit der HANSA führten schließlich zum nächsten Schritt im Entwicklungsprozess für die Tross-Schiff-Entwürfe. Die ersten zweckgebauten Tross-Schiffe liefen erst 1937 vom Stapel und vor dem Beginn des Zweiten Weltkrieges standen nur drei Einheiten einsatzbereit zur Verfügung: DITHMARSCHEN (Werftliegezeit bis Januar 1940 bei Blohm & Voss), ALTMARK und WESTERWALD. ERMLAND und FRANKEN liefen zwar noch 1939 vom Stapel, waren aber erst im Herbst 1940 bzw. im Früjahr 1943 einsatzbereit, während die sechste und siebente Einheit (HAVELLAND und KURMARK) nie gebaut wurden. Die Seitenansicht dieser Schiffe glich modernen Tankern der damaligen Zeit. Erst die direkte Draufsicht beim Überfliegen gestattete es, eher die schlanken, geschwungenen Linien eines Kriegsschiffes zu erkennen als die mehr rechtwinklige Kastenform eines Tankers. Dieser stromlinienförmige Schiffskörper war in der Wasserlinie sogar noch ausgeprägter. Er trug zum sparsamen Treibstoffverbrauch bei und verlieh ihnen eine Höchstgeschwindigkeit von 21 kn. Diese Schiffsentwürfe wiesen zudem noch andere typische Merkmale von Kriegsschiffen auf: Zwei Turbinen- bzw. Motorensätze, zwei unabhängig voneinander wirkende Ruder sowie die innere Unterteilung in wasserdichte Abteilungen, sodass ein Treffer in eine Abteilung nicht so leicht eine andere außer Gefecht setzen konnte.

In See unterstanden die Versorgungsschiffe denselben operativen Führungsstellen wie die Kriegsschiffe. Ansonsten aber galt: Die Verwaltungsarbeit in der Beschaffung der Versorgungsgüter leistete eine besondere Abteilung im OKM. Im übrigen waren für den Einsatz der Versorgungsschiffe zunächst die beiden Kriegsmarinewerften Wilhelmshaven und Kiel zuständig. Die Entscheidung im Mai 1940, die Zuständigkeit für diese Schiffe den Marinegruppenkommandos Ost und West zu übertragen, rief jedoch heftige Proteste dieser operativen Führungsstellen infolge Arbeitsüberlastung hervor. Daher wurde im Juni 1940 für den Einsatz der Versorgungsschiffe eine besondere Dienststelle geschaffen: der *Trossschiffverband* in Wilhelmshaven unter Führung des FKpt. Alfred Stiller, der seine Arbeit mit den vier bisher in Dienst gestellten Tross-Schiffen (ERMLAND kam Anfang September 1940 hinzu) begann. Doch schon bald trat das Hilfstross-Schiff SPICHERN (siehe oben) zu seinem Verband. Hinzu kamen weitere Schiffe dieser Art sowie Begleittanker, Stützpunkttanker und andere Versorgungsschiffe.

DOGGERBANK: Ein Auguck im »Krähennest«.

Die Besatzungen für die neuen Schiffe kamen aus der Handelsmarine, bei der infolge des Krieges ein beträchtlicher Teil des überaus erfahrenen Personals beschäftigungslos war. Diese Freiwilligen absolvierten als nunmehrige Angehörige der Marine einen militärischen Ausbildungslehrgang von acht bis zehn Wochen Dauer auf einer besonderen Schule für Tross-Schiffe in Wilhelmshaven. Da jedoch eine große Anzahl dieser Schiffe, die für ihre Reedereien unter Charter der Marine fuhren, ihre zivilen Besatzungen behielt, führten diese oft die Bezeichnung »Sonderführer« (S oder Sdf.). Sie waren für die Dauer ihrer Verwendung mit einer »Kriegsstelle« (Kombattanten-Status) beliehen und ihre Dienstbezeichnungen entsprachen einer bestimmten Stellengruppe, wie z. B. Maat(S) oder Kptlt.z.S.(S).

Das Ausrüsten von Versorgungsschiffen in heimischen Gewässern war nur ein Teil des

Versorgungsnetzes. Ein Großteil der Operationen von Handelsstörern vollzog sich jedoch in südlichen Gewässern, daher war es nicht immer erforderlich, Schiffe aus europäischen Gewässern auslaufen zu lassen. Rund um den Globus verstreut lag eine beträchtliche Anzahl deutscher Handelsschiffe in neutralen Häfen, die infolge des Krieges nicht in der Lage waren, ihren Geschäften nachzugehen. Die grundlegende Schwierigkeit für ihren Einsatz lag in den Neutralitätsbestimmungen, die das Ausrüsten von Kriegsschiffen in neutralen Häfen verboten, und Versorgungsschiffe zählten zu den Kriegsschiffen. So musste jegliches Ausrüsten unter einem großen Mantel der Geheimhaltung erfolgen. Der allgemeine Niedergang des Welthandels als Folge des Krieges bedeutete, dass es nicht sehr schwierig war, in ausländischen Gewässern Lieferanten zu finden, aber der entscheidende Vorgang war das Ansammeln und Verladen dieser riesigen Mengen an Vorräten. Die starke Gegenwart britischer Interessen, wodurch die deutschen Schiffe in den neutralen Häfen unter ständiger Beobachtung standen, machte die Situation noch schwieriger.

Da die Mühen, die mit dem schieren Beladen eines einzigen Schiffes verbunden waren, die Fähigkeiten von einzelnen Personen überstieg, hatte die Marine für das Bereitstellen und Beladen der Versorgungsschiffe einschl. der Blockadebrecher sowie für die Beschaffung der Rohstoffe in Übersee eine besondere Organisation geschaffen: den *Marinesonderdienst*. Die Grundlagen waren

Nach dem Ersten Weltkrieg erhielten die meisten Minensuchboote Ölfeuerung, aber die Heizölverknappung im Zweiten Weltkrieg hatte die erneute Einführung der Kohlefeuerung mit dem »Minensuchboot 1940« (ab *M 261*) zur Folge. Im Bild werden Kohlensäcke an Bord eines Minsuchbootes geschleppt.

Die deutsche Marine folgte der alten Tradition, die Ereignisse der Geschichte feierlich zu begehen, und wenn es nichts zu feiern gab, so genügte auch einfach die Tatsache, dass es nichts zu feiern gab. Ein leerer Kohlenleichter war Anlass genug, um sich gehen zu lassen.

schon lange vor dem Kriege gelegt worden, wenn auch die Organisation selbst erst nach seinem Ausbruch ins Leben gerufen wurde. Einfach ausgedrückt, konnte diese Einrichtung als ein normales Reedereibüro angesehen werden, dass unter außergewöhnlich schwierigen Bedingungen arbeitete. Da Japan bald zum wichtigsten Rohstofflieferanten wurde, hatte der deutsche Marineattaché in Tokio, Admiral Paul Wenneker (siehe Panzerschiff DEUTSCHLAND), hierbei eine Schlüsselposition inne. Ihm stand der 50-jährige KptzS. Werner Vermehren, geboren in El Paso/Texas, als erster Gehilfe und Chef des Stabes zur Seite.

Minensuchboote, Räumboote und Sperrbrecher

Einen Teil der seit Kriegsbeginn geschaffenen und später in Sicherungsdivisionen gegliederten Sicherungsstreitkräfte bildeten Minensuchboote, Räumboote und Sperrbrecher. Bis Kriegsbeginn war für die Wahrnehmung der Sicherungsaufgaben auf See der Führer der Minensuchboote (F.d.M.) verantwortlich gewesen.

Obwohl das *Minensuchboot* (M-Boot) zu einem der letzten Schiffstypen gehörte, die von der alten Kaiserlichen Marine entwickelt wurden, erwies sich sein Hochsee-Entwurf (Typ 16) als so erfolgreich, dass er später lediglich in vergrößerter Form und mit kleineren Abänderungen weiterentwickelt wurde. Diese Einheiten blieben bis weit nach dem Zweiten Weltkrieg im Dienst. In den 30er-Jahren bildete das »Minensuchboot 1935« bzw. der *Typ M 35* (772 t standard) die Grundlage der für die Kriegsmarine gebauten neuen Minensuchboote. Für die Kriegsfertigung entwickelte die Marine 1939 einen vereinfachten Entwurf: das »Minensuchboot 1940« bzw. der *Typ M 40* (637 t standard). Später entstand dann noch für die Sektionsbauweise das wieder etwas größere »Minensuchboot 1943« bzw. der *Typ M 43* (668 t standard). Die über 200 M-Boote dieser drei Typen wurden die Arbeitspferde für den größten Teil der anfallenden Minenräumarbeiten.

Die M-Boote waren jedoch für die großen Strecken des flachen Küstenvorfeldes oder der dem Wechsel der Gezeiten unterworfenen Flussmündungen zu groß. Diese erforderten besonders flachgehende Fahrzeuge: die *Minenräumboote* oder kurz Räumboote (R-Boote). Die von der alten Kaiserlichen Marine gebauten R-Boote stellten einen wenig gelungenen Entwurf dar. Sie manövrierten nicht besonders gut und ihre mangelhaften See-Eigenschaften ließen bei grobem Seegang einen Einsatz nicht zu. Infolgedessen entwarf die Reichsmarine 1930 ein neues R-Boot und mit dem Entwurf von 1934 entstand der außerordentlich gelungene R-Bootstyp (120 - 148 t maximal), der sich bis Kriegsende kaum änderte.

Die *Sperrbrecher* waren der dritte Schiffstyp um Seeminen zu beseitigen. Hierbei handelte es sich um ältere, zu Hilfskriegsschiffen umgebaute Handelsschiffe, deren Sinksicherheit durch besondere Maßnahmen – Korkfüllung, luftdicht verschlossene Behälter (Fassladung) oder andere Schwimmhilfen – erhöht worden war und die vor den zu schützenden Schiffen herliefen, um noch nicht geräumte Minen im Fahrwasser zur Detonation zu bringen.

Bis zum Ende des Zweiten Weltkrieges hatten die Krieg führenden Staaten in den europäischen Gewässen ca. 600.000 Seeminen und vermutlich 50.000 - 100.000 weitere Sperrschutzmittel gelegt. Allein die deutsche Marine setzte etwa 3000 Fahrzeuge und über 100.000 Mann Personal ein, um die Gewässer von Minen freizuhalten, die frei bleiben sollten. Hiervon waren rund 500 Minenräumfahrzeuge mit 25.000 Mann Personal nur in den Kanalhäfen des besetzten Frankreich stationiert. Diese großen Zahlen lassen deutlich erkennen, dass alle Fahrzeugtypen von Fischerbooten und Schleppern bis hin zu den unerwünschten Fährschiffen für diese Minenräumarbeiten requiriert wurden. Dieser Teil der Sicherungsstreitkräfte machte im Zweiten Weltkrieg einen unwahrscheinlich hohen Teil der deutschen Flotte aus.

Bereits vor Kriegsbeginn zeigte sich, dass die Beschreibung der Aufgaben des F.d.M. etwas überholt war, nachdem die Zuständigkeit für die Hafenschutzflottillen den Marinestationen der Nordsee und der Ostsee übertragen worden war. Der Kriegsverlauf machte deutlich, dass der Küstensicherung eine weit höhere Priorität zukam, als angenommen worden war. An den deutschen Küsten wie auch an den Küsten der besetzten Länder entstanden spezielle Sicherungsverbände. Wie auch bei anderen Bereichen

Kohlen war eine schmutzige Arbeit, aber auch nicht schlimmer als die Arbeit, die tausende in den Fabriken leisten mussten. Im Bild Seeleute an Bord von *M 133*.

Die Kohlefeuerung eines Kessels an Bord eines Minensuchers. Ohne diese schmutzige Arbeit gab es auf dem Boot keine Energie.

oblag die operative Führung der Sicherungsstreitkräfte den Marinegruppenkommandos, die zuweilen auch für die großen Flotteneinheiten in ihrem Bereich zuständig waren.

Minensuchboote

Wie bereits erwähnt, gab es bei den Minensuchbooten der Kriegsmarine einen Grundtyp mit zwei Modifizierungen, die zwar eine größere Wasserverdrängung aufwiesen, aber ansonsten nur geringfügige Abänderungen des gelungenen Entwurfs aus dem Ersten Weltkrieg darstellten. Einer der Hauptgründe für den Übergang vom Typ 35 auf den Typ 40 bestand 1939 darin, die Baubeschreibung zu vereinfachen, sodass die Boote auf kleinen Werften gebaut werden konnten, die sich mit dem Bau derart komplizierter Fahrzeuge noch nie befasst hatten. Der Typ 43, die zweite Modifizierung des Grundtyps, ergab sich aus der kriegsbedingten Notwendigkeit, zur Sektionsbauweise überzugehen. Diese M-Boote wurden außerhalb der Werften in sieben Sektionen vorgefertigt und dann auf den Montagewerften zusammengebaut. Bis Kriegsende wurden nur noch wenige Boote fertig gestellt. Statt eines Namens hatten M-Boote eine Kennung, bestehend aus einer Nummer mit dem vorgesetzten Buchstaben »M«. Die Nummern ergaben sich aus den Bezeichnungen in den Bauaufträgen. Wie bei anderen kleinen Kriegsschiffstypen waren sie

Das Achterdeck eines Minensuchbootes in See. Am Heck weht die Flagge der Reichsmarine und lässt erkennen, dass das Foto vor dem 15. September 1935 aufgenommen wurde, dem Tag des Flaggenwechsels zur neuen Kriegsflagge mit dem Hakenkreuz.

Der Korvettenkapitän hält die aus einem großen Schalltrichter bestehende sog. »Flüstertüte« in der Hand. Selbst heute noch wird oft das Rufen der Fernmeldeübermittlung vorgezogen.

infolge von Auftragsannullierungen nicht immer fortlaufend. Ab dem Typ 40 wurde infolge der Heizölknappheit die Kohlefeuerung wieder eingeführt. Die Bewaffnung der Boote umfasste eine große Bandbreite. So führten die Boote des Typs 35 und die sog. »Kampfboote« des Typs 40 eine derart starke Artilleriebewaffnung, dass sie den Spitznamen »Kanalzerstörer« erhielten. Eine Reihe von Booten diente auch der Ausbildung und einige führten sogar Torpedorohre zur Torpedoschießausbildung.

Bis zum Ende des Krieges gab es für die M-Boote mehr als zwölf verschiedene Minenräumgeräte mechanischer Art, um Ankertauminen zu räumen. Natürlich waren diese zwölf Gerätearten nicht zur selben Zeit auf dem selben Boot anzutreffen. Darüber hinaus hatte die deutsche Marine mehr als acht verschiedene Geräte zum Räumen akustischer Minen und zehn verschiedene Geräte zum Räumen von Magnetminen entwickelt. Das Minenräumen war zu einer Kunst geworden, die hohe Anforderungen stellte, obwohl ein hohes Maß an Gefahr weiterhin bestand, dass ein M-Boot beim Räumvorgang vernichtet werden konnte. Neben den verschiedenen Räumgeräten erhielten die Schiffe als Schutz, um Anker-

Das Minensuchboot *M 133* (Entwurf 1916). Das 1919 vom Stapel gelaufene, 560 t große Boot mit Kohlefeuerung stellte die Reichsmarine am 15. Dezember desselben Jahres in Dienst. Beachte das 10,5-cm-Geschütz auf der Back.

M 145: Eine Nahaufnahme des Bootskörpers zeigt die Vielzahl der Nieten um die Stahlplatten zusammenzuhalten.

Ein Räumboot mit einer Admiralsflagge im Topp. Das Boot bringt GenAdm. Carls zu *U 408*, auf dem die Besatzung zur Musterung angetreten ist. Das Foto ist in Norwegen – vermutlich in Bergen – etwa zurzeit der Schlacht um den berühmten PQ 17 entstanden. Im Hintergrund sind U-Bootbunker im Bau.

tauminen vom Schiffskörper fern zu halten, auch sog. »Bug-Schutz-Geräte«. Diese Ausrüstung war für große Schiffe wenig geeignet; sie konnte nur bei Fahrtstufen bis zu 16 kn verwendet werden, obwohl Giganten wie die BISMARCK mit diesem Gerät ausgerüstet waren. Die aus Leinen mit Ottern bestehenden Geräte sollten nicht mit einem Bugschutz aus Stahlplatten bei kleinen Fahrzeugen, wie z. B. U-Booten, verwechselt werden. Dieser Bugschutz diente dem zeitweiligen Schutz bei Eisfahrt in den Küstengewässern und im Nord-Ostsee-Kanal. Außerdem waren die Schiffe zur Abwehr von Magnetminen noch mit Magnet-Eigenschutz (MES) ausgerüstet.

Räumboote

Getarnt als »Schnelle Dieselschlepper« entwickelte die Reichsmarine Ende der 20er-Jahre kleine Minensuchboote: die Räumboote (R-Boote). Ihre Vorläufer im Ersten Weltkrieg stellten die sog. »F-Boote« (flachgehende Minenräumboote) dar. Bis zum Ende des Krieges stellte die Marine etwa 300 dieser kleinen Boote in Dienst.

Ein Teil der R-Boote war statt mit Voith-Schneider-Propellern (VS-Antrieb) mit Rudern ausgerüstet. Der VS-Antrieb besteht aus einem Flügelrad im Achterschiff mit Schaufeln, die nach unten ragen. Dies bedeutet gleichzeitig Vortrieb

Ein als Geleitfahrzeug für U-Boote dienendes Räumboot geht bei *U 48* längsseits, dem erfolgreichsten U-Boot des Zweiten Weltkrieges.

Ein vor Anker liegender Sperrbrecher. Diese Schiffe waren besonders sinksicher; sie liefen anderen voraus, um im Fahrwasser Minen zur Detonation zu bringen. Obwohl die Wohnräume besonders isoliert waren, muss auf den Sperrbrechern das Leben an Bord unbehaglich gewesen sein.

und Steuerung des Fahrzeuges, verbunden mit großer Wendigkeit (Drehen auf der Stelle), weshalb die herkömmlichen Ruder und Propeller wegfallen. Ohne Stoppen und Umsteuern der Motoren kann auch direkt von der Vorausfahrt in die Rückwärtsfahrt übergegangen werden. Dieses Antriebssystem hat jedoch den Nachteil, dass es gegenüber herkömmlichen Propellern 10% der erzeugten Motorenleistung verliert. Die M-Boote *M 1* und *M 2* waren übrigens ebenfalls mit VS-Antrieb ausgerüstet. Obwohl die Kommandanten der R-Boote dieses System mit großer Wirksamkeit einsetzten, kam es für größere Schiffe nie zur Einführung. Die R-Boote galten als einer der gelungensten Kriegsschifftypen der Marine. Ihre Räumgeräte konnten bis zur Windstärke 6-7 eingesetzt werden. Sie wurden nach dem Kriege für eine Vielzahl anderer Zwecke eingesetzt, die kleine, schnelle und stabile Boote erforderten, und viele bewährten sich als Fischkutter, Lotsenboote oder Motorbarkassen.

Ursprünglich hatten die R-Boote eine Einsatzverdrängung um die 50 t, die ab *R 17* zwischen 120 t und 155 t betrug (die von Mitte 1943 an gebauten Geleit-Räumboote – GR-Boote – sogar 184 t maximal). Für den Einsatz in den beengten Gewässern der norwegischen Fjorde baute Kptlt. Bartels, der damalige Kommandant von *M 1*, ein kleines Minenräumboot nach seinen eigenen Anforderungen, gefolgt von zwölf weiteren. Grund-

Eine Kaffeerunde an Bord des Minensuchbootes *M 18*. Der Zweite von rechts ist Kptlt. Otto Köhler, der Kommandant.

lage war der Entwurf eines norwegischen Fischerbootes und als Antrieb dienten in Schweden gekaufte Motoren. Anschließend ersuchte der »Tiger der Fjorde«, wie Bartels im Frühjahr 1940 genannt wurde, das OKM um Bezahlung. Der Ob.d.M., Großadmiral Raeder, weigerte sich entrüstet. Daraufhin machte Bartels mit einem seiner Minenräumboote im Landwehrkanal am Tirpitzufer vor dem Sitz des OKM in Berlin fest, damit GAdm. Raeder das Boot besichtigen konnte. Der Ob.d.M. nahm diesen Vorgang übel und versetzte Bartels später als Ersten Offizier auf den Zerstörer *Z 34*, um ihn in der »wirklichen« Marine schmoren zu lassen. Seiner Initiative entsprang jedoch der Aufbau der ersten Sicherungskräfte zum Schutz des norwegischen Küstenvorfeldes und seine kleinen Einheiten leisteten hierbei ausgezeichnete Dienste.

Sperrbrecher

Diese Schiffe als Minenräumer anzusprechen, ist insofern irreführend, weil sie beim Minenräumen im klassischen Sinne keine Verwendung fanden. Stattdessen fuhren sie vor den zu schützenden Kriegs- oder Handelsschiffen her, geleiteten sie in oder aus Häfen und boten gleichzeitig einen ausgezeichneten Flakschutz. Zudem stellten diese Schiffe einen schwimmenden starken Elektromagneten gegen Magnetminen dar und konnten durch Geräuschbojen auch akustische Minen zur Detonation bringen. Dem Sperrbrecher lag die Vorstellung zu Grunde, sich durch nicht geräumte Minen im Fahrwasser »einen Weg zu brechen«. Um den Minendetonationen zu begegnen, war eine besonders isolierte Unterbringung der Besatzung zum Auffangen der Erschütterungen und des entsetzlichen Krachens erforderlich. Trotz solcher Maßnahmen war der Dienst an Bord eines Sperrbrechers ziemlich nervenaufreibend; denn die Gewalt der detonierenden Minen zerriss manches Schiff in zwei Hälften. Der einzige Trost bestand häufig nur darin, dass die folgenden Schiffe stoppen und die Überlebenden aufnehmen konnten. Da für den Umbau zu Sperrbrechern eine Vielzahl älterer und veralteter Schiffe gebraucht wurde, gab es für diesen Schiffstyp keine besonderen Entwürfe.

Minenschiffe

Obwohl die deutsche Marine eine größere Anzahl Minenschiffe besaß, weitgehend aus Handelsschiffen umgebaut, kamen diese großen Schiffe in der Regel nur beim Legen von Defensivsperren zum Einsatz. Sie hätten zu viel Aufmerksamkeit erregt, wenn sie der gegnerischen Küste und ihren Häfen zu nahe gekommen wären. Daher oblag das offensive Minenlegen in erster Linie den Zerstörern, Torpedobooten und U-Booten, aber sogar Schnellboote und M-Boote wurden hierfür eingesetzt. Bestimmte S-Boote konnten 6-8 Minen an

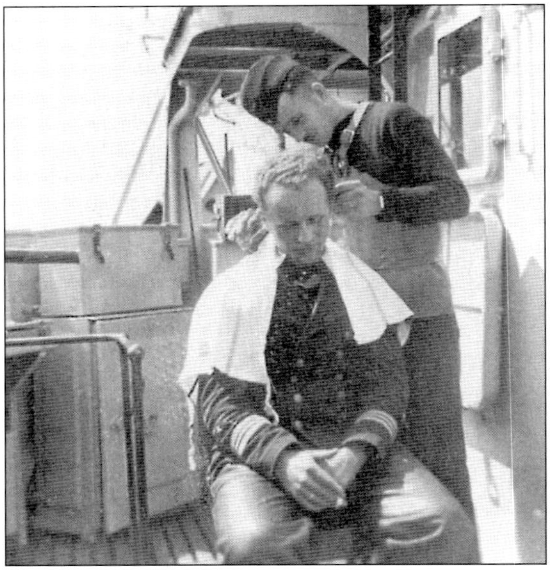

Kptlt. Otto Köhler beim Haarschnitt an Bord.

Kptlt. Otto Köhler schreibt in sein persönliches Notizbuch. Neben ihm genießt ein Obermaat mit einer »Box«-Kamera im Arm einen Augenblick des Friedens. Beide tragen als Bordmütze das »Schiffchen« und während der Obermaat eine weiße Drillicharbeitsjacke anhat, ist Köhler in Lederzeug gekleidet.

Bord nehmen, während bestimmte M-Boote bis zu 30 Minen (Typ 35) oder bis zu 24 Minen (Typ 43) unterbringen konnten. Da diese Boote schnell und verhältnismäßig gut bewaffnet waren, fanden sie bei einer Vielzahl offensiver Minenunternehmen Verwendung. Selbst Kreuzer konnten Minen mitführen, wenn auch ein zu dichtes Annähern an die gegnerischen Schifffahrtswege in den Küstengewässern mehr als unklug war. Auch mehrere Hilfskreuzer legten vor weit entfernten Häfen Minen, wo dies nicht erwartet wurde. PINGUIN beschritt hierbei einen eigenen Weg, indem eine Prise, der norwegische Tanker STORSTAD, auf hoher See zum Hilfsminenleger PASSAT ausgerüstet und auf dem ursprünglichen Kurs zurück in australische Gewässer gesandt wurde. PINGUIN benutzte auch ein aufgebrachtes Walfangboot, umbenannt in ADJUTANT, um vor den neuseeländischen Häfen Port Lyttleton und Wellington Minen zu legen. PINGUIN wurde jedoch versenkt, ehe dieses Unternehmen ausgeführt werden konnte.

PASSAT

Am 7. Oktober 1940 brachte der Hilfskreuzer PINGUIN im nordöstlichen Indischen Ozean den norwegischen Motortanker STORSTAD (8998 BRT) auf und rüstete ihn am 12. Oktober in See zum Hilfsminenleger PASSAT unter Führung von Kptlt.(S) Erich Warning aus. In der Nacht vom 29./30. Oktober 1940 legte die PASSAT in der Banks-Straße zwischen der Nordostspitze Tasmaniens und Barren Island (südlich der Bass-Straße) 30 Minen mit 4-Tage-Zeitzündern. In der folgenden Nacht legte die PASSAT weitere 40 Minen am Osteingang zur Bass-Straße und nochmals 40 Minen in den Zugängen zur Port-Phillip-Bucht um den Schiffsverkehr von und nach Melbourne anzugreifen. Anschließend erhielt die PASSAT wieder ihren ursprünglichen Namen STORSTAD und wurde unter dem Befehl von ObltzS. Walter Lewitt als Spähschiff der PINGUIN eingesetzt. Schließlich wurde die STORSTAD entlassen und erreichte Bordeaux. Dem Troßschiffverband Nord am 27. Februar 1941 zugeteilt, wurde sie am 2. September 1942 in der Gironde bei der Ausreise vor Pauillac bei einem Luftangriff schwer beschädigt und schließlich am 11. August 1944 in Nantes selbstversenkt.

ADJUTANT

Zusammen mit anderen brachte der Hilfskreuzer PINGUIN Mitte Januar 1941 das Walfangboot POL IX in der Antarktis auf und stellte es am 10. Februar 1941 offiziell als ADJUTANT unter dem Befehl von ObltzS. Hans-Karl Hemmer, des jüngsten Offiziers der PINGUIN, als Beischiff in Dienst. Das Entfernen der Laufbrücke und der Harpunenkanone ließen das Fangboot wie ein Fischerboot aussehen, um aufzuklären und Minen zu legen. Bevor diese Absicht verwirklicht werden konnte, versenkte der Schwere Kreuzer HMS CORNWALL die PINGUIN und ObltzS. Hemmer durchquerte mit der ADJUTANT in einer dramatischen Fahrt den südlichen Pazifik, um zur KOMET zu stoßen.

Von der KORMORAN beölt, traf die ADJUTANT schließlich mit dem Hilfskreuzer KOMET unter KAdm. Robert Eyssen zusammen. Die Zusammenarbeit gestaltete sich nicht glücklich, denn Hemmer bekam die früher herrschende bittere Unstimmigkeit zwischen Eyssen und dem PINGUIN-Kommandaten zu spüren. Er wurde von seinem Kommando abgelöst und durch ObltzS. Wilfred Karsten ersetzt.

Die am 24. Mai 1941 von der KOMET zum Hilfsminenschiff ausgerüstete ADJUTANT verminte in der Nacht vom 24./26. Juni 1941 die Zufahrten zu den neuseeländischen Häfen Port Lyttleton und Port Nicholson (Wellington). Die Minen waren möglichweise defekt, denn ihnen fiel kein Schiff zum Opfer. Die Royal Navy erlangte davon erst nach dem Kriege durch das Studium der deutschen Kriegstagebücher Kenntnis. Die 354 BRT große ADJUTANT war 1937 im englischen Middlesborough gebaut worden. Am 1. Juli 1941 versenkte die KOMET das Walfangboot bei den Chatham-Inseln westlich von Neuseeland mit Artillerie.

DOGGERBANK

Den ursprünglich der Reederei Andrew Weir & Co. in Glasgow gehörenden Frachtdampfer SPEYBANK brachte am 31. Januar 1941 der Hilfskreuzer ATLANTIS auf und sandte ihn unter dem Kommando von Kptlt.(S) Paul Schneidewind als Prise nach Frankreich. Nach Umbau und Ausrüstung (u. a. mit 155 Minen) zum Hilfskriegsschiff »Schiff 53«, U-Bootversorger und Blockadebrecher in Bordeaux lief das in DOGGERBANK umbenannte Schiff am 21. Dezember 1941 aus La Pallice nach Japan aus. Auf der Hinfahrt legte die DOGGERBANK Mitte März und Mitte April 1942 in mehreren Sperren vor Kapstadt und Kap Agulhas 155 Minen, auf denen mehrere Schiffe sanken. Auf der Rückfahrt als Blockadebrecher aus Japan versenkte *U 43* (Kptlt. Hans-Joachim Schwantke) am 3. März 1943 die DOGGERBANK irrtümlich im Mittelatlantik.

Schwantke hatte das Schiff für einen Briten gehalten, nachdem die DOGGERBANK, einen entsprechenden Funkspruch der Skl. nicht erhaltend, einen Monat zu früh in dieses Seegebiet eingelaufen war und die U-Boote keine Warnung erhalten hatten. Eine kleine Gruppe aus der Besatzung, darunter der Kommandant, überlebte ohne Nahrung und Wasser 25 Tage in einem Rettungsboot. Dann erschoss sich Schneidewind und die übrigen Überlebenden folgten seinem Beispiel – mit Ausnahme von Fritz Kuert. Ein amerikanisches Schiff rettete Kuert schließlich und brachte ihn in die USA. Nach dem Gefangenenaustausch kehrte er später nach Deutschland zurück.

Segelschulschiffe

Vier Jahre vor dem Ausbruch des Ersten Weltkrieges stellte die Kaiserliche Marine die Segelschiffsausbildung ein, weil sie als eine überholte Methode für die Ausbildung der künftigen Marineoffiziere angesehen wurde. Statt See und Wind wurden den Kadetten die Überlegenheit des Dampfantriebs und die Stärke der Artillerie geboten. Ein paar Jahre später war offensichtlich, dass die schlimmsten Feinde des Seemannes stets die ruhelose See und das unberechenbare Wetter bleiben würden. Infolgedessen führte die Reichsmarine die Segelschiffsausbildung als einen wesentlichen Teil ihres Offiziersausbildungsprogramms wieder ein. Ihr erstes Segelschulschiff, der 1922 in Dänemark erworbene Viermast-Gaffelschoner MARTEN JENSEN, erfuhr einen Umbau, ehe das Schiff am 30. April 1923 unter dem Namen NIOBE in Dienst gestellt wurde. Nunmehr übertakelt und mit Neigung zu einer leichten Backbordschlagseite kenterte das Schiff fast zehn Jahre später in einer plötzlichen starken

Gewitterbö vor der Insel Fehmarn in der Ostsee. Das Unglück forderte 69 Tote, darunter befand sich fast der gesamte Jahrgang an Seeoffiziers- und Unteroffiziersanwärtern (Crew 32). In seinem Gefolge erhob sich ein politischer Sturm. Eine Reihe einflussreicher Persönlichkeiten forderten ein Ende dessen, was als eine überholte Extravaganz angesehen wurde. Die Marineleitung blieb jedoch bei ihrer Konzeption und sprach sich für den Bau besserer und sicherer Segelschulschiffe aus. Die Tatsache, dass diese neue Generation der Segelschiffe nicht nur den Krieg überlebte, sondern dass nach diesen Entwürfen heute noch Segelschulschiffe gebaut werden, zeigt den damals erreichten hohen Standard.

NIOBE

Die Stammbesatzung bestand aus 7 Offizieren und etwa 27 Mannschaften plus ca. 65 Seekadetten und Unteroffiziersanwärter. Übernahme durch die Reichsmarine am 10. März 1921 bis September 1923 als Segeltender NIOBE. Nach Charterfahrten am 6. Februar 1922 endgültiger Erwerb durch die Reichsmarine, die es am 15. März wieder als NIOBE in Dienst stellte. Umbau 1922/23 und endgültige Indienststellung der NIOBE als Segelschulschiff am 30. April 1923. Die NIOBE sank in einer plötzlichen Gewitterbö am 26. Juli 1932. Nach Hebung des Wracks zur Bergung der Leichen und zur Untersuchung ver-

Die ADJUDANT unter Führung von ObltzS. Hans-Karl Hemmer bei der Brennstoffergänzung. Als Walfangboot erbeutet, glich es nach dem Entfernen von Harpune und Laufgang einem undefinierbaren Fischerboot, das geeignet war, dicht vor gegnerischen Häfen Minen zu legen.

Die ADJUDANT kommt beim Hilfskreuzer PINGUIN längsseits, dessen Begleitboot sie war.

ObltzS. Hans-Karl Hemmer, der jüngste Offizier des Hilfskreuzers, als Kommandant des Walfangbootes ADJUDANT.

Ausguck im Masttopp des Hilfsminenschiffes und Blockadebrechers DOGGERBANK.

senkte das Torpedoboot JAGUAR am 18. September 1932 die NIOBE mit einem Torpedoschuss endgültig.

GORCH FOCK (I)

Dreimastbark. Die Stammbesatzung bestand aus 9 Offizieren und etwa 58 Mannschaften plus ca. 198 Seekadetten und Unteroffiziersanwärter. Die Indienststellung erfolgte am 27. Juni 1933. Selbst versenkt am 1. Mai 1945 bei Stralsund hob die sowjetische Marine das Schiff und stellte es später als TOWARISCHTSCH in Dienst.

HORST WESSEL

Dreimastbark (Schwesterschiff der GORCH FOCK). Indienststellung: 16. September 1936. Als amerikanische Kriegsbeute kam die Bark unter dem Namen EAGLE als Segelschulschiff zur US-Küstenwache, bei der sie noch immer in Dienst ist.

ALBERT LEO SCHLAGETER

Dreimastbark (Schwesterschiff der GORCH FOCK). Indienststellung: 12. Februar 1938. Die Bark überstand den Krieg, wurde zunächst als GUANABARA nach Brasilien verkauft und 1961 erwarb sie die portugiesische Marine als SAGRES, bei der sie sich noch immer in Dienst befindet.

Vor dem Krieg hatte die Bark eine Stammbesatzung aus 9 Offizieren und etwa 69 Mannschaften plus Raum für 220 Offiziers- und Unteroffiziersanwärter.

BEDEUTUNG DER SCHIFFSNAMEN

BISMARCK
Otto Fürst v. Bismarck, Herzog von Lauenburg, erster Kanzler des Deutschen Reiches (geb. am 1.4.1815 in Schönhausen bei Stendal, gest. am 30.7.1898 in Friedrichsruh am Sachsenwald bei Hamburg). Er war die treibende Kraft bei der Einigung der deutschen Nation. 1862 Ministerpräsident des Königreiches Preußen und 1871 Reichskanzler bestand das Ziel seiner Politik darin, die deutschen Staaten zu einer starken Nation zu vereinen, um Frankreich und anderen europäischen Staaten die Stirn bieten zu können. Meinungsverschiedenheiten mit dem jungen Kaiser Wilhelm II., der seit 1888 regierte, führten 1890 zu seinem Rücktritt aus dem politischen Leben.

BLÜCHER
Gebhard Leberecht v. Blücher, Fürst von Wahlstatt, preußischer Feldmarschall (geb. 1742 in Rostock, gest. 1819 in Krieblowitz/Schlesien – der »Marschall Vorwärts« der Befreiungskriege). Blücher, Führer der schlesischen Armee, siegte 1813 als Oberbefehlshaber in der entscheidenden »Völkerschlacht« bei Leipzig. 1815 entschied er an der Seite der britischen Verbündeten unter dem Herzog v. Wellington die Schlacht bei Waterloo gegen Napoleon I. Eine seiner größten Leistungen in diesem Kriege war bei der Verfolgung der Franzosen der winterliche Rheinübergang in der Neujahrsnacht 1813 bei Kaub zwischen Bingen und St. Goarshausen (ein Denkmal kündet dort von diesem Ereignis). Er und seine preußische Armee waren Gegenstand der berühmten Bemerkung des Herzogs v. Wellington, als die Schlacht bei Waterloo auf der Kippe stand und der Sieg sich Napoleon I. zuzuneigen schien: »Ich wollte, es wäre Nacht oder die Preußen kämen!«

PRINZ EUGEN
Franz Eugen Prinz v. Savoyen (»Prinz Eugen«), österr. Feldmarschall (1663–1736). Prinz Eugen kämpfte siegreich an der Seite des englischen Herzogs v. Marlborough und der Holländer im Spanischen Erbfolgekrieg 1701–1714 gegen die Franzosen. Danach siegte er als Oberbefehlshaber in den Türkenkriegen u.a. 1716/17 bei Peterwardein und Belgrad. Der Schwere Kreuzer PRINZ EUGEN war das Traditionsschiff der österr.-ung. Marine.

GNEISENAU
August Graf Neidhardt v. Gneisenau, preußischer General (1760–1831). In den Befreiungskriegen gegen die Franzosen unter Napoleon I. verteidigte er 1807 Kolberg, arbeitete nach der Niederlage Preußens mit Scharnhorst an der Reorganisation des preußischen Heeres und war 1813–1815 als Generalstabschef Blüchers entscheidend für dessen Erfolge bei Leipzig und Waterloo verantwortlich. Er starb als Generalfeldmarschall 1831 an der Cholera.

ADMIRAL GRAF SPEE
Maximilian Reichsgraf v. Spee (Crew 78), Vizeadmiral (geb. 1861 in Kopenhagen, gefallen am 8. Dezember 1914 mit seinen beiden Söhnen in der Schlacht bei den Falkland-Inseln). 1912 zum Chef des Ostasiatischen Kreuzergeschwaders mit Stützpunkt in Tsingtau/China ernannt, führte VAdm. v. Spee nach dem Ausbruch des Ersten Weltkrieges sein Geschwader – bestehend aus den Panzerkreuzern SCHARNHORST (Flaggschiff) und GNEISENAU sowie den Kleinen Kreuzern NÜRNBERG, LEIPZIG, EMDEN (zum Kreuzerkrieg detachiert) und DRESDEN – in dem Versuch durch den Pazifik, um über Kap Hoorn nach Deutschland durchzubrechen. Nach dem Sieg in der Seeschlacht von Coronel (1. November 1914) vernichteten überlegene britische Seestreitkräfte das deutsche Geschwader bei den Falkland-Inseln.

ADMIRAL HIPPER
Franz Ritter v. Hipper (Crew 81), Admiral (geb. 1863 in Weilheim, gest. 1932 in Hamburg-Altona). Hipper erwarb sich bei der Entwicklung der Torpedowaffe große Verdienste. Als Befehlshaber der Aufklärungsstreitkräfte und Kreuzeradmiral

errang Hipper im Ersten Weltkrieg, insbesondere in der Skagerrakschlacht am 31. Mai 1916, mit seinen Schlachtkreuzern großen Ruhm. Am 11. August 1918 noch zum Flottenchef ernannt, schied er im Dezember 1918 auf eigenen Wunsch aus der Marine aus. Hipper hatte einen letzten Einsatz der Hochseeflotte vor Kriegsende für unverantwortlich gehalten.

LÜTZOW
Adolf Freiherr v. Lützow, preußischer Generalmajor (1782–1834). Lützow stellte in den Befreiungskriegen gegen Napoleon I. als Major 1813 das später legendär gewordene Freikorps (die »Schwarze Schar«) auf. Am 17. Juni wurde das Freikorps bei Kitzen nördlich von Leipzig während des Waffenstillstandes von den Franzosen überfallen und fast aufgerieben, woraufhin eine Neuaufstellung erfolgte.

SCHARNHORST
Gerhard v. Scharnhorst, preußischer General und Sozialreformer (1755–1813). 1809 preußischer Kriegsminister bis zu seinem von Napoleon I. erzwungenem Rücktritt, blieb jedoch Chef des neu geschaffenen Generalstabs. Er war der Reorganisator des preußischen Heeres, der Lehrer von Clausewitz und Gneisenau, der Schöpfer der Allgemeinen Wehrpflicht (Gliederung des Heeres in aktiv Dienende, Reserve, Landwehr und Landsturm) und weiterer Maßnahmen, wie z.B. Neuordnung der Bestrafungen und Beförderungen (Fähigkeiten statt sozialem Status). 1813 diente Scharnhorst in der Armee Blüchers als Generalquartiermeister und erlitt im Mai in der Schlacht von Großgörschen bei Merseburg schwere Verwundungen, an deren Folgen er kurze Zeit später starb.

ADMIRAL SCHEER
Reinhard Scheer (Crew 79), Admiral (1863–1928). Befürworter der Kreuzerkriegsführung und des uneingeschränkten U-Bootkrieges sowie des offensiven Einsatzes der Hochseeflotte. Am 15. Januar 1916 zum Flottenchef ernannt, ließ er keinen Zweifel daran, dass er die Flotte im Rahmen des Möglichen unbedingt einsetzen wollte. Führer der Hochseeflotte in der Skagerrakschlacht am 31. Mai 1916. Am 11. August 1918 zum Chef der neu geschaffenen Seekriegsleitung berufen, legte er am 14. November 1918 sein Amt nieder.

SEYDLITZ
(nicht fertig gestellter Schwerer Kreuzer)
Friedrich Wilhelm Freiherr v. Seydlitz-Kurzbach, preußischer General der Kavallerie (1721–1773). Oberbefehlshaber der Reitertruppen unter König Friedrich dem Großen im Siebenjährigen Krieg. Herausragend ist sein Sieg in der Schlacht bei Roßbach am 5. November 1757.

TIRPITZ
Alfred v. Tirpitz, 1869 Eintritt in die preußische Marine, Großadmiral (geb. am 19.3.1849 in Küstrin, gest. am 6.3.1930 in Ebenhausen bei München). Tirpitz begann eine normale Karriere als Marineoffizier von durchschnittlichen Fähigkeiten. Seine Begeisterung für die Torpedowaffe brachte ihm die vorzeitige Beförderung zum Korvettenkapitän ein. 1897 erfolgte seine Berufung als Staatssekretär des Reichsmarineamtes und 1911 seine Beförderung zum Großadmiral. Hinter dem Aufbau der Kaiserlichen Marine stand der Marineminister Tirpitz als treibende Kraft für die parlamentarische Duchsetzung der Flottengesetze. Bis 1914 musste er keine parlamentarische Niederlage einstecken. Oft wurde er in Verkennung seines Schaffens als Rüstungsfanatiker angesehen. Meinungsverschiedenheiten hinsichtlich der Einführung des uneingeschränkten U-Bootkrieges erzwangen am 8. März 1916 seinen Rücktritt. Nach seinem Tode wurde er auf dem Münchener Waldfriedhof beigesetzt.

GRAF ZEPPELIN
(nicht fertig gestellter Flugzeugträger)
Ferdinand Graf v. Zeppelin, württembergischer General der Kavallerie (geb. 1838 in Konstanz, gest. 1917 in Berlin). Er war der »Vater« der großen deutschen Luftschiffe. Ab 1891 beschäftigte er sich mit dem Entwurf und dem Bau der nach ihm benannten starren Luftschiffe (LZ = Luftschiff Zeppelin). Mit *LZ 1* startete im Juli 1900 das erste brauchbare Luftschiff.

U-BOOTE

Die Bedingungen des Vertrages von Versailles untersagten der Reichsmarine sowohl den Bau als auch den Erwerb von Unterseebooten. Doch heute ist bekannt, dass Deutschland mit der U-Bootentwicklung Schritt hielt, indem deutsche Werften mit Unterstützung der Marine 1922 ein Konstruktionsbüro in den Niederlanden gründeten. Schon bald nachdem Hitler 1933 an die Macht kam, förderte er diese geheime Entwicklung. Er teilte den Chefs von Heer und Marine mit, Pläne für einen Aufbau ihrer Streitkräfte ins Auge zu fassen, da die Fesseln dieser unerträglichen Beschränkungen sobald wie möglich abgeworfen werden sollten. Zwei Jahre später geschah das Unerwartete. Die Reichsmarine hatte im Geheimen Material bereitgestellt, um eine kleine Anzahl winziger Küstenunterseeboote zu bauen. Da griff die neue Regierung zu einer Maßnahme, die für sie die politische Gelegenheit des Jahrhunderts bedeutet haben musste. Die Nationalsozialisten standen zwar innen- und außenpolitisch immer noch auf schwachem Fundament, als sich die Vorstellung durchsetzte, ihre Position durch das Aufkündigen des Versailler Vertrages zu festigen (was sie im übrigen von Anfang an, d. h. also schon zu der Zeit, als sie noch eine kleine Partei waren, zu einem ihrer wichtigsten Ziele erhoben hatten). Wenn auch Hitler den relativ höchsten Anteil an Wählerstimmen erhalten hatte, so besaß er doch nicht die einhellige Unterstützung des deutschen Volkes, wenngleich es in Bezug auf Versailles in Deutschland nur wenig abweichende Meinungen gab.

Etwa zehn Jahre vor der Machtübernahme durch die Koalition aus NSDAP und DNVP hatten die Franzosen mit einer Armee das Ruhrgebiet besetzt, das industrielle Herzstück Deutschlands, weil die deutsche Seite mit dem Leisten der Kriegsentschädigungen in Rückstand geraten war. Sehr wahrscheinlich erwarteten die Nationalsozialisten bei dieser Gelegenheit etwas ähnliches. Eine derartige Besetzung hätte Hitler die einzigartige Gelegenheit verschafft, die Massen hinter sich zu vereinen, während er angesichts der offensichtlichen Vergewaltigung des Landes durch eine fremde Macht standfest zu sein schien. Doch eine solche Haltung war nicht erforderlich. Stattdessen ließen es die Alliierten einfach zu, dass im Grunde eine politische Minderheit den Versailler Vertrag über den Haufen stieß. Im Rückblick scheint dies absurd zu sein und es stellt sich die Frage, warum Deutschland überhaupt erst gezwungen worden war, das demütigende Dokument zu unterzeichnen. Nach Hitlers berühmter »Proklamation an das deutsche Volk« vom 16. März 1935 stellten die Deutschen fest, die Alliierten sahen nicht nur untätig der Aufkündigung des Vertrages zu, sondern einflussreiche ausländische Politiker gratulierten Hitler sogar zu der Haltung, die dieser eingenommen hatte.

Dem Zerreißen des Versailler Vertrages und der Wiedereinführung der allgemeinen Wehrpflicht folgte der Wechsel von der Reichsmarine zur Kriegsmarine. Hierfür wurde Hitler ein paar Wochen später mit der Unterzeichnung des sog. britisch-deutschen Flottenabkommens belohnt. Da Deutschland von diesem Abkommen am meisten profitierte, sollte es tatsächlich als deutsch-britisches Abkommen bezeichnet werden. Was Hitler bei diesen Verhandlungen erreicht hatte, ging so weit über die kühnsten Träume der Admirale hinaus, dass das neu geschaffene Oberkommando der Marine vor unvorhergesehene ernste Probleme gestellt wurde. Als im Geheimen das erste Material für die neuen U-Boote in Kiel eintraf, hatte Admiral Raeder, der Ob.d.M., noch die Vorstellung gehabt, vielleicht einige kleine U-Boote zu bauen. Diese hätten der vorhandenen kleinen Flotte der Überwasserschiffe angegliedert werden können. Doch der unerwartete Auftrieb durch das Flottenabkommen bedeutete, dass es für solche Pläne bald zu viele U-Boote geben würde. Daher musste eine selbstständige U-Bootwaffe geschaffen werden.

Eine neue U-Bootwaffe zu schaffen, brachte einige komplizierte Probleme mit sich, denn die Mehrheit der Männer, die im Ersten Weltkrieg auf Unterseebooten gedient hatten, waren nunmehr zu alt, aus der Übung oder tot. Andererseits war

Die halbautomatische 3,7-cm-Flak M 42 in der Lafette C/39 U im »Wintergarten« von *U 181* (Typ IX D_2) unter Führung von FKpt./KptzS. Kurt Freiwald. Die Waffe wird anscheinend gerade gereinigt, denn oberhalb des Verschlusses ist kein 8-Schuss-Patronenrahmen eingeführt.

die neue Generation der deutschen U-Bootfahrer noch zu unerfahren, um eine Flottille aufzustellen. Unter dem Deckmantel der im Oktober 1933 in Kiel eingerichteten U-Boot-Abwehrschule begann insgeheim die U-Bootausbildung. Einige der neuen U-Bootfahrer, hauptsächlich spätere Kommandanten, Ingenieure und Unteroffiziere, hatten bereits an Erprobungsfahrten mit Booten teilgenommen, die von deutschen Konstrukteuren im Ausland für ausländische Marinen gebaut wurden. So gab es einen kleinen Kern von Männern, die zum dreidimensionalen Denken in der Lage waren, das für das Führen von Unterseebooten erforderlich war. Doch das OKM hatte niemand, der für die Führung einer solchen Gruppe von Spezialisten in Betracht kam.

U 307 (Typ VII C) unter ObltzS. Friedrich-Georg Herrle lässt erkennen, wie die Kommandotürme gegen Ende des Krieges von Fla-Geschützen beherrscht wurden. Im Bild ist auf der oberen Plattform eine 2-cm-Zwillingsflak und auf dem unteren Teil des »Wintergartens« eine 3,7-cm-Flak M 42 (charakteristisch sind die »Schlitze« des Schildes) zu erkennen. Manche Boote waren auch auf der unteren Plattform mit einer 2-cm-Vierlingsflak und auf der oberen mit zwei 2-cm-Zwillingsflaks ausgestattet.

In diesem Stadium hatte das Schicksal seine Hand im Spiel. Genau in diesem kritischen Augenblick, als das OKM nach einem geeigneten Kandidaten für eine Stellung Ausschau hielt, die von den meisten Marineoffizieren als scheußlich empfunden wurde, kehrte der Leichte Kreuzer EMDEN von einer Ausbildungsreise um die Welt zurück, auf der er Flagge gezeigt hatte. FKpt. Karl Dönitz, sein Kommandant, hatte bereits zwei neue Einheiten in Dienst gestellt. Er zog es vor, eher seinen eigenen Regeln zu folgen als jenen, die andere aufstellten, und was das Wichtigste war, er war einer der wenigen geeigneten Offiziere, die im Ersten Weltkrieg tatsächlich noch ein Unterseeboot geführt hatten.

Dönitz war der Ansicht, er würde die EMDEN verlassen, um das Kommando über eines der größeren Schiffe zu erhalten, die mehr Prestige genossen, und vielleicht bekäme er danach die Stellung des Befehlshabers der Aufklärungsschiffe oder eine Position im Marineoberkommando. Die Vorstellung, zu einer kleinen Flottille Unterseeboote zurückzukehren, sagte ihm überhaupt nicht zu. Ihm wurde jedoch zugesichert, dass es sich nur um ein zeitlich begrenztes Kommando für zwei Jahre handeln würde, während für diese Aufgabe ein neuer Kommandeur herangebildet werden würde. Es kam jedoch alles anders. Im September 1935 übernahm Dönitz das Kommando über die erste Flottille von Unterseebooten: die U-Flottille »Weddigen«. Im Oktober 1935 zum Kapitän z. S. befördert, wurde er im Januar 1936 zum Kommodore und Führer der U-Boote (F.d.U.) ernannt. Schließlich folgte im Oktober 1939 die Beförderung zum KAdm. und Befehlshaber der U-Boote (B.d.U.). Viele Historiker sind der irrigen Auffassung verfallen, das alles wäre der Vorgang einer geplanten Aufeinanderfolge gewesen und machen Dönitz für die gesamte Vorkriegsentwicklung der U-Bootwaffe verantwortlich. Dies ist weit von der Wahrheit entfernt. Seine Aufgabe beschränkte sich im Herbst 1935 ausschließlich darauf, die neue U-Flottille zu einer Kampfeinheit zusammenzuschweißen. Die Ausbildung neuen Personals war nicht seine Aufgabe. Tatsächlich unterstand die Schulflottille (*U 1 - U 6*) 1935/36 der Inspektion des Torpedowesens, während für die U-Bootangelegenheiten das U-Bootreferat im OKM zuständig war, zu dem Dönitz wenig oder keinen Kontakt hatte.

Ohne fest umrissene Weisungen für die Aufstellung der neuen Unterseebootsflottille erhalten zu haben, begann Dönitz die Grundlagen für seine zukünftigen Vorstellungen zu schaffen, die auf einer Konzeption beruhten, die eines Tages etwa 300 U-Boote umfassen sollte. Mit dem Ausbruch des Krieges in Europa, der nur vier Jahre nach der Übernahme seines Kommandos eintrat, waren diese Pläne überholt. Dönitz' gesamtes administratives System musste modifiziert werden, um es den neuen Forderungen anzupassen, die an die U-Bootwaffe gestellt wurden. Anfangs war niemand sicher, wie sich der Konflikt entwickeln würde, und erst Anfang 1940 nahm die U-Bootwaffe die Gestalt an, die sie in den folgenden Jahren behalten sollte.

Zunächst herrschte in der Marineführung die Auffassung vor, die U-Boote sollten bei einer Vielzahl von unergiebigen Aufgaben Verwendung finden, wie etwa als Wetterschiffe dienen oder Überwassereinheiten geleiten. Da sich das Wetter als ein weit besserer Schutz als die winzigen Unterseeboote erwies, brach die Mehrheit der als Handelsstörer eingesetzten Überwasserschiffe bei stürmischem Wetter aus den gefährlichen europäischen Gewässern aus. Bei derartigem Wetter hatten die U-Boote Probleme, an der Wasseroberfläche zu bleiben. Außerdem konnten sie ihre Waffen nicht einsetzen. Trotzdem wurde es Sommer 1940, ehe es Dönitz gelang, seine Vorgesetzten dahingehend umzustimmen, dass Unterseeboote eine bessere Verwendung fänden, wenn sie als selbstständiges Waffensystem gegen die alliierten Geleitzüge zum Einsatz kämen. Zudem waren die U-Boote zunächst an die Regeln der Prisenordnung gebunden, die überraschende Angriffe gegen Handelsschiffe verboten, es sei denn, sie waren bewaffnet, fuhren in einem Geleitzug oder wurden von Kriegsschiffen eskortiert. Diese Regeln wurden so strikt befolgt, dass der Krieg fast ein Jahr alt war, ehe das Verhalten der Alliierten die U-Boote von den Einschränkungen befreite, um alle Handelsschiffe anzugreifen, die in den *Western Approaches*, den westlichen Zugängen zu den britischen Häfen, angetroffen wurden.

Nach der Ende 1939 vollzogenen Umorganisation der U-Bootwaffe war der operative vom organisatorischen Führungsstab getrennt. An

Auf dem Kommandoturm von *U 510* (Typ IX C). Beachte den Dieselauspuff vorn.

U 756: Die Back eines VII-C-Bootes mit offen stehendem Torpedoluk.

ihrer Spitze stand KAdm. Karl Dönitz als B.d.U. Im B.d.U.-Stab oblag die operative Führung der Frontboote in See grundsätzlich KptzS. Eberhard Godt, dem Chef der Operationsabteilung, während alles andere KptzS. Hans-Georg v. Friedeburg, dem Chef der Organsisationsabteilung, unterstand. Obwohl es zahlreiche U-Flottillen gab, war deren Aufgabe mehr administrativer Natur. Sie sorgten für die Einsatzbereitschaft der Boote und kümmerten sich um das Wohlergehen der U-Bootmänner. In der Regel unterstanden die Frontboote im August 1940, sobald sie zur Feindfahrt ausgelaufen waren, der direkten Führung des B.d.U. und seiner Operationsabteilung, d.h. eben dem, was einfach als die »U-Bootführung« bezeichnet wurde.

Die Funkverbindungen waren so hervorragend, dass Dönitz' kleiner Stab die U-Boote sogar getaucht vor der amerikanischen Ostküste erreichen konnte. Die Ausrüstung ließ sich in einem Lkw mit Kastenaufbau unterbringen, der die U-Bootführung an ihre Aufenthaltsorte begleitete. Natürlich wurden bestimmte Funksprüche auch über Großstationen ausgestrahlt, wie etwa die Funkstation »Goliath« bei Magdeburg, wo etwa 20 Masten ein Spinnennetz von Hochspannungs-Antennen stützten, die etwa 150-200 m in den Himmel ragten.

Leistungsfähige Funkverbindungen hatte es bereits vor dem Ersten Weltkrieg gegeben, obwohl die Telefon- bzw. Telegrafenverbindungen zu den deutschen Schutzgebieten und Stützpunkten in Afrika und dem Fernen Osten über Kabel liefen, die von den Briten kontrolliert wurden.

Die Operationsgebiete

U-Boote fanden den Weg in den Atlantik, das Mittelmeer, das Schwarze Meer und in die Karibik. Sie operierten in arktischen Gewässern, im Indischen Ozean und im fernöstlichen Pazifik. So liest der erstaunte Betrachter bei Dr. Jürgen Rohwer in »Axis Submarine Successes of World War II«, dass *U 13* (Kptlt. Karl Daublebsky von Eichhain) in den Avon-Kanal hinauf vordrang, um den britischen Frachter MAGDAPUR auf der Rennbahn von Stratford-upon-Avon im Herzen Englands zu versenken (in der angegebenen Position – 52°11'N 01°43'W – verwechselte der »Druckfehlerteufel« schlichtweg die richtige Angabe »O« mit »W«.)

Die Ostsee

Noch ehe die ersten Schüsse fielen, die eine Wiederbesetzung früherer deutscher Territorien markierten, ließ der fehlende Widerstand erkennen, dass es in der östlichen Ostsee keinen Einsatz von U-Booten geben würde. Daher befand sich im September 1939, als Großbritannien Deutschland den Krieg erklärte, der Großteil der Unterseeboote bereits im Westen und überließ die Ostsee der Ausbildung. Dies war ideal, denn der größte Teil der Ostsee befand sich außerhalb der Reichweite der RAF. Dies bedeutete, dass der Ausbildungsprozess ohne ernste Störungen vonstatten gehen konnte. Später gab es 1941 eine geringe U-Bootaktivität im Finnischen Meerbusen, der »finnischen Badewanne«, in der östlichsten Ostsee. Doch der erbitterte Vergeltungskrieg begann im Allgemeinen erst, als die sowjetischen Armeen ihren Vormarsch nach Westen antraten. Dann begann Ende 1944 eine umfangreiche deutsche Operation um die vor den Schrecken der heranrückenden sowjetischen Truppen fliehende Zivilbevölkerung auch über See nach Westen zu evakuieren. Jedes verfügbare Schiff und Boot wurde eingesetzt, um den stetigen Strom erschöpfter Menschen über das eisige und stellenweise mit Eis bedeckte Wasser zu befördern.

Die der deutschen Zivilbevölkerung zugefügten Verluste lassen die Zahlen für die Schlacht im Atlantik oder die britische Evakuierung von Dünkirchen zur Geringfügigkeit absinken. So gingen die GOYA mit weit über 6000, die WILHELM GUSTLOFF mit mehr als 8000 und die GENERAL STEUBEN mit fast 3000 Flüchtlingen und Verwundeten unter. Trotz der großen Verlustziffern bei diesen Schiffsversenkungen verloren dennoch nur etwa 2 % der insgesamt über See transportierten Menschen ihr Leben. Dies lässt die riesige Zahl von Flüchtlingen erkennen, die vor der Roten Armee nach Westen floh. Im Vergleich hierzu mag es interessant sein, die Feststellung hinzuzufügen, dass die deutschen Verluste bei den drei oben erwähnten Schiffsuntergängen mehr als ein Viertel der Verluste der britischen Zivilbevölkerung während des gesamten Krieges betrugen.

Eine Schulflottille in der Ostsee.

U 121 vom Typ II B im ostpreußischen Pillau (heute der russische Marinestützpunkt Baltijsk).

Kptlt. Clemens Schöler, Chef der 30. U-Flottille (Schwarzes Meer), wird im Juli 1944 nach seiner Routineablösung im rumänischen Hafen Konstanza zum Bahnhof gebracht (oben und unten). Eine Verabschiedung mit »großem Bahnhof« war üblich. Beachte den mitgeführten Flottillenstander.

Das Schwarze Meer

Die etwa 60 ziemlich kleinen Schiffe, die innerhalb eines Zeitraums von knapp zwei Jahren den U-Booten zum Opfer fielen, werfen die Frage auf, ob dies die Anstrengungen wert war, U-Boote ins Schwarze Meer zu bringen. Hätten diese Erfolge nicht genauso gut auf andere Weise, vielleicht durch Flugzeuge, erreicht werden können? Die 30. U-Flottille, bekannt als die Schwarzmeerflottille, hatte ihren Stützpunkt im rumänischen Konstanza. Ein vorgeschobener Stützpunkt stand ihr mit dem Hafen Feodosia auf der Krim zur Verfügung. Aufgestellt wurde die 30. U-Flottille Ende August 1942 durch Kptlt. Helmut Rosenbaum und ihre Auflösung erfolgte im Oktober 1944, als Kptlt. Clemens Schöler die Flottille führte. Im Sommer 1944 stand die Flottille unter dem Befehl von Kptlt. Klaus Petersen und umfasste folgende Boote, die sämtlich vom kleinen Küstentyp II B waren: *U 9, U 18, U 19, U 20, U 23* und *U 24.* Von *U 9, U 18* und *U 24* abgesehen, die Ende August 1944 einem sowjetischen Luftangriff in Konstanza zum Opfer fielen, versenkten sich die drei anderen Boote am 10. September 1944 nahe der türkischen Küste selbst, als die deutschen Stellungen durch das Vorwärtsdrängen der sowjetischen Streitkräfte unhaltbar geworden waren.

Ab Sommer 1942 wurden die auf Kieler Werften demontierten Boote (Ausbau der Diesel- und E-Motoren, der Batterien, Abnahme der Propeller, »Absägen« des Turms mit Schneidbrennern u.Ä.)

mit Leichtern auf dem Wasserwege über den Kaiser-Wilhelm-Kanal (heute Nord-Ostsee-Kanal) und die Elbe bis nach Dresden-Übigau gebracht. Von dort aus gelangten die Boote auf Spezial-Tiefladern im Straßentransport über die Autobahn nach Ingolstadt an der Donau. Ihr weiterer Transport erfolgte erneut mit Leichtern donauabwärts nach Galatz an das Schwarze Meer. Dort wurden die Boote wieder zusammengebaut, in Dienst gestellt und nach Konstanza verlegt.

Das Mittelmeer

Bereits vor dem Kriege hatte Dönitz das Mittelmeer aus eigener Erfahrung als einen weniger geeigneten Einsatzraum für Unterseeboote betrachtet. Das See ist zu ruhig, das Wasser ist zu klar und das Wetter ist im Allgemeinen zu schön, um mit U-Booten zu operieren. Eine von KKpt. Klaus Ewerth mit *U 26*, einem Boot vom Typ I A, im November 1939 ins westliche Mittelmeer bis auf die Höhe von Oran unternommene Feindfahrt bestärkte ihn in seiner Abneigung. Nachdem Hitler die Entsendung von U-Booten verlangt hatte, verlegte Dönitz auf Weisung des Ob.d.M. im Herbst 1941 Boote ins Mittelmeer. Sie unterstanden dort dem neu geschaffenen F.d.U. Mittelmeer, KKpt. Victor Oehrn (bis Februar 1942), in Rom. Ihn löste nach seiner Gefangennahme in Nordafrika KptzS./KAdm. Leo Kreisch (Rom bzw. Toulon) ab, gefolgt von Januar bis September 1944 von KptzS. Werner Hartmann (Toulon und Aix-en-Provence). In dieser Zeit gab es im Mittelmeer die 23. U-Flottille in Salamis/Griechenland (bis Mai 1942) sowie die 29. U-Flottille in La Spezia/Italien. Die späte-

Bei Haushalts- und Luxusgütern gab es in Deutschland während des Krieges beträchtliche Verknappungen. Doch die in Frankreich stationierten Soldaten konnten auch weiterhin eine große Anzahl Waren kaufen, die es in der Heimat nicht mehr gab, und ein »Schaufensterbummel« war attraktiv. Dies sind keine Angehörigen des Deutschen Afrikakorps, mit denen sie verwechselt werden könnten, sondern U-Bootfahrer auf Landurlaub in Bordeaux.

Ein Maat geht in einem Stützpunkt in Frankreich vollbepackt auf Heimaturlaub einschl. der umgehängten Gasmaskenbüchse und der Pakete, die noch auf dem Boden liegen. Für das, was die Soldaten in die Heimat mitnahmen, gab es keinerlei Beschränkungen. Viele deckten sich daher mit Luxusgütern und Lebensmitteln, die im Reich Mangelware waren, aber in Frankreich erstanden werden konnten, voll ein.

ren Stützpunkte dieser Flottille waren Toulon, Pola (das heutige slowenische Pula) und Marseille. Als im September 1944 die Dienststelle des F.d.U. Mittelmeer aufgelöst wurde, verlegten die drei noch vorhandenen U-Boote unter dem Befehl des Kommandierenden Admirals Ägäis nach Osten.

Die Karibik

Nachdem die U-Abwehr entlang der Ostküste der USA zu stark geworden war, entsandte Dönitz U-Boote mit großer Seeausdauer südwärts, bis sie schließlich die Karibik durchstreiften und ihre Feindfahrten bis zum Delta des Amazonas ausdehnten. Obwohl die U-Boote anfangs einige Erfolge erzielten, packte der Gegner rasch zu und manches Boot musste sich mit schweren Beschädigungen auf dem langen Marsch zurück nach Frankreich abquälen. Von amerikanischen Funkpeilanlagen umgeben, war es für den Gegner leicht, den Kurs der Notrufe aussendenden U-Boote zu verfolgen.

Bis zum heutigen Tage bewahrt die Karibik eines der größten Geheimnisse des Krieges. Hierbei handelt es sich um das mysteriöse Verschwinden des größten Unterseebootes der Welt: die 2880 ts über und 4304 ts unter Wasser verdrängende französische SURCOUF. Viel ist über ihr geheimnisvolles Ende geschrieben worden, aber niemand scheint die Forschungsarbeit des amerikanischen Historikers Edward R. Rumpf verfolgt zu haben, die darauf schließen lässt, daß die SURCOUF durchaus das Ziel von *U 502* unter Kptlt. Jürgen v. Rosenstiel gewesen sein könnte. Nach dem Kriege war es einfach, die Schiffe zu identifizieren, die Kptlt. v. Rosenstiel als versenkt angibt, aber ein merkwürdiger 2500-BRT-Tanker in der Karibik ist Rumpf und anderen Historikern entgangen. Rosenstiel beschreibt im Kriegstagebuch deutlich die Einzelheiten der Versenkung, als *U 502* auf einen Tanker schoss, der schwache Positionslichter erkennen ließ. Als der Torpedo mittschiffs traf, zerbarst das Ziel in einem dramatischen Feuerball und sank sofort. Diese Beschreibung scheint zu lebendig zu sein, um irgendeiner Einbildung entsprungen zu sein. Es ist ziemlich sicher, dass *U 502* etwas getroffen hatte, aber was? Bis jetzt haben die USA diese berichtete Versenkung nicht mit dem Namen eines in Verlust geratenen Handelsschiffes in Verbindung gebracht. Zudem scheint es höchst unwahrscheinlich zu sein, dass die Männer an Bord von *U 502* ihr Ziel als ein derart einzigartiges riesiges U-Schiff wie die SURCOUF identifizierten, es sei denn, sie hätten den U-Kreuzer erwartet. Schließlich war die SURCOUF dreimal größer als ein normales Unterseeboot, das ein Beobachter zu sehen erwartete. Daher könnte es durchaus möglich sein, dass *U 502* das Seegebiet im Glauben verließ, ein Tanker wäre versenkt worden. An der angegebenen Position – etwa 32 sm südwestlich von Aruba (Westindien) und 5 sm vor dem Leuchtturm auf der Halbinsel Paraguana – mit einer Wassertiefe von etwas über 90 m könnten Taucher bzw. Tauchboote den Sachverhalt klären.

Der Ferne Osten

Im März 1944 entstand unter FKpt. Wilhelm Dommes als Chef im Südraum der erste fernöstliche U-Bootstützpunkt in Penang (Malaya). Später kamen weitere Einrichtungen zur Brennstoffergänzung und für Reparaturen in anderen Häfen hinzu. Für den Nachschub war über den Marineattaché in Tokio, Admiral Paul Wenneker, der Marinesonderdienst zuständig. Ursprünglich war diese Organisation für die Überwasser-Handelsstörer und Blockadebrecher eingerichtet worden. Die problematische Zusammenarbeit mit den Japanern, die einem anderen Kulturkreis entstammen, und die ungeheuren Entfernungen verursachten große Schwierigkeiten. Doch trotz dieser Probleme führten eine Anzahl Boote außerordentlich erfolgreiche Feindfahrten in den Fernen Osten durch. Sie unterstanden weiterhin der U-Bootführung und führten auf dem Hinmarsch Handelskrieg, wurden in Fernost neu ausgerüstet und kehrten dann als Frachtboote mit lebenswichtigen Rohstoffen zurück.

Solange noch Hilfskreuzer in See standen, versorgten diese oder ihre Versorgungsschiffe die U-Boote mit Treibstoff.

Doch die U-Boote mit sehr großer Seeausdauer konnten den Fernen Osten ohne Versorgung erreichen, wenn sie auch nicht ausreichend Brennstoff für den Rückmarsch mitführen konnten. Zudem wurden unter Behelfsbedingungen einige ziemlich anspruchsvolle Werftliegezeiten ausgeführt, wobei die Besatzungen den Hauptanteil der Arbeit leisteten.

Einige Kommandanten verließen mit ihren Booten die europäischen Gewässer ohne Rückfahrkarte und blieben danach für andere Marineaufgaben im Fernen Osten, während in einigen Fällen ein anderer Offizier das Boot zurückbrachte. Dies entsprach nicht immer einer Planung, denn darunter befanden sich auch spontane Entscheidungen. Über die Jahre hinweg tauchten viele Geschichten über U-Boote auf, die riesige Mengen Quecksilber in ihren Tauchzellen mitführten. Quecksilber ist ein außerordentlich teures Metall und wurde während des Krieges zur Herstellung von Bombenzündern gebraucht. Es wurde u. a. in kleinen Mengen im Austausch gegen Rohgummi, Zinn, Molybdän, Wolfram, Chinin oder Opium in den Fernen Osten gebracht, war aber in Stahlflaschen abgefüllt. Die Vorstellung, dass ein derart schweres und kostbares Flüssigmetall in die Tauchzellen gefüllt worden wäre, scheint sehr weit hergeholt zu sein. Im Fernen Osten wurden die folgenden Stützpunkte eingerichtet:

- Shonan/Singapur (Malaya): KKpt. Wolfgang Erhardt,
- Penang (Malaya): Kptlt. Waldemar Grützmacher,
- Djakarta bzw. Batavia (Java): KKpt. Dr. Hermann Kandeler,
- Soerabaja (Java): Kptlt. Konrad Hoppe,
- Kobe (Japan): KKpt. Eitel-Friedrich Kentrat.

Der Südatlantik

Die ursprünglichen Pläne für U-Bootoperationen im Südatlantik sahen den Einsatz einiger Boote vor um die Seeverbindungen zu stören, unterstützt durch ein Versorgungsschiff in einem Warteraum außerhalb der Schifffahrtswege. Zu dem Zeitpunkt, als die deutsche Marine ihre

Begrüßung der Besatzung an Bord von *U 178* nach Rückkehr von der ersten Feindfahrt in den Südatlantik und Indik: von links Adm. Menche, KKpt. Klaus Scholtz und KptzS. Hans Ibbeken.

Aktivitäten in die südlichen Gewässer bis in den Indischen Ozean hinein verlegte, konnten jedoch die Briten bereits einen beträchtlichen Teil des deutschen Funkverkehrs entziffern und die alliierten Kreuzer behinderten diese Operationen bzw. machten sie faktisch zunichte. Diese U-Boote errangen große Einzelerfolge, Meisterleistungen an Erfindungsgabe, Tapferkeit und Überlebenskunst, aber ihre weit in den Süden gerichteten Operationen erzielten mehr moralische Wirkung auf die Alliierten denn überragende Versenkungszahlen.

Die arktischen Gewässer

Die im Nordmeer zum Einsatz gelangenden U-Boote erfüllten mancherlei Aufgaben: Sie dienten als Wetterschiffe, führten Aufklärung durch, stellten landgestützte automatische Wetterstationen auf, unterstützten das Einrichten bemannter Stationen und versorgten sie, setzten automatische Wetterbojen aus und griffen ständig die alliierten Geleitzüge an, die zu den nordrussischen Häfen unterwegs waren oder von ihnen kamen. Anfänglich wurden normale Frontboote in den Norden entsandt, die kaum Modifizierungen aufwiesen, später waren einige mit zusätzlichen Heizvorrichtungen ausgerüstet. Für viele U-Bootfahrer waren diese Feindfahrten auf den normalen Booten ohne Spezialausrüstung eher ein Ringen mit den feindlichen Elementen als ein Kampf gegen militärische Gegner. Die abenteuerlichen Geschichten über die Wetterstationen, über die noch kaum berichtet worden ist, könnten mühelos ein eigenes Buch füllen. Neben den U-Booten sammelte auch die Luftwaffe bei zahlreichen Wetterflügen eine große Anzahl von Daten. Auch über diesen weitgehend vernachlässigten Bereich der Historie wird hoffentlich eines

Hier unterstützt nicht das Flugzeug ein U-Boot, sondern das Letztere fungiert als »schwimmende Tankstelle«. Ein Flugboot vom Typ Blohm & Voss BV 138 wird auf einem Aufklärungsflug in der Arktis durch *U 255* unter Kptlt. Reinhart Reche aufgetankt.

Tages geschrieben werden. Selbst wenn die Ergebnisse im weltgeschichtlichen Zusammenhang nicht von außerordentlicher Bedeutung waren, so brachten diese Operationen eine Reihe höchst erfindungsreicher Charaktere hervor, und viele erhielten bedauerlicherweise keine Gelegenheit, die Geschichtsschreibung nach dem Kriege zu bereichern.

Die Schlacht im Atlantik

Die Schlacht im Atlantik führten im Wesentlichen die U-Boote als einen regelrechten Kampf gegen die Handelsschiffe, um sie daran zu hindern, Großbritannien zu versorgen. Diese blutige Auseinandersetzung begann binnen Stunden, nachdem Großbritannien und Frankreich am 3. September 1939 Deutschland den Krieg erklärt hatten und sie hielt noch mehrere Tage an, nachdem am 5. Mai 1945 der Waffenstillstand im Westen in Kraft getreten war. Zu Beginn des Krieges waren den U-Booten Einsatzräume zugewiesen worden. Sie waren nach der Prisenordnung verpflichtet, die Handelsschiffe anzuhalten und zu untersuchen, ob sie Konterbande führten oder nicht, und sie sollten sich theoretisch um die Sicherheit der Besatzung kümmern, ehe sie das Schiff versenkten. Die Undurchführbarkeit dieser Regeln in Verbindung mit einer Serie katastrophaler Torpedoversager, einer Torpedoverknappung und einem reichlichen Nachschub an Torpedominen bestärkte die U-Bootführung, während des ersten Kriegswinters eine intensive Minenoffensive gegen die britischen Häfen zu führen. Dies gewährte der deutschen Seite den Vorteil die kleinen Küstenboote vom Typ II mit größtem Nutzen einzusetzen. Obwohl sich in den drei Bugrohren dieser Boote Torpedos befanden, konnten sie nur zwei Reservetorpedos mitführen, d. h. ihre einsatzmäßige Verwendung war begrenzt. Diese fünf Torpedos konnten jedoch durch bis zu 18 Torpedominen ersetzt werden. Hierdurch ergab sich für die Boote eine weit zweckmäßigere Verwendung.

Das Frühjahr 1940 sah den Einsatz der U-Boote bei einer Vielzahl von Aufgaben im Zusammenhang mit der Besetzung von Dänemark und Norwegen. Dies bedeutete einschließlich der »Torpedokrise«, dass es Sommer wurde, ehe die U-Bootführung zum Handelskrieg im Nordatlantik zurückkehren konnte. Der sich anschließende Herbst brachte die so genannte »Glückliche Zeit«, als jedes der etwa ein Dutzend gleichzeitig in See stehenden Frontboote mehr als durchschnittlich 5,5 Schiffe pro Monat versenkte. Dies wurde erreicht, indem die Boote nachts aufgetaucht die Geleitzüge angriffen und über Funk deren Positionen meldeten.

»Otto der Schweigsame«: Kptlt. Otto Kretschmer von *U 23* und *U 99* trägt das Ritterkreuz des Eisernen Kreuzes mit Eichenlaub und im Knopfloch das Band des Eisernen Kreuzes II. Klasse. Den Hoheitsadler auf der rechten Brustseite trugen alle Wehrmachtsangehörigen. Der Stern auf dem Ärmel kennzeichnet den Seeoffizier und der goldfarbene Mützenstreifen den Subalternoffizier.

Doch die unerhörten Versenkungserfolge endeten im zeitigen Frühjahr 1941 zu einem Zeitpunkt ziemlich abrupt, als die drei Asse Joachim Schepke, Günther Prien und Otto Kretschmer von

Feindfahrt nicht zurückkehrten. Von da an gingen die Versenkungszahlen an Handelsschiffen zurück und nie wieder waren die U-Boote in der Atlantikschlacht in einer verhältnismäßig so starken Position. Die Kriegserklärung gegenüber den USA brachte eine kurze Atempause, da die Amerikaner zunächst nur sehr geringe Anstrengungen bei der Bekämpfung der U-Boote unternahmen. So fuhren viele Tanker mit ihren äußerst brennbaren Ladungen weiterhin als Einzelfahrer statt in Geleitzügen, während die noch brennende Küstenbefeuerung den weiter draußen auf See lauernden U-Booten häufig ihre Positionen preisgab.

Im Sommer 1942 waren die U-Abwehrmaßnahmen in den amerikanischen Gewässern zu stark geworden und die U-Boote kehrten zum so genannten »Black Gap« zurück, dem Seegebiet fehlender Luftüberwachung im mittleren Nordatlantik, das die in großer Anzahl eingesetzten Landflugzeuge noch nicht erreichen konnten. Zwei Jahre zuvor, während der »Glücklichen Zeit« im Herbst 1940, hatte die durchschnittliche Anzahl der jeden Tag in See stehenden Frontboote kaum ein Dutzend überstiegen. Im September 1942 standen im Durchschnitt erstmals 100 Frontboote gleichzeitig in See (davon nur ein Drittel in den tatsächlichen Einsatzräumen, die anderen auf dem An- und Abmarsch bzw. in ihren Atlantikhäfen), aber die Versenkungsrate war dramatisch gesunken. Statt einer Versenkungsrate von fast sechs Schiffen pro Boot und Monat war sie, rein statistisch gesehen, monatlich auf mehr als zwei U-Boote gesunken, um ein einziges Handelsschiff zu versenken (oder anders ausgedrückt: von 739 BRT pro Boot und Seetag im September 1940 auf 153 BRT in diesem Monat).

Eine von den Historikern oft übersehene Tatsache besteht darin, dass diese unerhört hohe Anzahl von durchschnittlich 100 gleichzeitig in See stehenden Frontbooten bereits über ein halbes Jahr aufrechterhalten worden war, ehe sich die größte Geleitzugschlacht des Krieges entwickelte. Sie ereignete sich im März 1943, als der schnelle Geleitzug HX 229 in den langsameren Geleitzug SC 122 hineinfuhr und fast 100 Handelsschiffe auf ein starkes »U-Bootrudel« stießen – d.h. auf eine U-Bootgruppe. Wer der Auffassung ist, dass dies der Höhepunkt des U-Bootkrieges war, sollte auch erklären, warum eine derart große Anzahl von U-Booten bereits seit längerer Zeit in See stehen konnte, ohne dass eine solch große Geleitzugschlacht stattfand. Schließlich bedeutete es eine außerordentliche Leistung, den in dieser Größenordnung in See stehenden U-Booten aus dem Wege zu gehen.

Im März 1943 hatte die deutsche Seite erkannt, dass die Alliierten im Begriff standen, die Oberhand zu gewinnen. Sie begann, einige verzweifelte, aber entschlossene Gegenmaßnahmen vorzubereiten. Erstens wurde der Umfang der Überwasserflotte reduziert, ohne diesen Vorgang zu offensichtlich werden zu lassen, um den Gegner nicht zu ermutigen, seine Kräfte gegen wertvollere Ziele einzusetzen. Zweitens wurden die vorhandenen U-Boote modifiziert, um den neuen Bedrohungen, hauptsächlich aus der Luft, zu begegnen. Drittens wurden Pläne in Gang gesetzt, um eine neue Generation von Unterseebooten zu fertigen: die so genannten »Elektroboote« der Typen XXI und XXIII.

Der Mai 1943, in dem eine große Anzahl von U-Booten versenkt wurde, ist oft als der Wendepunkt in der Schlacht im Atlantik bezeichnet worden, obwohl die deutsche Marineführung dies nicht erkannte und behauptete, es handele sich nur um einen zeitweiligen Rückschlag. Großadmiral Dönitz zog die U-Boote aus dem Gefahrengebiet zurück, schmiedete aber fast sofort neue Pläne, um sie wieder in den Nordatlantik zurückzubringen. Eine erste Rückkehr zu den atlantischen Geleitzugwegen trat im September ein, als die Boote mit neuen und besseren Waffen wieder angreifen sollten. Sie führten zum einen eine verstärkte Flakbewaffnung und waren zum anderen mit neuen Torpedos ausgerüstet, wie dem LUT und dem FAT für den Einsatz gegen Geleitzüge sowie dem akustisch zielsuchenden »Zaunkönig« gegen hohe Fahrt laufende Kriegsschiffe. Mit ihnen sollten die Boote in der Nacht aufgetaucht angreifen, um sich den Weg »freizuschießen«. Hierzu bildete die U-Bootführung Ende September 1943 im Nordatlantik die U-Bootgruppe »Leuthen«, die sie als einen großen Wendepunkt des U-Bootkrieges ansah, aber diese Euphorie war nur von kurzer Dauer. Erstens war das Wetter für die Geleitzüge günstig und zweitens konnten die Geleitsicherungskräfte nicht wie geplant vernichtet werden. Dies war auf die getaucht angreifenden U-Boote zurückzuführen; sie hielten die vernommenen Detonationen als Anzeichen für das Versenken ihrer Ziele. Die meisten Geleitsicherungsfahrzeuge waren jedoch unversehrt geblieben und die nächsten Angriffe gegen Geleitzüge liefen für die U-Boote verlustreicher ab.

Das Ringen im Atlantik hielt bis zum Sommer 1944 an, als der Großteil der U-Boote nach dem »D-Day« gegen die Invasionskräfte eingesetzt wurde. Die alliierte Operation »Cork«, um die westlichen Zugänge zum Kanal zu sperren, erwies sich als außerordentlich erfolgreich. Die U-Bootverluste wären vermutlich wesentlich höher gewesen, hätte KAdm. Eberhard Godt, der Chef der seit Mai 1944 bestehenden U-Bootführungsabteilung im OKM (2./Skl.), die Anweisung von Dönitz befolgt, jedes verfügbare Boot in den Englischen Kanal zu entsenden. Als jedoch der entscheidende Befehl zum Auslaufen aller Boote erging, schickte er die (erheblich gefährdeten) U-Boote ohne Schnorchel in den Atlantik, wo sie verhältnismäßig sicher waren, da sie vom Brennpunkt des Geschehens weiter entfernt waren.

Als Fußnote mag die Anmerkung interessant sein, dass ein Vergleich zwischen deutschen und alliierten Statistiken bezüglich der Schlacht im Atlantik nicht direkt möglich ist, da auf deutscher Seite die Zahlen hinsichtlich der westlichen Nordsee und der britischen Gewässer zum Atlantik gezählt werden. Auf britischer Seite hingegen gelten diese Seegebiete als »Heimische Gewässer«, wobei der Atlantik, statistisch gesehen, etwas weiter westlich beginnt.

Die Boote

Zu Beginn des Krieges beruhten alle deutschen Unterseeboote auf modifizierten Entwürfen des Ersten Weltkrieges, d.h. ihr Antrieb erfolgte über Wasser durch Dieselmotoren und unter Wasser durch Elektromotoren, wenn nach dem Tauchen keine Luftzufuhr mehr möglich war. Obwohl die begrenzte Batterieleistung den Booten unter Wasser nur eine äußerst geringe Geschwindigkeit verlieh und sich die U-Bootwaffe bis zum Sommer 1940 auf den Unterwasserangriff konzentrierte, schien kaum ein Interesse bestanden zu haben, Boote zu konstruieren, die unter Wasser zu höheren Geschwindigkeiten fähig waren. Erst 1943, als der deutschen Seite die Niederlage ins Gesicht starrte, kam die Idee zur Vergrößerung der Batteriekapazität und somit entstand das so genannte »Elektrounterseeboot«, im Gegensatz zu den bisherigen Tauchbooten das erste richtig gehende Unterseeboot.

Bevor der Krieg zu Ende ging, kam noch etwa ein Dutzend dieser Boote zu einem kurzen Einsatz. Doch ihren Hauptbeitrag leisteten sie wesentlich später, als die Alliierten das Entwurfsprinzip vervollkommneten, um in der Zeit des »Kalten Krieges« das geräuscharme »Patrouillenunterseeboot« zu entwickeln.

Die Geschwindigkeiten der Unterseeboote können am besten durch den Typ VII C veranschaulicht werden. Er stellte die zahlenmäßig größte U-Bootsklasse dar, die je gebaut wurde, und war die Hauptwaffe der deutschen Marine in der Schlacht im Atlantik. Die Höchstgeschwindigkeit lag bei 17 kn (31,5 km/h) und die wirtschaftlichste Fahrtstufe bei Marschfahrt betrug 10 kn (18,5 km/h). Der Unterschied in der Fahrstrecke war ziemlich groß: 3250 sm (rund 6000 km) bei Höchstgeschwindigkeit und 8500 sm (15.750 km) bei Marschfahrt. Bei Unterwasserfahrt verringerte sich die Höchstgeschwindigkeit auf 7,6 kn (ca. 14 km/h). Sie ist somit geringer als die Durchschnittsgeschwindigkeit eines Fahrrades und konnte nur eine geringe Anzahl von Stunden aufrechterhalten werden, ehe sich die Batterien erschöpft hatten. Im Allgemeinen bewegten sich die Boote getaucht mit 2-4 kn (3,7-7,4 km/h). Dies entspricht der Geschwindigkeit eines Fußgängers bei einem flotten Marschtempo. Die großen Elektroboote des Typs XXI konnten unter Wasser 17,2 kn (über Wasser 15,6 kn) erreichen und bei 10 kn über 100 sm durchhalten. Mit 5 kn lag die Seeausdauer bei 340 sm.

Bei Kriegsbeginn besaß die deutsche Marine drei Hauptkategorien von Tauchbooten:

- die kleinen Küstenboote (Typ II) von begrenzter Verwendungsfähigkeit,
- die mittleren Hochseeboote (Typ I und VII) für den Einsatz im Atlantik und
- die großen Boote zur ozeanischen Verwendung mit weit reichender Seeausdauer (Typ IX).

Von ihnen bot der Typ VII eine gute Leistungsfähigkeit. Die Boote dieses Typs konnten im Atlantik bis zur kanadischen Küste operieren und wenn sie in See versorgt werden konnten, erhöhte sich ihre Seeausdauer entsprechend. Die Boote des später entwickelten größeren Typs für ozeanische Fernunternehmungen führten Feindfahrten bis in den Fernen Osten durch (»Monsun-Boote«). Die Vision der Versorgung von U-Bootgruppen in See durch andere Unterseeboote, umgebaut zu U-Versorgern, war eine neuartige Idee in den 30er-Jahren, ließ sich aber kaum verwirklichen, weil niemand eine praktische Lösung für das Übernehmen schwerer Versorgungsgüter in See präsentieren konnte. Die Hauptprobleme boten das Wetter in Verbindung mit schwerer See und dem Ausfindigmachen von Wegen, um inmitten des Ozeans sicher Treibstoff zu übernehmen sowie das vordere und achtere Luk zu öffnen. Gewöhnlich wurde nur das Turmluk benutzt, aber nicht alle Versorgungsgüter, darunter auch die Torpedos, konnten auf diesem »Hauptweg« übergeben werden. Als die ersten Versorgungen Ende April 1942 durch U-Versorger erfolgten, konnte die britische Seite bereits einen wesentlichen Teil des verschlüsselten Funkverkehrs der U-Boote entziffern und den wenigen U-Versorgern war nur ein kurzer Werdegang beschieden.

Ein seltsamer Aspekt in der Entwicklung der U-Boote bestand darin, dass sie die deutsche Marine nie als ein integriertes Kampfinstrument betrachtete. So spielten Flugzeuge, die für das Finden der Ziele von wesentlicher Bedeutung waren, nur eine untergeordnete Rolle. Doch über allem steht die Erkenntnis, dass die Marine nie ein wirklich wirksames Waffensystem für die U-Boote besaß. Die Torpedos des Zweiten Weltkrieges waren in vieler Hinsicht ihren Vorgängern im Ersten Weltkrieg unterlegen. Bezüglich der Torpedos gab es drei größere Fehlerquellen und die zuletzt aufgetretene, ein Fehler bei den akustischen Torpedos, scheint von den Briten erkannt worden zu sein, lange bevor die Deutschen von ihrer Existenz überhaupt Kenntnis erhielten. Nach dem Kriege ergaben Schätzungen, dass von zehn akustischen Torpedos nur einer tatsächlich sein Ziel versenkte.

Die allgemeine Situation hinsichtlich der Artillerie war sogar noch kritischer. Vor dem Kriege waren die Kommandanten zur Auffassung gelangt, dass die großen Decksgeschütze (8,8 cm oder 10,5 cm) keiner nützlichen Funktion dienten, und sie lehnten ihren Einsatz ab, ausgenommen bei ungewöhnlich ruhiger See, die im Atlantik kaum anzutreffen war.

Die Kanoniere und die die Granaten heraufbringenden Munitionsmanner wurden häufig durch überkommende Seen von Deck gewaschen oder verletzt, sodass der Einsatz des großen Geschützes nicht möglich war. Selbst bei ruhigem Wetter war das Richten des Geschützes von dem schwankenden Deck aus keine einfache Angelegenheit. Doch trotz dieser Unzulänglichkeiten kam es bei einigen Booten zu längeren Artillerieeinsätzen, die bisweilen zu einem Verbrauch von mehr als hundert Granaten bei einem Angriff führten.

Zuweilen entsteht der Eindruck, dass die Fla-Geschütze im achteren Bereich des Kommandoturms deshalb eingebaut wurden, weil niemand sich vorstellen konnte, dass sie besser an anderer Stelle untergebracht gewesen wären. Die auf dem 2-cm-Geschütz in Einzellafette beruhenden Entwürfe stellten kein sonderlich wirksames Konzept gegen die schnellen, gepanzerten Flugzeuge der zweiten Hälfte des Krieges dar. Erst als die Luftangriffe zu einer ernsten Gefahr zu werden begannen, antwortete die deutsche Seite mit einem Modifizieren der Kommandotürme. Eine Vielzahl von Entwürfen mit verschiedenartiger Flakbewaffnung wurde erprobt, aber im Allgemeinen fand eine Kombination aus zwei 2-cm-Doppellafetten auf einer vergrößerten oberen Plattform des achteren Anbaus (»Wintergarten«) und eine 2-cm-Vierlingsflak oder eine 3,7-cm-Einzellafette auf einer zusätzlichen unteren Plattform eine häufige Verwendung. Doch selbst diese verstärkte Feuerkraft erwies sich nicht als besonders wirksam. Erneut ergab sich das Problem, von einer instabilen Plattform aus schießen zu müssen. Zudem hielten die Kanoniere die Schussweite ihrer Waffen für unzureichend und die Munition war schneller verbraucht als sie die Männer von unten heraufbringen konnten. Hinzu kam noch, dass der zusätzliche Aufbau mit den Geschützen die ohnehin schon langsame Geschwindigkeit unter Wasser noch weiter verringerte.

Vor dem Krieg führten die U-Boote ihre Kenn-Nummern aufgemalt beiderseits am Kommandoturm sowie auf bronzenen Platten am Bug (dunkles Rechteck unterhalb der Netzsäge). Die von der Netzsäge zum Turm sowie auch vom Turm nach achtern verlaufenden Stahltaue sind die »Netzabweiser«. Obwohl im 2. Weltkrieg U-Bootnetze kaum eine Rolle spielten, dienten diese Stahltaue der Befestigung von Funkantennen und dem Einklinken der Sicherheitsleinen bei Arbeiten an Oberdeck. Im Bild *U 30* vom Typ VII A (1936).

Der Bug von *U 49* vom Typ VII B (1939) mit Ankerklüse und Netzsäge.

Das Vorschiff eines Atlantik-Bootes vom Typ VII beim Stapellauf (siehe die am Bug gesetzte Nationalflagge, keine Gösch der Kriegsschiffe, da das Boot noch im Eigentum der Werft steht). Das Boot liegt noch auf Stapel, daher ist die schlanke Form des Stevens mit den beiden Ankern sowie den beiden vorderen Tiefenrudern gut zu erkennen. Die verkleideten vier Bugtorpedorohre dieses Typs (mit noch einem Heckrohr) sind auf diesem Foto nicht unterscheidbar.

Die deutsche U-Bootführung stellte rasch fest, dass sich die Boote nicht gegen die großen und gut gepanzerten Langstreckenflugzeuge wehren konnten, die die RAF gegen sie einsetzte, und sie konnten sich ihren Angriffen nur durch Tauchen entziehen. Doch auch dieser Vorgang hatte seine Schattenseiten. Die Flugzeuge waren schneller als die U-Boote und viele Boote erlitten im Augenblick des Untertauchens verhängnisvolle Beschädigungen. Daher waren die Tauchzeiten der Boote entscheidend. Diese Phase einer Feindfahrt war ein Kampf um Sekunden und zu lange Tauchzeiten waren vermutlich ursächlicher für U-Bootverluste, als dies bisher angenommen worden ist. Doch es gab auch zahlreiche Fälle eines unwahrscheinlich knappen und dramatischen Entkommens, wobei die Zähigkeit der Besatzungen mit dazu beitrug, schwer beschädigte Boote zum Stützpunkt zurückzubringen. Vor allem zeigte sich hierin auch die hohe Qualität des deutschen Schiffbaus.

Die meisten Operationen der U-Boote mussten ohne die dringend erforderliche Luftunterstützung durchgeführt werden. Dieser historische Aspekt ist noch kaum untersucht worden und es stellt sich die Frage, woran die U-Bootfahrer tatsächlich gescheitert sind. Von den fast 1200 in Dienst gestellten Unterseebooten gelangten etwa 800 nie in Schussweite zum Gegner. Dies bedeutet, dass nur ein Drittel der vorhandenen U-Boote angriff und zumindest Schiffe beschädigte. Noch schwerer wiegt, dass die Hälfte dieses Bruchteils weniger als fünfmal angriff und lediglich 131 U-Boote den Großteil der Verluste verursachten. Daher hat es den Anschein, als ob auf deutscher Seite die Prioritäten falsch gesetzt waren. Es hätte mehr Unterstützung gewährt werden müssen, statt sich auf den Bau derart großer U-Bootzahlen zu konzentrieren.

Anstatt die von den Flugzeugen ausgehende Bedrohung zu beseitigen, bestand die deutsche Antwort darin, den U-Booten das Vermeiden der Gefahr zu erleichtern.

Ein wesentliches Hilfsmittel war hierzu die Ausrüstung der Boote mit dem »Schnorchel«, d. h. einem Luftmast, sodass die Boote über längere Zeiträume getaucht bleiben konnten, während sie unter Wasser die Batterien aufluden. Diese Maßnahme trug jedoch kaum dazu bei, ihre Wirksamkeit zu erhöhen, denn die Unterwassergeschwindigkeit blieb auf etwa 5 kn begrenzt.

Das ursprünglich für die Türkei als BATIRAY gebaute *U A* wurde nach Kriegsbeginn von der Kriegsmarine in Dienst gestellt. Das große Tauchboot zur ozeanischen Verwendung kam häufig als Versorgungs-U-Boot zum Einsatz. Es war das einzige deutsche Boot des Zweiten Weltkrieges mit der typischen großen Auskragung vor dem Kommandoturm.

Ein Seeflugzeug Arado Ar 196 wird startbereit gemacht. Dies geschieht durch das Anbringen der Tragflächen am Rumpf, beides vorher unter Deck verstaut, sowie das Aussetzen der Maschine zum Start. Das Foto scheint die Ladeluke eines Hilfskreuzers zu zeigen. Auf einem zweckgebauten Kriegsschiff stünde das Flugzeug auf einem Katapult.

Die Idee des »Schnorchels« war keineswegs neu. Den Luftmast hatte bereits in den 30er-Jahren der Kptlt. J.J. Wichers von der Königlich Niederländischen Marine entwickelt. Nach seiner Vorstellung sollten die in fernöstlichen Gewässern operierenden Unterseeboote den mörderischen tropischen Temperaturen entgehen, indem sie unter Wasser blieben. Modifizierte Anlagen dieser Art, mit denen die niederländischen Unterseeboote der Klasse *O 19 - O 27* ausgerüstet worden waren, fielen 1940 in deutsche Hände, waren aber danach ausgemustert worden, weil die Kriegsmarine keinen Nutzen hierfür erkennen konnte.

Die ersten deutschen Schnorchel bestanden aus einem abklappbaren Mast mit einem Zuluftrohr, um ins Innere des U-Bootes Frischluft zu bringen, sowie einem gesonderten Rohr für das Abführen der Abgase. Im Schnorchelkopf sorgte ein entsprechendes Ventil (Kugel- bzw. Ringschwimmer) für einen Verschluss, sobald ihn Wellen überspülten. In Ruhestellung befand sich der abgeklappte Schnorchelmast vor dem Turm in einer Vertiefung der Verkleidung zwischen Druckkörper und Oberdeck. Aus dem Inneren des getauchten Bootes konnte der Schnorchelmast im Bedarfsfalle aufgerichtet und in einer Halterung am Kommandoturm eingeklinkt werden. Die von 1943 an im Bau befindlichen neuen »Elektroboote« waren von vornherein mit einer zweckmäßigeren Konstruktion ausgerüstet. Bei ihnen konnte der Schnorchelmast wie die Sehrohre aus- und eingefahren werden. Bei einem Teil dieser Boote umfasste das Mastgehäuse sowohl den Schnorchel als auch das Rundblick- und das Angriffssehrohr, wobei die Letzteren unabhängig vom Ersteren ausgefahren werden konnten.

KLEINKAMPFMITTEL

Heute ist es einfach die deutschen Kleinkampfmittel* als einen letzten verzweifelten Versuch zu sehen, um den Krieg zu verlängern – obwohl damals die Hoffnung gehegt wurde, dass diese drastischen Maßnahmen ein Beitrag sein könnten, um einen Verhandlungsfrieden herbeizuführen, statt sich der Schrecken erregenden Alternative der von den Alliierten geforderten bedingungslosen Kapitulation gegenüberzusehen. Der Entstehungsprozess der zahlreichen, aber isoliert entwickelten Ideen hinsichtlich des Einsatzes kleiner, seegehender Fahrzeuge als Hauptkriegswaffen fand statt, während die unglaublichen Erfolge von zwei britischen Kleinunterseebooten (»X-Craft«) das Denken inspirierten. Im September 1943 war das mächtige Schlachtschiff TIRPITZ von acht Männern, zwei Londoner Omnibus-Motoren und der Art Technik außer Gefecht gesetzt worden, die ein unternehmungslustiger Enthusiast in einem Gartenschuppen rasch improvisieren konnte. Bei diesem Unternehmen gesunkene und anschließend geborgene Klein-U-Boote, wahrscheinlich *X 6* (Lt. Cameron) und *X 7* (Lt. Place), wurden nach Timmendorfer Strand an die Lübecker Bucht gebracht, um wiederhergestellt und einer Serie von Erprobungen unterzogen zu werden (dort befand sich der Einsatzstab des K-Verbandes.) Zur selben Zeit fanden die Aktivitäten der bemannten Torpedos der Italiener eine eingehende Beachtung. Ende 1943 wurden die ersten Freiwilligen – Offiziere, Unteroffiziere und Mannschaften aller Dienstgrade aus Marine, Luftwaffe und Heer – in Heiligenhafen (östlich von Kiel nahe der Insel Fehmarn) zusammengezogen um z. T. nach italienischem und britischem Vorbild zu Marine-Einsatzkommandos ausgebildet zu werden.

Großadmiral Dönitz, der am 30. Januar 1943 Nachfolger Raeders als Ob.d.M. geworden war, aber weiterhin B.d.U. blieb, war mehr als skeptisch, als er bei einer der ersten Besprechungen über Kleinkampfmittel den Vorsitz führte. Ein durch den Marinebaurat Richard Mohr von der Torpedoversuchsanstalt (TVA) Eckernförde vorgestelltes Projekt hörte sich zu einfach und zu undurchführbar an, um von Nutzen zu sein. Mohrs Antwort auf die italienischen »Torpedoreiter« bestand darin, einen Mann zur Bedienung in den Torpedo zu setzen! Nach seiner Auffassung war in den kälteren Gewässern diese Version dem italienischen Modell vorzuziehen, bei dem die Männer rittlings auf dem Torpedo saßen. Nach seiner Vorstellung sollte beim Trägertorpedo der Gefechtskopf durch einen Steuerstand ersetzt und darunter ein Kampftorpedo befestigt werden. Da die TVA bereits einen Prototyp gebaut hatte, beauftragte Dönitz den ObltzS. »Hanno« Krieg das Gerät in Eckernförde zu erproben.

Der 25 Jahre alte Johann Otto Krieg, Crew 37, war auf *U 81* Erster Wachoffizier gewesen, als das Boot unter dem Befehl von Kptlt. Friedrich Guggenberger den Flugzeugträger ARK ROYAL im Mittelmeer versenkte. In der Folgezeit kommandierte Krieg *U 412* und übernahm dann sein altes Boot, mit dem er im turbulenten Jahr 1943 eine schwierige Zeit durchmachte. Nachdem er *U 81* gerade ein Jahr lang geführt hatte, wurde das Boot im Januar 1944 bei einem Luftangriff auf Pola/Adria vernichtet und Krieg war ohne Kommando. Nach Deutschland zurückgekehrt, erwartete er schließlich eine Fortsetzung seiner Reise an die Ostsee, um ein nagelneues U-Boot zu übernehmen. Stattdessen fand er sich in einem Torpedo sitzend wieder.

Johann Krieg kam bei der Erprobung des Geräts lediglich zugute, dass seine Bedienung einfach war. Es gab einen Steuerknüppel für Seiten- und Tiefenruder und einen Fahrhebel für das Ein- und Ausschalten des E-Motors. Das Gerät war nicht einmal ausgestattet, um die Geschwindigkeit zu variieren oder um zu tauchen. Den Motor ein-

---

* Die Entwicklung und den Einsatz von Marine-Kleinkampfmittel bei allen kriegführenden Nationen stellt *Paul Kemp* in seinem Werk dar: *Bemannte Torpedos und Klein-U-Boote im Einsatz 1939 - 1945.* Motorbuch Verlag, Stuttgart 1999.

Ein bemannter Torpedo vom Typ »Neger« des K-Verbandes im Deutschen Museum in München (oben und unten). Der röhrenförmige Ausguck ist ein Nachkriegszusatz; ursprünglich deckte den Pilotensitz eine Plexiglaskuppel ab. Wenn auch weit im Binnenland gelegen, hat das Museum eine interessante Marineabteilung mit der *U 1* von 1906, einem Klein-U-Boot »Seehund« und weiteren Überwasserfahrzeugen.

schaltend, während die Nase des Geräts in Richtung See zeigte, jagte das Fahrzeug mit etwa 50 km/h los. Erstaunlicherweise ging es nicht unter und Krieg brachte es wieder zurück. Doch selbst die um die Hälfte verringerte Geschwindigkeit durch ein Umschalten der Batterien erbrachte eine immer noch viel zu hohe Fahrt. Schließlich gelang es, die Geschwindigkeit auf 4 kn zu verringern, indem die Batterien lediglich eine Parallel- statt einer Reihenschaltung aufwiesen. Dies hatte den Vorteil, dass sich die Seeausdauer des Gerätes durch die sehr geringe Geschwindigkeit auf zehn und mehr Stunden erhöhte.

Auf diese Weise wurde mit sehr geringen Anstrengungen eine völlig neue Waffe geboren: der Einmanntorpedo »Neger« (abgeleitet vom Namen des Konstrukteurs). Und die Marine hatte bereits eine Verwendung für diese Kuriosität. Zu diesem Zeitpunkt hatten die alliierten Streitkräfte

im Süden Italiens bereits festen Fuß gefasst und Dönitz war der Meinung, dass sich diese einfachen Einmanntorpedos als nützlich erweisen könnten, um die Versorgungsschiffe anzugreifen, die den Nachschub heranbrachten. So ergab sich die Erkenntnis, dass kleine Sonderwaffen in Zukunft eine wesentliche Rolle spielen könnten. Daher ernannte das OKM Vizeadmiral Eberhard Weichold zum Sonderbeauftragten, um die Entwicklung der Kleinkampfmittel zu koordinieren und ihre Möglichkeiten festzustellen. Er erhielt jedoch keine besondere organisatorische Unterstützung oder umfangreiche zusätzliche Mittel, um die vor ihm liegenden Probleme in Angriff zu nehmen.

Trotz der fehlenden Mittel wurde sehr rasch offensichtlich, dass traditionelle Befehlswege aufgegeben werden müssten, weil zukünftige Erfolge von den Fähigkeiten unkonventioneller Männer abhängig sein würden, die unorthodoxe Konzepte ersannen. Das Ergebnis bestand in der Aufstellung einer selbstständigen Truppe aus Freiwilligen, des Kleinkampfverbandes (K-Verband), als KAdm. Hellmuth Heye im April 1944 Weicholds Gruppen als »Admiral der Kleinkampfverbände« übernahm.

Heye begann nach Charakteren zu suchen, die nicht in das konventionelle Bild der Marine passten. Einer der ersten Offiziere, die ihm in den Sinn kamen, war der KKpt. Hans Bartels, der bereits 1940 in Norwegen seine eigenen Minensucher gebaut hatte (siehe oben Seite 158 f.). Ihm folgte der KKpt. Fritz Frauenheim, ein hervorragender U-Bootkommandant, als Chef des Stabes sowie Kptlt.d.R. Michael Obladen, ein Reserveoffizier, der vor dem Krieg Kaufmann in Hamburg gewesen war. Da das Kommando der Kleinkampfverbände (K.d.K.) dem Ob.d.M. direkt unterstand – ohne Zwischenschaltung des komplizierten administrativen Systems der Marine: Heye war als Frontbefehlshaber gleichzeitig sein eigener Referent im OKM –, war es mit Ausnahme der operativen Entscheidungen für den Einsatz ansonsten allein verantwortlich. In der Praxis bedeutete dies, dass das K.d.K. unabhängig von der Skl. handelte und mit deren Dienststellen und der Industrie direkt verkehrte. Für den Transport seiner Verbände an die einzelnen Einsatzorte standen dem K.d.K. die erforderlichen Kraftfahrzeuge mit Personal sowie gegebenenfalls einige U-Boote und Schiffe zur Verfügung.

Der erstaunlichste Aspekt am K-Verband war, dass an seinen Anfängen nur eine Hand voll unkonventionell denkender Männer stand, ohne noch Waffen zur Verfügung zu haben, und dass innerhalb weniger Monate eine Organisation mit einer findigen Vielfalt von Waffensystemen vorhanden war. Einiges konnte modifiziert aus dem gefertigt werden, was vorgefunden wurde, während anderes speziell aus Bauteilen entstand, die zu dieser Zeit verfügbar waren. So entstand zum Beispiel der bereits erwähnte »Neger« aus einem Standardtorpedo. Bartels, der nie bei der U-Bootwaffe gewesen war, hatte die Idee zu einem einzigartigen Einmann-Klein-U-Boot mit der Bezeichnung »Biber«. Mit Ottomotor für Überwasser- und E-Motor für Unterwasserfahrt ausgerüstet, war es tauchfähig und konnte etwas über einen Tag in See bleiben, ehe ihm der Treibstoff ausging. Bedauerlicherweise war die Abteilung mit dem Motorenraum nicht immer dicht und die Abgase konnten in den Steuerstand eindringen und den Piloten vergiften. Zumindest ein solches Boot entdeckte die Royal Navy in der Nähe von Dover, nachdem der »Biber«-Fahrer an einer Kohlenmonoxydvergiftung gestorben war. Dieses Boot befindet sich heute im Imperial War Museum in London. Vor einigen Jahren gab mir die Ausstellungsleitung des Museums die Erlaubnis, das Boot zu fotografieren. Doch die für den Bereich des Kleinunterseebootes verantwortliche Aufsicht verhinderte leider diesen Versuch; denn das Fotografieren des »Biber« war zwar gestattet worden, aber nicht so, wie ich dies wollte. Sei es, ich hatte nicht die Lust dazu, auch noch diese Erlaubnis einzuholen.

Der K-Verband war nicht nur außerordentlich erfindungsreich, wenn es darum ging, Geräte und Boote zu entwerfen, sondern er war in gleicher Weise vielseitig, wenn diese wirksam eingesetzt werden sollten. So hatte es zum Beispiel den Plan gegeben, je einen »Biber« an Oberdeck von drei großen U-Booten mitzuführen, um sie in Angriffsentfernung zum sowjetischen Hafen Murmansk auszusetzen und das sowjetische Schlachtschiff ARCHANGELSK (ex-HMS ROYAL SOVEREIGN) im Kola-Inlet zu versenken. Das Unternehmen scheiterte Anfang Januar 1945 nur deshalb, weil die

Großadmiral Dr.h.c. Erich Raeder trägt den normalen Dienstmantel mit offenen kornblumenblauen Aufschlägen. Hinter ihm steht ebenfalls mit offenen Aufschlägen der Flottenchef, Admiral Otto Schniewind. Die rangniederen Offziere tragen den Mantel, wie auf dem Bild erkennbar ist, nach Vorschrift bis oben zugeknöpft.

Vibrationen der Dieselmotoren bei zwei »Bibern« Schäden verursachten; obwohl das eiskalte Wasser die »Biber«-Fahrer hätte durchaus unterwegs erfrieren lassen können. Ein anderer Plan des K-Verbandes hatte den Transport eines »Biber« mit einem Langstrecken-Flugboot von Blohm & Voss nach Ägypten vorgesehen. In einem einsamen Bereich des Suezkanals ausgesetzt, hätte das Klein-U-Boot zu einer engen Stelle des Kanals fahren und ihn durch das Versenken eines Schiffes blockieren sollen. Der Leser fragt sich, wie ein derart abenteuerlicher Plan hätte durchgeführt werden können – aber zu unkonventionellen Kampfmitteln gehören auch unkonventionelle Ideen.

Die wichtigsten Kleinkampfmittel

Bemannte Torpedos

Der »Neger«

Obwohl bisweilen als Kleinunterseeboot klassifiziert, ist es fraglich, ob diese Bezeichnung korrekt ist, denn der »Neger« war nicht tauchfähig. Sobald das Gerät mit seiner nicht variablen Geschwindigkeit von etwa 3,2 kn unterwegs war, überspülte das Wasser die Plexiglaskuppel über dem Kopf des Fahrers, trübte seine Sicht und verbarg das Fahrzeug, wenn auch nicht das verräterische Kielwasser. Obwohl von der deutschen Marine immer betont worden war, dass keines dieser

Kleinkampfmittel als Selbstopferwaffe begriffen worden wäre, konnte die Kuppel nur von außen abgenommen werden, d.h. der Fahrer war eingeschlossen, bis er zu seinem Stützpunkt zurückkehrte. Da er keine Möglichkeit hatte, mit der Außenwelt in Verbindung zu treten, konnte er weder sein Eintreffen an irgendeinem Ort ankündigen noch sich ergeben. Der Fahrbereich des »Neger« betrug bei der Laufzeit des Torpedomotors von etwa 12 Stunden rund 30 sm (55 km). Unter dem Trägertorpedo hing der Gefechtstorpedo, der aus Gewichtsgründen nur eine halbe Batterie besaß. Ca. 200 »Neger« wurden mit dem Ziel gebaut vor den Landeköpfen von Anzio (Italien) und der Normandie nach dem »D-Day« Nachschub bringende Schiffe anzugreifen. Doch ihre unerhört hohen Verluste hatten zur Folge, dass ihre Operationen im Herbst 1944 eingeschränkt wurden. Trotz dieser Verluste blieb jedoch eine Anzahl dieser Geräte in Bereitschaft, falls sich geeignete Gelegenheiten für ihren Einsatz bieten sollten.

»Marder« und »Hai«

Eine Verbesserung des »Neger« stellte der »Marder dar (ca. 300 gebaute Einheiten). Dieser unterschied sich vom ersteren lediglich dadurch, dass er eine Tauchzelle besaß, mit deren Hilfe er kurze Zeit bis zu 10 m Wassertiefe tauchen konnte. Allerdings musste auch der »Marder« auftauchen, um seinen Torpedo loszumachen. Auf Fotos können die beiden ähnlich aussehenden Geräte unterschieden werden, da der Trägertorpedo des »Marder« über einen halben Meter länger als der Gefechtstorpedo war, während beim »Neger« beide in etwa von gleicher Länge waren.

Eine Weiterentwicklung des »Marder« war der »Hai«. Ursprünglich als eine reine Selbstopferwaffe entwickelt, gelangte der »Hai«, im Grunde ein überlanger »Marder«, über das Versuchsstadium nicht hinaus.

Klein-U-Boote mit ausschließlichem Elektroantrieb

Der »Molch«

Auch der »Molch« war eine Entwicklung der TVA Eckernförde und wurde bei der A.G. »Weser« in Bremen und bei den Lübecker Flender-Werken gebaut. Das Fahrzeug bestand aus einem zylindrischen Bootskörper mit einer Steuerzentrale und einem kleinen Turm für den Bootssteuerer. Seitlich konnten zwei Standardtorpedos mit verringerter Batteriekapazität mitgeführt werden. Das unter Verwendung von Torpedoteilen gefertigte Einmannboot (11 t) erreichte fast 5 kn. Seine Tauchfähigkeit sollte die Probleme des »Neger« – Turbulenzen, verursacht durch die das Gerät überspülende Bugwelle – vermeiden. Trotz Fertigstellung von fast 400 Einheiten erwies sich das Boot im Einsatz infolge mehrerer Entwurfsfehler als nicht befriedigend. »Molche« kamen in Italien und an der holländischen Küste zum Einsatz, aber es hat den Anschein, als ob sie dem Gegner keinen großen Schaden zufügten.

Der »Hecht« (U-Boottyp XXVII A)

Der »Hecht« entstand im U-Bootkonstruktionsreferat des OKM, ab 1944 verantwortlich für den Bau der U-Boote, als Amtsentwurf und die Germaniawerft in Kiel erhielt den Bauauftrag für eine Reihe von Einheiten. Einige Quellen legen die Fertigstellung von etwa 50 Booten dar, während andere behaupten, dass nur wenige Einheiten (drei Prototypen) gebaut wurden. Es scheint sicher, dass die Mehrheit der Boote nicht fertig gestellt wurde, da sich die Produktion inzwischen dem überlegenen Typ XXVII B »Seehund« zugewandt hatte. Daher fanden die »Hechte« nur als Schulboote Verwendung.

Die ursprüngliche Idee für den »Hecht« entstand nach der Bergung der britischen X-Boote als Klein-U-Boot mit zwei Mann Besatzung für das Anbringen von Haftminen. Italienische Ursprünge sind fraglich. Schließlich bestand die Bewaffnung entweder aus einem Standardtorpedo unter dem Kiel oder aus einem abnehmbaren Gefechtskopf am Bug als Mine mit einem Zeitzünder. Dieser Grundentwurf verlieh diesem Boot (ca. 12 t) interessante Möglichkeiten, denn anstatt einer Mine konnten im Kopf auch zusätzliche Batterien untergebracht werden, die den Fahrbereich um fast 50% erhöhten, oder alternativ konnte ein besonderer Kopf zur Aufnahme von zwei Kampfschwimmern angebracht werden. Der Nachteil all dieser Bootstypen bestand darin, dass es beträchtliche Unterschiede zwischen einem Einsatz von Klein-U-Booten im Mittelmeer und dem

Das Einmann-U-Boot »Biber« im Deutschen Museum in München. Erkennbar sind der kleine Kommandoturm und einer der beiden 53,3-cm-Torpedos.

Der Steuerstand im Klein-U-Boot »Biber«. Ein Mann als Besatzung war hier einfach überfordert.

Umsetzen derselben Idee in den kalten, wolkenverhangenen nördlichen Gewässern gab. Auch konnten die Batterien des »Hecht« nicht aufgeladen werden, es sei denn, sie wurden mit einer externen Kraftquelle verbunden. Doch selbst bei den Erprobungsfahrten brach die Stromversorgung häufig gerade dann zusammen, wenn der Antrieb gebraucht wurde. Zum Stützpunkt zurückgekehrt, dauerte das Aufladen mehrere Stunden. Der mögliche Fahrbereich betrug bei etwa 4 kn lediglich um die 60 sm (ca. 110 km). Er verringerte sich unter Gefechtsbedingungen auf eine Einsatzzeit von etwa 6 Stunden und 37 sm (70 km).

Klein-U-Boote mit Verbrennungs- und E-Motorenantrieb

Der »Biber«

Nach dem Vorbild des britischen »Welman«-Bootes beruhte dieses Einmann-U-Boot auf der Idee des KKpt. Hans Bartels und wurde in den

Die Rückansicht des »Molch« mit ausschließlichem Elektroantrieb, ebenfalls im Deutschen Museum, München.

Lübecker Flender-Werken entwickelt. Wie bereits erwähnt, bestand sein Hauptnachteil nicht im Entwurf sondern in der Verwendung des Ottomotors als Überwasserantrieb, wobei dessen Abgase den »Biber«-Fahrer mit Kohlenmonoxyd vergiften konnten. Ein weiterer großer Nachteil lag in der ziemlichen Einfachheit des Entwurfs. Obwohl der »Biber« zu einer Seeausdauer von fast einem vollen Tag im Stande war, behinderten die kalte Feuchtigkeit in seinem Inneren sowie das zur Bedienung des Bootes erforderliche hohe Maß an Konzentration die »Biber«-Fahrer außerordentlich. Wie der »Molch« und der spätere »Seehund« führte der »Biber« zwei Standardtorpedos mit, deren übliche Batteriekapazität um die Hälfte bis zu zwei Dritteln verringert worden war, um Gewicht einzusparen. Ab Ende August 1944 kamen »Biber« von Fécamp aus und vor der Schelde-Mündung sowie auf holländischen Binnengewässern zum Einsatz. Die schwierigen Navigationsverhältnisse in der südlichen Nordsee und im Kanal (Gezeitenströme, Sände) führten zu beträchtlichen Verlusten. Viele »Biber« fielen auch alliierten Flugzeugen zum Opfer.

Trotz der genannten Nachteile sollte ein verbesserter Typ – der »Biber II« – mit zwei Mann Besatzung eine bessere Leistungsfähigkeit erbringen, da die Männer abwechselnd schlafen konnten. Doch der Krieg endete, ehe der »Biber II« in die Fertigung gehen konnte. Dem »Biber« lag im übrigen ein Vorentwurf zu Grunde, der zum Bau des sog. »Adam«-Bootes führte, das nicht weiterverfolgt wurde.

Der »Seehund« (U-Boottyp XXVII B 5)

Aus dem Typ XXVII A »Hecht« als fünfter Entwurf der Typreihe XXVII B entwickelt, war der etwas größere »Seehund« (14,9 t) mit Dieselmotor und einer komplizierteren Ausrüstung – u. a. ein kleines Sehrohr, ein Schnorchel, ein Funk- und ein Horchgerät – ein richtig gehendes und ziemlich stabiles Klein-U-Boot mit zwei Mann Besatzung und einer guten Seefähigkeit bis Seegang 4 (die Mehrheit der 285 abgelieferten Einheiten hat das

Horchgerät vermutlich nie erhalten). Das Boot führte zwei Torpedos mit der üblichen verringerten Batteriekapazität mit. Der »Seehund« konnte fünf volle Tage in See bleiben (längste Einsatzfahrt 11 Tage) und sein Fahrbereich betrug über Wasser 270 sm (500 km) bei 7,7 kn sowie unter Wasser 63 sm (117 km) bei 3 kn. Bei ihren Einsätzen ab Januar 1945 erzielten diese Boote in der südlichen Nordsee und im Kanal einige Erfolge. Als die britischen Truppen Kiel besetzten, fanden sie bei den Howaldtswerken und auf der Germaniawerft eine beträchtliche Anzahl »Seehunde« im Bau vor. Weitere Boote befanden sich auf der Schichau-Werft in Elbing/Ostpreußen und bei Klöckner in Ulm/Donau im Bau. Nach dem Kriege kam eine Anzahl von Booten dieses Typs bei Baggerarbeiten in mehreren europäischen Häfen zum Vorschein. Dies ließ erkennen, dass sie überall dort stationiert worden waren, wo eine Landung amphibischer Streitkräfte für möglich gehalten wurde.

Überwasserfahrzeuge

Obwohl der »Neger« keine Tauchzellen besaß, war dieser Typ eines bemannten Torpedos eher dafür vorgesehen, durch das Wasser zu fahren als an seiner Oberfläche. Im Gegensatz hierzu gehören zur folgenden Gruppe Bootsentwürfe, die auf dem Motortorpedoboot-Konzept beruhen, wobei sich das Boot zu einem erheblichen Teil aus dem Wasser hebt.

Das Sprengboot vom Typ »Linse«

Das Sprengboot vom Typ »Linse« wurde aus den deutschen Sprengbooten mit Fernlenkung des Ersten Weltkrieges entwickelt. Dem Konzept der »Linse« lag folgende Idee zu Grunde: Eine Angriffsrotte bestand aus einem Führerboot und zwei Sprengbooten mit fünf Mann Besatzung. Beim Anmarsch steuerte je ein Bootssteuerer ein Sprengboot per Hand. Beim Übergang in die Angriffsphase ließen sich die Piloten seitwärts über Bord fallen (spätere Aufnahme durch das Führerboot). Während ein Bootssteuerer das Führerboot fuhr, lenkten der Rottenführer und ein zweiter Mann je eines der Sprengboote über Funksteuerung mit 35 kn Höchstfahrt ins Ziel. Beim Auftreffen wurde der achtere Teil der Boote, in dem sich die Hauptsprengladung befand, abgesprengt und versank. Anschließend detonierte die Hauptladung, ausgelöst durch einen Zeit- oder Druckzünder, mit der Wirkung einer Grundmine.

Jede der »Sprenglinsen« (1,8 t), ausgenommen das Führerboot, hatte eine Sprengladung von 300 kg bzw. später 480 kg an Bord. Der Fahrbereich der Boote betrug bei 15 kn Marschfahrt etwa 80 sm (150 km) und sie hatten eine Seeausdauer von rund 5 Stunden. Obwohl die Geschwindigkeit für die Angriffsphase ideal war, wirkte die Bugwelle bei ruhiger See verräterisch und dies bedeutete, dass der Anmarsch oft sehr viel langsamer vonstatten ging. Bei grobem Seegang waren die Boote sehr gegen Seeschäden anfällig, sodass sich ihr Einsatz weitgehend auf Operationen im Englischen Kanal beschränkte. Trotzdem bestanden Pläne für sogar noch schnellere Sprengboote, die über 45 kn erreichen sollten: das Katamaran-Projekt »Tornado« sowie eine Tragflügel-«Linse«. Sprengboote vom Typ »Linse« kamen gegen die Invasionsflotte im Bereich Le Havre, vor der französisch-italienischen Riviera-Küste sowie später im holländisch-belgischen Raum zum Einsatz. Sie scheinen jedoch dem Gegner keinen großen Schaden zugefügt zu haben.

Es ist sicher interessant, die Anmerkung hinzuzufügen, dass diese Sprengboote überhaupt keine Entwicklung der Marine waren, sondern eine solche des Heeres, und zwar der Küstenjäger-Abteilung der seit Dezember 1942 bestehenden Division »Brandenburg« (vorher Lehrregiment »Brandenburg« z.b.V. 800; die dem OKH unterstehende Kommando-Truppe des Heeres*). Am 25. August 1944 erhielt Lt.(V) Alfred Vetter mit 21 Jahren als jüngster Marineangehöriger das Ritterkreuz des Eisernen Kreuzes. Er war Führer der 4. Gruppe der mit Sprengbooten ausgerüsteten K-Flottille 211.

Das Kleinschnellboot »Hydra«

Das Ende 1944 für den Bau in Großserie in Auftrag gegebene Kleinschnellboot (7,45 t) hatte zwei Mann Besatzung und einen Fahrbereich von

* Über die spannende Geschichte der »Brandenburger« berichtet *Franz Kurowski: Deutsche Kommandotrupps 1939 - 1945 – »Brandenburger« und Abwehr im weltweiten Einsatz.* Motorbuch Verlag, Stuttgart 2000.

158 sm bei maximal 36 kn. Seine Bewaffnung bestand aus zwei 45-cm-Heckrohren für den Lufttorpedo F 5b und einem Fla-MG. Bis Kriegsende wurden von den für einen Einsatz im holländisch-belgischen Schelderaum vorgesehenen Booten noch etwa 40 Einheiten fertig gestellt.

Die Transportprobleme für die K-Mittel

Ein Kleinunterseeboot in den Stunden der Dunkelheit zu steuern, stellte nur einen Aspekt ihres gefährlichen Einsatzes dar. Genauso große Probleme ergaben sich, um die Boote im Geheimen zu einem Einsatzort zu transportieren, sie in einem Hafen mit einem Kran ins Wasser setzen oder sie am offenen Strand über eine Rampe zu Wasser zu bringen, ihre Batterien aufzuladen und den Piloten in seinen Steuerstand steigen zu lassen. Diese Probleme des K-Verbandes konnten nur durch Hitlers persönliches Eingreifen bewältigt werden, weil ansonsten niemand die Autorität gehabt hätte, um die umfangreichen Unterstützungsleistungen zu mobilisieren. Hierfür ist der erste »Neger«-Einsatz im April 1944 bei Anzio ein Beispiel. Die 37 Träger- und Gefechtstorpedos wurden im Eisenbahntransport nach Rom gebracht. Von dort transportierten sie Panzer-Tieflader des Heeres zum Einsatzort, wo sie von 500 Heeressoldaten mit Muskelkraft über den offenen Strand zum Wasser geschleppt wurden. Einen Vorteil gab es beim Transport dieser bemannten Torpedos; sie weckten kein außergewöhnliches Interesse, solange die Kuppel über dem Steuerstand abgedeckt blieb.

Der K-Verband ließ für den Überlandtransport und das Zu-Wasser-Bringen auch Spezialwagen bauen, aber in vielen Fällen vollzog sich die Entwicklung der Geräte so schnell, dass sie einsatzfähig waren, noch ehe das Zubehör zur Verfügung stand. Einsätze in der Seinebucht vor der Normandieküste waren sogar noch komplizierter. Kolonnen aus über 100 Spezialtransportern, gefertigt von mindestens einem halben Dutzend verschiedener Hersteller, brachten die »Neger/Marder« und später die »Molche«, »Biber« und »Seehunde« im mehrtägigen Straßentransport zu ihren Einsatzorten an die Kanalküste oder in den holländisch-belgischen Raum. Die Vielfalt der speziellen Transportwagen war von wesentlicher Bedeutung, denn unterwegs waren die Reparaturmöglichkeiten begrenzt, sodass an Ersatzteile gedacht werden musste. In der Praxis bedeutete dies offensichtlich, einen ziemlichen Vorrat an wesentlichen Ersatzteilen mitzuführen und nicht außer Acht zu lassen, dass sich die Transporter nicht mehr im erstklassigen Zustand befanden. Während der Fahrt musste das Transportpersonal Luftangriffe abwehren bzw. über sich ergehen lassen und mit dem erschreckenden Zustand der europäischen Straßen in der Kriegszeit fertig werden. (Hierfür bietet sich ein guter Vergleich an: Heute braucht ein Kraftfahrzeug für die Fahrt von Calais nach Cuxhaven zum U-Boot-Archiv sechs Stunden. 1962 dauerte die Reise vor dem Ausbau der Autobahnen fast 20 Stunden). Am Bestimmungsort schließlich angekommen, wurden viele Einsätze dadurch erschwert, weil die Luftangriffe auf die Häfen die Mittel für das Zu-Wasser-Bringen der K-Mittel zerstört hatten. Waren die Geräte endlich im Wasser, so sorgte das kalte Winterwetter 1944/45 auch nicht gerade für ideale Bedingungen in der kabbeligen See.

Kleinunterseeboot-Projekte

Der »Seeteufel« oder »Elefant«

Für viele Piloten war natürlich die zu große Entfernung zwischen Abgangsort und Zielgebiet entnervend. Folglich mussten die K-Mittel dichter herangebracht werden, aber dies war nur möglich, wenn sich das Zu-Wasser-Bringen nicht auf Hafeneinrichtungen beschränkte. Dieses Problem sollte der »Elefant« oder »Seeteufel« lösen, auch als »Projekt Lödige« bezeichnet: Ein Klein-U-Boot, das mit einem Gleiskettenantrieb versehen war. Es ist nicht schwierig zu vermuten, wo der letztgenannte Name herkam; denn das instabil wirkende Fahrzeug bewegte sich langsam über einen festen Strand ins Wasser und tauchte dann unter, um nicht mehr gesehen zu werden. Wenn auch beim Prototyp mit einem zu schwachen Motor versehen und an Land mit den zu eng stehenden Raupenketten ziemlich unbeholfen aussehend, benahm sich das Klein-U-Boot im Wasser außergewöhnlich gut. Entsprechend modifiziert, wäre es vermutlich zur Abwehr von Landungen ein ziemlicher Pluspunkt gewesen. Das von der TVA Eckernförde gebaute Versuchsboot befand sich zur Erprobung durch den K-Verband in

Lübeck und wurde bei Kriegsende vor dem Eintreffen der Alliierten zerstört.

Der »Schwertwal«

Dieses kleine, torpedoähnlich aussehende Fahrzeug mit zwei Mann Besatzung war entworfen worden um eine ähnliche Aufgabe wie ein Jagdflugzeug zu erfüllen. Es sollte mit einem kleinen Funkmessgerät, einer Schallortungsanlage und einem oder vielleicht zwei der neuartigen Torpedos mit Wasserstoffsuperoxyd-Antrieb – eine Entwicklung des genialen Ingenieurs und Erfinders Hellmuth Walter * – ausgerüstet werden. Ebenfalls von einer H_2O_2-Turbine angetrieben, war für das Klein-U-Boot eine Höchstgeschwindigkeit unter Wasser von über 30 kn vorgesehen, wenn auch die normale Marschfahrt näher bei 10 kn lag. Die Erprobungen des Prototyps waren bei Kriegsende noch im Gange. Da dieses Fahrzeug offensichtlich als zu futuristisch angesehen wurde, um zerstört zu werden, wurde es im größeren der Plöner Seen in Schleswig-Holstein mit allen Zeichnungen und Entwurfsunterlagen in seinem Inneren versenkt. Leider gibt es dieses Fahrzeug nicht mehr. Britische Truppen entdeckten es nach Kriegsende, um dann im Dunkel zu verschwinden.

Der »Delphin«

Ein Versuchsboot, um eine torpedoähnliche Mine zu schleppen oder einen Torpedo unter dem Kiel mitzuführen. Ursprünglich sollte der Pilot das gesamte Boot unter Wasser wie ein Sprengboot ins Ziel steuern, um lediglich kurz vorher auftauchend sich aus dem Boot schleudern zu lassen. Das hydrodynamische Einmannboot wurde von einem serienmäßigen Ottomotor für den Opel »Kapitän« angetrieben. Drei Prototypen wurden für die Erprobungen gefertigt, aber die Versuche fanden ein vorzeitiges Ende, als eines der Geräte das Mutterschiff rammte. Kurz vor Kriegsende wurden die drei Erprobungsboote mit den Plänen und Entwurfsunterlagen vor dem Eintreffen der britischen Truppen in Pötenitz bei Travemünde nahe Lübeck zerstört.

Kampfschwimmer

Mitte 1944 standen etwa 30 Kampfschwimmer **, darunter eine Anzahl bekannter Sportschwimmer, nach italienischem Vorbild voll ausgebildet bereit, gegliedert in Marine-Einsatzkommandos, um Sondereinsätze durchzuführen. Mit Sprengladungen ausgerüstet, kamen die Kampfschwimmer u.a. gegen die Orne-Brücke sowie gegen die Brücken vom Nimwegen zum Einsatz (die Erstere, bekannt als Pegasusbrücke, wurde durch Major Howard und die britischen Luftlandetruppen berühmt, die am »D-Day« mit Lastenseglern niedergingen). Gegen Ende des Krieges bereiteten Kampfschwimmer einen sehr raffinierten Plan vor, um die Truppen Feldmarschall Montgomerys am Überqueren der Elbe bei Hamburg zu hindern. Sie hatten sich stromaufwärts verborgen und lagen mit ihren 5 m langen Torpedominen auf der Lauer, die mit hoch empfindlichen Zündern ausgestattet und braun angestrichen waren, damit sie wie Treibholz aussahen, um sie unter der Pontonbrücke detonieren zu lassen. Als jedoch bekannt wurde, dass Hamburg kapituliert hatte und die britischen Truppen die normalen Elbebrücken benutzten, packte das Kommando seine Ausrüstung mit den Waffen wieder ein und kehrte nach Kiel zurück. Sowohl die Straßen- als auch die Eisenbahnbrücken waren für ihre Sprengladungen zu stark und zu hoch, um die lichtempfindlichen Auslöser durch einen merklichen Lichtunterschied zu beeinflussen.

* Über den »Schwertwal« und die Fülle an Erfindungen und Projekten von Hellmuth Walter berichtet die Dokumentation von *Eberhard Möller: Marine-Geheimprojekte – Hellmuth Walter und seine Entwicklungen.* Motorbuch Verlag, Stuttgart 2000.

** Eine Darstellung der Einsätze deutscher Kampfschwimmer findet sich bei *Michael Welham: Kampfschwimmer. Geschichte – Ausrüstung – Einsätze.* Motorbuch Verlag, Stuttgart 1996, bzw. in dem leider nur noch in Bibliotheken einzusehenden, sehr empfehlenswerten Werk von *Cajus Bekker: Einzelkämpfer auf See.* Gerhard Stalling Verlag, Oldenburg, 1968.

DIE SEEFLIEGER

Die ersten Versuche Flugzeuge bei der Marine zu verwenden scheinen durch die Begeisterung behindert worden zu sein, die von den großen Luftschiffen ausging, die Ferdinand Graf von Zeppelin baute. Diese Woge der Begeisterung flutete so stark durch Deutschland, dass der Graf durch freiwillige Spenden eines ihn unterstützenden Publikums vor dem Bankrott gerettet wurde. Selbst zwei frühe Unglücksfälle, die den Luftschiffen *L 1* und *L 2* zustießen, dämpfte die Begeisterung nicht, die diese großen, mit Wasserstoff gefüllten Gassäcke auslösten. Auf irgendeine Weise inspirierten Luftschiffe die Vorstellungskraft in einem derartigen Ausmaß, dass sogar der Verlust von 17 Luftschiffen während des Ersten Weltkrieges ihre Popularität nicht verringerte. Die Tatsache, dass auf diese Weise die Flugzeugentwicklung in einem Maße auf ein Nebengleis geriet, dass sie hinter anderen Ländern zurückblieb, spielte hierbei kaum eine Rolle, denn der Versailler Vertrag hatte bestimmt, dass alle deutschen Militärflugzeuge verschrottet werden sollten. Infolgedessen mussten rund 2500 Flugzeuge ausgeliefert werden und rollten zu den Verschrottungsunternehmen, während die nächste Generation ganz von vorn beginnen musste.

Das fehlende Interesse der Alliierten an der Zerstörung der grundlegenden Infrastruktur für das Flugwesen bedeutete, dass vor allem die gut ausgestatteten Seefliegerhorste Kiel-Holtenau an der Ostsee und Norderney an der Nordsee sowie Flugplätze an anderen Orten entlang der Küste erhalten blieben. Zudem boten sich Seeflugzeuge als »praktisches Spielzeug« an, um die im Versailler Vertrag auferlegten Beschränkungen zu umgehen. Als Folge nahmen »zivile« Fliegerklubs einige der

Ein Seeflugzeug vom Typ Arado Ar 196 mit ziviler Kennzeichnung, gesteuert von Heinfried Ahl, einem Mitglied der Olympia-Mannschaft 1936, versucht, längsseits eines Kriegsschiffes zu landen. Das mit beträchtlicher Geschwindigkeit fahrende Schiff schleppt eine schwere Gummimatte über die Wasseroberfläche (das sog. »Landesegel«), um im Wellengang eine ruhige Landefläche zu schaffen. Die Versuche ergaben, dass es weit einfacher war, durch enges Drehen des Schiffes eine glatte Wasserfläche zu erzeugen, den »Ententeich«, und die Landesegel-Idee wurde aufgegeben. Der spätere ObltzS. Heinfried Ahl gehörte 1940/41 als Pilot des Bordflugzeuges zur Besatzung des Hilfskreuzer KORMORAN.

leer stehenden militärischen Örtlichkeiten rasch in Besitz, um das Vorstellungsvermögen der Nation zu wecken. Dieser Mythos, erzeugt durch das noch in den Anfängen steckende Konzept des Marineflugwesens, muss sich auch in den Köpfen der britischen Regierung geregt haben, denn einer der ersten größeren Luftangriffe des Zweiten Weltkrieges richtete sich gegen den Seefliegerhorst List auf der Insel Sylt. Ziemlich peinlich war dann, dass die Bomber ihr Ziel verfehlten und stattdessen dänisches Territorium trafen.

Obwohl der Versailler Vertrag Luftstreitkräfte verbot, zögerte die junge Reichsmarine bestimmt nicht in ihren Ansichten, die Planung einer Marineluftwaffe in Angriff zu nehmen. Ein kleiner Kern von Seefliegern, den begeisterte Admirale förderten, unterbreitete eindrucksvolle Vorschläge für die wahrscheinlichen Erfordernisse der Marine, sobald die einengenden Fesseln abgeworfen werden konnten. Die Marineleitung war strikt gegen die Schaffung einer selbstständigen Luftwaffe; sie war der Auffassung, dass eine dritte Teilstreitkraft erst geschaffen werden sollte, wenn die Erfordernisse von Marine und Heer erfüllt waren. Diese Ansicht teilte jedoch Hitlers innerer Kreis kaum, in dem das Fliegerass des Ersten Weltkrieges,

Ein Aufklärungsflugzeug Fieseler Fi 156 »Storch« überfliegt *U 48* (Kptlt. Herbert Schultze). Das Turmabzeichen übernahm später Teddy Suhren auf *U 564*.

Ein zweisitziger Seeaufklärer (1936) vom Typ Heinkel He 114 A ohne Bewaffnung. Die deutsche Seite erkannte einige Zeit vor den Briten, dass ein Seeflugzeug nicht notwendigerweise ein Doppeldecker sein muss, und bei Kriegsbeginn gab es einige sehr gute Seeflugzeugtypen. Bedauerlicherweise gab es kaum eine Weiterentwicklung. So dauerte es nicht lange und die überlegenen britischen und amerikanischen Typen hatten sie überholt.

Eine He 115 über See: Fernaufklärer, leichter Bomber und Torpedoflugzeug.

Ein seltener Anblick: Eine He 115 weit draußen im Atlantik, um die ANNELIESE ESSBERGER als Blockadebrecher Anfang September 1941 nach Bordeaux zu geleiten. Die Maschine klärt vor dem Handelsschiff mit seiner wertvollen Ladung auf. 1941 standen dem Fliegerführer Atlantik drei Staffeln He 115 zur Verfügung.

Das vordere Ende der Flugzeugschleuder der PRINZ EUGEN, auf der links eine Maschine steht. Ein Deck tiefer ist rechts davon der Kran zu erkennen. Das schwarze Dach des Aufbaus zwischen Kran und Schornstein diente der Unterbringung eines der Beiboote.

Hermann Göring, eine starke und einflussreiche Position innehatte. Tatsächlich ergibt sich eine ziemliche Wahrscheinlichkeit dafür, dass diese eindringlichen Vorstellungen der Marine dazu beitrugen, sein Denken von der See zu distanzieren.

Obwohl das Marineflugwesen beträchtliche Anstrengungen unternahm, entwickelte es sich nicht weit über seine Anfangsstadien hinaus, denn die 1935 geschaffene und eben erst flügge gewordene Luftwaffe zog die Marinefliegerei immer mehr an sich. Dies entwickelte sich zu einem derart bedauernswerten Zustand, dass nach einigen Jahren niemand mehr in der Marine genau wusste, was ihrer Zuständigkeit tatsächlich noch unterstand. Anfang 1939, nachdem die Marine bei Hitler keine Unterstützung fand, versuchte Erich Raeder als Ob.d.M. die Probleme direkt mit Göring als dem Oberbefehlshaber der Luftwaffe (Ob.d.L.) zu klären. Diese Auseinandersetzung gestaltete sich schlimmer als erwartet; denn für Göring gehörte jede Art militärischer Fliegerei in die Zuständigkeit der Luftwaffe. So blieben der Kriegsmarine nur noch zwei Bereiche: die Aufklärung über See und der Einsatz der Bordflugzeuge auf den Kriegsschiffen. Alles andere gehörte in die Verantwortung der Luftwaffe einschließlich der truppendienstlichen Unterstellung des Personals und der Flugzeuge für die beiden Marinebereiche. Somit ergab sich die Zuständigkeit der Luftwaffe für die gesamte Seekriegsführung aus der Luft, d.h. auch für Luftangriffe gegen Schiffsziele in See, Luftangriffe auf Marinestützpunkte, Unterstützung von Seeoperationen und die Minenkriegführung aus der Luft.

Die Luftwaffe übernahm nicht nur die Zuständigkeit für das Marineflugwesen, sondern unter-

Das Bordflugzeug der PRINZ EUGEN, eine Arado Ar 196, steht startbereit auf dem Katapult.

Die Arado Ar 196 – im Bild das Bordflugzeug der PRINZ EUGEN am Kran beim Anbordnehmen – war zweifellos das beste deutsche Seeflugzeug. Bordflugzeuge konnten rasch gestartet werden, aber das Anbordnehmen war ein Problem. Sie mussten neben dem Schiff landen und mit dem Flugzeugkran wieder eingesetzt werden, ein Zeit raubendes Verfahren, das nur bei relativ ruhigem Wetter möglich war.

Mit dem Fortgang des Krieges übernahmen Frauen zunehmend wichtige Aufgaben. Eine Gruppe Marinehelferinnen verfolgt sich nähernde gegnerische Flugzeuge.

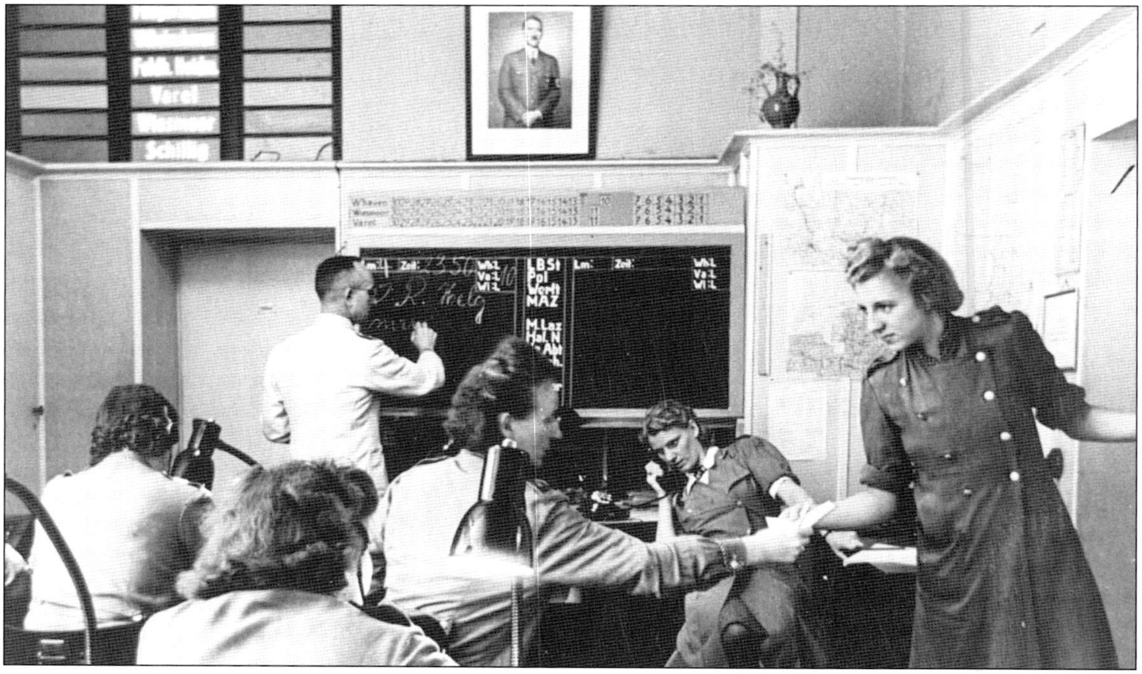

Marinehelferinnen im Luftlageraum in Wilhelmshaven. An der Anzeigetafel über der Tür leuchteten die verschiedenen Außenbereiche auf, für die Luftalarm gegeben wurde.

ließ es auch die Marine über neue Entwicklungen und Veränderungen zu informieren. So zum Beispiel, als die Arbeit an einem Langstreckenbomber und -aufklärer auch für den Einsatz über See eingestellt wurde, ohne die Marine in Kenntnis zu setzen. Obwohl die deutsche Marine einen Flugzeugträger baute – die nie fertiggestelle GRAF ZEPPELIN –, bestand eine weitere Merkwürdigkeit darin, dass kaum Entwicklungsarbeit hinsichtlich der für ein solches Schiff geeigneten Flugzeugtypen geleistet wurde. Während dieser Vorgang sehr enttäuschend war, erwiesen sich andere als weitaus nachteiliger. So beschenkte zum Beispiel die Luftwaffe Großbritannien nach Kriegsbeginn mit einem der am strengsten gehüteten Geheimnisse der Kriegsmarine: der Magnetmine. Die Führer von Minenunternehmen der Marine hatten die strikteste Weisung, diese außerordentlich wirksame Waffe nicht dort zu legen, wo sie an Land getrieben oder entdeckt werden könnte. Doch ein Flugzeug warf eine dieser Minen vor den Augen von Beobachtern bei Southend in das flache Wasser der Themsemündung.

Die Tatsache, dass Hermann Göring als Obd.L. mit der Marine »spielte« ohne die ernste Absicht zu haben, zum Wohle der Nation mit ihr zusammenzuarbeiten, wird noch durch einen anderen Umstand untermauert. In unglaublicher Weise hatte er den Seefliegerverbänden der Luftwaffe befohlen, ein anderes Quadratkarten-System als die Marine einzuführen und zu benutzen. Auch die Schlüsselmittel und Funkschaltungen unterschieden sich und gestalteten eine gegenseitige Verbindungsaufnahme und Zusammenarbeit außerordentlich schwierig. Hinzu kam, dass sich die Luftwaffe auf den Bombenabwurf konzentrierte, trotzdem die Marine auf den Umstand hingewiesen hatte, dass es weitaus wahrscheinlicher war, mit Lufttorpedos Schiffe zu versenken. In Wirklichkeit wurde die Lufttorpedoentwicklung kaum vorangetrieben. Vorhandene Lufttorpedos waren oft zu schwach, um ein Handelsschiff zum Stoppen zu bringen, selbst wenn das Ziel richtig getroffen wurde. Versäumnisse und falsche Beurteilungen verschärften sich noch durch die überaus gegensätzlichen Charaktere der beiden Oberbefehlshaber Erich Raeder und Hermann Göring. Trauriger Höhepunkt dieser Querelen war die Tatsache, dass Deutschland eine Anzahl ausgezeichneter Seeflugzeuge zu Beginn des Krieges besaß. Doch sogar aussichtsreiche Typen wie die Do 18 und Do 24 oder die He 59 und He 60 erfuhren kaum eine Weiterentwicklung. Dies galt auch für die Ar 196, die He 115 und die BV 138. Durch den Gang der Ereignisse veralteten sie allesamt sehr rasch und die Entwicklung neuer Typen wurde nicht genehmigt.

Im späteren Verlauf des Krieges, als die U-Boote dringend der Luftunterstützung bedurften, entsprach es schon mehr einem Witz, dass einige von ihnen, und zwar die »Monsun«-Boote, eine Art motorlosen Drachen erhielten, einen Tragschrauber, der durch Nachschleppen in der Luft gehalten wurde. Diese sinnreiche Erfindung war in Wirklichkeit ein neuartiges kleines Spielzeug und der Betrachter wundert sich, warum es noch nicht an den modernen Ferienstränden aufgetaucht ist. Die Focke-Achgelis FA 330 »Bachstelze« würde in Verbindung mit einem schnellen Motorboot weitaus bessere Möglichkeiten bieten als das Fallschirmgleiten; denn der Tragschrauber könnte gesteuert werden sowie auf- und niedersteigen, ohne dass das Motorboot seine Geschwindigkeit ändern müsste. Der Pilot hatte üblicherweise einen Fallschirm dabei, sodass er durch Abwerfen des Rotors ziemlich rasch abspringen konnte. Doch selbst dieser Vorgang dauerte beim Auftauchen eines Flugzeuges zu lange und die Focke-Achgelis »Bachstelze« kam nur in abgelegenen Seegebieten zum Einsatz.

Torpedos

Als der k.u.k.-FKpt. Blasius Luppis 1860 den ersten Torpedo konstruierte, lehnte die österreichische Marine diese Erfindung ab. Die Bedeutung dieser neuen Unterwasserwaffe wurde erst ein halbes Jahrhundert später zum Bewusstsein gebracht, als der Erste Weltkrieg ihre vernichtenden Ergebnisse deutlich demonstrierte. Die neue Reichsmarine zog hieraus die Lehren, indem sie die Entwicklung von zwei grundlegenden Torpedotypen vervollkommnete, die in ihrem inneren Aufbau fast identisch waren.

Die Bezeichnungen der beiden Torpedotypen lauteten G7a und G7e. Hierbei standen das »G« für das Kaliber 53,3 cm und die »7« für die Länge von 7 m. Der Buchstabe »a« bezeichnete den ersten Entwurf dieses Typs und stand für den Pressluftantrieb, d.h. Antrieb durch einen Verbrennungsmotor mit eingespritztem Brennstoff durch Druckluft. Beim G7e bedeutete das »e« den Elektroantrieb. In der während des Krieges aufgetauchten Abkürzung G7u stellte das »u« eine Sammelbezeichnung für eine Vielzahl verschiedener Versuchstorpedos mit Wasserstoffsuperoxyd-(Ingolin-)Turbine (Walterantrieb, d.h. geschlossener Kreislauf) dar.

Eines der Verwaltungsgebäude der Torpedoversuchsanstalt in Eckernförde. Vieles an dem Gebäudekomplex wurde nach dem Kriege demoliert und es ist sehr wahrscheinlich, dass das Einschlagen der Fensterscheiben in dieser Zeit erfolgte und weniger die Folge von Bombeneinschlägen bei einem Luftangriff war.

Übende Seekadetten an Bord des Leichten Kreuzers KARLSRUHE. Übungstorpedos hatten einen rotweiß gestreiften Kopf, auf dem sich oft eine Lampe befand, um bei Nacht dessen Lauf zu beobachten.

Obwohl die Größe des Gefechtskopfes von 300 kg und die äußeren Abmessungen identisch waren, wies der G7a eine etwas bessere Leistungsfähigkeit als die Version mit dem elektrischen Antrieb auf. Dieser hatte bei 30 kn eine Reichweite von 15.500 m, bei 40 kn eine solche von 7500 m und bei 44 kn betrug seine Laufstrecke 4500 m. Um den Torpedo zur Detonation zu bringen, gab es zwei Möglichkeiten: entweder mit Aufschlagzündung (-pistole) beim Auftreffen auf das Ziel oder mit Magnet- bzw. magnetischer Abstandszündung (-pistole) beim Passieren unterhalb des Zieles. Letztere hatte den Vorteil, dass die Detonation ein durchschnittlich großes Handelsschiff buchstäblich in zwei Teile zerbrechen ließ. Ein an der Bordwand detonierender Torpedo versenkte sehr häufig das Schiff nicht.

Der G7a hatte den Nachteil, dass er an der Wasseroberfläche eine Spur aus Blasen und Öl (Blasenbahn) hinterließ, die leicht geortet und der daher ausgewichen werden konnte. Der G7e hinterließ solche verräterischen Spuren nicht, hatte aber den Nachteil, dass er mehr Wartung brauchte. Der Torpedo musste alle drei bis vier Tage teilweise aus dem Rohr gezogen werden, um die Batterien wieder aufzuladen.

Während des Krieges wurden diese beiden grundlegenden Torpedotypen weiterentwickelt. Das Ergebnis waren der T 5 »Zaunkönig«, der FAT und der LUT. Der an erster Stelle erwähnte Torpedo (G7e) hatte zwei Schallaufnehmer in seinem passiven »Horchkopf«, sodass er die Propellergeräusche akustisch ansteuern konnte. Er sollte eine Verteidigungswaffe gegen schnelle Kriegsschiffe darstellen. Die Idee, dass solche Torpedos abgelenkt werden konnten, wenn das Ziel eine Geräuschboje (»Foxer«) nachschleppte, war auch der deutschen Seite gekommen und so hatte der »Zaunkönig« (nunmehr T 11) eine raffinierte »Anti-Foxer«-Einrichtung erhalten, um Geräuschbojen auszumanövrieren. Sobald sich der Torpedo im Normalfall seinem Ziel genähert hatte, wich er vom Gradlauf ab und schlug um die Geräuschquelle Propeller einen großen Kreis. In diesem Augenblick konnte das Horchgerät am Ende einer trichterförmigen Vertiefung in der Nase die

Es war üblich, dass bei Versetzungen auf ein anderes Schiff oder Boot ein Souvenir mitgenommen wurde. Teddy Suhren, der Erste Wachoffizier auf *U 48*, verfuhr in dieser Hinsicht nicht anders und nahm den Torpedorechner des Bootes mit, auf dem seine Erfolgsbilanz verzeichnet stand. Der I.W.O. war für den Überwasserschuß der Torpedos verantwortlich und als Teddy Suhren *U 48* verließ, hatte er mehr Schiffe versenkt als jeder andere in der Marine.

Geräuschquelle nicht mehr »hören«. Der Kreislauf des Torpedos war zu eng, um das Schiff zu umrunden und früher oder später lief er unter dem Schiffskörper durch und die magnetische Abstandszündung ließ den Torpedo detonieren (vorausgesetzt, das U-Boot hatte keinen Torpedo mit Aufschlagpistole geschossen). Andererseits: Wenn der Torpedo eine hinter dem Kriegsschiff nachgeschleppte Geräuschboje umrundete, zeigte seine Nase früher oder später auf das wirkliche Propellergeräusch. In diesem Stadium änderte dann der Torpedo seine Richtung und hielt auf die neue Geräuschquelle zu und der Vorgang wiederholte sich wie oben. Die Horchtorpedos kamen zum ersten Mal im Herbst 1943 zum Einsatz. Bedauerlicherweise für die deutsche Seite hatten diese Torpedos einen mechanischen Fehler und nur etwa 10 % von ihnen versenkten tatsächlich ihr Ziel. Da viele Horchtorpedos von getauchten U-Booten oder von Booten aus geschossen wurden, die sofort nach dem Schuss tauchten, gelangte diese verhängnisvolle Sachlage den Deutschen erst nach dem Kriege zur Kenntnis.

FAT stand als Abkürzung offiziell für »Federapparat-Torpedo«, obwohl auch häufig die unrichtige Bezeichnung »Flächenabsuchender Torpedo« benutzt wurde. Hierbei handelte es sich um ein vor dem Abschuss eingestelltes Zusatzgerät – eine Art Versicherung – in einem normalen G7a/G7e für diejenigen, die ihr Ziel verfehlten. Dem lag folgende Idee zu Grunde: Der auf normale Weise gezielte und abgeschossene Torpedo ging nach einer Gradlaufstrecke von eingestellter Länge, d.h. der geschätzten Entfernung zum Ziel, in einen Zickzack- bzw. Kurvenlauf in der Erwartung über, doch noch ein Schiff in einem Geleitzug zu treffen. Die ersten Erfolge traten Ende 1942 ein, als *U 406* (Kptlt. Horst Diederichs) den Geleitzug ONS 154 angriff ohne die Treffer zu beobachten. Die torpedierten Schiffe sanken jedoch nicht; sie waren lediglich beschädigt worden. Den ersten beobachteten Treffer erzielte *U 92* (Kptlt. Adolf Oelrich) im Februar des folgenden Jahres, als das Boot den Geleitzug ON 166 mit FAT-Torpedos angriff und den norwegischen Frachter N.T. NIELSEN ALONSO beschädigte. Ein Charakteristikum dieses Torpedos zum Einsatz gegen Schiffe in Geleitzügen bestand darin, dass ein Treffer in vielen Fällen nur das Schiff stoppte, ohne es zu versenken. So erhielt die N. T. NIELSEN ALONSO einen weiteren Torpedotreffer durch *U 753* (KKpt. v. Mannstein), wurde aber erst durch den polnischen Zerstörer BURZA nach dem Abbergen der Überlebenden versenkt.

Der LUT oder »Lagenunabhängige Torpedo« war eine Weiterentwicklung des FAT-Prinzips und war ein mit einem Zusatzgerät ausgerüsteter G7e. Dieser Torpedo konnte nach den Werten der S-Anlage auch ohne Sehrohrbeobachtung in Tiefen bis zu 50 m abgeschossen werden. Die Laufbahn des Torpedos war in einem beliebigen Winkel zur ursprünglichen Schussbahn einstellbar (d.h. lagenunabhängig, auch bei Hartruderlage). Zudem ging der Torpedo nach vorausgegan-

Abschuss eines Torpedos. Bis zum Ende des Ersten Weltkrieges hatte die deutsche Marine mit einer Reihe verschiedener Unterwasser-Abschuss-Systeme experimentiert, aber keines erbrachte bei Schiffen, die hohe Fahrt liefen, zufrieden stellende Ergebnisse. Einige dieser veralteten Systeme kamen jedoch während des Zweiten Weltkrieges auf Hilfskreuzern zum Einsatz.

genem Gradlauf in einen vorher eingestellten Schleifenlauf über. Nach einer Entwicklungsgeschichte der Torpedos mit so vielen Versagern schloss die deutsche Marine die Erprobungen des LUT im November 1943 zufrieden stellend ab. In den Stunden der Dunkelheit schoss *U 970* (Kptlt. Hans-Heinrich Ketels) hierbei über 100 dieser Torpedos ab. Für die Erprobungen wurde die Dunkelheit gewählt, weil es eine starke Lampe in der Nase des Torpedos dem Beobachter ermöglichte, den Lauf der Torpedos bequem zu verfolgen. Mitte Dezember 1943 erhielt der Torpedo die Freigabe für den Einsatz, aber es dauerte ein weiteres Vierteljahr, ehe er der Front zulief. Im Übrigen gab es mit diesen Torpedos dasselbe Problem wie mit dem FAT, denn auch sie beschädigten ihre Ziele weit häufiger, anstatt sie zu versenken.

Die Entwicklung des Lufttorpedos wurde aus mehreren Gründen vernachlässigt. Der Hauptgrund war das fast vollständige Fehlen einer Marineluftwaffe. Als dann die Luftwaffe die Vorstellung realisierte, Flugzeuge gegen Schiffsziele einzusetzen, wurde sie von der Feststellung überrascht, dass die Flugzeugentwicklung zu weit vorangeschritten war; denn zu dem Zeitpunkt, als der Krieg begann, war die Geschwindigkeit bei einem Großteil der Flugzeuge für den Torpedoabwurf bereits zu hoch geworden.

Der standardmäßige Lufttorpedo, der F5u, hatte einen Durchmesser von 45 cm und eine Länge von 5 m. Er war somit zu klein, um selbst Handelsschiffen mit dünner Bordwand eine wesentliche Beschädigung zuzufügen, geschweige denn gepanzerten Kriegsschiffen. Obwohl die Lufttorpedos häufig ihre Ziele trafen und detonierten, waren sie in der Regel nicht in der Lage, die Handelsschiffe zum Stoppen zu bringen. Eher als dürftig war auch die Laufstrecke des F5u von 3300 m bei einer Geschwindigkeit von 33 kn zu bezeichnen.

Die Torpedokrise

Die Bezeichnung »Torpedokrise« bezieht sich üblicherweise auf eine Serie teuflischer Torpedoversager in den ersten Monaten des Krieges. Während des Norwegen-Feldzuges im Frühjahr 1940 gab es infolge von Torpedoversagern 30 fehlgeschlagene von ingesamt 42 durchgeführten Angriffen. Damit zeigte sich deutlich, dass die deutsche Marine keine wirksame Waffe für ihre U-Boote besaß. Während viele dieser fehlgeschlagenen Angriffe »lediglich« tiefe Enttäuschungen hervorriefen, führten sie auch zum unnötigen Verlust mehrerer U-Boote. Die ersten beiden Boote gingen als direkte Folge von Torpedoversagern bereits im September 1939 verloren, ohne ihre Ziele zu beschädigen, weil die Boote von den alarmierten Zerstörern angegriffen wurden: *U 39* unter Kptlt. Gerhard Glattes und *U 27* unter Kptlt. Hans Franz. Zeitgenössische Berichte widersprechen einander und viele Nachkriegsautoren haben die Problematik nicht voll verstanden, auf diese Weise sogar für noch mehr Verwirrung bei diesem Thema sorgend. Das Hauptproblem bestand darin, dass die Torpedoversager nicht nur auf eine Ursache zurückzuführen waren, sondern drei verschiedene Hauptursachen vorlagen. Um den Sachverhalt noch mehr zu komplizieren, trafen nicht alle Ursachen gleichzeitig zu. Daher verstrich eine beträchtliche Zeit, um sie zu erkennen.

Eine der ersten Ursachen, die erkannt wurde, war die druckempfindliche Tiefensteuerung, die eingestellt werden konnte, während sich der Torpedo schussbereit noch im Inneren des Rohrs befand. Bei den Vorkriegserprobungen waren die Torpedos entweder aus Rohren in einem Gebäude der TVA Eckernförde oder von einem Schiff kurz nach dem Laden des Rohres abgeschossen worden. Bei der Durchführung dieser Erprobungen scheint niemand den Umstand einbezogen zu haben, dass die zum Ausstoßen der Torpedos aus den Rohren von U-Booten benutzte Druckluft in das Bootsinnere entwich, um das Aufsteigen eines Blasenschwells an die Wasseroberfläche zu vermeiden. Unter Wasser nachgeladene Torpedos wurden daher mit einer Tiefeneinstellung abgefeuert, auf die dieser zusätzliche Druck bereits einwirkte. Eine zusätzliche Einstellung verlegte deshalb den Tiefenlauf noch tiefer. Infolgedessen liefen viele Torpedos harmlos unter ihren Zielen durch.

Ein weiteres Problem, über das zu wenig bekannt war, ergab sich aus den Schwankungen im Magnetfeld der Erde sowie aus der Art der von Schiffen erzeugten magnetischen Kräfte, besonders nachdem diese für den MES entmagnetisiert worden waren. Dieser Mangel an Kenntnissen sollte eine nachteilige Auswirkung auf die Einstellungen des Magnetzündungsteils der Gefechtspistolen haben. Dieser Abstandszündung lag der Gedanke zu Grunde, dass ein magnetisches Messgerät im Torpedo beim Unterlaufen des Schiffes auf seine Eisenmasse ansprach und den Zündvorgang und damit die Detonation des Torpedos auslöste. Bis zur Kriegsmitte sah die Marine dieses Problem für überwunden an, aber Ende 1943 tauchte es wieder auf, als der Horchtorpedo T 5 gegen schnelle Kriegsschiffe zum Einsatz kam. Im Übrigen konnte theoretisch jedes Versagen der Magnetpistole durch Umschalten auf die Aufschlagpistole (Schalterstellung A) umgangen werden. Diese geringfügige Einstellung konnte auch dann noch ausgeführt werden, wenn sich der Torpedo schon im Rohr befand und die Mündungsklappe bereits zum Abschuss geöffnet war.

Doch sogar der einfache Aufschlagzündungsteil der Gefechtspistole wies einen nicht erkannten Fehler auf. Ihn verursachte folgende Vorrichtung: Ein kleines Flügelrad an der Nase des Torpedos, das sich drehte, wenn der Torpedo lief, setzte eine Spindel in Bewegung, die einen als Ladungsfassung bezeichneten Teil nach einer Sicherheitslaufstrecke dicht vor den gespannten Schlagbolzen brachte, der eine Zündung der Initialladung in der Ladungsfassung bewirken sollte. Dieser Sicherheitsmechanismus verhinderte ein zu frühes Detonieren des Torpedos. Hinter dem Flügelrad befanden sich – ebenfalls außerhalb des Torpedos – vier Greifarme, die beim Auftreffen auf ein Ziel schwenkten und über die zurückgeschobene Spindel den Schlagbolzen freigaben. Mit Ausnahme einer gelegentlich zu geringen Vorschnelllose des Schlagbolzens lag der mechanische Fehler in der Tatsache, dass die Greifnasen nicht fassten, weil die Arme kürzer als der Durchmesser des Torpedos waren. Im Normalfall fassten die Greifnasen, sobald sie auf eine Mauer oder eine im Wasser aufgehängte Metallplatte als Erprobungsziele trafen, die der Bordwand eines tief liegenden Handelsschiffes glichen. Stießen die Greifarme jedoch auf den gekrümmten Schiffskörper eines kleineren Kriegsschiffes mit geringem Tiefgang, wie z.B. eines Zerstörers, war es möglich, dass der Torpedo zwar das Ziel berührte, aber die Nasen nicht fassten. Ähnlich wie zwei sich streifende Billardkugeln schnellte der Torpedo lediglich unter das Ziel und setzte seinen Lauf fort, da er sehr viel leichter als das Kriegsschiff war. Übrigens können die Greifarme leicht abgeschraubt werden und stellen daher ideale Souvenirs dar. Dort, wo die Besucher in einem Museum die Exponate berühren können, fehlen sie oft.

Anfang des Krieges scheint die Torpedokrise gelöst worden zu sein, aber später trat ein Versager nach dem anderen auf, vor allem als die U-Boote die akustischen Torpedos gegen schnelle, kleinere Kriegsschiffe einsetzten. So wandten sich Versager gegen die Boote; normalerweise wäre ein Unterseeboot kurze Zeit tiefer getaucht oder hätte seine Maschinen abgestellt, um zu verhindern, dass der empfindliche Horchtorpedo einen Kreis beschreibt und auf das Boot zuläuft, das ihn abgefeuert hat. Zudem hatte die Magnetpistole den innewohnenden Fehler loszugehen, noch ehe der Torpedo sein Ziel erreichte. Manchmal traf der Torpedo die Schiffspropeller und vernichtete das Schiff, aber häufig versenkte er sein Ziel nicht. Die britische Propaganda wollte diese Schwächen voll herausstellen, aber die Admiralität wandte ein, dass es besser wäre, die Deutschen nicht auf diese Versager aufmerksam zu machen. Infolgedessen wurde der deutschen Seite der Ernst der Situation erst nach dem Kriege voll bewusst.

Einen Preis für finanzielle Kosten des Krieges zu nennen, ist stets schwierig, denn genaue Zahlen blieben geheim und zudem war in den letzten 50 Jahren der Wert des Geldes beträchtlichen Veränderungen unterworfen. 1939 kostete jedoch ein Torpedo rund 4000 Pfund Sterling, eine Summe, die den Gegenwert für ein Dutzend Häuser in London darstellte. So kosteten z. B. die von *U 47* (Kptlt. Günther Prien) beim Angriff auf das Schlachtschiff ROYAL OAK in Scapa Flow geschossenen Torpedos dieselbe Summe wie etwa zwölf Londoner Häuser (freilich war der Kriegsmarine die Versenkung der ROYAL OAK mehr wert als zwölf Reihenhäuser).

Seeminen

Die Standardtypen der Seeminen waren die EMA und EMB – Einheitsmine Typ A und B – des Ersten Weltkrieges sowie ihre Weiterentwicklung durch die Reichsmarine zur EMC und EMD. Hinzu kam eine ebenfalls von der Reichsmarine entwickelte Flußminen(FM)-Serie – FMB, FMB 35 und FMC – für den Einsatz auf Binnenwasserstraßen. Im Ersten Weltkrieg führten anfangs die U-Minenleger in freiflutenden Schächten sog. »Schachtminen« (UC-Minen) mit (nasse Lagerung), die druckfest sein mussten. Später befanden sich die Minen (UE-Minen) innerhalb des Druckkörpers der Boote (trockene Lagerung). Schließlich wurde der Durchmesser der Minen dem der Torpedorohre angepasst, die nunmehr auch dem Ausstoß von Minen dienten. Die Kriegsmarine bezeichnete sie als Torpedominen (Vorsatz: TM) und zum Einsatz kamen während des Krieges die Typen TMA und TMB (Länge 2,31 m), die zur TMC (Länge 3,39 m) weiterentwickelt wurde. Von den aus der Luft einzusetzenden Minen abgesehen, gab es daneben noch die von der Reichsmarine entwickelten U-Abwehr-Minen Typ A und B (UMA und UMB) sowie unter der Bezeichnung »Reguläre Mine« (RM) die Magnet-Grundminen der Typen RMA, RMB und RMH. Mit dem Verbrauch der Minenvorräte entstanden weitere neue Typen.

Kurze Zeit nach Kriegsbeginn versetzte eine Reihe von unerwarteten und heftigen Detonationen auf den für minenfrei gehaltenen Schifffahrtswegen Großbritannien in Unruhe. Sie machten offensichtlich, dass die Deutschen ein neues Minenzündgerät, das BIK (seit 1929 frontreif), eingeführt hatten, wobei diese Grundminen nicht mehr mit der konventionellen Räumtechnik geräumt werden konnten. Infolgedessen richteten diese neuen Magnetminen bis Ende November 1939 beträchtliche Verheerungen an. Dann warf eine Maschine der Luftwaffe eine dieser Minen in den Schlick der Themsemündung. Dieses Flugzeug überbrachte nicht nur ein sehr wertvolles Geschenk, sondern deponierte es auch noch in der Nähe militärischer Werkstätten. Kurze Zeit

Nach den beiden Weltkriegen tauchte eine große Anzahl Seeminen an den unerwartetsten Orten immer wieder als Treibminen auf, zumeist durch schwere Stürme von ihren Verankerungen losgerissen. Diese Fotos stammen aus dem Jahre 1933 und zeigen eine solche Mine aus dem Ersten Weltkrieg.

später, nachdem die Ebbe eingesetzt hatte, begab sich Lt.-Cdr J.G.D. Ouvry hinaus zur Fundstelle, nahm Abdrücke von den verschiedenen Schrauben und Bolzen und kehrte am nächsten Tag mit einem Satz Werkzeuge zurück, um die Beute zu zerlegen. Bald danach entwickelte die Royal Navy eine Möglichkeit, um Magnetminen zur Detonation zu bringen, und die sehr wertvolle Sperrwaffe wurde auf diese Weise weitgehend nutzlos.

Das Innere dieses Magnetminen-Zündgerätes war ziemlich kompliziert. Es reagierte nicht auf jede größere Metallmasse, die über die Mine hinweglief, sondern die Mine wurde nur durch Schiffe zur Detonation gebracht, die auf der Nordhalbkugel mit einem nach unten wirkenden »Nordpol« gebaut worden waren. Die vertikale Komponente des Schiffsmagnetfeldes störte im Zündgerät die Balance der Magnetnadel mit horizontaler Achse, eingestellt auf die am Einsatzort gegebene Vertikalintensität des Erdmagnetfeldes und führte zu einem vertikalen Ausschlagen der Nadel und damit zum Schließen des Zündkontaktes. Dem Gerät lag die Idee zu Grunde, die Polarität zu ändern, sobald die britische Seite das Prinzip entdeckt haben könnte. Doch zu diesem Zeitpunkt waren offensive Minenunternehmen in britischen Gewässern bereits zu riskant geworden und der überragende Vorteil des Sperrens der Häfen war verloren gegangen.

Raketen

Obwohl es einige Versuche mit Raketen für die Marine gab, kamen nur ein paar vereinzelte

Offensichtlich gab es bei dieser Mine etwas Besonderes zu sehen, sonst wäre sie nicht an Bord gehievt worden. Der starke Algen- und Muschelbewuchs lässt erkennen, dass sich die Mine lange Zeit im Wasser befunden hatte.

Statt alte, unerwünschte Minen an Bord zu nehmen, war es weitaus sicherer, sie an Ort und Stelle zur Detonation zu bringen.

Abschussgeräte zum Fronteinsatz. Die Grundlage der Entwicklung, die etwa 1944 einsetzte, beruhte auf einer Heeresrakete für Nebelwerfer, um die Fla-Geschütze zu ergänzen. Aus einem Gestell mit fest eingebauten Startrohren wurde eine Anzahl dieser Raketengeschosse mit Zündereinstellungen verschossen, um in Höhen von etwa 300-400 m zu detonieren. Es gab auch eine Anzahl Versuche mit leidlichem Erfolg, um von einem getauchten U-Boot aus Feststoffraketen abzuschießen. Diese Versuche fanden auf *U 511* unter Kptlt. Friedrich Steinhoff statt, dessen Bruder bei der Deutschen Raketenversuchsanstalt Peenemünde arbeitete.

Es gab auch Pläne, einen Behälter mit einer »V 2«-Rakete in die Reichweite von New York zu schleppen. Dieser sollte dann im Schwimmzustand aufgerichtet werden, um die Rakete starten zu können. Die Hauptprobleme hierbei waren das Beibehalten der Tiefe beim Schleppvorgang und das Verhindern einer Wasserübernahme im Augenblick des Starts. Keines dieser hoch spezialisierten Projekte ging je in die Fertigung; aber der Betrachter fragt sich, was hätte geschehen können, wenn die dicht besiedelten Gebiete (oder gar die Börse) von New York getroffen worden wären.

Als Nachtrag mag die Ergänzung interessant sein, dass diese Raketenbehälter nach allgemeiner Auffassung der Historiker nie über das Anfangsstadium der Entwurfsarbeit hinausgelangt sind.

Dennoch zeigen einige vor kurzem ans Licht gekommene Fotos im U-Boot-Archiv ein Unterseeboot, das einen großen zylindrischen Tank etwa von derselben Größe wie eine »V 2«-Rakete schleppt.

Es ist schwierig zu unterscheiden, ob es sich hier um eine Nebelboje (siehe oben Seite 63), eine Rauchmarkierung oder eine alte Mine handelt, die Probleme verursacht, um zu detonieren. Im Hintergrund ein älteres M-Boot.

TÄUSCHUNG, TARNUNG UND FARBANSTRICHE

Die Reichsmarine benutzte zwei grundlegende Farbanstriche: Die kleinen Boote hatten im Allgemeinen einen schwarzen Anstrich, während die großen Schiffe einen dunkelgrauen Schiffskörper mit hellgrauen Aufbauten aufwiesen. Auf Schwarzweißfotos lässt das von den Schiffen reflektierte Licht das helle Grau fast weiß erscheinen. Die ersten Versuche mit alternativen Tarnanstrichen wurden erst Ende der 20er-Jahre durchgeführt, als mehrere Torpedoboote einen dunkelgrünen Anstrich erhielten. Zum Zeitpunkt, als der Krieg begann, hatte die Marine in Anbetracht der Tatsache, dass die Regeln bezüglich der Farbgebung der Kriegsschiffe fast dem Zufall überlassen blieben, so etwas wie einen Rekord aufgestellt. Die Tarnanstriche hätten mit Sicherheit eine größere Anzahl Seiten gefüllt, wären sie mit der Schreibmaschine zu Papier gebracht worden. Erst 1942 formulierte das OKM einige grundlegende Richtlinien, um die Tarnanstriche zentral zu gestalten. Zurückzuführen war dies auf eine Denkschrift von KKpt. Walther Dechend vom Schweren Kreuzer ADMIRAL HIPPER mit dem Titel »Das Tarnen von Schiffen«; er hatte das OKM zu diesem Thema beraten. Wie schon erwähnt, heißt dies natürlich nicht, Tarnanstriche wären nicht in Gebrauch gewesen, aber diejenigen, die es gab, waren das Ergebnis von Improvisationen Einzelner gewesen, die nach Wegen zur Irreführung des Gegners gesucht hatten. Die Entwürfe beruhten auf Konzepten des Ersten Weltkrieges und eine Reihe von ihnen war kaum durchdacht. Einige betonten Bug und Heck so stark, dass sich die Schiffe sogar noch deutlicher abhoben, als wenn sie in ihrem Vorkriegsgrau belassen worden wären. Andere Tarnanstriche beruhten auf einmaligen Beobachtungen und der Betrachter wundert sich im Nachhinein über ihren Grad an Wirksamkeit. Im Gefolge der Denkschrift von KKpt. Dechend führte das OKM eine Serie von Versuchen durch, bei der Schiffsmodelle mit einer Vielzahl verschiedenartiger Tarnanstriche versehen wurden, um sie unter wechselnden Lichtverhältnissen zu betrachten und zu fotografieren. Diese Ergebnisse führten zu einer Fülle von Tarnmustern je nach Einsatzzweck und -gebiet. Hierbei hatte die Handelsmarine einen beträchtlichen Vorsprung vor der Kriegsmarine gehabt und viele Frachtschiffe wiesen bereits raffinierte Farbanstriche auf.

Obwohl das internationale Recht keine Bestimmungen über die Anwendung von Tarnungen beinhaltet, ist der Gebrauch von Täuschung ein anderer Sachverhalt. Diesen Aspekt der Seekriegsführung regelten die Beschlüsse der II. Haager Konferenz (1907) im Haager Abkommen über die Umwandlung von Kauffahrteischiffen in Kriegsschiffe vom 18. Oktober 1907, ergänzt durch jene der Londoner Seerechtskonferenz von 1908/09. Ein Kriegsschiff, wie z. B. ein Hilfskreuzer, konnte unter jeder Flagge fahren und Täuschungsmaßnahmen treffen, vorausgesetzt, sie wurden aufgehoben, bevor ein kriegerischer Akt erfolgte; denn es mussten »die äußeren Abzeichen der Kriegsschiffe seines Heimatlandes« getragen werden. Natürlich kam die Mehrheit der echten Handelsschiffe nie in die Lage, ein Gefecht zu beginnen, und Hilfskreuzer hatten die Möglichkeit, sich in Sekunden in ein Kriegsschiff zu verwandeln. So wurde zum Beispiel die deutsche Kriegsflagge aus einer Röhre am Mast herausgezogen und gesetzt, während die falsche Flagge niedergeholt wurde. Gleichzeitig wurde der falsche Name durch Überwerfen einer Abdeckung verhüllt und die bisher verborgenen Geschütze wurden offen gezeigt. Der gesamte Vorgang konnte sich innerhalb von Sekunden vollziehen.

Manche Tarnungsmaßnahmen funktionierten außergewöhnlich gut, indem sie die Gegenseite während des Krieges wie auch später die Marinehistoriker verwirrten. So sind zum Beispiel Fotos eines Prisenkommandos eines nicht identifizierten

»Malen« oder »Pönen« war in der Marine eine der Hauptbeschäftigungen. Ein Schiff wurde auch nicht »gestrichen« oder »gemalt« sondern »gemalen«, und zwar auf zweierlei Weise: In der Regel mit einer langsamen und gemütlichen Auf- und Abwärtsbewegung, die sich sofort in sprunghafte, schnellere Bewegungen verwandelte, sobald eine Aufsicht auftauchte.

Seit das Eisen das Holz ersetzt hatte, war das Pönen wahrscheinlich die Geißel aller Marinen. Doch deutsche Hilfskreuzer und Blockadebrecher hatten das zusätzliche Problem, ihr Schiff mit den Farben der jeweiligen Schifffahrtlinie zu tarnen. Hier die letzten Pinselstriche der Tarnung, unter der die ANNELIESE ESSBERGER nördlich der Falkland-Inseln fuhr, in deren Nähe VAdm. Graf Spee 1914 fiel. Das Etappen-V-Schiff hatte seine Tarnung gewechselt und war aus einem Japaner zur norwegischen HERSTEIN geworden, die der Reederei Herlofson, Sigurd & Co. in Oslo gehörte.

britischen Kreuzers veröffentlicht worden, das ein Handelsschiff zu Beginn des Krieges untersuchte. Die nähere Prüfung des »Kriegsschiffes der Royal Navy« lässt erkennen, dass es sich um das Panzerschiff ADMIRAL GRAF SPEE mit einer Doppelturm-Attrappe oberhalb des vorderen Drillingsturms über dem vorderen E-Messbasisgerät handelte. Die Illusion verstärkte sich durch das Aufmalen extra großer Bugwellen, die den Eindruck eines Schiffes vermittelten, das Höchstfahrt lief und das friedensmäßige Grau war mit einem behelfsmäßigen Tarnanstrich übermalt. Ebenfalls veröffentlichte Fotos zeigten den US-Tanker PRAIRIE, der U-Boote auf hoher See versorgte. Auch dies war kein Fall amerikanischer Hilfeleistung auf der falschen Seite, sondern bei dem fraglichen Schiff handelte es sich um die Tarnung des deutschen Tross-Schiffes NORDMARK.

Das Vorbereiten der Tarn- und Täuschungsmaßnahmen für Hilfskreuzer war eine ermüdende und ziemlich komplizierte Angelegenheit. Erstens waren Bücher mit den Abbildungen von Handelsschiffen zu durchstöbern, um Schiffe mit einem ähnlichen Schiffskörper herauszufinden, weil es kaum möglich war, dessen Aussehen auf hoher See zu verändern. Dann mussten Informationen über Farbgebungen gefunden sowie die erforderlichen Umbauten durchgeführt bzw. vorbereitet werden, um solche Veränderungen des Aussehens rasch vornehmen zu können. Hierzu gehörte häufig auch das Mitführen eines ziemlich großen Materialvorrats, um in See zusätzliche Schornsteine zu bauen, die Aufbauten zu verändern und die überaus wichtigen kleinen Einzelheiten hinzuzufügen. Dünne Bühnenrequisiten waren ungeeignet, denn es kam besonders darauf an, dass diese zusätzlichen Einbauten ozeanischen Stürmen genauso widerstehen konnten wie sie auch der Prüfung eines Flugzeuges standhalten mussten, das im Tiefflug den Hilfskreuzer überflog.

Wie erwähnt, konnte die Besatzung nicht alle zur Täuschung notwendigen Umbauten in See durchführen; sie mussten vorbereitet sein. Das OKM hatte eine geheime Zusammenstellung aller Maßnahmen erarbeitet, die bei der Umrüstung eines Schiffes zum Hilfskreuzer berücksichtigt werden mussten. Zusätzlich zu den offensichtlichen Ausrüstungsmaßnahmen, wie zum Beispiel der Bewaffnung, erhielten einige Schiffe Einrichtungen, um ihre Schornsteine und Masten niederzulegen bzw. aufzurichten. Zudem konnten die Masten der Hilfskreuzer sowie »Krähennester« für die Ausgucks im Masttopp vielfach aus- und eingefahren werden. Darüber hinaus konnten – vielleicht eine überaus listige Maßnahme – eine Anzahl sorgfältig angebrachter Lichter mit einem

Auf dem Vorschiff der ANNELIESE ESSBERGER war eine große norwegische Flagge an Deck ausgelegt worden, um für passierende Flugzeuge die Tarnung zu vervollständigen.

Rheostat (elektr. Regulierwiderstand) verdunkelt oder erhellt werden. Dem lag die folgende Absicht zu Grunde: Das abgedunkelte Schiff sollte einem Kriegsschiff mit überlegener Geschwindigkeit ähnlich sehen, dass sich bei Nacht mit heller werdenden Lichtern seinem Opfer nähert.

Die große Aufmerksamkeit, die den Einzelheiten gewidmet wurde, war enorm. Doch trotz dieser Tatsache ließ die deutsche Seite oft einige scheinbar belanglose Umstände außer Acht. So wurde die Tarnung des Hilfskreuzers PINGUIN (KptzS. Ernst-Felix Krüder) zum Beispiel durchschaut, weil es an Deck keine farbigen Matrosen gab, die einem vorbeifliegenden Aufklärungsflugzeug zuwinkten. Ein überaus ironischer Umstand, denn Krüder hatte mehrere Hundert Mann aus verschiedenen Rassen in seinen Gefangenenräumen, aber er hatte sie in dem Augenblick unter Deck befohlen, als das Flugzeug gesichtet wurde.

Eines der Geschütze der THOR war als große Kabelrolle getarnt.

Ein Ereignis zwischen Besatzungsangehörigen des Hilfskreuzers MICHEL (KptzS. Hellmuth v. Ruckteschell) und dem 10.307 BRT großen Turbinenschiff MENELAOS liefert ein weiteres ausgezeichnetes Beispiel, wie die Beachtung von Einzelheiten den Unterschied zwischen Erfolg und Misserfolg ausmacht. Nicht im Stande, seine Beute einzuholen, entsandte KptzS. v. Ruckteschell das von MICHEL mitgeführte leichte Schnellboot (*LS 4*) um den Gegner zu stoppen. Obwohl *LS 4* das »White Ensign« gesetzt hatte und die Besatzung Dufflecoats mit originalen britischen Schwimmwesten trug, gelang die Täuschung nicht. Die Briten hatte bereits der Morsespruch alarmiert, in dem das Wort »patrol« mit »tt« buchstabiert wurde. Als sie das Schnellboot sahen, war ihnen sofort klar, dass es für Dufflecoats zu warm war und diese Art Schwimmwesten an die Handelsmarine und nicht an die Royal Navy ausgegeben worden war. Einen möglichen Angriff erwartend, hielt die Besatzung der MENELAOS besonders scharf Ausguck. Daher war es dem Handelsschiff möglich, den beiden von *LS 4* abgeschossenen 45-cm-Torpedos auszuweichen, die als letzter Versuch den Briten aufhalten sollten.

Die Geißel der Marine: Pönen auch auf dem Hilfskreuzer THOR.

Überlegenen Seestreitkräften auszuweichen, war die stärkste Waffe der deutschen Marine. Wachsames Ausguckhalten war daher ein langweiliger, aber wichtiger Bestandteil der ständigen Bordroutine. Im Bild Ausgucks an Bord des Blockadebrechers ANNELIESE ESSBERGER. Einige Hilfskreuzer besaßen sogar ein besonders eingebautes »Krähennest« mit einem Sitz, das beim Insichtkommen eines Schiffes abgefiert und getarnt werden konnte.

MARINESTÜTZPUNKTE, WERFTEN UND GEDÄCHTNISSTÄTTEN

Marinestützpunkte und der Kaiser-Wilhelm-Kanal

Ein Krieg um den Besitz Schleswigs zwischen dem Deutschen Bund, zu dem auch Österreich und Preußen gehörten, und Dänemark in der Mitte des 19. Jahrhunderts rückte die Verteidigung der Ostseeküste in den Brennpunkt der Aufmerksamkeit Preußens. In diesem Konflikt inspirierte die Blockade des Hafens Kiel durch die dänische Flotte den bayrischen Artillerie-Unteroffizier Wilhelm Bauer zum Entwurf und Bau des ersten deutschen Tauchbootes, dem BRANDTAUCHER, der im Dezember 1850 in Kiel vom Stapel lief. Um diese Zeit (1849) begann auch der Aufbau der preußischen Marine und Flotte unter Generalleutnant Prinz Adalbert v. Preußen, der 1854 zum »Admiral der preußischen Küsten« und 1859 zum Admiral ernannt wurde. Danzig erhielt 1853 das zentrale Marine-Stationskommando. Die preußische Flotte – oder besser gesagt diese kunterbunte Ansammlung von Schiffen – stand damals noch unter der Führung von Heeresoffizieren, ernstlich dadurch behindert, dass die Nordsee nur auf dem Weg um Kap Skagen, der Nordspitze Dänemarks, herum erreicht werden konnte. Hieraus ergab sich einerseits die Notwendigkeit eines Stützpunktes an der Nordseeküste und andererseits die einer Verbindung zwischen Ostsee und Nordsee für seegehende Schiffe. Das Konzept einer solchen Seeverbindung klang in diesen Jahren nicht so absurd, wie dies heute erscheinen mag. Es gab bereits eine Anzahl kanalisierter Flussabschnitte, die das norddeutsche Tiefland nördlich von Hamburg durchzogen. Doch viele dieser Wasserwege waren so schmal, dass sie von einem guten Sportler übersprungen werden konnten. Außerdem verliefen sie nicht direkt und die auf ihnen fahrenden Boote waren üblicherweise schmale Stakboote, die durch Stangen vorwärts geschoben wurden.

Der Großherzog von Oldenburg, der über das Land an der südlichen deutschen Nordseeküste herrschte, erkannte die Vorteile einer Landabtretung an Preußen zur Anlage eines Marinestützpunktes (1853); denn dies würde der Gesetzlosigkeit in den flachen Gewässern des Wattenmeeres ein Ende setzen und die Schifffahrt schützen. Es hat den Anschein, als ob die Einwohner vieler kleiner Fischerdörfer ihr Einkommen zeitweise mit Piraterie und Strandraub aufbesserten, und zudem tauchten ständig ausländische Seeräuber vor der Küste auf. Das Hauptproblem, an der Nordseeküste einen Marinehafen anzulegen, bestand darin, dass zunächst nicht genau bestimmt werden konnte, wo die Küste tatsächlich verlief. Dies soll keine sarkastische Bemerkung sein, sondern eine Erinnerung daran, dass das Land dort sehr flach ist, und die isolierten Marschdörfer lagen tatsächlich weit von der Geest entfernt. Einige von ihnen waren einen großen Teil des Jahres von der Landseite her völlig unzugänglich. Selbst in unserer Zeit, in der die Küste durch hohe Deiche geschützt ist, fällt bei Ebbe noch immer ein etwa 10 km breiter Streifen trocken. Dieses flache Watt, durchzogen von einer Unzahl schnell fließender Wasserkanäle, den Prielen, ist nicht nur eine der letzten ursprünglichen Küsten Europas, sondern bietet auch der Schifffahrt immer noch einen schwierigen Zugang. Von Eider, Elbe, Weser, Ems und ein paar anderen Flussmündungen abgesehen, gibt es im Wattenmeer entlang der gesamten Küste nur zwei Plätze, an denen tiefes Wasser die Geest berührt. Einer dieser Plätze ist Büsum, dessen Zugang für große Schiffe aber zu schmal ist. Deshalb blieb Preußen kaum eine Wahl, um eine Örtlichkeit für seine Nordseeambitionen auszuwählen. An der Westseite der Mündung des Jadebusens entstand aus ein paar kleinen und isolierten Fischerdörfern ein neuer Hafen, der 1869 eingeweiht wurde, mit einer Stadt, die zu Ehren Wilhelms I., des preußi-

Angetreten zum Empfang in der Schleuse von Kiel-Holtenau am Ausgang des Kaiser-Wilhelm-Kanals zur Ostsee hin.

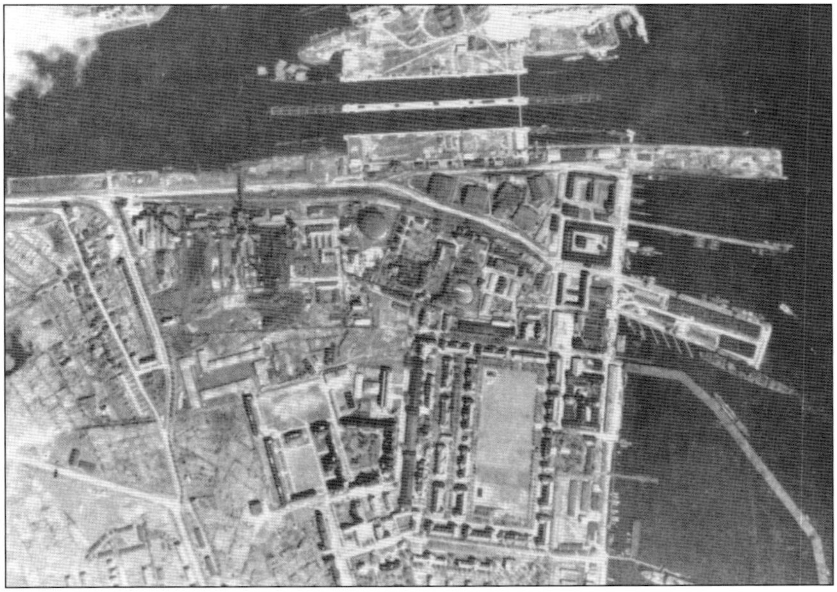

Eine Kriegs- oder Vorkriegsaufnahme von Kiel. Die Schleusen des Kaiser-Wilhelm-Kanals mit der Straßenbrücke sind deutlich zu unterscheiden. Ebenso klar sind die rechteckigen Gebäudekomplexe sowie die verschiedenen Pieranlagen des Marinestützpunktes an der Kieler Förde zu erkennen. Die berühmte Tirpitzmole, eine weit geschwungene Pier, erstreckt sich mit zwei Knicks zur rechten Bildecke hin.

schen Königs, den Namen Wilhelmshaven erhielt. W'haven, wie es kurz genannt wurde, war ab 1870 Marinestation der Nordsee und ein Jahr später Reichskriegshafen.

Kurz zuvor (1865) war das Marine-Stationskommando als Marinestation der Ostsee von Danzig nach Kiel (1865 preußischer und 1871 Reichskriegshafen) verlegt worden. Für die Unterbringung von Kriegsschiffen war die Ostseeküste weitaus gastlicher; denn es gab eine Reihe tiefer Flussmündungen, die weit in die Küstenlinie eingekerbt waren und von der Gestalt her Ähnlichkeit mit norwegischen Fjorden hatten. Auf Kiel war die Wahl aus demselben Grund wie auf Wilhelmshaven gefallen, denn das tiefe Wasser reichte über 15 km landeinwärts, weit außerhalb der Artilleriereichweite von Schiffen auf See. Der Bau der Hafenanlagen an der Nordsee mit dem Gezeitenunterschied war ein weit größeres Problem als jener an der Ostsee gewesen; denn die Schiffe konnten bei Ebbe – von der schmalen Tiefwasserrinne einmal abgesehen – nicht schwimmfähig bleiben. Daher mussten große künstliche Hafenbecken mit mehreren Seeschleusen durch Arbeiter mit Schaufel, Spitzhacke und Schubkarre gebaut werden, um von den Gezeiten unabhängig

U 123 (Typ IX B) mit Kptlt. Karl-Heinz Moehle rechts im Bild auf dem Schanzkleid sitzend. Im Vordergrund der Magnetkompass und im Hintergrund der Signalturm an der Kieler Blücherbrücke. Bis zu seiner Zerstörung Ausgangspunkt für zahlreiche Fotos von hier festgemachten Schiffen.

Die Marinekommandantur im französischen Quiberon. Ein geeignetes Gebäude, beschlagnahmt und mit einem Schilderhaus samt Wachtposten davor, ließ eine militärische Einrichtung erkennen.

zu sein. Über die Jahre hinweg erfuhren die Hafenanlagen für den Kriegsgebrauch ständige Verbesserungen und Erweiterungen. 1911 kamen große Trockendocks sowie die III. Einfahrt und 1942 vor allem die IV. Einfahrt hinzu.

Während des Zweiten Weltkrieges hatte Wilhelmshaven den großen Nachteil, dass sich die Aktivitäten der Marine auf die Hafenbecken und die verhältnismäßig schmale Tiefwasserrinne beschränken mussten. Demgegenüber standen in Kiel große geschützte Wasserflächen zur Verfügung, d.h. die Schiffe konnten sich verteilen und boten den gegnerischen Bombern ein weit schwierigeres Ziel. Andererseits gab es genug Flachwasserbereiche, um Unterseeboote zu verbergen, von denen einige die Tageslichtstunden auf Grund ruhend und nur mit einer Restbesatzung an Bord verbrachten. Am 11. März 1940 wurde die Problematik des schmalen Fahrwassers zur Nordsee deutlich, als *U 31* (Kptlt. Johannes

Cuxhaven vor dem Kriege. Zu dieser Zeit der Hauptstützpunkt der Minensuchkräfte.

Habekost) im Jadebusen auf Schillig-Reede bei einem britischen Luftangriff Bombentreffer erhielt und sank. Eine friesische Inselfähre hielt sich von der Abwurfstelle gut frei, aber ein Soldat, der auf Urlaub war und sich auf dem Heimweg befand, meldete den Angriff auf eine Fläche scheinbar leeren Wassers. *U 31* führte mit Werftpersonal an Bord gerade ein Prüfungstauchen durch und hatte sein Sehrohr mit einer Flagge markiert. Ein weiteres, inzwischen passierendes Schiff hielt den kleinen Wasserstrudel um das gesunkene Boot für die Bugwelle eines unter Wasser fahrenden U-Bootes. Daher fuhr der Rudergänger einen weiten Bogen und erkannte nicht, dass die »Bugwelle« von der Strömung verursacht wurde. Niemandem an Bord dieses Schiffes kam zum Bewusstsein, dass hier ein U-Boot auf Grund lag, in dem Männer mit ihren letzten Atemzügen nach Luft rangen. Erst als *U 31* von seiner Erprobungsfahrt nicht zurückkehrte, erkannten die zuständigen Marinestellen die Bedeutung der zusammenhanglosen Meldungen und entsandten ein Suchkommando. Ehe die Taucher das Wrack erreichten, war jedes Leben erloschen.

Da der seit dem Ende des 18. Jahrhunderts vorhandene Eider-Wasserweg zwischen der Nordsee und der Ostsee für seegehende Schiffe ungeeignet war, begannen die Arbeiten nach mehreren – seit 1864 vergeblich gebliebenen – Anläufen am 3. Juni 1887 endgültig, um einen Kanal von Kiel-Holtenau bis nach Brunsbüttel an der Elbmündung zu bauen. Er sollte die beiden neuen Reichskriegshäfen auf dem kürzesten Weg miteinander verbinden. Als er schließlich am 21. Juni 1895 fertig gestellt war, wurde er nach den beiden deutschen Kaisern »Kaiser-Wilhelm-Kanal« genannt und führt heute den Namen »Nord-Ostsee-Kanal«. Er war kaum vollendet, als Deutschland auf den Bau des britischen DREADNOUGHT antwortete und im Schlachtschiffbau ebenfalls zum »Dreadnought«-Typ überging. Diese neue Generation von Schlachtschiffen war für den Kanal zu groß, der daher ab 1907 erheblich vergrößert wurde. Diese großzügigen Erweiterungsarbeiten waren kurz vor dem Ersten Weltkrieg abgeschlossen. Die Länge blieb mit fast 99 km dieselbe, aber die Sohlenbreite stieg von 22 m auf 44 m, während die Spiegelbreite an der Oberfläche von 66 m auf 102 m und die durchschnittliche Wassertiefe von 8,5 m auf 11 m zunahmen. Damit vergrößerte sich das Profil des Kanals um das 3,5-fache. Der Bau von Ausweichstellen diente der Regelung einer verbesserten Kanaldurchfahrt. Die bisherigen Schleusen in Holtenau und Brunsbüttel wurden zu Doppelschleusen erweitert. Sie sind nicht nur für den Ausgleich des Gezeitenunterschieds in der Nordsee und wegen des wechselnden Wasser-

U 48 in Kiel mit einem der größeren Schiffe im Hintergrund. Ein Identifizieren mit aller Gründlichkeit ist nicht einfach und kann sehr schwierig werden, wenn Netze wie hier die Umrisse verdecken. Im Imperial War Museum in London gibt es ein interessantes Fotoalbum, in dem die urprünglichen Schiffsidentifizierungen gestrichen und korrigiert sind. Diese sind wiederum gestrichen und wurden erneut korrigiert. Später brachte jemand eine dritte Korrektur an. Ein anschließend angefügter vierter Kommentar lautet: »Spielt das eine Rolle? Sie wurden sowieso alle versenkt!«

standes in der Ostsee erforderlich, sondern mit ihrer Hilfe kann auch der Wasserstand im Kanal etwas über normal angehoben werden. In der Ostsee gibt es zwar keinen nennenswerten Tidenhub, aber veränderliche Winde können durchaus einen Unterschied im Wasserstand von etwa einem Meter erzeugen.

Dem Ausbau vor dem Ersten Weltkrieg folgte erst 1966 eine Modernisierung. Es war ein sehr interessanter Aspekt, dass die großen, 1907 fertig gestellten Doppelschleusen bis zu ihrer Schließung 1984 für eine umfassende Ausbesserung nie vollständig trockengelegt wurden. Als dann das Wasser aus den Becken am Holtenauer Kanalende herausgepumpt worden war, drohte ein Zerfallen des Betonsockels, weil das Grundwasser durch die Fundamente gepresst wurde. Das Problem wurde schließlich gelöst, indem die leeren Schleusenbecken mit schweren Betonblöcken beschwert wurden, solange die Reparaturen andauerten.

Im Zweiten Weltkrieg schützten Sperrballons, Flakbatterien und zumindest eine eigens hierfür vorgesehene Jagdgruppe der Luftwaffe den Kanal. Flakschiffe hatten Geleitzüge und andere verwundbare Ziele zu begleiten. Die Durchfahrt überwachten Stationen an jedem Kanalende und gewöhnlich waren für die drei Kanalabschnitte verschiedene Lotsen erforderlich, obwohl eine beachtliche Anzahl von Seeoffzieren die erforderliche Qualifikation besaß, um ohne Lotsenhilfe den Kanal zu befahren.

Gotenhafen, ein weiterer häufig erwähnter Marinestützpunkt, ist nicht in den Atlanten zu finden, und zwar deshalb nicht, weil dieser deutsche Name für das ehemalige Dorf Gdingen (polnisch: Gdynia) lediglich in den Kriegsjahren benutzt wurde (er rührt von archäologischen Funden her, die von den Goten stammen). Bis zum Ende des Ersten Weltkrieges war der Ort eine kleine Fischersiedlung gewesen. Als dann dieses Gebiet von Deutschland abgetrennt und Polen zugeschlagen wurde, entwickelte sich das Dorf – sozusagen als Gegenpol zu Danzig – zum wichtigsten Seehafen für den polnischen Handelsverkehr und zum Stützpunkt der polnischen Marine. Vom Herbst 1939 an nutzte Deutschland die neu errichteten Marineeinrichtungen für seine Kriegsmarine. Gegen Ende des Zweiten Weltkrieges wurden fast alle Anlagen wie auch die Stadt selbst, die zur Festung erklärt worden war, in den Kämpfen mit den Sowjets zerstört und seither wieder aufgebaut.

Daneben gab es eine Reihe kleinerer Marinestützpunkte, wie z. B. Cuxhaven, Swinemünde oder Pillau. Hamburg und Bremen spielten als Marinestützpunkte kaum eine Rolle; denn beide Städte liegen zu weit binnenwärts an launischen Flüssen mit Gezeiten, Strömungen, tückischen Untiefen und Sandbänken, die der Schifffahrt übel mitspielen. Im Kriege musste damit gerechnet werden, dass der Zugang durch Blockschiffe, Minen und Luftangriffe noch schwieriger war oder sogar ganz gesperrt wurde.

Werften

Es ist noch nicht lange her, da lag das Südufer der Elbe in Hamburg versteckt hinter einer großen Anzahl von Schwimmdocks, während wuchtige Stahlgerüste die Silhouette dominierten, unterstützt von unzähligen Stahlseilen, auf denen Rollkräne hin und her liefen und an denen sich Lasten auf und ab bewegten, um die stets hungrigen Helgen zu füttern. Der wirtschaftliche Aufschwung der Nachkriegsjahre hatte zur Folge, dass die mit Stahlseilen arbeitenden Kräne durch moderne hydraulisch betriebene Krananlagen ersetzt wurden. Kurz darauf setzte der Niedergang der europäischen Schiffbauindustrie ein und zwang viele Werften zur Schließung. Wenn auch seither an einigen Orten eine teilweise Wiederbelebung stattgefunden hat, so blieben doch beachtliche Plätze des Niedergangs zurück, angefüllt mit den auffallendsten Zeugnissen unserer turbulenten Vergangenheit. Weil der Gegensatz zwischen dem Vergangenen und der Moderne so offensichtlich ist, soll der Schritt zurück in die Geschichte nur mit ein paar Fotos aus der Fülle der vorhandenen Bücher veranschaulicht werden.

Hamburg gibt einen guten Ausgangspunkt für eine solche historische Suche ab, denn die Örtlichkeiten sind leicht zugänglich und die Überreste der alten Werften sind nicht schwierig zu lokalisieren. Die letzte, noch vorhandene große Werft – Blohm + Voss – liegt am Südufer der Elbe neben dem alten Elbtunnel, der unter dem Fluss hindurchführt. Zu Beginn des 20. Jahrhunderts hatte sich die Werft einen ausgezeichneten Ruf für den Bau großer Handelsschiffe erworben, vor allem schneller Passagierschiffe, und auf den Helgen dieser Werft ließ die deutsche Marine später den Schweren Kreuzer ADMIRAL HIPPER und das Schlachtschiff BISMARCK bauen. Seltsamerweise wurde die Werft erst gegen Ende des Krieges in das Bauprogramm für Unterseeboote einbezogen. Als dann jedoch die Sektionsbauweise einsetzte und der Zusammenbau der großen »Elektroboote« vom Typ XXI begann, wurde Blohm & Voss als Montagewerft das leistungsfähigste Unternehmen, gemessen in Arbeitsstunden pro Mann und Boot.

Die Helgen im Werfthafen, wo sich der Mittelpunkt dieser Aktivitäten befand, sind noch immer von den Barkassen aus zu sehen, mit denen Besucher eine Hafenrundfahrt unternehmen können. Zudem existiert eine Vielzahl ausgezeichneter Fotos mit britischen Soldaten, die diesen Bienenstock des Fleißes 1945 untersuchten. Bei Kriegsende, als die Besatzungstruppen das Werftgelände besetzten, war dort noch vieles intakt gewesen. Doch es existieren auch Fotos von denselben U-Booten mit beträchtlichen Schäden und die offiziellen Bildunterschriften behaupten, dass die Verwüstungen von den alliierten Bombenangriffen während des Krieges verursacht worden wären. Dies ist eindeutig falsch, denn als die britischen Truppen in Hamburg einrückten,

Die HDW-Werft in Kiel 1998. Der Maßstab ist sehr schwierig zu erkennen, selbst wenn der Betrachter direkt neben dem hohen Portalkran steht. Doch der Wagen auf dem Kran, an dem die Last hängt, ist so hoch wie ein dreistöckiges Haus.

Im Bild die Helgen der alten Krupp-Germaniawerft, die vor dem Kriege riesige Hallen aus Glas überdachten. Dieser historische Platz, an den nichts mehr erinnert, hat heute eine völlige Umgestaltung erfahren.

Im Hamburger Hafen: Im Vordergrund ein zu Blohm + Voss gehörendes Trockendock mit dem Rollkran-Gerüst der Stülckenwerft über den Helgen im Hintergrund, aufgenommen Ende der 60er-Jahre. Die vielen Stahlkabel, die sich über die Helgen der Werft erstreckten, waren das letzte mit Stahlseilen betriebene große Kransystem. Der Niedergang des europäischen Schiffbaus führte zur Zerstörung dieser Strukturen, ersetzt durch kleinere, hydraulisch betriebene Kräne.

Die »Skyline« der Werft Blohm + Voss mit ihren moderneren Kränen.

hatten die Luftangriffe aufgehört. Daher stellen sich dem Betrachter folgende Fragen: Warum war es für die Besatzungstruppen notwendig, nach dem Kriege Kräne, Wasserbauten sowie andere Anlagen und Einrichtungen zu zerstören? Warum wurde später erklärt, diese absichtlichen Zerstörungen wären vor dem Waffenstillstand verursacht worden? Interessant ist auch folgende Feststellung: Als der Verfasser Mitte der 70er-Jahre an die Werft Blohm + Voss mit der Bitte um Informationen hinsichtlich ihrer Beteiligung am U-Bootbau herantrat, teilte ihm der Referent für Öffentlichkeitsarbeit mit, dass die Werft nie Unterseeboote gebaut hätte. Vorgelegte Fotos vom Bau dieser Boote auf den Helgen der Werft erklärte dieser Referent für Fälschungen.

Nur etwa 100 m weiter südlich von Blohm + Voss liegen die Howaldtswerke Hamburg. Der Name des Hafenbeckens – »Vulcanhafen« – ist eine faszinierende Rückblende auf frühere Zeiten, als diese Werft den Vulcan-Werken in Stettin gehörte. Damals konnte die Ostseewerft mit den wachsenden Aufträgen nicht mehr fertig werden und eröffnete daher 1905 einen neuen Teilbetrieb in Hamburg. 1930 übernahmen die Howaldtswerke Kiel die Hamburger Werft. Nach dem Kriege erfolgte 1968 der Zusammenschluss der Howaldtswerke Hamburg mit Howaldt in Kiel und der Deutschen Werft in Hamburg zu den Howaldtswerken Deutsche Werft AG (HDW). Doch sogar dieser starke Unternehmensverbund konnte dem Wettbewerb mit den Billigländern nicht standhalten und Mitte der 90er-Jahre wurde die Hamburger Werft zu Gunsten von Neuansiedlungen und dem Bau von Flutsperrwerken aufgegeben.

Der U-Bootbau hinterließ in einer Ecke des Vulcanhafens ein interessantes Vermächtnis: Einen kleineren, der Ausrüstung der Boote dienenden U-Bootbunker (»Elbe II«). In der Zeit seiner Demontage gingen drei Abbruchfirmen Bankrott, aber die Masse des Betons widerstand allen Anstrengungen einer Einebnung. Obwohl ein Großteil der Decke abgebrochen wurde, blieben ein Teil der Mittel- und der Westwand stehen. Hingegen wurde der größere U-Bootbunker (»Elbe I«) in Hamburg mit dem restlichen Vorrat an alten Bomben der Luftwaffe erfolgreich zerstört. Doch als die Besatzungsarmee ihre Aufmerksamkeit schließlich dem kleineren Bunker »Elbe II« zuwandte, hatte sich in der Zwischenzeit der riesige Vorrat an Sprengstoff erschöpft. Wäre auch dieser Bunker mit einer ähnlich großen Menge Sprengstoff, untergebracht in seinem Inneren, gesprengt worden, hätten jedenfalls sämtliche Gebäude in der Umgebung beträchtliche Schäden erlitten. So stehen die Reste des Bunkers immer noch und beherrschen die Ecke des Europa-Kais.

In den letzten Kriegstagen versenkten sich die U-Boote im Westbecken des Bunkers kurz vor dem Eintreffen der britischen Truppen selbst. Dort liegen die Wracks bis zum heutigen Tage noch immer und waren bis vor kurzem bei Ebbe sichtbar. Dieser etwas ungewöhnliche Umstand war weitgehend der Tatsache zuzuschreiben, dass sich dieses Areal im Freihafen befand, d.h. der Zoll musste passiert werden, um es zu erreichen. Hinzu kam, dass die Ruinen des Bunkers versteckt im Sicherheitsbereich der ehemaligen HDW-Werft lagen. Die Überwachung war so streng, dass Besucher des Areals ihre Personalausweise oder Pässe beim Sicherheitsdienst am Haupttor hinterlegen mussten. Durch die Aufgabe der Werft ist der Zugang bedauerlicherweise viel einfacher geworden und die Stadt Hamburg hat die U-Bootswracks mit Sand bedecken lassen, um den kuriosen Anblick zu verbergen.

Der traurige Aspekt dieser Geschichte besteht darin, dass diese Boote bis in die Mitte der 60er-Jahre intakt überlebten. Erst mit dem verzweifelten Versuch einer Abbruchfirma, den Bankrott abzuwenden, setzte ihre Zerstörung durch das Entfernen von zwei Kommandotürmen ein. Diese Türme bestanden aus einer sehr teuren Legierung, nämlich aus amagnetischer Phosphorbronze. Auch die Motoren wurden ausgebaut und geborgen. Doch die vorderen Sektionen der beiden Boote auf der Westseite und der gesamte Bootskörper des dritten U-Bootes blieben intakt erhalten. Entscheidend hierbei war, dass die Betondecke das dritte Boot teilweise zusammendrückte. Die Identifizierung der Boote ergab: Das noch faktisch intakte *U 3506*, wenn es auch ziemlich von der Decke eingedrückt ist, sowie *U 3004* und *U 2505*, sämtlich vom Typ XXI. Schade, dass diese Relikte einer großartigen Technik – dem Zeitgeist gemäß – verborgen bleiben sollen statt als Zeugnisse einer fast unglaublichen Innovation zu dienen.

Es ist durchaus möglich, dass im Schlick auf dem Grund des Hafenbeckens noch weitere Relikte liegen. Ein Bericht der Royal Navy, einige Wochen nach Kriegsende zusammengestellt, katalogisierte eine Fülle von Ausrüstungen, die überall auf diesem Gelände umherlag. Die Aufzählung reichte von großen Gegenständen wie Motoren und Sehrohren bis zu Kisten mit kleinerem Material. Da in der Nähe des Beckenrandes faktisch nichts gefunden wurde, ist anzunehmen, dass dort alles ins Wasser geworfen wurde, ehe die britischen Truppen eintrafen. In den frühen 90er-Jahren gab es noch eine große Anzahl klobiger Reste. Betonblöcke, die einst die Außenseite der Fensteröffnungen im Erdgeschoss vor dem Detonationsdruck der Bomben schützten, dienten als Straßenmarkierungen (sie sind etwa 40 cm tief und mindestens 1 m lang). Es waren auch noch einige transportable Postenstände aus Stahl und Beton mit kleinen Beobachtungsschlitzen vorhanden. Eines der Bürogebäude hat einen deutlich erkennbaren Betonanbau aus der Kriegszeit und es gibt einen runden Personenbunker, wobei jede Tür direkt auf ein anderes Stockwerk führt. Ganz amüsant war auch das Entdecken eines modernen transportablen Häuschens, abgestützt durch etwas, das wie ein alter U-Bootanker aussah. Daher wird zweifellos jeder, der das Gelände gründlich durchkämmt, mit weiteren Beweisen einer aufregenden Geschichte belohnt werden.

Zur Stülckenwerft in Hamburg-Steinwerder gehörende Helgen für U-Boote liegen östlich des alten Elbtunnels, direkt gegenüber des Südeingangs zum Zollkanal. Der Großteil des Maschinenparks wurde abgerissen und entfernt, während die Gebäude eine beträchtliche Zeit baufällig stehen blieben. Ende der 80er-Jahre fand ein weiterer Abriss mit dem Ziel statt, auf dem Gelände einen großen Einkaufsmarkt anzusiedeln, aber der Plan scheint gescheitert zu sein. Die Stülckenwerft ist von besonderem Interesse, denn sie war auf den Bau kleiner Schiffe und Fischerboote spezialisiert. Auf ihr wurde 1935 das außerordentlich gelungene Minensuchboot Typ 1935 entwickelt, ein Entwurf, der später von mehreren anderen Werften nachgebaut wurde.

Die Deutsche Werft in Hamburg-Finkenwerder – sie sollte nicht mit der Werft Deutsche Werke in Kiel verwechselt werden – litt beträchtlich unter Bombenschäden und unter den Demontagen der unmittelbaren Nachkriegszeit. Mitte der 60er-Jahre gehörte die Werft zu den ersten Opfern des wirtschaftlichen Zusammenbruchs (zum Zusammenschluss mit Howaldt Kiel zu den Howaldtswerken Hamburg und ihrem Niedergang siehe oben). Der U-Bootbunker »Fink II« auf dem Gelände wurde mit Tausenden von Tonnen alter Bomben der Luftwaffe von innen heraus gesprengt. Danach wurden die Reste auf Uferhöhe eingeebnet und mit Tonnen von Sand aufgeschüttet. Seit dem Zusammenbruch der Werft nach dem Kriege sind viele Anlagen abgerissen worden und ein großer Teil des Geländes wurde rekulti-

Der Hamburger Hafen mit der hohen Köhlbrand-Hängebrücke im Hintergrund Ende der 80er-Jahre. Den Kai rechts, an dem der Schwimmkran festgemacht liegt, hatte damals die Bergungsfirma Harms belegt und das Gelände links gehörte noch der HDW-Schiffsreparaturwerft. Die Ruinen mit dem schrägen Dach in der Mitte des Areals sind die Überreste des U-Bootbunkers »Elbe II«. Im Inneren befinden sich noch die drei Boote des Typs XXI, die früher bei Niedrigwasser zu sehen waren. Sie sind anscheinend jetzt mit Sand bedeckt worden.

viert. Dennoch blieben ein paar Gebäude erhalten und aufgegebene Eisenbahnschienen mit eindrucksvollen, aber rostenden Toren weisen auf den Ort hin, wo der U-Bootbunker mit seiner dicken Betondecke stand. Jeder, der dieses Gelände besucht, hätte gern eine Karte aus der Kriegszeit, denn das Auffüllen einiger Werftbecken hat zu einer völlig anderen Uferlinie im Vergleich zu jener geführt, die auf alten Fotos der Kriegszeit zu sehen ist.

Nach dem Kriege wurden die Hamburger Werft- und Hafenbecken von zahlreichen Schiffs- und U-Bootwracks geräumt, deren Reste im Westen von Finkenwerder auf einem Gelände gelagert wurden, wo die Norderelbe wieder mit der Alten Süderelbe zusammentrifft. Den nunmehr knapp 3 km breiten Strom beherrschen ab da zahlreiche Untiefen mit ausgedehnten festen Sandbänken, die bei Ebbe trocken liegen. 1962 führte eine seltene Kombination aus Nordweststurm und Springflut im gesamten Hafengebiet und den tiefer gelegenen Stadtteilen Hamburgs zu einer Flutkatastrophe.* Als Folge dieser Sturmflutkatastrophe wurden u.a. auch die Finkenwerder Deiche verstärkt und erhöht sowie der Verlauf des Stroms verändert. Der westliche Arm der Süderelbe ist nunmehr blockiert und zur Altelbe geworden, während der Strömungsverlauf umgeleitet worden ist und jetzt unter der riesigen Köhlbrand-Hängebrücke im Hafen verläuft. Es könnte durchaus sein, dass durch diese Veränderungen die dort lagernden Wracks überdeckt sind oder dass sie schon lange vor der Flut-

* Anm. d. Ü.: Zu diesem Zeitpunkt war KAdm. Bernhard Rogge, der ehemalige Kommandant des Hilfskreuzers ATLANTIS, Befehlshaber des Wehrbereichs I – Hamburg – und leitete den Einsatz der Bundeswehr zur Katastrophenhilfe. Die Gesamteinsatzleitung hatte der damalige Innensenator der Freien und Hansestadt Hamburg Helmut Schmidt, der spätere Bundeskanzler.

katastrophe bei Ebbe weitgehend geborgen und in den Hochöfen verschrottet worden waren. Bis zum Ende der 50er-Jahre waren die Relikte bei Ebbe sichtbar, aber heute gibt es keine Spur mehr von ihnen.

Wie in Hamburg liegt auch in Kiel die Werftindustrie weitgehend auf einer Seite des Wassers – in diesem Fall auf der Ostseite der Kieler Förde – und gestattet den Schaulustigen einen ungehinderten Einblick, um die geschäftige Aktivität zu beobachten. Fährboote auf der Förde bringen ihre Passagiere sogar noch dichter heran. Trotz der Bombenschäden aus der Kriegszeit und der drastisch veränderten Industrieproduktion in den vergangenen Jahren gibt es noch eine große Anzahl erkennbarer und lohnender Relikte zu sehen.

Die am weitesten binnenwärts gelegene Werft am Ende der Förde war die berühmte Krupp-Germaniawerft, heute zum HDW-Gelände gehörend. Vor dem Kriege waren die Helgen mit massiven, viergiebeligen Glashäusern überdacht. Der größte Teil der Glasscheiben war durch den Luftdruck der Bomben zu Bruch gegangen, aber der Name »Krupp« in riesigen Lettern beherrschte weiterhin trotzig die rostenden Ruinen. Der Stahlgigant Krupp – nicht zu verwechseln mit der Elektrogerätefirma Krupps – übernahm die Germaniawerft bereits 1883. Die Glashäuser mit ihrem eisernen Gerüst wurden demontiert, aber die Helgen blieben bis vor kurzem unter einer Mischung aus industriellen Relikten, unordentlichen Haufen von Metallschrott und einem Gewirr wildwuchernder Pflanzen verborgen. Die dem Schiffbau dienenden Teile des Geländes sind noch immer ein Ort der Hochtechnologie, an dem ein Heer vorwiegend türkischer Arbeiter die überaus komplizierten Geheimnisse hinter taktisch gut platzierten Blenden verschweißt. Seit dieses Werftgelände vor dem Krieg zum Mittelpunkt des U-Bootbaus geworden war, sind hier zahlreiche Neuerungen entstanden. Die Tatsache, dass das fachmännische Können noch immer im modernen U-Bootbau geschätzt wird, hat sich auch seit der Zugehörigkeit zu den Howaldtswerken Kiel nicht verändert. Diese haben bei Kriegsende nicht nur die Germaniawerft sondern auch das Marinearsenal/Kriegsmarinewerft und die zwischen beiden gelegenen Deutschen Werke übernommen (siehe unten). 1968 folgte dann der Zusammenschluss der Howaldtswerke Kiel mit den Howaldtswerken Hamburg und der Deutschen Werft zu HDW: Howaldtswerke Deutsche Werft AG (siehe oben).

Ein Teil des gegenwärtig an HDW nach Norden angrenzenden Geländes beherbergt heute das Kieler Marinearsenal der deutschen Marine. Früher befand sich hier das aus einem Teil der Kaiserlichen Werft hervorgegangene Marinearsenal, das von 1939 bis 1943 mit den benachbarten Howaldtswerken Kiel die Kriegsmarinewerft bildete. Teile dieses heutigen Arsenalgeländes ergaben sich durch das Auffüllen alter Werftbecken, wobei mehrere gesunkene Schiffe begraben wurden, darunter auch das Panzerschiff ADMIRAL SCHEER. Noch weiter nach Norden zu ist an der Förde ein Gewirr aus Betontrümmern kaum zu verfehlen. Diese letzten Reste des alten Kieler U-Bootbunkers markieren auch das Gelände der Howaldtswerke aus der Kriegszeit, auf dem zahlreiche U-Boote gebaut wurden. Hier ist auch der Ort, an dem das erste deutsche Unterseeboot, der BRANDTAUCHER von Wilhelm Bauer, 1850 bei der Maschinenfabrik und Eisengießerei Schweffel & Howaldt, Kiel, vom Stapel lief (heute im Wehrgeschichtlichen Museum in Dresden zu besichtigen). Von den Howaldtswerken stammte vor der Jahrhundertwende auch der erste deutsche große Schiffspropeller. Ferner baute diese Werft mit dem Hebeschiff VULKAN das erste Schiff der Welt mit turboelektrischem Antrieb. Der Verkauf der Werft im April 1939 an die Kriegsmarine (Teil der Kriegsmarinewerft: siehe oben) zeigte, dass die Wirtschaftlichkeit unter einem zivilen Management besser gewesen war, und im Juli 1943 erfolgten der Rückkauf und die Vereinigung mit den Howaldtswerken Hamburg.

Vor noch nicht langer Zeit fanden Taucher ein U-Boot in einem einigermaßen erhaltenen Zustand unter den Trümmerstücken des U-Bootbunkers begraben. Die sich anschließende Suche nach Informationen verführte zur Vermutung, der Magistrat der Stadt könnte an einem möglichen Bergungsunternehmen interessiert sein. Dann verlautete jedoch, die Wissbegierde der städtischen Beamten konzentriere sich nur darauf, ob noch Munition an Bord sei. Wäre dies der Fall gewesen, dann hätte anscheinend die Bundesregierung die

Kosten für das Entfernen tragen müssen, aber ohne eine von Sprengstoffen ausgehenden Gefahr fallen die Kosten für das Beseitigen der Trümmer der Stadt zur Last. Die hohen Kosten eines solchen Unternehmens sorgen dafür, dass die Trümmer auch weiterhin für eine unabsehbare Zeit dort verbleiben werden.

Bei dem U-Boot unter den Bunkertrümmern scheint es sich um *U 4708* (ObltzS. Dietrich Schultz) zu handeln – ein kleines »Elektroboot« des Küstentyps XXIII, das während eines Luftangriffs auf Kiel sank, als ein Reihenwurf großer Bomben im Wasser auf der anderen Fördeseite detonierte und eine Serie hoher Wellen verursachte, die durch die offenen Luken ins Boot schlugen.

Ein anderer Blick auf diese Ruinen vom Fördeufer der Kieler Stadtseite aus könnte den Blick vermutlich auch auf eine Anzahl würfelförmiger Betonblöcke lenken. Dass es sich hierbei um die Fundamente der berühmten Blücherbrücke am Westufer der Förde handelt, ist nicht schwer zu erkennen, denn die heutige Pier trägt noch immer diesen alten Namen, wenn sie auch nicht mehr der Liegeplatz des Segelschulschiffes GORCH FOCK der Bundesmarine ist, der weiter weg in den Marinehafen verlegt worden ist.

Am Ostufer der Kieler Förde befanden sich auch auf dem heutigen HDW-Gelände südlich des Marinearsenals und nördlich der alten Germaniawerft die Deutschen Werke Kiel A. G., hervorgegangen 1925 durch Beschluss des Reichstages aus der Reichswerft (ehemals Kaiserliche Werft), den Deutschen Werken Berlin A.G. und der früheren Torpedowerkstatt Friedrichsort. Nach dem Ersten Weltkrieg zu einer bloßen Reparaturwerft herabgesunken, war daher das frühere fachliche Können bald zurückgewonnen. Wie die Howaldtswerke Kiel, die übrigens zwischen 1937 und 1939 zu den Deutschen Werken gehörten, bildeten auch die Deutschen Werke von 1939 bis 1943 einen Teil der Kriegsmarinewerft. Auf dieser Werft entstanden mehrere große Kriegsschiffe wie das Schlachtschiff GNEISENAU, der Schwere Kreuzer BLÜCHER und das Panzerschiff DEUTSCHLAND.

Die Marinewerft der Reichsmarine in Wilhelmshaven blieb als Einzige der drei ehemaligen Kaiserlichen Werften mit ihren gesamten Einrichtungen vollständig als Bauwerft nach dem Ersten Weltkrieg erhalten, obwohl die Alliierten versuchten, sie durch Konfiszieren vieler moderner Maschinen außer Betrieb zu setzen. 1935 wurde die Marinewerft in Kriegsmarinewerft umbenannt. Mit einem unerhörtem Verbrauch an Stahl entstanden auf ihren Helgen zahlreiche große und kleinere Kriegsschiffe, darunter die Schlachtschiffe TIRPITZ und SCHARNHORST, die Panzerschiffe ADMIRAL SCHEER und ADMIRAL GRAF SPEE sowie die Leichten Kreuzer EMDEN, KÖNIGSBERG, KÖLN und LEIPZIG. Nach dem Zweiten Weltkrieg wurde die Werft auf alliierte Weisung demontiert und gesprengt.

Die Artillerie des Leichten Kreuzers KÖLN in Aktion.

Die größte deutsche Bauwerft, die Deutsche Schiffs- und Maschinenbau A. G. (Deschimag), lag an den Ufern der Weser zwischen Bremen und Bremerhaven. Zu ihr gehörten u.a. die A. G. »Weser« in Bremen und die A. G. »Neptun« in Rostock. Kurz nach dem Ersten Weltkrieg baute die Werft einige hochinteressante Schiffe, darunter den Schnelldampfer BREMEN (1928) und das Artillerieschulschiff BRUMMER, Letzteres ausgerüstet mit dem Prototyp einer Maschinenanlage, die für die neuen Zerstörer vorgesehen war. Später wurde die Werft ein Mittelpunkt des U-Bootbaus und kurz vor Ende des Zweiten Weltkrieges wurden auf ihr fast 400 Klein-U-Boote

Blick in den Maschinengefechtsstand des Leichten Kreuzers KÖLN.

Die im Bau befindlichen U-Bootbunker in Bordeaux. Obwohl von der Propaganda oft behauptet worden ist, dass diese Kolosse durch »Sklavenarbeit« entstanden seien, kamen viele der Arbeiter aus Spanien. Auch die eingesetzten Kriegsgefangenen arbeiteten freiwillig, da die Lebensbedingungen besser als in den Gefangenenlagern waren.

des Typs »Molch« gefertigt. Probleme des Werftkonzerns in den 20er-Jahren führten zum Verlust einer Anzahl Kontrakte für größere Schiffe, obwohl die Deschimag die Aufträge zum Bau der Schweren Kreuzer LÜTZOW und SEYDLITZ erhielt. (Ersterer darf nicht mit dem in LÜTZOW umbenannten und zum Schweren Kreuzer umklassifizierten Panzerschiff DEUTSCHLAND verwechselt werden. Der bei der Deschimag gebaute Kreuzer wurde 1940 zur Fertigstellung an die UdSSR verkauft, während die SEYDLITZ einen Umbau zum Flugzeugträger erfuhr, aber nie fertig gestellt wurde).

Die Probleme der Deschimag ergaben sich als Folge ihres Ehrgeizes zum größten Werftkonzern in Deutschland zu werden. Sie übernahm eine Anzahl älterer und wenig leistungsfähiger Werften kurz bevor die Aufträge in den 20er-Jahren ausblieben. Ihr wirtschaftlicher Zusammenbruch, darunter auch Tecklenborg in Bremerhaven und der Stettiner Vulkan, führte aus Rationalisierungsgründen zur Stilllegung und zum Abbruch der gerade erworbenen Anlagen. 1941 auf dem Höhepunkt der Produktion hatte die Deschimag A. G. »Weser« über 17.000 Beschäftigte. Hiervon waren 1000 Arbeiter in der Reparaturwerft für U-Boote in Brest an der französischen Küste beschäftigt.

Die Deschimag A. G. »Weser« war neben Blohm & Voss und der Danziger Schichau-Werft ein

Hauptzentrum für den Zusammenbau der großen »Elektroboote« des Typs XXI. Die auf verschiedenen Bauwerften zum Teil weiter binnenwärts entstandenen Sektionen wurden dann auf Leichtern zur Montagewerft an der Weser transportiert. Da dieses Endstadium sehr luftgefährdet war, wurde 1943 die Verbunkerung der Montagewerften beschlossen. Der Großbunker »Valentin« an der Unterweser bei Bremen-Farge war in der Lage, den gesamten Montagebetrieb der A.G. »Weser« für diese neue Generation von U-Booten unterzubringen. Dem lag folgende Absicht zu Grunde: Auf der einen Seite sollten die Sektionen durch dicke Stahltore hereingebracht werden, um auf der anderen Seite den Bunker durch eine Schleuse als fertiges Boot zu verlassen. Obwohl dieser große Bunker nur zu 80 % fertig gestellt war, schien er eine beträchtliche Bedrohung auszustrahlen. Die britischen Truppen befanden sich bereits kurz vor Bremen, als dem Unterhaus in London mitgeteilt wurde, dass dieser Bunker bald zu einer Hauptbedrohung für die Geleitzüge im Atlantik werden würde, weshalb ein intensiver Luftangriff erforderlich wäre. Die RAF erhielt infolgedessen die Weisung, eine Großoffensive mit den neu entwickelten schweren Bomben durchzuführen. Sie scheinen an dem Betonbau jedoch keinen allzu großen Schaden angerichtet zu haben, wenn auch eine Anzahl U-Boote auf den Helgen der A.G. »Weser« sowie die Infrastruktur und die Werkstätten vollkommen zerstört wurden.

Auch die leistungsfähige Seebeck-Werft übernahm die Deschimag A.G. »Weser« nach dem Tod ihres Gründers, Dietrich Georg Seebeck, in den

Eines der neuen großen »Elektroboote« des Typs XXI gegen Kriegsende in Danzig. Am Turm zeigt der gelbe Streifen an, dass sich das Boot noch in Ausbildung befindet. Diese Boote sollten den Typ VII C als Hauptträger der »Schlacht im Atlantik« ablösen, aber nur eine Hand voll gelangte noch an die Front.

Ein »Elektroboot« vom kleinen Küstentyp XXIII gegen Kriegsende. Auch hier der gelbe Streifen. Das Innere war so beengt, dass die Torpedorohre von außen geladen werden mussten, ohne Reservetorpedos mitzuführen.

20er-Jahren. Diese kleine Werft in Bremerhaven-Geestemünde (früher ein Teil von Wesermünde) war für den großen Konkurrenten deshalb von besonderem Interesse, weil viele der dort entwickelten Werkzeugmaschinen und Arbeitsgänge hochmodern und die leistungsfähigen Fertigungsstraßen gut organisiert waren. Die Seebeck-Werft hatte mit dem Bau von Fischerbooten begonnen und war dann zur Fertigung von Minensuchern für die Kaiserliche Marine übergegangen. Der spätere Aufschwung in den 20er-Jahren veranlasste das Management zur Vergrößerung der Werftanlagen, um größere Handelsschiffe zu bauen. Dann wurden diese Anlagen genutzt, um zunächst U-Boote zu reparieren und später etwa sechs Boote des Typs IX C und IX C/40 von der Kiellegung an zu bauen. Ab 1943 gehörte Seebeck zu den Sektionsbauwerften für den Typ XXI.

Die Weser war auch der Standort des Bremer Vulkan in Bremen-Vegesack (große Handelsschiffe, später M- und U-Bootbau) – nicht zu verwechseln mit den Vulcan-Werken in Stettin. Diese Anlagen in Stettin sowie die anderer Werften im östlichen deutschen Ostseeraum befanden sich nach dem Ersten Weltkrieg und der Wirtschaftskrise Ende der 20er-Jahre in einem beklagenswerten Zustand, der sich sogar noch verschlechterte, da das ausgedehnte landwirtschaftliche Hinterland die industrielle Unterstützung nicht liefern konnte, welche die Weserregion am Leben hielt. Die Schichau-Werke in Elbing mit Werftanlagen in Danzig und Königsberg waren faktisch bankrott und nur dem staatlichen und kommunalen Eingreifen gelang es, sie zu erhalten. Dieser Niedergang war insofern nur von kurzer Dauer, da dieser Raum ein Hauptziel nationalsozialistischer Entwicklungspläne bildete. 1938 beschäftigten die Schichau-Werke bereits wieder weit über 10.000 Arbeiter. Unmittelbar nach Kriegsbeginn wurden auch diese Werften in die zunehmenden Forderungen des U-Bootbau einbezogen. Sie boten auch Reparatureinrichtungen und bauten Maschinenanlagen sowie andere wichtige Ausrüstung für andere Firmen. Gleichzeitig wurden auch viele kleinere Werften entlang der Ostsee in der Kriegsproduktion beschäftigt. Selbst weit im Binnenland gelegene Fabrikanlagen wie die der Klöckner-Maschinenbauwerke in Ulm/Donau wurden in das U-Bootbauprogramm aufgenommen.

Gedächtnisstätten der Marine

An der Kieler Förde stehen zwei Ehrenmale für die Marine: Das Marine-Ehrenmal in Laboe und das U-Boot-Ehrenmal in Möltenort. Außerdem gibt es noch das U-Boot-Archiv in Cuxhaven. Die beiden ersteren sind Ehrenmale konventioneller Art, obwohl in Laboe auch eine kleine, aber faszinierende Museumsausstellung gezeigt wird. Das U-Boot-Archiv hingegen enthält Aktenbestände, eine Sammlung von Fotos und Filmen sowie eine museumsartige Ausstellung. Es ist die bei weitem größte und bedeutendste Sammlung von Informationen über die deutsche U-Bootwaffe.

Die Ehrenmale

Dem Vorschlag, ein **Marine-Ehrenmal** zu errichten, verlieh kurz nach dem Ersten Weltkrieg Wilhelm Lammertz Ausdruck, ein ehemaliger Obermaat der Kaiserlichen Marine, der 1925 die Notwendigkeit äußerte, eine Stätte des Gedenkens für die auf See gefallenen Kameraden zu gestalten. Er dachte an ein Mahnmal für alle Zukunft, an einen Ort der Sammlung, an dem sich Menschen treffen und Gedanken austauschen konnten, und nicht nur daran, einen Ort gemeinsamer Trauer zu schaffen. Obwohl dieser Vorschlag bei einem breiten Spektrum des Interesses eine günstige Aufnahme fand, bedeutete die wirtschaftliche Depression der damaligen Zeit, dass es keine Möglichkeit gab, hierfür Mittel von der Marine oder vom Steuerzahler zu erhalten. Die Idee hatte jedoch kaum zu kursieren begonnen, als Franz Heinrich den Vorschlag um einen Gedanken erweiterte. Ein geeigneter Platz für das Errichten einer solchen Stätte könnte eine einsame Landspitze mit Blick über die Ostsee dicht bei **Laboe** sein, des Ortes an der Außenförde bei Kiel, an dem er wohnte. Doch Lammertz zog Wilhelmshaven vor, da dieser Hafen die traditionelle Heimat der alten Kaiserlichen Marine wäre. Daneben erfolgten Vorschläge für viele weitere Örtlichkeiten. Schließlich wählte der Abgeordnetentag des Marinebundes im Juni 1926 das Gelände mit den Ruinen des demontierten Panzerturms Laboe aus, da der Gemeinderat dieses Gelände dem Marinebund kostenlos zur Verfügung stellte. Weitere Vorteile waren, dass Laboe leichter als Orte an der Nordseeküste erreicht werden konnte und dass der Nord-

Das Marine-Ehrenmal Laboe im August 1935. In revolutionärer Architektur und Bautechnik ausgeführt, trug u.a. die Gestaltung des 85 m hohen Turms zum Entwurf der Kommandotürme für U-Boote bei. Es wurde am 31. Mai 1936 zum 20. Jahrestag der Skagerrakschlacht eingeweiht.

Ostsee-Kanal nicht weit entfernt lag, den jeden Tag eine beträchtliche Anzahl Schiffe passierten.

Nach dieser Entscheidung ging das Projekt ins nächste Stadium. Zu einem kleinen informativen Wettbewerb bat der veranstaltende Marinebund im Herbst 1926 eine Reihe bedeutender Architekten ihre Entwürfe vorzulegen. Der Gewinner dieses Wettbewerbs, Prof. Gustav Munzer aus Düsseldorf, hatte kurz nach Weihnachten die Ruinen der Küstenbatterie besucht und einen einfachen Entwurf vorgelegt, dessen Verwirklichung sich heute dort erhebt. Bedingung der Veranstalter war es gewesen, dass das Ehrenmal als ein die See überblickender Brennpunkt dienen und in der Lage sein sollte, eine große Anzahl Menschen unterzubringen. Prof. Munzer erfüllte diese Bedingungen, indem er einen hohen Turm zum beherrschenden Anziehungspunkt machte. Dieser sollte den Besuchern eine Gelegenheit geben, die See so zu sehen, wie sie von einem Schiff aus erschien, und hatte gleichzeitig den ihn passierenden Seeleuten als eine charakteristische Landmarke zu dienen. Den Rundblick betont ein kreisrunder Ehrenhof am Fuß des Turms, in dem die Ehrenhalle ihren Platz hat. Da bereits eine große Vertiefung an der Stelle vorhanden war, an der sich der Panzerturm befunden hatte, bot sich hier eine feierliche Weihehalle in Form eines unterirdischen Kuppelbaus mit einem bunten Oberlicht an. In einer dritten Bauphase kam später auf der anderen Seite des Ehrenhofes gegenüber dem Turm die Historische Halle hinzu.

Obwohl bekannt war, dass dieses Projekt eine günstige Aufnahme gefunden hatte, überwältigte die Organisatoren des Marinebundes das große Interesse der Öffentlichkeit. Zur Grundsteinlegung am 8. August 1927 durch Admiral Reinhard Scheer versammelten sich über 5000 Gäste. Die Reichsbahn hatte Sonderzüge eingesetzt, Fördeboote verkehrten ständig zwischen Kiel und Laboe und aller Anwesenheit wurde mit einem

Das Marine-Ehrenmal im April 1998.

Schleifen von Kränzen, die der Marine gewidmet sind, in der Krypta des Marine-Ehrenmals Laboe. Ihre Texte sprechen für sich. In aller Eindringlichkeit weisen sie nicht nur darauf hin, dass die beiden Weltkriege die schlimmsten Zeiträume europäischer Geschichte waren, sondern danken auch der Kriegsmarine für ihren Einsatz zur Rettung Hunderttausender über die Ostsee vor den Schrecken der Roten Armee.

prächtigen sonnigen Sommertag belohnt. Diese begeisterte Unterstützung ermöglichte es, die erste Bauphase im Juni 1929 zu beginnen: den 85 m hohen Turm. Dies war an sich keine leichte Aufgabe; denn es waren Bohrungen erforderlich, um zu untersuchen, ob der sandige Untergrund ein derart hohes Bauwerk tragen konnte. Auch die Bautechnik war insofern ziemlich revolutionär, da der Turm aus Stahlbeton geformt wurde, wobei beim unteren Teil eine neue erfundene Zementpumpe den Gussmörtel an Ort und Stelle pumpte. Im Anschluss daran wurde das eintönige Grau des Betons mit roten Ziegeln und Natursteinen verkleidet.

Ein interessanter Aspekt dieses Pfeilers besteht darin, dass er später zum Entwurf der Kommandotürme für Unterseeboote beitrug. Hierzu kam es, weil die Spitze des Turms selbst bei Sturm in einem windfreien Wirbel liegt, wenn auf der unteren Plattform starker Wind herrscht. Ein junger U-Bootkonstrukteur, Christoph Aschmoneit, zog aus diesem Phänomen Nutzen, indem er die hierfür verantwortliche Formgestaltung auf Unterseeboote übertrug. Dies führte zu den beiden Abweisern, die an der Außenseite bei Kommandotürmen des Zweiten Weltkrieges zu sehen sind.

Der Komplex des Marine-Ehrenmals wurde offiziell am 31. Mai 1936 eingeweiht, dem 20. Jahrestag der Skagerrakschlacht. Obwohl Hitler anwesend war, hielt er keine Ansprache, legte aber in der Weihehalle den ersten Kranz nieder. Nach diesem emotionalen Beginn überstand das Marine-Ehrenmal den Krieg fast ohne Kampfschäden, wenn auch wütende Rabauken kurz vor dem Zusammenbruch vieles zerstörten. Später plünderten es offensichtlich die britischen Streitkräfte, die auch die Zerstörung des Ehrenmals vorschlugen. Die nachklingenden Hass- und Rachegefühle hallten bis ins Oberhaus des Parlamentes nach London, das den Vorschlag als etwas Absurdes betrachtete. Schließlich setzte sich der gesunde Menschenverstand durch und das Marine-Ehrenmal wurde für Besucher geschlossen, statt es völlig zu zerstören.

Am 30. Mai 1954 wurde es dem neu gegründeten Deutschen Marinebund e.V. zurückgegeben, der nunmehr für seine Instandhaltung verantwortlich ist. Die offizielle Übernahme erfolgte durch den damaligen Präsidenten des Deutschen Marinebundes, Otto Kretschmer (ein U-Boot-Ass des Zweiten Weltkrieges), dem Hellmuth Heye (der ehemalige Admiral der Kleinkampfverbände) zur Seite stand. In seiner Festansprache sagte Kretschmer: »Dieses in der Welt einmalig dastehende Marine-Ehrenmal soll fortan dem Gedenken aller auf See gebliebenen Seeleute, unsere früheren Gegner eingeschlossen, gewidmet sein.« Die Gedanken hinter diesen Worten hinterließen möglicherweise bei vielen der Anwesenden keinen Eindruck. Es mag jedoch von Interesse sein zu betonen, dass die Mehrheit der U-Bootfahrer im

In der Ehrenhalle des Marine-Ehrenmals sind die Kriegsverluste jeder Schiffskategorie mit schwarzen Umrissen in grauen Beton eingraviert.

Kriege die andere Seite wohl als ihre Gegner ansah, aber nicht als ihre Feinde.

Zweifellos nehmen heute viele Besucher die Anstrengung eines Besuches des Marine-Ehrenmals auf sich, um von der Spitze des Turms den prachtvollen Ausblick zu genießen. Doch es ist schwierig, von der feierlichen Atmosphäre des Gedenkens in der unterirdischen Krypta nicht eingefangen zu werden. Leise durch die schwach beleuchtete Halle gehend, sieht sich der Besucher den berühmten Namen gegenüber, die so häufig in Geschichtsbüchern erscheinen. Jene, die über die Zeit verfügen, sich zu entspannen, können vielfältige Empfindungen aus Europas kriegerischer Vergangenheit verspüren, deren Aufruhr so völlig unnötig war. Der Herzog von Wellington hatte Recht, als er sagte, dass die jämmerlichste Erfahrung die ist, eine Schlacht zu verlieren, und dass die zweitjämmerlichste Erfahrung darin besteht, eine Schlacht zu gewinnen.

Das U-Boot-Ehrenmal Möltenort an der Kieler Förde. Die Boote und die Namen der gefallenen U-Bootfahrer sind auf großen Bronzetafeln vermerkt, die rings um den Pfeiler mit dem Adler angeordnet sind.

Das U-Boot-Archiv in Cuxhaven-Altenbruch nach dem Umzug ins neue Domizil.

Eine Ausstellungsvitrine im U-Boot-Archiv vor dem Umzug nach Cuxhaven. Vor der Kriegsflagge befindet sich der Großadmirals-Kfz.-Stander und rechts daneben eine Schlüsselmaschine »Enigma«. Im unteren Fach ist ein U-Boot-Siegeswimpel mit der Tonnagezahl »8000« zu sehen.

Seit 1954 hat das Marine-Ehrenmal eine Reihe Veränderungen erfahren. Nahe dem Eingang liegt eine der Schiffsschrauben der PRINZ EUGEN und als Folge dieses Ereignisses gibt es auch ein Gedenken an die amerikanischen Seeleute. Da eine offizielle Genehmigung damals schwierig war, schwebte der Propeller der PRINZ EUGEN »auf mysteriöse Weise« durch die Luft und wurde auf einem Kai in der Nähe des Panamakanals abgesetzt. Dort wurde er von einem Handelsschiff aufgenommen und im Marinearsenal von Kiel abgeliefert. Von dort wurde der Propeller in den verkehrsarmen Nachtstunden auf der Straße nach Laboe transportiert. Da der Tieflader unter den elektrischen Oberleitungen der Straßenbahn in Kiel nicht durchgekommen wäre, mussten diese abgeschaltet und mit Stangen hochgeschoben werden. So konnte der Transport mit den bronzefarbenen Flügeln seinen jetzigen Ruheplatz erreichen.

In unmittelbarer Nähe des Marine-Ehrenmals hat unterhalb des Turms *U 995* vom Typ VII C/41 als Technisches Museum einen Platz gefunden. Nach dem Kriege hatte die Königlich Norwegische Marine das Boot Ende 1952 als KAURA in Dienst gestellt. Nach seiner Streichung aus der Flottenliste gelangte das U-Boot nach Kiel. Nach seiner Restaurierung wurde von der Förde her ein Kanal zum Strand ausgebaggert, um zwei starke Schwimmkräne dicht an die Straße heranzubringen, damit das U-Boot dort auf Betonfundamente gesetzt werden konnte. Obwohl sein Inneres das Gefühl eines echten Unterseebootes der Kriegszeit vermittelt, sind viele Stücke seiner Ausrüstung modern, da die Originale seit der Eröffnung des Museums gestohlen worden sind.

Das **U-Boot-Ehrenmal** in **Möltenort** liegt an der Kieler Innenförde etwa 4 km vom Marine-Ehrenmal entfernt und kann von Kiel aus mit einem Fördeboot erreicht werden. Die Fördeboote verkehren vom Bahnhof Kiel aus, kreuzen ständig von einem Fördeufer zum anderen, legen an zahlreichen Stellen an, passieren hierbei HDW, das Marinearsenal und den Marinehafen genauso wie Holtenau, Möltenort, Laboe und Kiel-Schilksee (Olympiahafen), um in Strande die Rückfahrt anzutreten. Auch am Ort des U-Boot-Ehrenmals hatte ursprünglich eine Küstenbatterie mit alten Vorderladerkanonen gestanden, um die Enge an der Einfahrt zum Kieler Hafen zu schützen. Unterhalb einer Säule mit einem Adler, der über die Förde blickt, befindet eine kreisrunde, in den Untergrund eingelassene und nach oben offene Anlage aus roten Ziegeln. An den Wänden sind auf großen Bronzetafeln die auf See gebliebenen U-Bootmänner und ihre Boote verzeichnet. Wenn die Ruhe nicht durch schreiende Kinder oder durch Graffiti-Schmierereien gestört wird, hält das Ehrenmal Wacht über eine einzigartige Atmosphäre der Stille und des Gedenkens und ist Mittelpunkt vieler Treffen von U-Bootveteranen gewesen. In beiden Ehrenmalen sind gewöhnlich viele Kränze zum Gedenken an die toten Seeleute zu finden.

Das U-Boot-Archiv

Nach einer auf See erlittenen Verwundung kam LtzS. Horst Bredow, der II. WO von *U 288* (ObltzS. Willy Meyer), ins Lazarett, während sein Boot ohne ihn auslief. Nur wenige Tage später griff ein Flugzeug an. Es gab keine Überlebenden. Erschüttert über das Schicksal seiner Kameraden und sein Glück machte es sich Horst Bredow zu Pflicht, herauszufinden, was geschehen war, und teilte die Einzelheiten den nächsten Angehörigen seiner toten Kameraden mit. Dies führte dazu, dass er auch über andere um Auskünfte ersucht wurde, die mit einem U-Boot vermisst wurden. In der turbulenten Nachkriegszeit Informationen zu sammeln, war keine einfache Aufgabe, denn der Großteil der deutschen Dokumente war von den Alliierten beschlagnahmt und als geheim eingestuft worden. Selbst an die einfachsten Fakten zu gelangen, war schwierig. Forschende mussten sich auf das Gedächtnis der Beteiligten oder auf die wenigen spärlichen Papiere in privater Hand verlassen. Noch in den 70er-Jahren fuhr Großbritannien mit seinen entschlossenen Anstrengungen fort, Auskünfte über den Krieg zu unterdrücken*. Während sich die Informationslage in den USA verbessert hatte, blieb in Großbritannien weiterhin der Zugang zu Dokumenten versperrt, die in den Vereinigten Staaten frei verfügbar waren. In dieser Atmosphäre strenger Beschränkungen fuhr Horst Bredow fort, in seiner Freizeit Informationen für jene zu sammeln, die sich an ihn um Hilfe wandten. Langsam fingen seine Anstrengungen an, immer größere Ausmaße anzunehmen.

Anfang der 80er-Jahre bot sich für Horst Bredow eine einzigartige Gelegenheit, um zu verhindern, dass die Sammlung seine gesamte Berliner Etagenwohnung überschwemmte. Die Heizungsanlage der Marinefliegerschule auf der Insel Sylt wurde auf automatische Ölheizung umgestellt, wodurch das Büro und die Wohnung des bisherigen Heizungswartes frei wurden. Horst Bredow, der bereits eine kleine Ferienwohnung auf der Insel besaß, hatte nunmehr größere Räumlichkeiten zur Verfügung und konnte seine gesamte Dokumentensammlung dorthin verlegen. Zudem war es ihm jetzt möglich, einen gelegentlichen Besucher unterzubringen. Obwohl sein Archiv in einem militärischen Sperrgebiet lag, noch dazu in der äußersten Nordwestecke Deutschlands, dauerte es nicht lange, dann hatten die ehemaligen U-Bootfahrer und zahlreiche Forscher den Weg auf die nordfriesische Insel gefunden. Gleichzeitig wuchsen die Bestände des

* Auch heute noch sind viele Dokumente auf Jahrzehnte hinaus gesperrt, bzw. wurde deren Sperrfrist sogar noch verlängert.

Archivs, bis jede verfügbare Räumlichkeit mit etwas Interessantem ausgefüllt war. Und dies ist keine Übertreibung! Wer das alte Sylter Archiv kannte, wird wissen, dass jeder Winkel und jede Ecke ausgenutzt war.

Der Tag kam, an dem eine routinemäßige Feuerschau feststellte, dass es sehr gefährlich war, in den Räumen über den großen Heizkesseln derartig große, mit viel Papier verbundene Bestände zu lagern. Horst Bredow musste sich nach einer alternativen Unterbringung umsehen. Überraschenderweise fand sich rasch ein Haus mit 28 Räumen, das die Stadt Cuxhaven im Stadtteil Altenbruch Horst Bredow mietfrei zur Verfügung stellte. Mit einer gewaltigen Anstrengung brachte eine Flotte von Möbelwagen das Archiv an seinen neuen Ort. Der unglaublichste Aspekt des umfangreichen U-Boot-Archivs war die Tatsache, dass es von einem einzigen Mann geschaffen worden war, den eine kleine Anzahl Freiwilliger in ihrer Freizeit unterstützte. Jeder, der versucht ist, die Frage zu stellen »Was befindet sich im Archiv?«, sollte sie neu formulieren und fragen »Was fehlt?«. Das Archiv ist der einzige Ort, an dem ich stets auf *alle* meine Fragen Antworten gefunden habe. Am meisten fehlt es jedoch an Geld! Es wird von Horst Bredow mit Spenden unterhalten, ergänzt aus seiner Beamtenpension. Jedes Jahr bewältigt er weit über 3000 Anfragen. Dies bedeutet, jede Woche hunderte von Briefen zu beantworten und sich zudem noch mit einer beträchtlichen Menge neu hereinströmenden Materials zu beschäftigen.

Einen Großteil des Jahres ist das Archiv jede Woche an bestimmten Tagen für zufällige Besucher geöffnet, ausgenommen in den Wintermonaten. In dieser Zeit ist es für jedermann geschlossen. Jeder, der ernsthafte Forschungsarbeit betreiben

Horst und Annemarie Bredow im U-Boot-Archiv vor dem Umzug nach Cuxhaven.

will, ist daher gut beraten, sich anzumelden und viel Zeit mitzubringen. Die Räume im Erdgeschoss enthalten eine museumsartige Ausstellung von Zeugnissen der Vergangenheit. Es gibt einen Medienraum mit einer Fülle von Filmen, die für einen Einzelnen zu viele Stunden der Betrachtung erfordern würden, um sie alle anzusehen. Wichtiger noch: Es gibt Einrichtungen für eine große Vielfalt an Filmformaten. 1990 bestand die große Bibliothek aus weit über 50.000 veröffentlichten Büchern und die Sammlung muss bis jetzt an die 150.000 Fotos aufweisen. So ziemlich jedes Kriegstagebuch der U-Boote aus dem Zweiten Weltkrieg ist vorhanden und daneben gibt es umfangreiche und umfassende Aktenbestände über jedes deutsche U-Boot seit *U 1* aus dem Jahre 1906 bis zur Gegenwart. Dies alles wird durch eine Fülle zusätzlichen Materials ergänzt, wie etwa Briefe, Urkunden, Dokumente und Ausstellungsstücke.

Im Unterschied zu vielen Archiven gestattet Horst Bredow Besuchern den direkten Zugang zu allen Archivalien – aber sie finden nur Fotokopien vor. Auf diese Weise gibt es nichts Wertvolles zu stehlen und alles kann kopiert werden. Es ist ein sehr trauriges Kapitel, dass eine Reihe von Gegenständen aus dem nicht ausgestellten Museumsbestand von Besuchern gestohlen worden ist; denn Horst Bredows Methode macht einen Besuch außerordentlich interessant, da nichts verborgen wird. Das Archiv erweckt tatsächlich Geschichte zum Leben. Ein weiterer Grund, den zugänglichen Teil des Archivs mit Kopien zu ergänzen, ergibt sich einfach daraus, dass ein großer Teil des Materials entliehen war, fotokopiert und dann an die Eigentümer zurückgegeben werden musste. Damit ist nicht gesagt, dass das Archiv ausschließlich Kopien enthält. Es gibt auch eine Anzahl garantiert echter Relikte, sicher in Ausstellungsvitrinen verwahrt. Bereits in den vergangenen Jahren war der Bestand an Ausstellungsstücken ein stets sich vergrößernder Teil des Archivs gewesen, der nunmehr sehr umfangreich geworden ist.

Das U-Boot-Archiv ist mit Sicherheit ein überaus beachtlicher Ort. Professor Michael Hadley, ein herausragender kanadischer Historiker, ist der Auffassung, dass jedes Werk über den Seekrieg einer Betrachtung nicht wert ist, wenn es dem

Horst Bredow, Gründer und Leiter des U-Boot-Archivs in Cuxhaven. Hinter ihm die Kaiserliche Reichskriegsflagge. Obwohl durch den Flaggenwechsel am 1. Januar 1922 durch die neue Flagge der Reichsmarine ersetzt, blieb sie in der Kriegsmarine Traditionsflagge. Am 31. Mai, dem Gedenktag der Skagerrakschlacht, sowie auf Anordnung hatten sie alle Kriegsschiffe im Großtopp zu setzen (Ausnahme PRINZ EUGEN als Traditionsschiff der österr.-ungar. Marine: an ihrer Stelle die k.u.k. Kriegsflagge; im Kriege nur einmal: am 22. November 1942).

U-Boot-Archiv keine Anerkennung zollt. Es ist sicherlich einzigartig. Horst Bredow steht seit einiger Zeit ein Förderverein zur Seite: **Freundeskreis Traditionsarchiv Unterseeboote e.V.**, dem jeder beitreten kann. Im übrigen lautet die Anschrift für Anfragen: *U-Boot-Archiv, Bahnhofstraße 57, D-27478 Cuxhaven-Altenbruch.*

DAS OBERKOMMANDO DER MARINE

Nur wenige Monate vor der Jahrhundertwende übernahm Kaiser Wilhelm II. selbst den Oberbefehl über die Marine. Das Oberkommando wurde aufgelöst und seine verselbstständigte Admiralstabsabteilung unter einem Chef des Admiralstabes direkt dem Kaiser unterstellt. Diese Organisationsänderung war für die Kriegführung verhängnisvoll und verursachte während des Ersten Weltkrieges zahlreiche Probleme. Erst mit der Ernennung von Admiral Reinhard Scheer zum Chef des Admiralstabes kam es wenige Monate vor Kriegsende zur Schaffung der Seekriegsleitung und damit zu einer einheitlichen Marineführung. Als Chef der Skl. war er nunmehr für die Planung und Führung des Krieges auf hoher See verantwortlich. Mit dem Ende des Krieges ging die Führung der Marine an das Reichsmarineamt (RMA) durch Bekanntgabe des Rates der Volksbeauftragten (der vorläufigen Regierung) vom 14. November 1918 über. VAdm. Ernst Ritter v. Mann Edler v. Tiechler der letzte Staatssekretär des RMA (Marineminister), sowie VAdm. Maximilian Rogge als Leiter des RMA übernahmen in diesen ersten wirren Nachkriegsmonaten die Zügel bis zur Schaffung der Admiralität als Nachfolger des RMA am 20. März 1919 durch Erlass des neuen Reichs-

17. Juni 1937: Beisetzung der Toten der DEUTSCHLAND (siehe S. 83 f.). Hinter Hitler folgt GenAdm. Dr.h.c. Erich Raeder, der Ob.d.M., und hinter ihm (in Heeresuniform) Generalfeldmarschall v. Blomberg, der Reichskriegsminister.

Das Nummernschild am Pkw mit den getarnten Scheinwerfern der Kriegszeit: »W« für Wehrmacht und »M« für Marine (wie auch »H« für Heer, »L« für Luftwaffe). Darüber ist das aufgemalte »Rangabzeichen Admiral« (entsprechend der Flagge für Admirale) zu erkennen. Links an der Stoßstange befindet sich das Kennzeichen für Vorfahrtsrecht: Ein schwarz-weiß gewürfeltes Quadrat für den Befehlshaber des Marinegruppenkommandos West, Adm. Krancke (Bildmitte). Rechts neben ihm steht KAdm. Godt und links von ihm der Adjutant, erkennbar an der Fangschnur (im Soldatenjargon »Affenschaukel« genannt).

präsidenten. Als Chef der Admiralität führte VAdm. Adolf v. Trotha die noch verbliebenen kleine Marine durch das politische Chaos dieser Tage. Wegen seiner Beteiligung am Kapp-Putsch wurde diese starke Stütze der Marine im Frühjahr 1920 bedauerlicherweise des Amtes enthoben und VAdm.(Char.) William Michaelis wurde mit seiner Vertretung beauftragt, während sich die politische Situation beruhigte.

Die Reichsmarine

Mit der Schaffung der Reichsmarine (1. Januar 1921) entstand im Herbst 1920 an Stelle der Admiralität die Marineleitung. An die Spitze dieser obersten Kommando- und Verwaltungsbehörde der Marine trat Admiral Paul Behnke. Er blieb für einen vierjährigen Zeitraum der Stabilisierung im Amt. Obwohl eine personell kleine Marine bestehen blieb, ließ sich der Gedanke der erneuten Schaffung eines selbständigen Marinekommandos für Planung und Führung des Krieges auf hoher See zunächst nicht verwirklichen.

Am 5. März 1922 bestand die deutsche Flotte unter dem Kommando der Marinestationen der Ostsee und der Nordsee nur aus den

- **Seestreitkräften der Ostsee** (KptzS. Hugo v. Rosenberg): Linienschiff HANNOVER, Kleine Kreuzer MEDUSA (Flaggschiff), THETIS und BERLIN, 1. Flottille und V. Halbflottille (elf Torpedoboote) sowie zwei Tender;
- **Seestreitkräften der Nordsee** (KAdm. Theodor Püllen): Linienschiff BRAUNSCHWEIG (Flaggschiff), Kleine Kreuzer HAMBURG und ARCONA, 2. Flottille und XI. Halbflottille (sieben Torpedoboote) sowie zwei Tender.

Zur Inspektion des Bildungswesens gehörten der Kleine Kreuzer BERLIN und das Segelschulschiff NIOBE. Ferner standen, zeitweise außer Dienst gestellt, die Linienschiffe SCHLESIEN, SCHLESWIG-HOLSTEIN, LOTHRINGEN und PREUSSEN, der Kleine Kreuzer NYMPHE sowie nicht mehr als ein halbes Dutzend Torpedoboote zur Verfügung.

Den von Admiral Hans Zenker schon zuvor ausformulierten Begriff der »Seekriegsleitung (Skl.)« brachte 1929 Admiral Erich Raeder, ab

Herbst 1928 der Nachfolger Zenkers als Chef der Marineleitung, nach etwa zehn Jahren wieder ins Spiel und entwickelte das Konzept weiter, das ab 1937 Formen anzunehmen begann. Nach seinen Vorstellungen sollte die Skl. den Krieg zur See einheitlich planen und führen sowie die Kräfteverteilung leiten. Operativ hatten in den außerheimischen Gewässern die Skl. sowie in den heimischen Gewässern die Marinegruppenkommandos zu führen, während die U-Bootführung für die U-Bootoperationen zuständig sein sollte. Im späteren Verlauf des Krieges wurden die Marinegruppenkommandos erweitert und schlossen auch die Küstengewässer der besetzten Länder ein.

Die Kriegsmarine

Mitte 1935 wurde die Reichsmarine in Kriegsmarine umbenannt und die Marineleitung erhielt die Bezeichnung »Oberkommando der Kriegsmarine« (OKM). Obwohl Hitler der Oberste Befehlshaber der Wehrmacht war, griff er sehr selten direkt in die Marine- und Seekriegsführung ein. Nach dem Kriege führte jedoch das Innehaben dieser Position dazu, ihm unangenehme Entscheidungen zuzuschreiben, die andere Befehlshaber getroffen hatten. Mehr noch, die Macht, von der erwartet wird, dass sie eine derart hohe Position begleitet, wurde häufig vermisst und das von Hitler vermittelte Bild als alles entscheidender Oberbefehlshaber ist in dieser Hinsicht etwas irreführend. Die Verzweigungen auf den nachgeordneten Führungsebenen bedeuteten, dass viele seiner Vorstellungen von Befehlshabenden vereitelt wurden, die sich starke Eigenpositionen geschaffen hatten.

Am 7. September 1939, vier Tage nach der Kriegserklärung Großbritanniens und Frankreichs an Deutschland, nahm der Informationsaustausch zwischen Hitler und dem Ob.d.M. in Form von Lagevorträgen bei den Führerkonferenzen einen formalen Charakter an. Aufzeichnungen dieser Konferenzen wurden kaum erstellt, aber unmittelbar nach jedem Lagevortrag schrieb sowohl Raeder wie auch später Dönitz die Hauptpunkte nieder. Sie sind bei Gerhard Wagner »Lagevorträge des Oberbefehlshabers der Kriegsmarine vor Hitler« (siehe unten Seite 297) wiedergegeben. Unter dem Titel »Hitlers Weisungen für die Kriegführung 1939-1945« hat Walther Hubatsch die hauptsächlichen Direktiven veröffentlicht (siehe unten Seite 294). Diese Dokumente geben zwar einen Einblick in die oberen Führungsebenen des OKM, veranschaulichen jedoch kaum Hitlers große Fähigkeit, sich ein riesiges Wissen über technische Daten anzueignen. Er hatte zum Beispiel Einzelheiten über die Leistungsfähigkeit der Schlachtschiffe im Kopf, die oft sogar Fachleute verblüfften, wenn er sich in Gesprächen zwanglos darüber ausließ. Doch dieser Ansammlung an technischen Fakten fehlte die Fähigkeit des Koordinierens und Analysierens, wie sie sich auf den Ausgang geplanter Ereignisse auswirken könnten. Dies war das Feld, auf dem Großadmiral Erich Raeder, der Ob.d.M., schon frühzeitig Hitlers Bewunderung gewann. Er zeigte nicht nur häufig mehrere Alternativen für mögliche Lösungen von Problemen auf, sondern er trug seine Argumente vor, indem er die weit reichenden Auswirkungen stets diskutierte, die jeder Geschehensablauf mit sich bringen könnte.

Großadmiral Karl Dönitz, der »Große Löwe«, Befehlshaber der U-Boote und ab 30. Januar 1943 Oberbefehlshaber der Marine.

Rangliste
der
Deutschen Kriegsmarine

Nach dem Stande vom 1. November 1935

Bearbeitet
im Reichskriegsministerium
(Oberbefehlshaber der Kriegsmarine)

Die erste Seite der jährlich erscheinenden Rangliste letztmalig mit dem Reichsadler der Weimarer Republik. Das Reichswehrministerium hieß bereits »Reichskriegsministerium«.

Rangliste
der
Deutschen Kriegsmarine

Nach dem Stande vom 1. November 1936

Bearbeitet
im Reichskriegsministerium
(Oberkommando der Kriegsmarine)

Berlin

Die Rangliste nunmehr des OKM mit dem neuen Hoheitsadler.

Erich Raeder war eine außergewöhnliche Persönlichkeit und seine Marinekarriere hatte einen sehr bemerkenswerten Beginn. Während seines letzten Schuljahres nahm seine Familie an, er würde nach dem Wunsch seiner Eltern die Universität besuchen, um eine akademische Laufbahn möglicherweise auf dem Gebiete der Medizin einzuschlagen. Erst nach dem Ablauf der Frist für die Aufnahme in die Seeoffizierslaufbahn als Seekadett noch 1894 bat er seinen Vater an die Marineführung zu schreiben, damit sein Sohn in die Marine eintreten konnte. Damals wurden Jugendliche unter 21 noch nicht als eigenverantwortlich genug angesehen um sich zu bewerben.

Knapp zwei Monate später wurde ein ernüchterter Achtzehnjähriger durch den ersten Ausbildungsgang bei einer Marineinfanterie-Einheit gejagt, wobei er sich wünschte, er hätte eine etwas weniger anstrengende Karriere gewählt. Dies war der schlimmste Abschnitt in Raeders Leben. Der Zauber in den Abenteuerbüchern seiner Kindheit hatte die harte Ausbildung nicht erwähnt. Er hasste nicht nur die harten körperlichen Anstrengungen, sondern auch die derbe Sprache und die rohe Behandlung, die von den als Ausbilder dienenden Unteroffizieren ausging. Hätten ihm seine Eltern und die Schule nicht ein starkes Pflichtgefühl eingeimpft, so wäre der junge Raeder mit fliegenden Fahnen aus der harten Ausbildungsarena davongelaufen. Ein paar Wochen später wechselte seine raue Umgebung dramatisch und Raeder fand sich an Bord eines Segelschulschiffes wieder. Nunmehr mit Ausbildern konfrontiert, die ihre »Schäfchen« nicht führten, indem sie beobachteten, wie sie um den Kasernenblock rannten, sondern die sie mit den Worten »Versuch's und folge mir!«, in den Mast aufentern ließen.

In der Folge diente Raeder in vielfachen Verwendungen, darunter befanden sich bereits eine Reihe anspruchsvoller Positionen. Ab 1912 war er bis weit in den Ersten Weltkrieg hinein bei dem späteren Admiral Franz Ritter v. Hipper, dem berühmten Schlachtkreuzerführer, 1. Admiralstabsoffizier und Chef des Stabes. Als er am 1. Oktober 1928 die Nachfolge Zenkers als Chef der Marineleitung antrat, unterstützte ein solides akademisches Verständnis, das er sich erworben hatte, seine außergewöhnlich breit gefächerte Erfahrung aus langjährigen Bordkommandos. Bedauerlicherweise beruhte ein Großteil seiner Erfahrung und seines Wissens auf Großkampfschiffen, während seine starke Religiosität ihn häufig mit der Grobheit und Grellheit der Umgebung Hitlers aneinander geraten ließ. Raeder respektierte Hitler zwar, verachtete jedoch die hohen Parteifunktionäre, die er im Führerhauptquartier antraf. Infolgedessen erfüllte er dort lediglich seine offiziellen Pflichten und überließ das Sammeln wichtiger Informationen für das Tagesgeschäft anderen.

Der im Allgemeinen am häufigsten mit dieser schwierigen Aufgabe in Verbindung gebrachte Marineoffizier war KptzS./KAdm. Karl-Jesko v. Puttkammer, ein ehemaliger Zerstörerkommandant, der im September 1939 zum Marineadjudanten Hitlers – zugleich Verbindungsoffizier der Marine zum Wehrmachtführungsstab – ernannt worden war und diese Stellung bis zum Zusammenbruch innehatte. Ein weiterer, in historischen Abhandlungen häufig erwähnter Marineoffizier war Admiral Theodor Krancke, der Ständige Vertreter des Ob.d.M. im Führerhauptquartier. Er hatte diese Stellung auch in der kritischen Zeit Ende 1942 inne, als Hitlers Wutanfälle hinsichtlich seiner Absicht, die großen Überwasserschiffe zu verschrotten, zu Großadmiral Raeders Rücktritt und zur Ernennung von Karl Dönitz, des B.d.U., als seinem Nachfolger führten.

Historischen Quellen zufolge hat Raeder bei seinem Rücktritt Generaladmiral Carls oder Admiral Dönitz als seinen Nachfolger vorgeschlagen. Über den von Hitler abgelehnten Rolf Carls, ein robuster

Großadmiral Dr.h.c. Erich Raeder, der Oberbefehlshaber der Kriegsmarine, besucht das Hauptquartier des B.d.U. in Kernével bei Lorient. Links neben ihm mit Fangschnur sein Adjutant, der spätere KptzS. Kurt Freiwald. Raeder erhielt die Ehrendoktorwürde der Universität Kiel 1926 für das dreibändige Werk *Der Kreuzerkrieg in ausländischen Gewässern*, Abt. VI des Admiralstabswerkes *Der Krieg zur See 1914-1918*. Der Dienstwagen gehört einem Admiral und nicht Raeder: Admiralsflagge statt Großadmirals-Kfz.-Stander (siehe auch S. 241).

und ruhiger Charakter, ist sehr wenig bekannt. Er trat 1903 und damit sieben Jahre vor Dönitz in die Marine ein. Auch er war ein U-Bootkommandant des Ersten Weltkrieges. Mitte der 30er-Jahre war Carls Befehlshaber der Linienschiffe und zugleich Befehlshaber der deutschen Seestreitkräfte vor Spanien während des Bürgerkrieges. Danach war er ab Januar 1937 Flottenchef und fand von Ende 1938 an in hohen Landkommandos Verwendung. Ab 31. Mai 1943 »zur Verwendung« (z.V.) gestellt, fiel Carls, der eine Stelle als Landrat bekleidete, Mitte April 1945 bei den letzten Kämpfen in Bad Oldesloe nördlich von Hamburg.

Mit seiner Ernennung zum Ob.d.M. am 30. Januar 1943 brachte der 51jährige Karl Dönitz einen frischen Wind in die Marineführung. Als Frontbefehlshaber, der für seine U-Bootmänner eintrat, war er bereits bekannt. Die Tatsache, dass seine Führung erfolgreich war, wird durch den hohen Leistungsstandard der kleinen U-Bootwaffe zu Beginn des Krieges veranschaulicht. Er hatte diese Waffengattung zu einem leistungsfähigen Kampfinstrument zusammengeschweißt.

Als Dönitz an die Spitze der Marine berufen wurde, hielt er es für sehr wichtig, am Puls von Hitlers Hauptquartier zu bleiben. Er war weiterhin der B.d.U., delegierte aber die Routineaufgaben an KptzS./KAdm. Eberhard Godt, seinem langjährigen Chef der Operationsabteilung im B.d.U.-Stab und späteren Chef der U-Bootführungsabteilung in der Skl. (2./Skl.B.d.U.op.). In gewissem Sinne ist es seltsam, daß diese beiden so völlig gegensätzlichen Charaktere so gut zusammengearbeitet haben. Dönitz nutzte gewissermaßen stets Dramatik und Erregung aus, um seine Ambitionen rastlos voranzutreiben, während Godt ein eher etwas ruhiger und gelassenerer Mensch war. Decknamen während des U-Bootkrieges wie »Schlagetot« oder »Raubgraf« stammen fast mit Sicherheit von Dönitz, während »Veilchen« und »Narzisse« vermutlich Godt ersonnen hatte.

Großadmiral a.D. Karl Dönitz in hohem Alter. In seiner Hörfähigkeit behindert, musste er sich in den letzten Jahren seines Lebens auf ein Hörgerät verlassen. Doch trotz dieses Nachteils unterstützte er weiterhin seine alten Kameraden wie auch Historiker und Autoren.

Admiral Karl Dönitz, der Befehlshaber der U-Boote und spätere Ob.d.M, sitzt in seinem Dienstwagen. Rechts hinter ihm steht im Ledermantel der Führer der U-Boote West, KptzS. Hans (»Harro«) Rösing, und links daneben ein Maat, erkennbar an der Kragentresse und der Litze auf den Kragenpatten. Dahinter ist verschwommen ein Adjutant mit Fangschnur zu sehen.

DIENSTRÄNGE, LAUFBAHNEN UND ABZEICHEN

Dienstränge

Dienstgrade und Dienstgradbezeichnungen

Die Dienstgrade waren in mehrere Hauptklassen eingeteilt, die sich in Rangklassen bzw. Rangordnungen untergliederten. Änderungen und Erweiterungen, insbesondere bei den Unteroffizieren und Mannschaften, hat es mehrfach gegeben. Aus Raumgründen folgt der Text nur einer allgemeinen Linie.

Mannschaften
Die Rangordnung hatte folgende Dienstgrade:

Matrose
Gefreiter
Obergefreiter
Hauptgefreiter
Stabsgefreiter

Friedrich Kiemle, der Pate des Verfassers, trägt über dem Hemd den Überzieher; die Streifen des »Nelson«-Kragens sind gerade noch sichtbar. Die kornblumenblauen Kragenpatten lassen den Dienstrang »Matrose« erkennen. Das Foto stammt noch aus den Tagen der Reichsmarine (vgl. Bild rechts).

Maat (Unteroffizier ohne Portepee): kornblumenblaue Kragenpatten mit einer silbernen Litze. Beachte den 1934 eingeführten Hoheitsadler der Kriegsmarine.

Dem Dienstgrad wurde die Laufbahn (siehe unten) vorangesetzt und ergab die Dienstgradbezeichnung, wie z. B. Matrosengefreiter (Bootsmannslaufbahn), Maschinenobergefreiter.

Bis 1938 lautete in der Maschinenlaufbahn bei den Mannschaften auf kohle- oder ölbefeuerten Schiffen der unterste Dienstgrad »Heizer« (statt Matrose) und die Dienstgradbezeichnungen lauteten entsprechend, wie z. B. Heizergefreiter. Mit Ausnahme der Bootsmannslaufbahn wurde die unterste *Dienstgradbezeichnung* ansonsten aus der Laufbahn und dem Nachsatz »...gast« gebildet, wie z. B. Funkgast, Mechanikersgast. Nach 1938 bezeichnete der Nachsatz »...gast« nur noch eine *Dienststellung*, d. h. auch ein Signalobergefreiter war ein »Signalgast«.

Ab 1938 setzte sich die unterste Dienstgradbezeichnung aus der Laufbahn und dem Nachsatz »...matrose« zusammen, wie z. B. Maschinenmatrose (statt Heizer/Maschinengast) oder Signalmatrose (statt Signalgast), wenige Laufbahnen ausgenommen (z. B. Marineartillerist).

Unteroffiziere ohne Portepee *

Diese Rangklasse gliederte sich innerhalb der Hauptklasse der Unteroffiziere in folgende Dienstgrade:

Maat
Obermaat

Auch bei den Unteroffizieren wurde der Dienstgrad mit der Laufbahn (siehe unten) verbunden und ergab die Dienstgradbezeichnung, wie z. B. Bootsmannsmaat, Maschinen/Maschinistenmaat, Funkmaat, Artilleriemechanikersmaat oder Steuermannsmaat bzw. mit Vorsatz »Ober...« (Oberbootsmannsmaat, Obermaschinen/Obermaschinistenmaat, Oberfunkmaat, Obertorpedomechanikersmaat).

Fritz Kiemle mit seiner Frau. Er hat inzwischen den Dienstgrad *Obermaat* erreicht: Zwei silberne Litzen auf den Kragenpatten (ab Oktober 1939 goldene Litzen und Kragentresse) und das Ankerabzeichen mit Winkel darunter. Die Dienstgradbezeichnungen sind eine Kombination aus Dienstgrad und Laufbahn (Ankerabzeichen), hier die Maschinen-Laufbahn (Anker mit Zahnrad): Fritz Kiemle ist daher *Obermaschinenmaat*. Auf der linken Seite trägt er das Reichssportabzeichen in Bronze. Ohne Sportabzeichen war ein Fortkommen in der Wehrmacht schwierig.

Unteroffiziere mit Portepee *

Diese Rangklasse wies folgende Dienstgrade auf:

Feldwebel
Stabsfeldwebel (1938)
Oberfeldwebel
Stabsoberfeldwebel (1939)

Hinsichtlich der Dienstgradbezeichnungen ergab die Verbindung zwischen Laufbahn (siehe unten) und Dienstgrad folgendes:

* Das Portepee war eine Art silber- oder goldfarbene Quaste und bestand aus der an der Eichel eingeleimten doppelten Schnur, dem Stengel und der Eichel (eine Holzform, umwickelt mit dem Kranz und senkrecht aufgeklebten Schnurfransen, die in einem Ring endeten). Es wurde an den Seitenwaffen getragen (Marinesäbel, Dolch oder Unteroffiziere zu feldgrauer Uniform Seitengewehr).

Bootsmann	*Oberbootsmann*
Maschinist	*Obermaschinist*
Steuermann	*Obersteuermann*
Signalmeister	*Obersignalmeister*
Funkmeister	*Oberfunkmeister*
Feuerwerker	*Oberfeuerwerker*
Torpedomechaniker	*Obertorpedomechaniker*
Artilleriemechaniker	*Oberartilleriemechaniker*
Sanitätsfeldwebel	*Sanitätsoberfeldwebel*

Hinzu kam ggf. der Vorsatz »Stabs...«, wie z.B. Stabsbootsmann, Stabsobermaschinist oder Stabsoberfeuerwerker, aber Sanitätsstabsfeldwebel und -oberfeldwebel. Ferner bestanden Sonderregelungen für die

- Waffenwartlaufbahn (1934): Waffenwart, Oberwaffenwart;
- Ausbildung innerhalb der Bootsmannslaufbahn zum Stückmeister und Wachtmeister (bzw. mit Vorsatz »Ober...«).

Offiziersanwärter

Der *Kadett* zählte zur Hauptklasse der Mannschaften und stand im Dienstgrad dem Gefreiten gleich.

Fähnriche aller Offizierslaufbahnen (Seeoffiziers-Laufbahn: »Fähnrich zur See«) gehörten zur Rangklasse der Unteroffiziere ohne Portepee und kamen in der Rangordnung nach Maat und Obermaat; sie waren die dienstältesten Unteroffiziere ohne Portepee. Hingegen zählten die Oberfähnriche zu den Unteroffizieren mit Portepee; sie galten in der Rangordnung als dienstälteste Oberfeldwebel.

Offiziere

1. Rangklasse der Leutnante:
Leutnant (Lt.: 1 x n*) Oberleutnant (Oblt.: 2 x n)

2. Rangklasse der Kapitänleutnante:
Kapitänleutnant (Kptlt.: 1 x n -1 x z - 1 x n)

3. Rangklasse der Stabsoffiziere:
Korvettenkapitän (KKpt.: 3 x n)
Fregattenkapitän (FKpt.: bis 1944 4 x n, ab da 2 x n - 1 x z - 1 x n, ausg. zwischen 1.8.40-25.2.44 Beförderte 3 x n)
Kapitän zur See (KptzS.: 4 x n)

4. Rangklasse der Admirale (Flaggoffiziere):
Konteradmiral (KAdm.: 1 x b, darüber 1 x n)
Vizeadmiral (VAdm.: 1 x b, darüber 2 x n)
Admiral (Adm.: 1 x b, darüber 3 x n)
Generaladmiral (GenAdm.: wie Adm, aber Raeder als Oberbefehlshaber 1 x b, darüber 4 x n) **
Großadmiral (GAdm.: 1 x b, darüber 4 x n) **

Kommodore ist eine Dienststellung (kein Dienstgrad) für Führer bestimmter Flottenverbände: KptzS. und Kommodore (Ärmelstreifen bis 1939 wie Kpt., danach 1 x b).

Auch bei den Offizieren wurde teilweise der Dienstgrad mit der Laufbahn verbunden und ergab die Dienstgradbezeichnung:

- *Seeoffiziere:* wie oben, ausgenommen Leutnant zur See (LtzS.) und Oberleutnant zur See (ObltzS.);
- *Ingenieuroffiziere:* wie oben bis einschl. VAdm.(Ing.), jeweils mit dem Zusatz »(Ing.)«, wie z.B. Lt.(Ing.), KptzS.(Ing.);
- *Waffenoffiziere:* wie oben bis einschl. KptzS.(W.), jeweils mit dem Zusatz »(W.)«;
- *Verwaltungsoffiziere:* wie oben bis einschl. FKpt.(V.), jeweils mit dem Zusatz »(V.)«.

Die Laufbahn der *Sanitätsoffiziere* hatte besondere Dienstgradbezeichnungen (äquivalent zu Lt. bis VAdm.):

Marineassistenzarzt	*Geschwaderarzt*
Marineoberassistenzarzt	*Flottenarzt*
Marinestabsarzt	*Admiralarzt*
Marineoberstabsarzt	*Admiralstabsarzt*

* Ärmelstreifen als Dienstgradabzeichen:
n = Normalstreifen (1,6 cm), z = Zwischensatzstreifen (0,9 cm), b = Breitstreifen (5,2 cm).

** Der Dienstrang **Generaladmiral** wurde am 20. April 1936 (Beförderung Raeders als Ob.d.M.) als Entsprechung zum Generaloberst eingeführt, der damals der höchste Dienstrang bei Heer und Luftwaffe war. Am 1. April 1939 erfolgte mit der Beförderung Raeders die Einführung des Dienstranges **Großadmiral** als Entsprechung zum Generalfeldmarschall bei Heer und Luftwaffe.

Erna und Fritz Kiemle, der nun *Oberfeldwebel* (Portepee-Unteroffizier) ist und in der Maschinen-Laufbahn die Dienstgradbezeichnung *Obermaschinist* führt: Schulterklappen mit zwei Rangsternen und dem Zahnrad als Laufbahnabzeichen dazwischen. Links trägt Fritz Kiemle das Flottenkriegsabzeichen und das durch das oberste Knopfloch gezogene schwarz-weiß-rote Band bedeutet das Eiserne Kreuz II. Klasse. Das Eiserne Kreuz II. Klasse selbst wurde nur am Tage der Verleihung getragen.

Laufbahnen

Unteroffiziere und Mannschaften

Die Laufbahnen, mehrfach geändert, wurden mit einer römischen Nummer und einer Laufbahnbezeichnung aufgeführt. Die wichtigsten waren (ab 1938):

I	Bootsmannslfb. (untergliedert in Waffenleit-, E-Meß-, Stückmeister-, Wachtmeistergruppe)
II	Maschinenlfb.
III	Steuermannslfb.
IV	Nachrichtenlfb.
IV B	B-Dienstlfb. (Funkbeobachtungs-, Peil- u. Auswertedienst)
IV E	Funkmeßlfb.
IV Sig	Signallfb.
IV Fk	Funklfb.
IV Fs	Fernschreiblfb.
V	Zimmermannslfb.
VI	Feuerwerkerlfb.
VII	Mechanikerlfb.
VII A	Artilleriemechanikerlfb.
VII B	Torpedomechanikerlfb.
VII Spr	Sperrmechanikerlfb
IX Vs	Verwaltungslfb.

Der Bootsmann auf *M 18* trägt eine zusammengewürfelte Bekleidung.

Der Offizier links im Bild ist an seinem einen Ärmelstreifen und dem Stern (Laufbahnabzeichen) am Rock (nicht Mantel) als »Leutnant zur See« zu erkennen. Nach dem Gesichtsausdruck der Männer zu urteilen, nehmen sie an einem freudigen Ereignis teil. Der Mann in der Mitte mit den »Trageflaggen« ist in Zivil, trägt aber die weiße Mannschaftsmütze – es könnte sich um einen Reservisten handeln und bei dem Ereignis um eine Entlassung oder um eine Einberufung zur Reserveübung.

X	Schreiberlfb.
XI	Sanitätslfb.
XII	Musiklfb.
XIV	Marineartillerielfb.
XV	Kraftfahrlfb.

Offiziere

Die wichtigsten Offizierslaufbahnen waren:

- Seeoffiziere
- Marine-Ingenieuroffiziere
- Marine-Sanitätsoffiziere
- Marine-Waffenoffiziere: Artilleriewaffen und Sperrwaffen
- Marineartillerieoffiziere
- Marine-Verwaltungsoffiziere
- Marinenachrichtenoffiziere
- Torpedotechnische Offiziere

Abzeichen

Dienstgradabzeichen

Ähnlich wie die Dienstgrade hatten sich auch die Dienstgradabzeichen mehrfach gewandelt. Im Allgemeinen sind die zuletzt gültigen genannt. Folgende Dienstgradabzeichen wurden an der blauen Uniform getragen:

- Mannschaften: Winkel auf dem linken Oberarm,
- Unteroffiziere ohne Portepee: Abzeichen auf dem linken Oberarm, Litzen auf Kragenpatten,
- Unteroffiziere mit Portepee: Schulterklappen,
- Offiziersanwärter: Kadetten Laufbahnabzeichen am linken Oberarm, Fähnriche/Oberfähnriche Schulterlitzen,
- Offiziere: Schulterstücke und Ärmelstreifen.

Mannschaften

Mannschaften trugen goldfarbene Winkel auf dem linken Oberarm und unmittelbar darüber befand sich das jeweilige Laufbahnabzeichen in goldfarbener Stickerei, die beide zusammen die Dienstgradbezeichnung ergaben: Gefreiter 1 Winkel, Obergefreiter 2 Winkel, Hauptgefreiter 3 Winkel, Stabsgefreiter 1 geflochtener Winkel mit Stern und Oberstabsgefreiter 2 geflochtene Winkel mit Stern. Matrosen trugen lediglich ihr jeweiliges Laufbahnabzeichen. Zusätzlich zeigten kornblumenblaue Kragenpatten ohne Litzen den Mannschaftsdienstgrad an.

Unteroffiziere ohne Portepee

Die Dienstgradabzeichen bestanden aus dem goldfarbenen Ankerabzeichen (mit integriertem Laufbahnabzeichen) auf dem linken Oberarm und aus silbernen, ab 1939 goldfarbenen Litzen auf den kornblumenblauen Kragenpatten:

- Maat: Ankerabzeichen, 1 Litze,
- Obermaat: Ankerabzeichen mit 1 Winkel darunter, 2 Litzen.

So hatte der Bootsmannsmaat z. B. auf dem linken Oberarm das Ankerabzeichen mit dem unklaren Anker (gleichzeitig Laufbahnabzeichen), während der Obermaschinenmaat das Ankerabzeichen mit dem Zahnrad (gleichzeitig Laufbahnabzeichen) und einem Winkel darunter trug. 1939 erhielt der Kragen des Überziehers einen goldfarbenen Tressenbesatz ähnlich den Silbertressen der Unteroffiziere beim Heer.

Unteroffiziere mit Portepee

Bei der den Offizieren angenäherten Uniform mit Schirmmütze wurden die Dienstgradabzeichen auf den Schulterklappen getragen, die ringsum einen Tressenbesatz aufwiesen. In der Mitte der Schulterklappe befand sich das Laufbahnabzeichen mit Rangstern/en (silberfarben). Es trugen:

Maschinenmaat Padsun ging später zur U-Bootwaffe (seit dem 12.10.1939 mit goldener Litze und Kragentresse am Überzieher: Uffz.-Tresse). Unterhalb des Ankerabzeichens der Maschinen-Laufbahn (Maat ohne Winkel) ist als rotes Abzeichen für Sonderausbildung der Elektrotechnik-Lehrgang II (1940) zu sehen. Das einheitliche Mützenband »Kriegsmarine« war am 1. November 1938 eingeführt worden. Außerdem sind am obersten Knopfloch das schwarz-weiß-rote Band des EK II sowie auf der linken Seite das Sportabzeichen in Bronze und das Flottenkriegsabzeichen zu erkennen.

Der Maschinenobergefreite Richard Klie von *U 379*. An seiner rechten Schulter ist die Schützenschnur zu sehen. Die Eichel zeigt an, dass er die Schießauszeichnung als Gewehrschütze erhalten hat. Links trägt er das U-Boots-Kriegsabzeichen und darunter das Sportabzeichen in Bronze. Richard Klie fiel am 8. August 1942.

Oben: Ein *Matrosengefreiter* (über dem Gefreitenwinkel der Stern als Abzeichen der Bootsmanns-Laufbahn) steuert als Rudergänger das Schiff mit Knopfdrucksteuerung. Auf Höhe seines Gesichtes vor ihm befindet sich ein Sprachrohr, darunter ein Ruderlagen-Anzeiger und davor ein Kreiselkompass. Die Haube mit der Öffnung beherbergt einen Magnetkompass.
Unten: Ein *Kraftfahrgefreiter* (über dem Gefreitenwinkel das Abzeichen der Kraftfahr-Laufbahn). Beachte: Er trägt eine Pistole, obwohl immer wieder von Autoren behauptet wird, Mannschaften hätten sie nicht getragen.

- Feldwebel: 1 Stern unter dem Abzeichen,
- Stabsfeldwebel: 2 Sterne nebeneinander unter dem Abzeichen,
- Oberfeldwebel: 2 Sterne, je einer unter und über dem Abzeichen,
- Stabsoberfeldwebel: 3 Sterne, 2 nebeneinander unter dem Abzeichen und einer über dem Abzeichen.

Befanden sich auf einer Schulterklappe z. B. zwei Sterne nebeneinander unter dem Ankerabzeichen mit dem unklaren Anker, so handelte es sich um einen Stabsbootsmann. Ein Oberfunkmeister hatte je einen Stern unter und über dem Ankerabzeichen mit dem Blitz.

Offiziersanwärter

Der *Kadett* trug als Dienstgradabzeichen auf dem linken Oberarm das goldfarbene Laufbahnabzeichen in ovaler Umrandung, z. B. der fünfzackige Stern für die Seeoffizierslaufbahn (Seekadett) oder das Zahnrad für die Ingenieuroffizierslaufbahn.

Die *Fähnriche/Oberfähnriche* hatten die gleiche Uniform wie die Unteroffiziere mit Portopee, trugen aber statt der Schulterklappen silberfarbene Schulterlitzen oder -schnüre (ca. 2 cm breit) mit dem goldfarbenen Laufbahnabzeichen in der Mitte (Seeoffizierslaufbahn ohne Abzeichen). Der Fähnrich ohne und der Oberfähnrich mit 2 silberfarbenen Rangsternen, ggf. je einer über und unter dem Laufbahnabzeichen.

Offiziere

Neben den Ärmelstreifen (siehe oben) waren Offiziere an den Schulterstücken (ggf. mit goldfarbenen Rangsternen) zu erkennen:

- silberfarbene Schulterstücke aus parallelen Plattschnüren für Leutnante (ohne Stern), Oberleutnante (1 Stern) und Kapitänleutnante (2 Sterne);
- silberfarbene Schulterstücke aus geflochtenen Plattschnüren für Korvettenkapitäne (ohne Stern), Fregattenkapitäne (1 Stern) und Kapitäne zur See (2 Sterne);
- geflochtene Schulterstücke aus versilberter Kantschnur und vergoldeter Rundschnur für Konteradmirale (ohne Stern), Vizeadmirale (1 Stern), Admirale (2 Sterne), Generaladmirale (3 Sterne) und Großadmiral (2 gekreuzte silberne GAdm.-Stäbe).

Die Sanitätsoffiziere waren entsprechend einzuordnen. Ausgenommen bei den Seeoffizieren befand sich in der Mitte der Schulterstücke noch das jeweilige Laufbahnabzeichen.

Darüber hinaus wiesen die Schirmmützen der Offiziere einen goldfarbenen gezackten Streifen oder eine einfache (Stabsoffiziere) bzw. eine doppelte (Admirale und Kommodore) goldfarbene Eichenlaubranke auf.

Laufbahnabzeichen

Entsprechend der Zuordnung zu einer Laufbahn trugen die Soldaten aller Dienstgrade ein Laufbahnabzeichen, das in Verbindung mit den Dienstgradabzeichen die jeweils genaue Dienstgradbezeichnung erkennen ließ (siehe oben wie bei Mannschaften, Unteroffizieren, Offiziersanwärtern und Offizieren jeweils dargelegt). Diese Abzeichen trugen

- Mannschaften auf dem linken Oberarm,
- Unteroffiziere ohne Portepee auf dem linken Oberarm (Ankerabzeichen zugleich Dienstgradabzeichen),
- Unteroffiziere mit Portepee auf den Schulterklappen,
- Offiziere auf den Schulterstücken (ausgenommen Seeoffiziere, nur »Seestern« über Ärmelstreifen) sowie auf den Unterarmen bestimmter Bekleidungsstücke.
- Kadetten als Dienstgradabzeichen auf dem linken Oberarm,
- Fähnriche/Oberfähnriche auf den Schulterlitzen sowie auf beiden Unterarmen von Rock, Jackett und Jacke.

Abzeichen für Sonderausbildung

Unteroffiziere ohne Portepee und Mannschaften erhielten nach erfolgreicher Teilnahme an Lehrgängen für Sonderausbildung ein Abzeichen. Diese ovalen Abzeichen in roter Stickarbeit auf marineblauem Untergrund wurden unterhalb der Laufbahn- und Dienstgradabzeichen auf dem linken Oberarm getragen. Mehrfach geändert (insbes. 1933 und 1940), gab es 31 verschiedene Sonderausbildungen mit entsprechenden Abzeichen (Symbol ggf. mit Winkel/n). 1940 waren die wichtigsten:

- Geschützführer III (Seeziel-/Flakartillerie kleiner Fahrzeuge)
- Geschützführer IIa (Mittelartillerie der Schiffe)

Oben: Rechts ein *Artilleriemechanikersmaat* (Litze auf Kragenpatte und Kragentresse sowie Ankerabzeichen der Artilleriemechaniker-Laufbahn ohne Winkel), der mit einem weiteren Mechaniker das Visier eines 3,7-cm-Fla-Geschützes justiert.
Unten: Ein *Steuermannsmaat* (Litze auf Kragenpatte und Kragentresse sowie Ankerabzeichen der Steuermanns-Laufbahn – zwei gekreuzte Anker – ohne Winkel), verantwortlich für die Navigation und nicht das Steuern des Schiffes. Im Hintergrund ein Seemann am Maschinentelegraf.

- Geschützführer IIb (Zerstörer)
- Geschützführer I (Schwere Artillerie der Schiffe)
- Flak-Schütze und -beobachter
- Geschützführer Flak II (leichte Flak)
- Geschützführer Flak I (schwere Flak)
- Entfernungsmesser
- Waffenleitvormann
- Torpedo-Waffenleitvormann III u. II
- Sperrvormann
- Schiffstaucher
- Torpedotaucher
- U-Boots- und Bergungstaucher
- Unterwasserhorcher
- Flak-Horcher
- Flak-Scheinwerferführer
- Elektrotechniklehrgang III u. II
- Motorenlehrgang III u. II

Kampfabzeichen der Kriegsmarine

Während des Krieges wurden eine Reihe von Abzeichen in der Absicht geschaffen, daß jedermann für eine Kampfauszeichnung qualifiziert sein sollte. In den meisten Fällen wurden diese *Kampfabzeichen** auf der linken Brustseite unterhalb des Eisernen Kreuzes I. Klasse (wenn vorhanden) getragen. Doch wie dies oft der Fall ist, scheint die Marine auch wieder Ausnahmen mit der Trageweise verbunden zu haben. Das *Bewährungs- und Kampfabzeichen der Kleinkampfmittel* wurde nicht nur in sieben Stufen verliehen, sondern seine Stoffausführung wurde auch – im Gegensatz zur Metallspange – am linken Ärmel getragen. Wie in anderen Fällen auch war der Vorrat an möglichen Auszeichnungen lange vor dem Ende des Krieges aufgebraucht. Daher mussten sich sowohl OKW als auch OKM Lösungen überlegen, um die Moral der Truppe aufrechtzuerhalten. Anfangs gingen die Verantwortlichen davon aus, die Verleihungsbedingungen für die prestigereicheren Orden, wie etwa das Eiserne Kreuz, zu senken und weitere Stufen einzuführen. Doch schließlich musste ein zweistufiges Verleihungssystem eingeführt werden. Aus diesem Grunde kam im Mai 1944 zum *U-Boots-Kriegsabzeichen 1939* die *U-Boots-Frontspange* in Bronze hinzu, der im November 1944 eine silberne Version folgte. In ähnlicher Weise wurde im November 1944 auch die *Marine-Frontspange* für alle Kriegsschiffbesatzungen mit Ausnahme der U-Boote eingeführt.

Ursprünglich wurden diese Abzeichen aus Bronze in guter Qualität hergestellt, die sich jedoch später verschlechterte. Einige ziemlich grob gearbeitete Versionen, die gegen Ende des Krieges auftauchten, sahen fast wie in Heimarbeit hergestellte Reproduktionen aus. Die Einführung einer Stoffausführung geschah nicht so sehr aus wirtschaftlichen Gründen, sondern weil die Männer in bestimmten Situationen, besonders wenn sie häufig in gekrümmter Haltung arbeiten mussten, ein weicheres Stoffabzeichen in der empfindlichen Magengegend vorzogen. Zur wechselnden Qualität kamen noch beträchtliche Unterschiede in den Einzelheiten der allgemeinen Ausführung sowie auch in der Größe hinzu. Dies war weitgehend einer ständig wachsenden Zahl von Herstellungsfirmen zuzuschreiben, die als Lieferanten fungierten. Die gegen das Ende des Krieges hin in den besetzten Ländern hergestellten Abzeichen waren jedoch im allgemeinen von einer besseren Qualität als jene aus heimischer Produktion.

Wie in vielerlei anderer Hinsicht auch kontrollierte die deutsche Wehrmacht das Eigentum, das sie ihren Soldaten aushändigte, und jede Verleihung eines Kampfabzeichens wurde im Soldbuch eingetragen. Häufig kam noch das Aushändigen einer Verleihungsurkunde als eine zusätzliche Dokumentation hinzu. Diese variierten von sorgfältig hergestellten Kunstwerken bis hin zu armseligen, maschinengeschriebenen *Besitzzeugnissen* auf Papier in Kriegsqualität. Auf diesem Gebiet

* Eine detaillierte Übersichtsdarstellung der Auszeichnungen aller Wehrmachtsteile schuf *Kurt G. Klietmann:* Auszeichnungen des Deutschen Reiches 1936-1945. Motorbuch Verlag Stuttgart, 8. Auflage 1996. Der Verfasser, Dr. Klietmann, war Direktor des *Instituts für wissenschaftliche Ordenskunde* in Berlin und machte sich als Sachverständiger und Wissenschaftler auf dem Gebiet der Ordenskunde einen Namen.

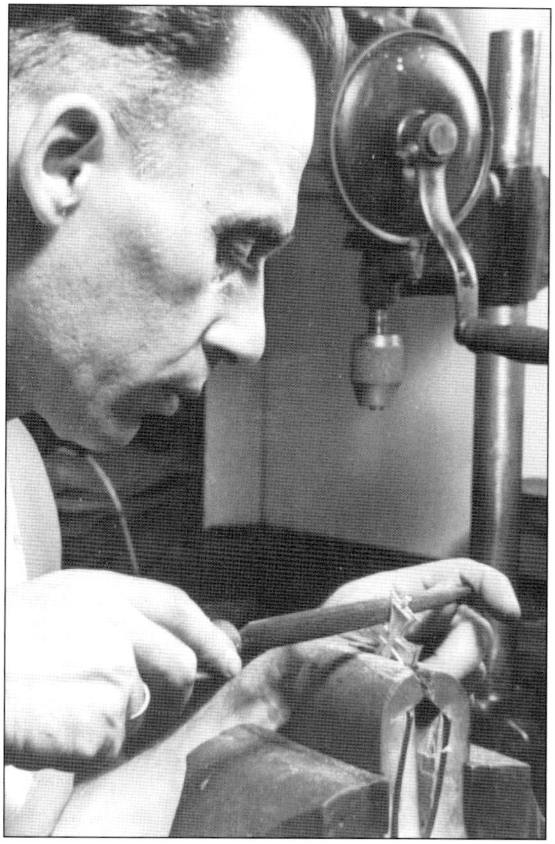

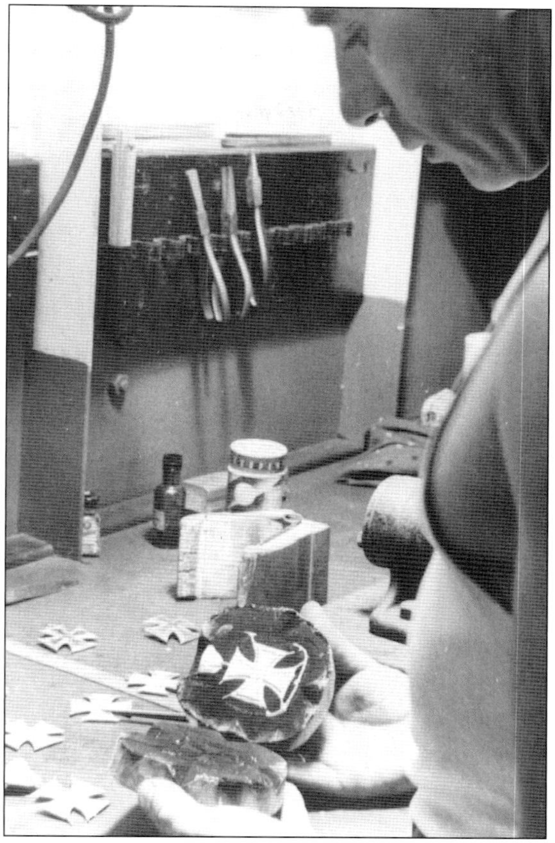

An Bord des Hilfskreuzers ORION aufgenommen, zeigen beide Fotos verschiedene Stadien für die Anfertigung Eiserner Kreuze mit Bordmitteln. Oft wurde dem Ausgezeichneten ein an Bord gefertigter Orden verliehen, lange bevor ihm die offizielle Auszeichnung ausgehändigt werden konnte; häufig geschätzter als die fabrikmäßige Anfertigung.

gab es wahrscheinlich mehr überzeugende Fälschungen als auf dem Markt der Reproduktion von Orden. Einige dieser Fälschungen sind gut genug gewesen, um hoch geachtete Fachleute zu täuschen, und zuweilen bereitet das Sammeln solcher Gegenstände wirklich Kopfschmerzen.

Die meisten Kampfabzeichen waren von der Form her oval mit dem größten Durchmesser in der Senkrechten. Ausnahmen bildeten das *U-Boots-Kriegsabzeichen* mit dem größten Durchmesser in der Waagerechten sowie das *Abzeichen für Blockadebrecher*, das kreisrund war. Auch das *Bewährungs- und Kampfabzeichen der Kleinkampfmittel* unterschied sich in Aussehen und Form. Bei den unteren Stufen bildete den Mittelpunkt des länglichen Entwurfs aus geflochtenem Tauwerk ein Delphin. Auch die ziemlich seltene *Ehrentafel-Spange der Kriegsmarine* war kreisrund mit dem Hakenkreuz auf einem senkrecht stehenden klaren Anker in einem Kranz aus Eichenlaub.

Die ovalen Kampfabzeichen gab es in folgenden Ausführungen:

- *Flotten-Kriegsabzeichen*: Buganansicht eines Schlachtschiffes.
- *Kriegsabzeichen für Hilfskreuzer*: Wikingerschiff, das über den Ausschnitt eines Globus segelt.
- *Kriegsabzeichen für die Marineartillerie*: Seitenansicht einer Flak in einer Küstenbatterie.
- *Zerstörer-Kriegsabzeichen*: Seitenansicht eines Zerstörers (vorn) mit hoher Fahrt.

Eine Ausstellung in Bredows U-Boot-Archiv. Die schwarzen Rechtecke stellen Nachbildungen der Marinekriegsabzeichen dar. Da Hakenkreuze in Deutschland nur zu Unterrichtszwecken gezeigt werden dürfen, ist der Hoheitsadler durch ein Eisernes Kreuz ersetzt. Von oben rechts im Uhrzeigersinn: Flotten-Kriegsabzeichen, Kriegsabzeichen für Minensuch-, U-Boots-, Jagd- und Sicherungsverbände, Schnellboot-Kriegsabzeichen, Zerstörer-Kriegsabzeichen und Abzeichen für Blockadebrecher.

- *Kriegsabzeichen für Minensuch-, U-Boots-, Jagd- und Sicherungsverbände*: Wassersäule einer Minen- oder Wasserbombendetonation.
- *Schnellboot-Kriegsabzeichen*: Seitenansicht eines S-Bootes (vorn) mit hoher Fahrt. Spätere Prägungen zeigten ein moderneres S-Boot.
- *Seekampfabzeichen der Luftwaffe* für Besatzungen der Seenotrettungsboote der Luftwaffe.

Die Verleihungsbedingungen für diese Kriegsabzeichen variierten beträchtlich. So konnte das *U-Boots-Kriegsabzeichen* zum Beispiel nach zwei Feindfahrten verliehen werden, bei Verwundung reichte eine. Das Das *U-Boots-Kriegsabzeichen in Gold mit Brillanten* wurde hingegen weder offiziell gestiftet noch verliehen, jedoch allen Angehörigen der U-Boot-Waffe übergeben, die mit dem Eichenlaub ausgezeichnet worden waren (29 Mann). Das *Zerstörer-Kriegsabzeichen* wurde nach drei Einsätzen mit Feindberührung, nach zwölf Einsätzen ohne Feindberührung oder nach Verwundung bei Feindberührung verliehen. Allgemein wurden alle Kampfabzeichen nach einem besonders lobenswerten Einsatz vergeben. Darüber hinaus konnten bei dem einen oder anderen Abzeichen weitere Kriterien vorgeschrieben sein. Der Vollständigkeit halber seien an dieser Stelle noch zwei Auszeichnungen erwähnt, die ebenfalls unter den Kampfabzeichen eingestuft wurden:

- Das *Zivilabzeichen der Heimatflakartillerie* für Flakbedienungen, die sich aus den Belegschaften großer Industriebetriebe rekrutierten, sowie das
- *Westwerftleistungsabzeichen*, das für besondere Verdienste im U-Boot-Bau bzw. in der Wiederherstellung beschädigter U-Boote an Werftmänner der Atlantik-Werften La Pallice, Brest, St. Nazaire und Lorient verliehen wurde*.

Bei den Werftmännern handelte es sich um ziviles Fachpersonal aus Deutschland. Ab 1943 wurde es notwendig, diese Arbeiter und Ingenieure als *Frontwerftmänner* kenntlich zu machen, indem sie nach Dienst die feldgraue Marineuniform anlegten und so einen militärischen Status erhielten. 1944 wurden sie in Alarmkompanien organisiert und an Infanteriewaffen ausgebildet. Zum Teil waren sie bei der Verteidigung der zu Festungen erklärten Atlantikhäfen eingesetzt.

* Siehe Klietmann, Seite 150f. und *Adolf Schlicht/ John R. Angolia: Die deutsche Wehrmacht. Uniformierung und Ausrüstung 1933-1945. Band 2: Die Kriegsmarine.* Motorbuch Verlag, Stuttgart 1995, S. 554.

UNIFORMEN

Auch bei der Marine war das Tragen der Uniform obligatorisch vorgeschrieben, sogar in der Freizeit, wenn die Seeleute an Land gingen oder die Kaserne verließen. Jeder hatte sein Soldbuch bei sich zu tragen, in dem sich ein passartiges Foto und die Personalien des Inhabers befanden. Zudem gab es eine nach Ranggruppen aufgeschlüsselte Liste der jeweils erforderlichen Bekleidungsstücke. Die dienstlich gelieferten Bekleidungs- und Ausrüstungstücke erhielten nach Lieferung den Bekleidungsstempel des Bekleidungsamtes Kiel (B.A.K.) bzw. Wilhelmshaven (B.A.W.). Offiziere waren Selbsteinkleider (Offizierkleiderkasse der Kriegsmarine), während Unteroffiziere und Mannschaften vor dem Kriege die blaue Marineuniform als Eigentum (mit Kleidergeld) erhielten, geändert mit Kriegsbeginn.

Nach dem Erlass des neuen Wehrgesetzes gab auch die Kriegsmarine 1935 ihre erste Ausgabe der *Anzugsarten und Anzugsbestimmungen* heraus. Diese Vorschriften wurden 1937 offiziell geändert und waren während des Krieges laufenden Änderungen unterworfen. Ein bedeutsames Charakteristikum der Bestimmungen war, dass es vermutlich mehr Ausnahmen als eigentliche Vorschriften gab. Daher ist es schwierig, zu den Uniformen und ihrer Trageweise klare Aussagen zu machen. Um dies alles aufzulisten, wäre eine sehr viel umfangreichere Darstellung erforderlich als hier wiedergegeben. Daher sollen die folgenden Ausführungen nur ein grober Überblick sein.*

* Anm. d. Ü.: Zur Vertiefung wird der Leser auf das folgende Standardwerk verwiesen: *Adolf Schlicht/John R. Angolia: Die deutsche Wehrmacht. Uniformierung und Ausrüstung 1933-1945, Band 2: Die Kriegsmarine.* Motorbuch-Verlag, Stuttgart 1995. Einige farbige Darstellungen von Uniformen der U-Boot-Waffe finden sich bei *Jean-Philippe Dallies-Labourdette: U-Boote – Eine Bildchronik 1935-1945.* Motorbuch Verlag, Stuttgart 1998.

Die blaue Marineuniform

Bekleidungsstücke

Die Liste der Bekleidungsstücke nach vorgeschriebenen Nummern umfasste (auszugsweise):

Offiziere

1 Hut, Schirmmütze, Gefechts-/Bordmütze (»Schiffchen«)
2 Rock
3 Messeanzug
4 blaues und weißes Jackett
5 Weste
6 blaue Tuch- und Reit-/Stiefelhose, weiße Hose, Beinkleid mit Streifen (siehe »Große Uniform/Gesellschaftsanzug«)
8 Tuchmantel, halblanger Mantel, Regenmantel, Ledermantel
9 Umhang (»Spanier«)
10 Oberhemden, Kragen, Krawatten
11 Schnürschuhe, weiße und braune Halbschuhe, Reitstiefel
20 Schal
21 graue und weiße Handschuhe aus Leder und Stoff
22 Sportbekleidung

zudem Marinesäbel oder Dolch mit Portepee, Schärpe, Epauletten, goldfarbene Knöpfe.

Unteroffiziere mit Portepee

1 Schirmmütze, Gefechts-/Bordmütze (»Schiffchen«)
4 blaues und weißes Jackett
5 Weste
6 Hosen wie Offiziere (ausg. Beinkleid mit Streifen)
8 Tuchmantel, Regenmantel
10 Oberhemden, Kragen, Krawatten
11 wie Offiziere sowie Marschstiefel (»Knobelbecher«)
16 Unterhemd (kurzer Arm) und -hose, Tropenunterwäsche
17 Schlafanzug

18 blaue Unterjacke
19 schwarze Strümpfe, Woll- und Tropenstrümpfe
20 Schal
21 Handschuhe wie Offiziere
22 Sportbekleidung
zudem Marinesäbel oder Dolch mit Portepee, goldfarbene Knöpfe.

Unteroffiziere ohne Portepee und Mannschaften
1 blaue und weiße Mannschaftsmütze, Gefechts-/Bordmütze
7 blaue Tuchhose, weiße Hose
11 Marschstiefel (»Knobelbecher«), Schnür- und Segeltuchschuhe
12 blaues und weißes Hemd, Hemdenkragen, seidenes Tuch
13 Jacke
14 Überzieher (»Collani«)
15 Arbeitszeug: Bluse, Hose, Takelzeug
16 Unterhemd (kurzer und langer Arm), Unterhose,Tropenunterwäsche
17 Schlafanzug
18 blaue Unterjacke
19 Woll- und Tropenstrümpfe
20 Halstuch (Wolle)
21 Handschuhe wie Offiziere sowie gestrickte Handschuhe
22 Sportbekleidung
zudem Seitengewehr ohne Portepee.

Sonderbekleidung bei Bedarf und leihweise:
- Wach- und Übermäntel für alle Dienstgrade
- wasserdichte Regenschutzbekleidung mit Südwester (»Anzug Großer/Kleiner Seehund«)
- schwarze Lederanzüge für Maschinenpersonal
- graue Lederanzüge für Brückenpersonal
- Holzschuhe für die Arbeit vor Kesselfeuern
- Isländerpullover und Kopfschützer
- Drillichanzüge für besonders schmutzige Arbeiten

Hinzu kamen noch die Winterbekleidung und die Sonderbekleidung für U-Bootbesatzungen (»U-Boot-Päckchen«) einschl. von Angehörigen der Kleinkampfverbände. Gummistiefel konnten bei schlechtem Wetter von allen Dienstgraden sowie Gummiüberschuhe über dem normalen Schuhzeug bei sehr nassem oder sehr kaltem Wetter an Bord getragen werden. Letztere konnten auch unter bestimmten Bedingungen an Land getragen werden.

Anzugsarten

Obwohl es bei der Marine vorgeschriebene Anzugsarten über das Tragen der Uniformen gab, diktierte die Notwendigkeit Befreiungen von diesen Vorschriften, sobald der Krieg ausgebrochen war. So trafen zum Beispiel nach dem Untergang des Schweren Kreuzers BLÜCHER eine Anzahl Überlebender in Kiel ein, noch ehe ihre Kleidung richtig getrocknet war, und es dauerte längere Zeit, bevor das Bekleidungsamt eine neue Ausstattung ausgeben konnte. Infolgedessen trugen die Männer, was sie sich borgen oder »organisieren« konnten. Mängel traten während des Krieges bei Bekleidungsstücken wie den ab 1940 nicht mehr gefertigten Offiziers-Umhängen auf, der von den Frauen zu Kleidern verwendet wurde. Bei Kriegsende wurden Tischtücher und Bettlaken aus dem Marinestützpunkt Wilhelmshaven (und vermutlich auch an anderen Orten) freigegeben, um zu verhindern, dass sie der Gegner plünderte. Auch aus ihnen fertigten die Frauen Kleidungsstücke. Während des Krieges kam das nicht vor, weil das Marineeigentum besondere Kennzeichnungen – wie z.B. »Kriegsmarine« oder einen Hoheitsadler – aufwies, die es unattraktiv machten. Dies galt auch für Marinebekleidung, um sie für andere Zwecke zu stehlen, zumal die Kleidungsstücke alle gestempelt waren (siehe oben). Hinzu kam, dass viele der Matrosenhemden an den Kanten Maschinennähte hatten, sodass sie nur zu zahllosen kurzen Fäden aufgetrennt werden konnten, statt einen langen Faden zu bilden um Neues daraus zu stricken.

Nach der Vorschrift über *Anzugsarten und Anzugsbestimmungen* waren die in der Liste erfassten Bekleidungsstücke (siehe oben) in folgenden Anzugsarten zu tragen, die auf besonderen Befehl auch variierten:

Große Uniform

Die *Große Uniform* wurde durch Offiziere bei offiziellen Besuchen im Ausland getragen. Sie bestand aus Rock mit Epauletten, Beinkleid mit Streifen, Stehkragen mit Querbinder, Hut, Schärpe, Säbel, weiße Handschuhe, große Ordensschnalle.

Dieses Foto soll der Belehrung einiger kluger Sammler dienen, die dem Verfasser versicherten, dass Portepee-Unteroffiziere *nie* einen Säbel trugen! Links trägt der Bräutigam über dem Sportabzeichen in Bronze Erinnerungsmedaillen aus der Zeit zwischen 1935 und 1939. Das Fehlen von Kriegsauszeichnungen deutet an, dass das Foto zwischen 1938 und 1940 aufgenommen wurde.

Dienstanzug

Offiziere mit Rock und Schärpe, Portepeeunteroffiziere mit blauem Jackett und Unterschnallkoppel sowie beide: Stehkragen mit Querbinder, blaue Schirmmütze, Dolch, graue Handschuhe. Maate und Mannschaften: Jacke, blaues Hemd, Hemdenkragen, seidenes Halstuch, blaue Hose (ggf. zweimal umgeschlagen über Marschstiefel), blaue Mütze, graue Handschuhe. Hierzu ggf. große oder kleine Ordensschnalle: Erstere bei Paraden, Vereidigungen, Stapelläufen, Meldungen bei Beförderungen oder Verleihungen, militärischen Begräbnissen, Gottesdiensten sowie als Richter und vor Gericht, Letztere bei allen anderen Gelegenheiten.

Paradeanzug

Der *Paradeanzug* wurde bei Paraden oder militärischen Veranstaltungen in Anwesenheit Hitlers oder fremder Staatsoberhäupter, bei militärischen Begräbnissen und von Ehrenkompanien getragen. Offiziere und Portepeeunteroffiziere: blaues Jackett, Reithose mit Stiefel, blaue Schirmmütze, Umlegekragen mit Langbinder, Säbel, graue Handschuhe, Schärpe (Offiziere) bzw. Überschnallkoppel. Maate und Mannschaften: wie Dienstanzug, aber Marschstiefel, Koppel mit Patronentaschen und Seitengewehr, Gewehr. Hierzu in jedem Fall große Ordensschnalle.

Kleiner Dienstanzug

Der *Kleine Dienstanzug* war der Anzug für den alltäglichen Dienst. Er wurde an Bord auch außer Dienst und zum Infanteriedienst (Aufsichtspersonal mit Säbel) getragen. Offiziere und Portepeeunteroffiziere: blaues Jackett, blaue Hose, blaue Schirmmütze, Stehkragen mit Querbinder/Umlegekragen mit Langbinder, Dolch, graue Handschuhe. Maate und Mannschaften: Arbeitsbluse (Maate: blaues Hemd), Hemdkragen, seidenes Halstuch, Arbeitshose, blaue Mütze, Koppel mit Seitengewehr. In der Sommertragezeit (1.5.-30.9.) wurde statt der blauen die weiße Version dieses Anzugs getragen. Bei bestimmten Arbeiten bestand er auch aus Lederzeug, Maschinenzeug, Takelzeug oder Schutzkleidung.

Ausgehanzug

Offiziere mit Rock, Stehkragen mit Querbinder, blauem Jackett bzw. Portepeeunteroffiziere mit blauem Jackett und Umlegekragen mit Langbinder sowie beide; blaue Hose, blaue Schirmmütze, Dolch, graue Handschuhe. Maate wie Dienstanzug, aber mit Überzieher (ohne Stiefel). Für Mannschaften gab es keine besondere Vorschrift.

Gesellschaftsanzug

Er wurde nur von Offizieren getragen. Der *Große Gesellschaftsanzug* war vorgeschrieben: bei festlichen Anlässen (auch am 31. Mai: Skagerraktag), bei größeren Familienfesten, bei der eigenen Hochzeit (auch mit Hut, Epauletten, Beinkleid mit Streifen). *Großer/Kleiner Gesellschaftsanzug*: Hut/blaue Schirmmütze, Rock, Stehkragen mit Querbinder, blaue Hose, Schärpe mit Säbel/Dolch, weiße Handschuhe, große/kleine Ordensschnalle.

Daneben gab es noch den *Messeanzug* für Anlässe in der Offiziersmesse, auf den nicht näher eingegangen werden soll.

Tropenanzug oder weiße Uniform

Trageweise: Im Ausland als Dienstanzug, Kleiner Dienstanzug und Ausgehanzug (untersagt als Ausgehanzug ab 15. Juli 1940) an Bord und an Land, in den heimischen Gewässern in der Sommertragezeit als Tagesanzug an Bord sowie unter bestimmten Bedingungen als Ausgehanzug. Offiziere und Portepeeunteroffiziere: weißes Jackett. Steh- oder Umlegekragen mit Quer- oder Langbinder, weiße Hose, weiße Schirmmütze/ggf. Tropenhelm, Unterschnallkoppel mit Dolch oder Säbel, ggf. Schärpe, weiße Handschuhe. Maate und Mannschaften: weißes Hemd, seidenes Tuch,

Auf dem Mützenband steht »Schiffsstammdivision der Nordsee«. Der Seemann trägt die blaue Marineuniform mit dem »Nelson«-Kragen (im Marinejargon »Wäsche hinten«), dessen drei weiße Streifen die Seeschlachten von Aboukir, Kopenhagen und Trafalgar sowie das schwarze, zu einem Knoten gebundene Halstuch die Trauer um Nelson symbolisieren sollen. Die weiße Schleife in der Mitte des Knotens hebt für die deutsche Marine die Trauer auf.

Der Portepee-Unteroffizier trägt Dienstanzug mit Stehkragen und Querbinder. Die Schulterklappen weisen ihn als Obermaschinist aus (zwei Rangsterne mit dem Laufbahnabzeichen dazwischen).

Der Maschinenobergefreite Striegl von *U 351* im November 1943. Er trägt Dienstanzug mit Jacke und weißem Hemd sowie links das EK II (offen) und das U-Boots-Kriegsabzeichen. Über den Obergefreitenwinkeln ist das Laufbahnabzeichen (Zahnrad) und darunter das rote Abzeichen für den Elektrotechnik-Lehrgang III (1 Winkel) als Sonderausbildung.

Der Matrosengefreite (bis Januar 1938 Obermatrose) auf der Brücke eines Minensuchers trägt über dem Gefreitenwinkel den Stern als Abzeichen der Bootsmanns-Laufbahn und darunter das rote Abzeichen für Enrfernungsmesser mit Seeziel- und E-Messausbildung (ohne Winkel) als Sonderausbildung. Er hat den Kleinen Dienstanzug an: weiße Drillich-Arbeitsbluse mit -hose (keine Sommer- oder Tropenuniform).

weiße Hose, weiße Mütze/ggf. Tropenhelm. Daneben gab es noch den friedensmäßigen *braunen Tropenanzug* und die im Krieg eingeführte *braune Tropenuniform*, auf die hier nicht näher eingegangen wird.

Sportanzug

Der *Sportanzug* wurde beim Dienst- und Freizeitsport an Land und an Bord getragen. Er war für alle Dienstränge gleich und bestand aus: Sporthemd mit dem Hoheitsadler vorn, blaue (Tropen weiße) Sporthose, Laufschuhe, Sportschutzanzug (Trainingsanzug) aus marineblauem Wollstoff sowie nur der Badehose. Das Tragen der Sportschuhe und der Sporthose zum Baden war verboten.

Nebenbei bemerkt: Was das Schwimmen in der Sporthose oder in anderen Kleidungsstücken anbelangt, so gab es vor dem Ersten Weltkrieg einen amüsanten Zwischenfall. Einige Nonnen beschwerten sich bei Kaiser Wilhelm II. über die schreckliche Bekleidung einiger Seeleute, die beim Baden an einem abgelegenen Strand gesehen wurden. Darüber befragt antwortete Konteradmiral Wilhelm Souchon als ihr Kommandeur, Seine Majestät wäre von den Nonnen über die unpassende Bekleidung der Männer beim Schwimmen falsch informiert worden. Die frag-

Der Vater des Verfassers 1939 während seiner Unteroffizierausbildung. Er trägt den Ausgehanzug ohne Jacke (Sommertragezeit).

Das Foto zeigt die Schirmmützen mit Eichenlaubranke für Stabsoffiziere und mit gezacktem Streifen für Subalternoffiziere. Links der spätere KptzS. Kurt Freiwald mit der Fangschnur (»Affenschaukel«) eines Adjutanten, in diesem Falle von Großadmiral Erich Raeder.

Die beiden Seeleute tragen das Sporthemd mit dem Hoheitsadler.

lichen Seeleute hätten nicht gegen die Anzugsbestimmungen verstoßen – sie wären nicht bekleidet gewesen.

Fangschnüre

Fangschnüre, ggf. auch zur feldgrauen Marineuniform getragen, gab es in fünf verschiedenen Ausführungen:

- Fangschnur als Schießauszeichnung (Schützenschnur),
- Fangschnur als Adjutantenabzeichen,
- Fangschnur für Admirale,
- Fangschnur für Marineattachés und zum Paradeanzug der Offiziere sowie
- Fangschnur für Gehilfen der Marineattachés.

Die *Fangschnur als Schießauszeichnung* wurde zum Dienst-, Parade- oder Ausgehanzug getragen, und zwar auf der rechten Brustseite, wobei das obere Ende unter dem Kragen bzw. der Schulterklappe und die untere Schnurschlaufe am obersten Knopf bzw. einem angebrachten Knopf angeknöpft wurde. Verschieden war die Ausführung des »Anhängsels« an der dunkelblauen Wollschnur bzw. den silberfarben durchwirkten Schnüren mit einer Rosette über dem oberen Bund: Gewehr- und MG-Schützen eine Eichel (mit einer Rille lMG- und zwei sMG-Schütze), Flak-Geschützführer und Fla-MG-Schützen eine geflügelte Granate, sonstige Geschützführer eine Granate, Rohrmeister der Torpedowaffe ein Torpedo. In vier Stufen verliehen, ergaben sich die Bedingungen aus der Vorschrift (jeweils eine bestimmte Punktzahl in vorgegebener Zeit): Metallanhängsel schwarz (1. Stufe), versilbert (2. Stufe), vergoldet (3. Stufe), vergoldet mit vergoldetem Abzeichen (unklarer Anker mit Tau-Umrandung, umgeben von einem Eichenlaubkranz) auf der Rosette (4. Stufe).

Die *Fangschnur als Adjutantenabzeichen* trugen Offiziere als Adjutanten von Befehlshabern (Seebefehlshaber: Flaggleutnant), Flottillenchefs, Kommandanten von Schiffen u. Ä.: Eine echt vergoldete Gespinstschnur auf der rechten Brustseite (siehe Abb.). Gab es in einem Stab mehrere Adjutanten, dann trug die Fangschnur nur der den persönlichen Dienst beim Befehlshaber versehende Adjutant. Waren mehrere Befehlshaber versammelt, so legte nur der Adjutant des leitenden Befehlshabers (und die persönlichen Adjutanten von Flaggoffizieren) das Abzeichen an.

Eine *Fangschnur und Achselband* (Schnurschlinge und unter der Achsel durchlaufendes Schnurgeflecht) aus goldenem Gespinst trugen

a) Admirale und Kommodore stets zur Großen Uniform, zum Großen Gesellschaftsanzug und auf Anordnung zum Dienstanzug und zum Kleinem Gesellschaftsanzug;
b) Marineattachés nach Lage der örtlichen Verhältnisse zu verschiedenen Anzugsarten;
c) Offiziere zum Paradeanzug.

Eine Fangschnur nach Art des Adjutantenabzeichens hatten auch die Gehilfen des Marineattachés zu tragen, wenn auch der Attaché die seine anlegte. Zum Gehilfen siehe z. B. KptzS. Vermehren beim Marineattaché in Japan (siehe oben Seite 153).

Die feldgraue Marineuniform

Diese Uniform wurde von bestimmten Landtruppenteilen der Marine getragen, wie z. B. den Marineartillerieabteilungen. Sie orientierte sich an den Vorschriften für das Heer, deren Uniform sie angeglichen war, und wies weniger Bekleidungsstücke als die blaue Marineuniform auf. Bis auf den »*Wachanzug*« gab es keine Vorschriften für Anzugsarten, die sich weitgehend auf den alltäglichen Dienst beschränkten. Auf Fotos ist eine Verwechslung mit der Heeresuniform sehr leicht möglich, obwohl das Vorhandensein von Marineabzeichen darauf hinweist, dass die Träger Seeleute sind (außerdem waren die Tressen für Dienstgradabzeichen und Kragenbesätze bei Unteroffizieren und Mannschaften im Unterschied zu Heer und Luftwaffe goldfarben, ebenso das Hoheitsabzeichen). Die Feldbluse (sie löste 1935 auch den Rock ab) wies Ankerknöpfe auf. Wie beim Heer auch trugen Offiziere einen braunen Leibriemen mit Schloss-Schnalle, während Unteroffiziere und Mannschaften ein schwarzes Koppel mit Koppelschloss umschnallten. Es gab für Mannschaften und Unteroffiziere zur feldgrauen Uniform weder Sonderausbildungs- noch Laufbahnabzeichen, ausgenommen für Offizieranwärter. Offiziere trugen keine Ärmelstreifen (»Kolbenringe«).

Soldaten in der feldgrauen Marineuniform auf dem Schießstand bei Glücksburg.

Zwei Marineoffiziere eines Landtruppenteils für Grundausbildung. Das Foto wurde vor der 1934 erfolgten Einführung des Hoheitsadlers der Kriegsmarine aufgenommen. Sie tragen die feldgraue Marineuniform, die weitgehend der Heeresuniform glich, sodass eine Unterscheidung sehr schwierig ist.

Der »Heizer Mallmann« war der Vater des Verfassers, der damals gerade in die Marine eingetreten war. Vor dem 1. April 1938 war »Heizer« (statt Matrose) der unterste Dienstgrad in der Maschinisten-(danach Maschinen-)Laufbahn.

Waffen

Handfeuerwaffen

Gewehre und Pistolen wurden üblicherweise nur auf Befehl des Kommandanten an Bord genommen, im Bedarfsfalle ausgegeben und nach Erledigung des Auftrags wieder abgegeben. Im Falle einer besonderen Gefährdung an Land konnten mit Erlaubnis Pistolen getragen werden. Im Allgemeinen gab es keinen Besitz persönlicher Handfeuerwaffen (ausgenommen private Pistolen der Offiziere), wenn dem auch gelegentlich zuwidergehandelt wurde.

Seitenwaffen

Seitengewehr

Das Seitengewehr in schwarzer Scheide gehörte zur persönlichen Ausrüstung der Maate und Mannschaften und war in das Soldbuch eingetragen. Getragen wurde es am Koppel zusammen mit Patronentaschen zum Paradeanzug, bei Ehrenkompanien, zum Wachdienst und bei sonstigem Dienst auf Befehl. Offiziere und Portepeeunteroffiziere trugen es in brauner Scheide am Leibriemen nur zum feldmarschmäßigen Infanterie- und Landungsdienst sowie zur feldgrauen Uniform, so weit nicht der Säbel vorgeschrieben war.

Dolch

Bei der Kriegsmarine wurde der Dolch in drei verschiedenen Ausführungen des abschraubbaren Knopfes am Ende des Griffes getragen: Mit der Kaiserkrone (ab 1938 nur noch außer Dienst), mit der Flamme (der Knopf der Reichsmarine musste 1938 ausgewechselt werden) und dem Wehrmachtadler (gefaltete Flügel, Blick nach rechts, Hakenkreuz in den Klauen). Dolche mit Portepee trugen Offiziere, Portepeeunteroffiziere (nicht zur feldgrauen Marineuniform) und Oberfähnriche/Fähnriche. Kadetten trugen ihn ohne Portepee. Großadmiral Erich Raeder hatte auch einen sog. *Ehrendolch* eingeführt, den der Ob.d.M. jedoch nur in wenigen Exemplaren verlieh.

Marinesäbel

Sie unterschieden sich von jenen des Heeres und der Luftwaffe durch den unklaren Anker auf der größeren Griffschale und dem Löwenkopf, in den der Beschlag des Griffes auslief. Der Löwenkopf hatte stets ein rotes und ein grünes Auge, die Farben für Backbord und Steuerbord bezeichnend.

Der Marinesäbel war für Offiziere und Portepeeunteroffiziere (einschl. Oberfähnriche) zugelassen, obwohl es den Anschein hat, als ob sich den letzteren hierfür nur vereinzelt Gelegenheiten boten. Obwohl der blanke Dolch bei offiziellen Anlässen nicht getragen wurde, gab es ausführliche Vorschriften hierüber, wann und wie der blanke Säbel getragen wurde. Einer der Gründe lag darin, dass der lange Säbelstander mit der Scheide den Träger leicht zu Fall bringen konnte.

Infanteristische Grundausbildung eines Zuges bei einem Marinelandtruppenteil nahe Wilhelmshaven Anfang der 30er-Jahre (vor 1934). Jeder Rekrut hatte diese Grundausbildung am Anfang zu absolvieren und viele waren später der Auffassung, dass diese gründliche Vorkriegsausbildung mit dazu beigetragen hätte, den Krieg zu überleben.

Die frischen Rekruten wurden an den Infanteriewaffen ausgebildet: Im Bild am alten wassergekühlten Maschinengewehr 08/15 des Ersten Weltkriegs, da der Versailler Vertrag die Entwicklung moderner automatischer Waffen den Deutschen verbot.

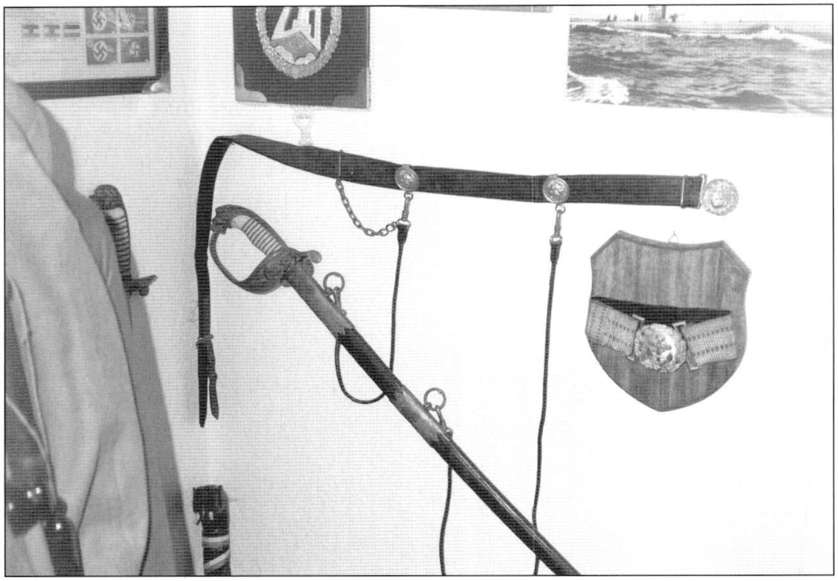

In der Bildmitte ein Überschnallkoppel mit Säbelstander und Marinesäbel im U-Boot-Archiv in Cuxhaven. Rechts das vergoldete runde Schloss der Schärpe (Marinebeamte silbern).

Der Großadmiralstab

Nach der Wende zum 20. Jahrhundert begründete der Kaiser eine Tradition und vergab an seine hohen Militärs einen Stab als Symbol ihres Amtes, nicht zuletzt, um die Bürde des militärischen Grußes über lange Zeiträume zu erleichtern. Bei Paraden konnten sie nunmehr die Truppen durch bloßes Emporhalten ihres Stabes in Schulterhöhe grüßen. Der Stab war keine militärische Auszeichnung, die dem Empfänger durch den Oberbefehlshaber der Streitkräfte »verliehen« wurde, sondern stellte ein persönliches Geschenk des Kaisers bzw. später des Obersten Befehlshabers der Wehrmacht dar. Dieser Unterschied im Wortlaut mag akademisch klingen, war aber von bedeutender Tragweite, weil der Stab in das Eigentum des Inhabers überging und hiermit

Großadmiralstab von Karl Dönitz in der »Beute-Sammlung« des Regimentsmuseums der *Shropshire Light Infantry* in Shrewsbury/England.

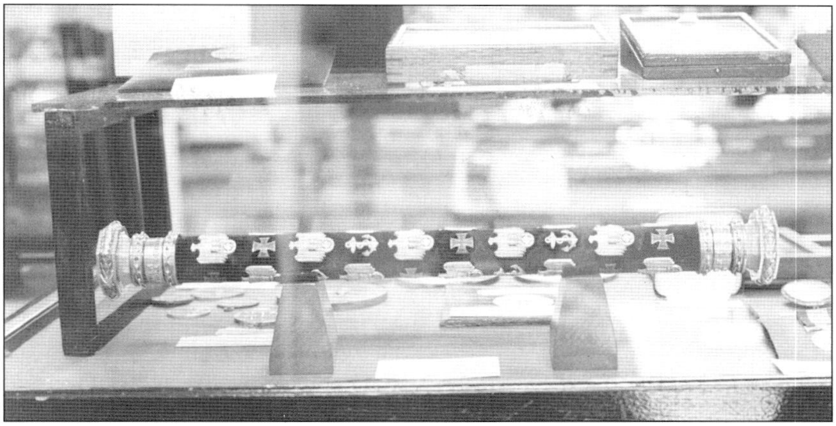

nicht mehr dem Staat gehörte. Eingedenk der Tatsache, dass diese Stäbe kostbare und aufwändige Goldschmiedearbeiten aus Edelmetallen mit eingelegten Diamanten darstellten, besaßen sie einen Materialwert von etwa 65.000 bis 164.000 Mark nach heutiger Währung. Daher bedeutete ein solcher Stab tatsächlich ein sehr wertvolles Geschenk.

Schwerer wog, dass dies auch ein sehr seltenes Geschenk war. Dr. h.c. Erich Raeder war erst der vierte Großadmiral der deutschen Marinen, dem diese Ehre zuteil wurde. Der Erste, der den Rang eines Großadmirals mit Flagge und Stab erhielt, war 1905 Hans v. Koester, gefolgt 1909 von Prinz Heinrich v. Preußen und am 31. Mai 1918 kurz vor Kriegsende Henning v. Holtzendorff. Sehr wahrscheinlich hat der große Torpedofachmann, Großadmiral Alfred v. Tirpitz, keinen Stab erhalten.*

Raeders Beförderung zum Großadmiral und die Überreichung des Stabes erfolgte am 1. April 1939, dem Tag des Stapellaufs der TIRPITZ in Wilhelmshaven. Raeder war Oberbefehlshaber der Marine, seitdem er im Oktober 1928 Chef der Marineleitung der Reichsmarine geworden war, zunächst noch mit dem Rang eines Admirals und ab April 1936 mit dem eines Generaladmirals, ein besonders zu einem Zeitpunkt geschaffener Dienstrang, als die Marine noch zu klein war, um einen Großadmiral zu rechtfertigen.

Die Anfertigung von Raeders Stab war ein sehr komplizierter Vorgang, erschwert durch die Tatsache, dass Entwurf und verwendete Materialien ein streng gehütetes Geheimnis waren. Die Beschreibungen und Zeichnungen der früheren Großadmiralstäbe waren nach 1918 verloren gegangen. Daher musste Dr. Ottfried Neubecker, der mit dem Anfertigen des Entwurfs betraut worden war, erst einmal Forschungsarbeit leisten, ohne die Gründe für sein Interesse zu offenbaren. Zudem musste er sich, soweit dies Größe und Aussehen betraf, an strenge Maßstäbe halten. Schließlich entwarf er einen wundervollen Stab (51 cm lang), bestehend aus einer silbernen Röhre, überzogen mit mittelblauem, feinflorigem Samt und geschmückt mit rautenförmigen Verzierungen aus goldenem Tauwerk mit schwarzemaillierten, silbergerandeten Eisernen Kreuzen, goldenen unklaren Ankern und goldenen Wehrmachtadlern in der Raute. Den Abschluss der Röhre bildeten zwei herrliche, aus Gold, Platin und Bernstein gearbeitete Knäufe. Da angenommen wurde, die bei den Marschallstäben des Heeres und der Luftwaffe verwendete Silberverzierung könnte in der feuchten Seeluft zu rasch oxydieren, fand Platin Verwendung, um einen

* Anm. d. Ü.: Für Tirpitz, der nie auf See geführt hatte, wurde eine Sonderregelung geschaffen. Er führte zwar Rang und Titel eines Großadmirals, hatte aber kein Patent; d.h. er hatte auf den Schulterstücken vier Sterne (keine gekreuzten Großadmiralstäbe) und rangierte zwischen dem Generalfeldmarschall und dem Generaloberst. Daher führte er die Flagge des Staatssekretärs des Reichsmarineamtes weiter und hatte auch keinen Großadmiralstab erhalten.

Der Großadmiralstab von Karl Dönitz in Nahaufnahme.

Farbkontrast zu erzeugen. Auf den Platinringen des oberen und des unteren Knaufes standen: »Der Führer und Oberste Befehlshaber der Wehrmacht/dem ersten Großadmiral des Dritten Reiches« (oben zweizeilig) und »Dr. h.c. Erich Raeder 1. April 1939« (unten einzeilig).

Das Drama um die Anfertigung des Stabes für Dönitz begann im Sommer 1942, lange bevor seine Ernennung zum Oberbefehlshaber (Ende Januar 1943) ins Auge gefasst wurde. Ein gewöhnlicher Mannschaftsdienstgrad, Kanonier in einem Flakregiment, erhielt den persönlichen Befehl aus dem Führerhauptquartier, sich sofort in Berlin bei der Firma zu melden, bei der er vor seiner Einberufung gearbeitet hatte. Als Hellmut Scheuermann in Berlin ankam, wurde ihm mitgeteilt, dass sein Können als Goldschmied für die Anfertigung einiger Marschallstäbe erforderlich wäre; denn vor seiner Einberufung hatte er bei der eingeführten und bekannten Juwelierfirma H. J. Wilm gearbeitet, die seit 1767 bestand. In gewisser Hinsicht fand sich Scheuermann in einer sehr fragwürdigen Situation, denn die oberste Führung verlangte von ihm nicht nur mehrere eindrucksvolle Marschallstäbe, sondern forderte von ihm auch deren Fertigstellung innerhalb eines Zeitraumes von etwa drei Wochen. Nachdem er diese Arbeiten ausgeführt hatte, erhielt er den Auftrag, einen Großadmiralstab für Admiral Karl Dönitz zu entwerfen und anzufertigen.

Dieser Stab (ca. 49 cm lang) unterschied sich von dem Raeders in mehrfacher Hinsicht: Dem Mittelteil fehlte das rautenförmige Tau-Netzwerk. Die beiden goldenen Knäufe waren ohne Platin- und Bernsteinringe und mit andersartigen Verzierungen gearbeitet. Auf ihnen stand zwischen zwei Ankerketten aus Platinauflage in goldenen Großbuchstaben (jeweils zweizeilig): »DER FÜHRER / DEM GROSSADMIRAL DÖNITZ« (oben) und »ZUM FREIHEITSKAMPF DES / GROSSDEUTSCHEN VOLKES« sowie etwas kleiner hinten »JANUAR 1943« (unten).

Raeder und Dönitz erhielten jeweils zwei Stäbe, und zwar den prächtigen Großadmiralstab für offizielle Anlässe und den einfacher gestalteten *Interimsstab* für den Alltag. Beide Interimsstäbe waren der Tradition folgend als Fernrohre mit Präzisionsoptik innen ausgebildet, wobei Dönitz' Stab schlanker zu wirken schien.

Der »Große Löwe« bei einer Ansprache 1943, den Großadmiralstab in der Hand haltend.

Als die Rote Armee in den Außenbezirken Berlins stand, vergrub Raeder einen Kasten mit Wertsachen in der Nähe seines Hauses in Potsdam-Babelsberg. Anscheinend wurde der ihm dabei helfende Arbeiter später von den Russen gezwungen, das Versteck zu verraten. Im Anschluss daran verschwand Raeders Großadmiralstab ins Dunkle. Da er einen hohen Edelmetallwert besaß, könnte es durchaus sein, dass er seit langem eingeschmolzen ist. Andererseits besteht angesichts der verbesserten Ost-West-Beziehungen immer noch die entfernte Möglichkeit, dass er eines Tages wieder auftauchen könnte. Raeders Interimsstab und seine Auszeichnungen beschlagnahmten die sowjetischen Truppen bei seiner Gefangennahme. Auch sie sind ins Dunkle verschwunden. Dies gilt nicht für sein Goldenes Parteiabzeichen. Als Raeder von den Gräueltaten des »Dritten Reiches« hörte, hackte er das Abzeichen mit einer Axt in Stücke und vernichtete es auf diese Weise.

Dönitz' Großadmiralstab wurde zusammen mit weiterem persönlichen Besitz kurz nach dem Kriege aus seinem Gepäck gestohlen, als er mit seiner Regierung in der Marineschule Mürwick inhaftiert wurde. Anscheinend durchwühlten britische Soldaten die unbewachten Gepäckstücke, während die Inhaftierten verhört wurden. Zu dieser Zeit wurde auch eine Anzahl deutscher Offiziere des perönlichen Eigentums aus ihren Hosentaschen sowie selbst der Eheringe(!) beraubt. Sogar Knöpfe schnitten ihnen die britischen Soldaten auf der verbreiteten Jagd nach Souvenirs von ihren Uniformen ab. Trotz Beschwerden bei den britischen Militärbehörden erhielten die Deutschen lediglich eine schriftliche Entschuldigung, aber das geraubte Eigentum bekamen sie nie zurück. Der Verbleib vieler persönlicher Gegenstände ist noch heute ein »Geheimnis«. Doch 1982 stolperte der Verfasser zufällig im Regimentsmuseum der *Shropshire Light Infantry* in Shrewsbury/England über den Großadmiralstab. Generalmajor J. B. Churcher, der offenbar an der Verhaftung der Dönitz-Regierung beteiligt gewesen war, hatte ihn dem Museum übergeben.

Nur wenige Wochen nach diesem sehr erstaunlichen Fund erschien in deutschen Zeitungen eine kurze Meldung, wonach der Deutsche Marinebund ein Gerichtsverfahren gegen den Juwelier W. J. Wilm in Hamburg angestrengt habe, weil die Firma angeblich im widerrechtlichen Besitz von Dönitz' Großadmiralstab sei. Obwohl Dönitz nie in Erfahrung gebracht hatte, was mit seinem Stab geschehen war, den er seit dem Diebstahl im Jahre 1945 nicht mehr gesehen hatte, erklärte er in seinem letzten Testament, daß der Stab dem Deutschen Marinebund übergeben werden sollte, damit er im Marine-Ehrenmal Laboe ausgestellt werden könnte. W.J. Wilm legte dann im Verfahren dar, dass der im Besitz der Firma befindliche Stab nie Großadmiral Dönitz gehört hätte. Er wäre ein Modell gewesen, hergestellt zur Vorlage bei Hitler, ehe die Arbeit am eigentlichen Stab begonnen hätte.

Die Nachricht vom Auftauchen eines weiteren Großadmiralstabes in Shrewsbury führte zur Vertagung des Gerichtsverfahrens, um den Sachverhalt klarzustellen. Es gab keinen Zweifel daran, dass es sich bei dem Stab in Shrewsbury um das Original handelte; denn in erhabenen Buchstaben ist auf dem goldenen oberen Knauf der Name von Dönitz eingraviert. Ihren Stab zerlegend, konnte Wilm auch zeigen, dass ihr Modell eine Röhre aus Aluminium statt aus Silber hatte und dass die Inschrift einen Schreibfehler aufwies. Hinzu kam, dass die Verzierungen am Modell aus Silber und vergoldetem Silber statt aus Gold und Platin gefertigt waren, das damit nicht annähernd so wertvoll wie das Original war.

Trotz beträchtlicher gerichtlicher Auseinandersetzungen in Deutschland und in Großbritannien befindet sich der Originalstab im Regimentsmuseum in Shrewsbury Castle. Statt in einer Vitrine aus normalem Fensterglas ruht er jedoch nunmehr in einem Safe aus doppeltem Panzerglas. In gewisser Weise erscheint es (nicht nur im Zeichen eines vereinten Europas) seltsam, dass es offiziell gestattet ist, von Privatpersonen gestohlenes Eigentum zu behalten. Nur um eine Anmerkung zur deutschen Gesetzgebung anzufügen: Als Wilms Modell des Stabes bei Gericht vorgelegt und 1983 von der Presse zusammen mit dem 74-jährigen Helmut Scheuermann fotografiert wurde, mussten die Hakenkreuze mit Klebepapier abgedeckt werden, weil es in Deutschland über 50 Jahre nach Kriegsende immer noch verboten ist, sie öffentlich zu zeigen. Als einzige Ausnahme lässt das Gesetz ein öffentliches Zeigen zu Unterrichtszwecken zu.

ANHANG

Karten

Der Nordwesten Deutschlands mit dem Nord-Ostsee-Kanal.

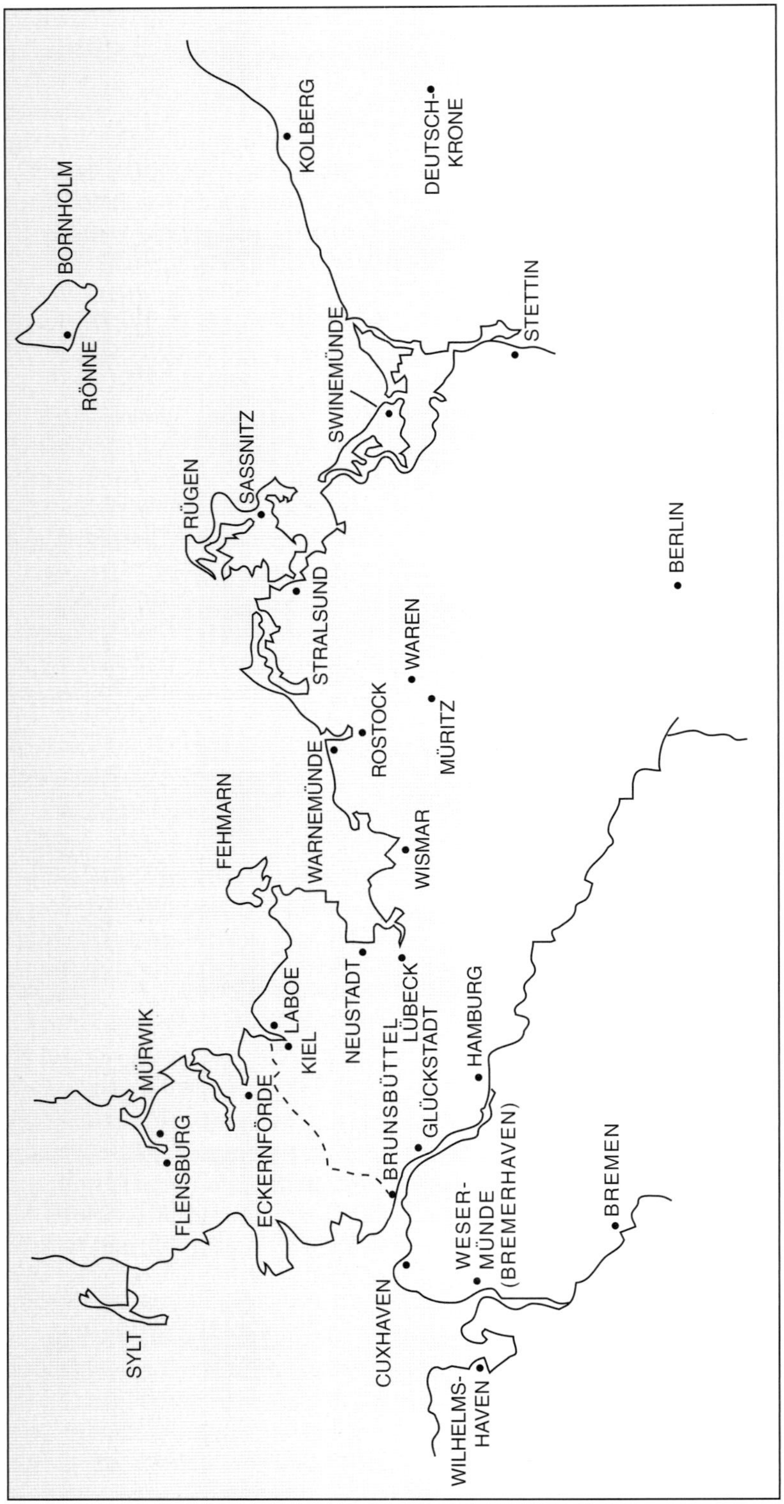

Der Norden Deutschlands mit der deutschen Ostseeküste bis Hinterpommern.

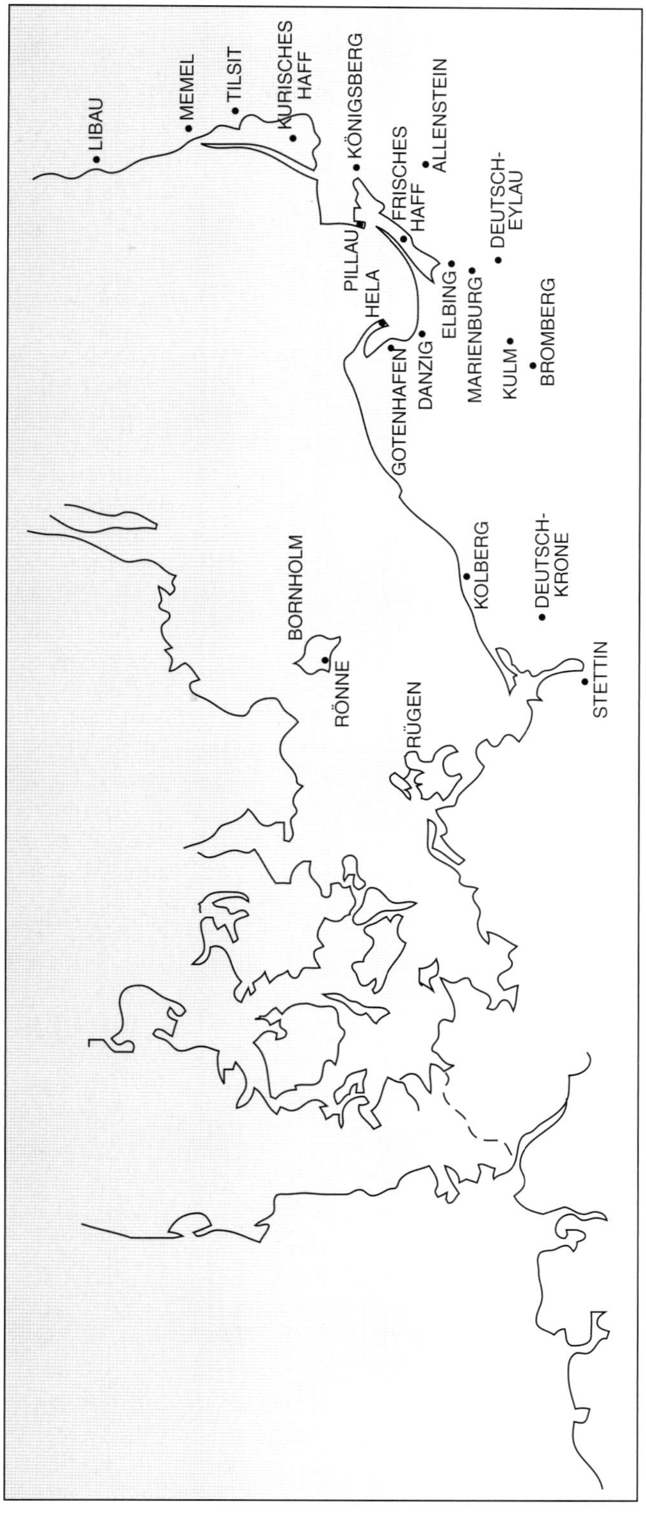

Die deutsche Ostseeküste einschließlich Teile des Baltikums (Kurland).

FACHBEGRIFFE

Abwehr
Militärischer Nachrichtendienst des Heeres, der als Amt »Ausland/Abwehr« unter Admiral Canaris direkt dem OKW unterstand. Gliederung in Abteilung I: Offensiver Nachrichtendienst, Abteilung II: Insurgierung und Sabotage, Abteilung III: Spionageabwehr. Zur Abt. II (auch Abwehr II) gehörte zunächst der Sonderverband z.b.V. »Brandenburg« (aufgestellt in Brandenburg a.d. Havel). Im Dezember 1942 entstand daraus die Division »Brandenburg« und wurde, ausgegliedert aus der Abwehr, dem OKW/Wehrmachtführungsstab als strategische Reserve unterstellt. Teil der Divisionstruppen war die Küstenjäger-Abteilung, die – ausgerüstet mit Sprengbooten »Linse« – im Frühjahr 1944 noch teilweise der Abwehr II unterstand.

Adjutant – Flaggleutnant
Befehlshabern, Flottillenchefs, Führern von Schiffsgruppen (z.B. als F.d.Z. oder einer Kampfgruppe), Kommandanten von Schiffen (nicht Booten) oder Kommandeuren von Truppenteilen und Dienststellen zur Unterstützung beigegebener Offizier, kenntlich im Dienst durch das Tragen einer Fangschnur als Adjutantenabzeichen. Bei Seebefehlshabern führte der Adjutant die Bezeichnung »Flaggleutnant«.

A.d.K.
Admiral der Kleinkampfverbände (siehe K-Verband)

Admiralinspekteur
Nach dem Rücktritt Raeders am 30. Januar 1943 eigens für ihn geschaffene Dienststellung ohne jede Befehlsgewalt.

Agru-Front
Technische Ausbildungsgruppe für Frontboote in Hela an der Danziger Bucht. Im September 1941 geschaffen und dem 2. Admiral der U-Boote unterstellt, diente sie der Ausbildung der U-Bootbesatzungen unter Frontbedingungen.

»Alberich«
Deckname für einen ca. 4 mm dicken Gummiüberzug bei U-Booten als Schutz gegen akustische Aktiv-Ortung (Asdic/Sonar) zur Dämpfung der Schallrückstrahlung.

»Aphrodite«
Deckname für das dt. Funkmeß-Täuschungsgerät FuMT 1 gegen gegnerische Radarortung: Ein vom aufgetauchten U-Boot aufsteigender Ballon an einer mit Metallstreifen bestückten langen Leine mit einem Gewicht, das den Ballon dicht über der Wasseroberfläche hielt. Die von gegnerischen Radarimpulsen erfassten Metallstreifen bildeten ein Scheinziel, unter dessen Schutz das U-Boot ablaufen konnte.

Asdic
(Brit. abgeleitet von *Allied Submarine Detection Investigation Committee*, amerikanisch: *Sonar*, deutsch: S-Anlage.) Aktives Unterwasser-Schallortungsgerät. Von einem Sender ausgesandte Schallimpulse (»Pings«) werden von einem Unterwasserobjekt reflektiert und von einem Empfänger wieder aufgenommen. So können Richtung und Entfernung eines Unterwasserzieles von einem Überwasserschiff oder von einem U-Boot aus bestimmt werden.

Aviso GRILLE
Ein Aviso war ein schnelles, kleines Kriegsschiff für Kurierzwecke. GRILLE (1935) führte als letztes deutsches Kriegsschiff diese Klassifizierung; sie war im Frieden Staatsyacht und im Kriege Minenschiff sowie u.a. Flaggschiff des Admirals Nordmeer.

Achsenmächte
Bündnis zwischen Deutschland, Italien und Japan kurz vor Beginn des Zweiten Weltkrieges (damals als *Achse Berlin-Rom-Tokio* bezeichnet).

»Bali«
Deckname für ein dt. Funkmessbeobachtungsgerät im Dezimeter-Bereich (siehe FuMB).

»Barbarossa«
Deckname für den vereinten Angriff Deutschlands und seiner Verbündeten auf die Sowjetunion am 22. Juni 1941.

B-Dienst
Abk. für den dt. Funkbeobachtungsdienst (siehe Funkaufklärung).

B.d.U.
Befehlshaber der Unterseeboote: Dienststellung und zugleich Dienststelle, entstand am 17. Oktober 1939 durch Umwandlung der bisherigen Dienststelle des F.d.U. (siehe dort). Dönitz blieb – auch als Ob.d.M. – bis zu seiner Ernennung zum Reichspräsidenten B.d.U.

»Berlin«
Deckname für dt. Funkmessortungsgerät der Kriegsmarine im Zentimeterbereich. Das FuMO 84 war der Nachbau des erbeuteten alliierten »Rotterdam«-Gerätes.

»Biber«
Ein Klein-U-Boot des K-Verbandes, entworfen von den Lübecker Flenderwerken. Die Idee hierzu hatte KKpt. Hans Bartels, angeregt durch das britische »Welman«-Klein-U-Boot. Die technischen Daten des »Biber«: Wasserverdrängung 6,3 t, 9,04 m x 1,57 m, 1 Mann Besatzung, über Wasser 6,5 kn (100 sm bei 6,5 kn) unter Wasser 5,3 kn (8,6 sm bei 5 kn), Antrieb durch 32-PS-Ottomotor (vom Lkw Opel »Blitz«) sowie einen Torpedo-E-Motor (13 PS), bewaffnet mit zwei seitlich am Bootskörper aufgehängten Torpedos. 324 abgelieferte Einheiten. Kein gelungener Entwurf, hohe Verluste.

»BIK«
Deckname (»Ballon-Inklinatorium«) für das erste deutsche Magnetminen-Zündgerät. Das von der Reichsmarine entwickelte Fernzündungsgerät war 1929 frontreif. Seine horizontal aufgehängte Magnetnadel war auf die Vertikalkomponente des Magnetfeldes der Erde so eingestellt, dass sie horizontal ausbalanciert war. Den Abstand zwischen Magnetnadel und Zündkreis sicherte eine Feder. Änderte sich die Vertikal-Inklination, weil z. B. ein Schiff die Mine überlief, so neigte sich die Nadel gegen den Federdruck und schloss den Zündkontakt. Anfänglich musste die Feder je nach geografischem Inklinationswert vor dem Wurf von Hand eingestellt werden. Später geschah dies durch Selbsteinstellung. Die ersten Magnetminen waren vom Typ RMA und LMA (siehe Minentypen).

»Biskaya-Kreuz«
Im Marinejargon Bezeichnung der einfachst hergestellten Antenne für das FuMB 1 »Metox« (Wellenbereich 1,8 - 4 m). Als Mittel gegen die gegnerische Radarortung, insbes. durch Flugzeuge (ASV II), Mitte 1942 für U-Boote entwickelt. Mit dem Empfänger im Boot über ein bewegliches Kabel verbunden, musste die auf einem primitiven hölzernen Kreuz befestigte Antenne bei jedem Auftauchen auf die Brücke verbracht werden. Das leistungsfähige FuMB, das durch einen Pfeifton warnte, bewährte sich vom August 1942 bis zum Februar 1943 vor allem beim Durchqueren der Biskaya. Gegen das danach eingeführte 10-cm-Radar (ASV III) war das »Metox«-Gerät unwirksam.

Blockade
Absperrung eines bestimmten Küstenbereiches gegen jeglichen Schiffsverkehr. Durch die Pariser Seerechtsdeklaration von 1856 eingeführt, muss eine Blockade erstens erklärt und zweitens wirksam sein, d.h. durch Seestreitkräfte aufrechterhalten werden, so z. B. Großbritanniens Blockade der deutschen Küsten im 1. und 2. Weltkrieg (siehe unten »Northern Patrol«).

Blockadebrecher
Handelsschiffe, die im Kriege eine gegnerische Blockade durchbrechen. Darunter waren z. B. die nach Kriegsausbruch 1939 in deutsche Häfen zurückkehrenden Handelsschiffe zu verstehen, aber auch jene Handelsschiffe, die im Kriege wertvolle Rohstoffe vor allem aus Ostasien in Häfen des besetzten Frankreich brachten. Die militärische Organisation oblag dem Marinesonderdienst. Nicht zu verwechseln mit Sperrbrechern (siehe dort).

»Bold«
Als Mittel gegen die aktive Unterwasser-Schallortung (*Asdic, Sonar*) des Gegners für dt. U-Boote im Zweiten Weltkrieg entwickelt, bestand der *Bold* aus einem Gefäß mit Kalziumhydrit. Aus einem Rohr unter Wasser ausgestoßen, wurde eine Blasenwand erzeugt, die der gegnerischen Ortung ein U-Boot vortäuschte, aber auch die passive Schallortung (Horchen) wesentlich behinderte.

BRT: Bruttoregistertonne
Der Brutto- und Nettoraumgehalt bei Handelsschiffen wird von den nationalen Vermessungsbehörden (in der Bundesrepublik der seit 1867 existierende Germanische Lloyd) nach internationalen Vermessungsvorschriften in Registertonnen (1 RT = 100 Kubikfuß = 2,83 m^3) festgelegt:

- *Bruttoraumgehalt* ist der gesamte umbaute Raum einschl. der Aufbauten, gemessen in BRT;
- *Nettoraumgehalt* ist der Bruttoraumgehalt abzüglich der dem Schiffsbetrieb dienenden Räume (z.B. Maschinen-, Kessel-, Provianträume, Brennstoffbunker, Wohnräume für die Besatzung) = Räume für Ladung einschl. Fahrgäste, gemessen in NRT. Hiernach richten sich die Abgaben (Hafen- und Kanalgebühren).

BSN/BSO/BSW
Befehlshaber der Sicherung der Nordsee (bzw. der Ostsee bzw. West, siehe Sicherungsstreitkräfte).

Cdr.
(brit/am.) *Commander* = Fregattenkapitän.

Cpt.
(brit./am.) *Captain* = Kapitän zur See.

Crew
Dt. Bezeichnung für einen Einstellungsjahrgang an Offiziersanwärtern für alle Laufbahnen (Kadettenjahrgang).

»Deadlight«
Deckname für die alliierte Operation zur Versenkung deutscher U-Boote (116 Boote) nach dem Kriege (25.11.1945 - 7.01.1946) nördlich von Irland im Atlantik.

D-Day
(brit./am.) Tag des Beginns einer Operation (dt. X-Tag); oft nur auf den 6. Juni 1944 (Landung in der Normandie) bezogen.

»DeTe«-Gerät
Abkürzung für *Dezimeter-Telephonie-Apparat*: Deckname der Marine für Funkmessgerät (FuMO). Näheres siehe unter »Funkmeß«.

Dreadnought
Ursprünglich das erste moderne britische Großkampfschiff (*»all-big-gun-ship«*): DREADNOUGHT, 22.500 ts, Bewaffnung 10 x 30,5 cm, Stapellauf 12. Februar 1906. Der Name wurde zum Synonym für moderne Schlachtschiffe über 20.000 ts mit einheitlicher Bewaffnung, während alle zuvor gebauten als *»Vordreadnoughts«* bezeichnet wurden. Großbritannien hatte gehofft mit diesem mächtigen Schiffstyp über die rivalisierenden Marinen zu dominieren um seiner Marine für eine gewisse Zeit eine beträchtliche Überlegenheit zu sichern, vor allem gegenüber Deutschland, da sowohl die Wilhelmshavener Schleusen als auch der Kaiser-Wilhelm-Kanal für Schiffe dieser Größe zu klein waren. Deutschland zog jedoch bereits acht Monate nach der Kiellegung der DREADNOUGHT mit dem beginnenden Bau der NASSAU-Klasse (in der deutschen Marine als *Großlinienschiffe* bezeichnet) nach. Außerdem vergrößerte es seine Wasserwege. Gleichzeitig löste der Bau der DREADNOUGHT ein ausgedehntes Wettrüsten auch mit anderen Ländern aus.

Elektro-U-Boote
An sich die Bezeichnung für ein reines Unterseeboot mit ausschließlichem Elektroantrieb. An dieser Stelle sind jedoch die U-Boote vom Typ XXI (Hochseeboot) und XXIII (Küstenboot) gemeint, d.h. Boote mit einer für Unterwasserfahrt verbesserten Form des Bootskörpers, einem stärkeren Elektroantrieb durch vergrößerte Batterien und einer Schnorchelanlage (längere Seeausdauer und höhere Geschwindigkeit unter statt über Wasser). Die U-Bootführung hatte gehofft, mit diesen ersten richtiggehenden Unterseebooten die Initiative zurückzugewinnen, nachdem im Mai 1943 der U-Bootkrieg mit den bisherigen Tauchbooten gescheitert war. Der U-Boottyp XXI trug nach dem

Kriege in Ost und West entscheidend zum Bau der Flottenunterseeboote im beginnenden »Kalten Krieg« bei.

Engelmannboot
Entwurf für ein schnelles Unterseeboot des Berliner Dentisten Engelmann, für das sich die Kriegsmarine zunächst interessierte. Ein Versuchsboot (*VS 5*) erwies sich 1941 bei den Probefahrten als vollständiger Fehlschlag.

»Enigma«
Deutsche Schlüsselmaschine zum Ver- und Entschlüsseln von Funksprüchen (siehe Funkaufklärung).

Erster Offizier (I.O.)
Der I.O. ist auf Schiffen der Vertreter des Kommandanten und verantwortlich für den inneren Dienstbetrieb. Fahrzeuge ohne etatmäßigen Ersten Offizier werden als Boote bezeichnet und sind, nachgeordnet dem Kommandanten, mit Wachoffizieren besetzt.

Etappensystem
Wie bereits im Ersten Weltkrieg, so wurde auch 1939 nach Kriegsausbruch ein Etappensystem zur Versorgung von Handelsstörern in Gang gesetzt, das bereits vor dem Kriege durch die Marine vorbereitet worden war. Die Marineattachés oder Vertrauenspersonen in neutralen ausländischen Häfen, den Stationen im Etappensystem, stellten hierzu Handelsschiffe (*Etappen-V-Schiffe*) zur Versorgung der Handelsstörer in See mit Brennstoff und Proviant bereit und ließen sie im Bedarfsfall auslaufen. Bei Kriegsbeginn existierten folgende Etappen:

- Etappe Rußland: Basis Nord/Murmansk bis Herbst 1940,
- Etappe Spanien: Bilbao, El Ferrol, Vigo (Nordspanien, auch U-Boote), Cádiz, Cartagena, Málaga (Südspanien), Las Palmas, Santa Cruz (Kanarische Inseln),
- Etappe Afrika: Kismayu (Ital.-Somalia),
- Etappe Mittelamerika: Tampico (Mexiko), Manzanillo (Kuba),
- Etappe Südamerika: Pará (heute Belém), Rio Grande, Santos (Brasilien), Antofagasta, Talcahuano, Valparaiso (Chile), Callao (Peru),
- Etappe Ostasien: Penang (Malaya), Batavia (heute Jakarta), Padang (Niederl.-Indien) und die
- Etappe Japan: Dairen, Kobe, Sasebo, Yokohama.

Nach dem Untergang der BISMARCK im Mai 1941 wurde das Etappensystem mit Ausnahme der Etappen Ostasien und Japan durch den Einsatz der britischen Funkaufklärung und der durch »Ultra«-Meldungen gesteuerten alliierten Kreuzer aufgerollt und brach weitgehend zusammen.

FAT
Abk. für *Federapparat-Torpedo*. Vor dem Abschuss eingestellt, ging der Torpedo nach gerader Vorlaufstrecke in einen Kurven- bzw. Zickzacklauf über, um nach einem Fehlschuss die Trefferaussichten zu erhöhen.

F.d.M.
Führer der Minensuchboote (ab 1933). Nach Kriegsbeginn Teilung in F.d.M. Ost beim BSO (bis gegen Kriegsende) sowie F.d.M. West beim BSN bzw. BSW (1941 aufgelöst).

F.d.S.
Führer der Schnellboote (ab April 1942 bis Kriegsende).

F.d.T.
Führer der Torpedoboote (ab 1933) einschl. Zerstörer (bis Schaffung des F.d.Z.) und Schnellboote. Im April 1942 wurde die Dienststelle aufgelöst und die Torpedoboote dem F.d.Z. sowie die Schnellboote dem F.d.S. unterstellt.

F.d.U.
Führer der Unterseeboote. Entstanden aus der U-Flottille »Weddigen« durch Ernennung von Dönitz am 1. Januar 1936. Am 17. Oktober 1939 Umwandlung der Dienststelle in B.d.U. (siehe dort). Während des Krieges wurden folgende F.d.U.-Dienststellen eingerichtet, z.T. bis Kriegsende: West (ab Juli 1942), Norwegen/Nordmeer (ab Januar 1943), Mitte (Mai-August 1944), Italien/Mittelmeer (November 1941 - September 1944), Ost (ab März 1943) und F.d.U. Ausbildungsflottillen (ab März 1943).

F.d.Z.
Führer der Zerstörer (ab November 1939 bis Kriegsende).

»Felix«
Deckname für die Vorbereitung des dt. Unternehmens zur Eroberung Gibraltars.

Flottenkommando
Nach der Auflösung der Dienststelle des Chefs der Hochseeflotte am 5. Januar 1919 und mehreren Interimslösungen erhielt der Oberbefehlshaber der Seestreitkräfte der Reichsmarine ab dem 1. April 1925 die Bezeichnung *Flottenchef*. Er unterstand mit dem *Flottenkommando* direkt dem Chef der Marineleitung bzw. später der Skl. Mit der Einrichtung der *Marinegruppenkommandos* (siehe unten) erhielt er seine Befehle von dem im jeweiligen Operationsraum zuständigen Gruppenbefehlshaber. Bis zum Untergang der BISMARCK führte der Flottenchef im Kriege von Bord seines Flaggschiffes aus. Flottenchefs während des Krieges waren Admiral Hermann Boehm, Admiral Wilhelm Marschall, Admiral Günter Lütjens, der mit seinem gesamten Stab auf BISMARCK fiel, Generaladmiral Otto Schniewind und Vizeadmiral Wilhelm Meendsen-Bohlken.

Fregatte
Ein alliierter Kriegsschiffstyp des Zweiten Weltkrieges von kleiner bis mittlerer Größe mit mäßiger Geschwindigkeit für Geleitsicherungsaufgaben.

»Freya«
Deckname für ein frühes dt. Funkmessortungsgerät für die Luftwaffe (Wellenlänge 2,40 m). Parallelentwicklung zum »Seetakt«-Gerät.

Funkaufklärung
Funkführung und Funkverkehr des Gegners eröffnen der eigenen Funkaufklärung Erkenntnismöglichkeiten, und zwar durch

- *Verkehrsanalyse*: Untersuchung äußerer Merkmale aufgefangener Funksprüche liefert Hinweise auf die Verkehrszusammenhänge,
- *Funkpeilung*: Landgestützt (auch automatisierte Peilsender mit Funkübermittlung an die Auswertung) wie auch bordgestützt (siehe unten HF/DF-Gerät) liefert Erkenntnisse über Standorte durch Einpeilen des Funksenders,
- *Funkentschlüsselung*: Zeitversetztes oder zeitgleiches Mitlesen abgehörter Funksprüche der Gegenseite mithilfe *erbeuteter Originalschlüssel* liefert Erkenntnisse über den Gegner und seine Absichten und
- *Funkentzifferung*: wie Funkentschlüsselung, aber durch Lösen der Texte *ohne* Originalschlüssel (Kryptoanalyse), ggf. mithilfe technischer Hilfsmittel (Computer).

Bei der Kriegsmarine gehörte der *geheime Marinenachrichtendienst* (MND) zur Seekriegsleitung im OKM (2./Skl., ab Juni 1944 *Amtsgruppe Marinenachrichtendienst*: 4./Skl.), dessen III. Abteilung die Funkaufklärung (MND III) bildete. Dagegen gehörte die *Amtsgruppe Nachrichtenauswertung* zur 3./Skl. (auch nach dem Juni 1944). Dem zu MND III gehörenden Marine-Funkentzifferungsdienst (B-Dienst, richtiger xB-Dienst) – auch in Form von Bordgruppen eingesetzt – gelangen beachtliche Einbrüche in den alliierten Funkverkehr, die bemerkenswerte Kenntnisse für die Bewegungen eigener Einheiten oder für Operationen gegen Geleitzüge vermittelten. Zur Vertiefung siehe KptzS.a.D. *Heinz Bonatz* (ehemals Chef von MND III): *Seekrieg im Äther. Die Leistungen der Marine-Funkaufklärung 1939-1945.* (Verlag E.S. Mittler & Sohn GmbH, Herford 1981).

Auch der Funkaufklärung auf alliierter Seite gelangen umfangreiche Einbrüche in die Funkschlüssel der obersten Reichsbehörden sowie von Heer, Luftwaffe und Marine. Die Weitergabe der Auswertungen erfolgte auf britischer Seite unter der Geheimhaltungsstufe **»Ultra«** (»Ultra«-Meldungen) und war durch raffinierte Maßnahmen abgeschirmt.

Infolge dieser ausgezeichneten Abschirmmaßnahmen blieben diese Einbrüche auf deutscher Seite völlig unbemerkt. So heißt es am 19. November 1941 im KTB des B.d.U., dass der Gegner Kenntnis erhalten haben könnte: »2.) Durch Entzifferung unserer FT's. Diese Möglichkeit wird bei Skl. laufend geprüft und für ausgeschlossen gehalten.« Diese Geheimhaltung der Briten hat bis 1974 funktioniert. Auch KptzS. Bonatz war 1970 noch dieser Meinung (*Die deutsche Marine-Funkaufklärung 1914-1945*, Darmstadt 1970, S.146 ff.). Selbst Dönitz mochte 1975 noch nicht so recht an die aus Großbritannien kommenden gegenteiligen Informationen glauben (*10 Jahre und 20 Tage*, 5. Aufl., München 1975).

Innerhalb der Kriegsmarine wurde der Funkverkehr unter Benutzung verschiedener *Schlüsselkreise* abgewickelt. So kamen vor allem folgende *Schlüsselbereiche* infrage:

- »Heimische Gewässer«, ab 1.1.1943 »Hydra«, für alle Fahrzeuge in heimischen Gewässern einschl. der besetzten Gebiete sowie bis zum 5.10.1941 für U-Boote im Einsatz in der Nordsee und Atlantik – gebrochen (Anfang Mai 1941 erste Einbrüche in diesen Schlüssel);
- »Außerheimische Gewässer«, ab 1.1.1943 »Aegir«, für Überwasserschiffe im Einsatz außerhalb der heimischen Gewässer – keine Einbrüche;
- »Triton« ab 5.10.1941 für U-Boote im Einsatz im Atlantik – gebrochen (ausgenommen die Zeit vom 1.2.1942 bis 13.12.1942 durch Einführung der vierten Schlüsselwalze: siehe unten);
- »Süd« von April 1941 an, ab 1.1.1943 »Hermes«, für alle Fahrzeuge im Mittelmeer und im Schwarzen Meer (für Letzteres ab 1.10.1943 der Schlüssel »Poseidon«);
- »Eichendorff« ab März 1944 für den K-Verband;
- verschiedene Sonderschlüssel, wie z. B.
  a) »Sonderschlüssel 100« für Hilfskreuzer und Versorgungsschiffe in überseeischen Gewässern – gebrochen,
  b) »Sonderschlüssel Kernflotte« ab Mai 1941, »Neptun« ab 1.1.1943 für Operationen der Kernflotte – keine Einbrüche,
  c) »Sonderschlüssel Ostsee« ab Juni 1941, »Potsdam« ab 1.1.1943 für Operationen gegen die UdSSR in der Ostsee.

Hinzu kamen noch Einwegschlüssel für besondere Unternehmungen, wie z. B. die Scapa-Flow-Unternehmung Priens oder für U-Boote in Einsatzgebieten außerhalb des Atlantiks (Indik) u. Ä.

Die Grundlage der deutschen Funkschlüsselung bildete die *Schlüsselmaschine »Enigma«*. Hierbei umfasste der im Gegensatz zu Heer und Luftwaffe sicherere *Marinefunkschlüssel M* (M 3) drei Schlüsselwalzen zu je 26 Buchstaben – ab 1.2.1942 vier (M 4 mit der »Griechenwalze Alpha«) – aus einem Vorrat von acht, wobei die inneren Einstellungen (Walzenlage und Ringstellung) nur alle 48 Stunden, die äußeren Einstellungen (Steckerverbindungen und Grundstellungen) alle 24 Sunden wechselten.

Der *Einbruch in die deutschen Funkschlüssel* war eine der Ursachen für den siegreichen Ausgang der »Schlacht im Atlantik« zu Gunsten der Alliierten. Eine Vielzahl von deutschen Funksprüchen, aufgefangen durch den Y-Dienst (Funkabhör- und Peildienst der Briten), bildete – nach Vorarbeit durch den polnischen Geheimdienst – in der *Government Code & Cipher School* in Bletchley Park bei London – zusammen mit erbeuteten Schlüsselmaschinen und -unterlagen – die Grundlage, um mithilfe von besonders entwickelten Entzifferungshilfsmaschinen (Computern) – den sog. *Bombas* – den Großteil der deutschen Schlüssel zu lösen. Damit war es möglich geworden, die deutschen Funksprüche anfänglich mit langer Zeitversetzung, später in immer kürzeren Zeitabständen und schließlich zeitgleich mitzulesen. Hierzu leistete Schlüsselmaterial einen wesentlichen Beitrag, das auf folgenden Schiffen bzw. Booten erbeutet wurde:

- 12.02.1940 *U 33*,
- April 1940 Vorpostenboot *V 2623*,
- 04.03.1941 Vorpostenboot KREBS,
- 07.05.1941 Wetterschiff MÜNCHEN,
- 09.05.1941 *U 110*,
- 04.06.1941 Versorgungstanker GEDANIA,
- 12.06.1941 Versorgungstanker FRIEDRICH BREME,
- 15.06.1941 U-Boot-Versorger LOTHRINGEN,
- 25.06.1941 Wetterschiff Lauenburg,
- 30.10.1942 *U 559*.

Einige der Schiffe, vor allem die beiden Wetterschiffe, wurden zielgerichtet aufgebracht, um in den Besitz von »Enigma«-Maschinen und Schlüsselmitteln zu gelangen. Mithilfe des Materials der MÜNCHEN und von *U 110* schafften die Briten den Einbruch in den Schlüssel »Heimische Gewässer«.

Zur weiteren Vertiefung siehe *Rohwer/Jäckel: Die Funkaufklärung und ihre Rolle im 2. Weltkrieg* und *Eberhard Möller: Kurs Atlantik! Die deutsche U-Bootentwicklung bis 1945*, erschienen im Motorbuch Verlag, Stuttgart 1979 bzw. 1995 (beide vergriffen).

Funkmeß
Deutsche Bezeichnung für Radar bis 1945. Vor dem Kriege war die Entwicklung von Funkmessgeräten (Deckname DeTe-Geräte) sehr weit gediehen. Bei Kriegsausbruch hatten alle größeren Einheiten zur Ortung von Seezielen das »Seetakt«-Gerät (von seetaktisch, identisch mit dem »Freya«-Gerät) an Bord, das auf 80 cm Wellenlänge arbeitete. Im Sommer 1940 mussten auf Befehl Hitlers alle Entwicklungen eingestellt werden, die nicht binnen Jahresfrist zur Frontreife führten. Dies betraf auch die Funkmessentwicklung und sie fiel weit hinter die alliierte Radarentwicklung zurück. Dieser Rückschlag konnte bis Kriegsende nicht mehr aufgeholt werden.

Funkmeßbeobachtungs- und -ortungsgeräte (FuMO)
Funkmeßbeobachtungsgeräte (FuMB) dienten der Feststellung einer gegnerischen Radarstrahlung und warnten durch optisches oder akustisches Signal. Siehe auch »Bali«, »Metox«, »Naxos«, »Samos«.
Funkmeßortungsgeräte (FuMO) dienten der Ortung (Richtung und Entfernung durch Peilung und Messung) eines See- oder Luftzieles. Siehe auch »Berlin«, »Freya«, »Hohentwiel«, »Lessing«, »Seetakt«.

Geleitträger
Im Gegensatz zum Flottenflugzeugträger ein kleinerer Flugzeugträgertyp hauptsächlich für Geleitsicherungsaufgaben.

Geleitsicherungsgruppe
Anfang 1941 schuf Admiral Sir Percy Noble als *C-in-C Western Approaches* die ersten aus Zerstörern, Sloops, Kuttern und den neuen Korvetten zusammengesetzten ständigen »Escort Groups« zur Sicherung der Geleitzüge mit einer für diese Aufgabe einheitlichen Ausbildung. Später setzten sich die Geleitsicherungsgruppen aus Geleitträgern, Geleitzerstörern bzw. Fregatten und Korvetten zusammen.

Geleitzerstörer
Im Gegensatz zum Flottenzerstörer ein kleinerer Zerstörertyp für Geleitsicherungsaufgaben. Später durch Fregatten ersetzt.

GM-SA
Die *German Mine-Sweeping Administration* (GM-SA – Deutsche Minenräumdienstleitung) entstand am 1. August 1945 auf Grund der Waffenstillstandsbedingungen, wonach Deutschland die Gewässer von Nord- und Ostsee mit Personal und Fahrzeugen der ehemaligen Kriegsmarine von Minen freiräumen musste. Obwohl nur Freiwillige genommen wurden, die in Deutschland in Freiheit blieben, waren diese in den ehemals besetzten Ländern gezwungen, Kriegsgefangene zu sein. Ein flagranter Bruch der Genfer Konvention, die den Einsatz von Kriegsgefangenen bei lebensgefährlichen Arbeiten verbot. Die GM-SA war in das 1. und 2. Deutsche Minenräumdienstkommando (Kiel bzw. Cuxhaven) mit der 1.-6. Deutschen Minenräumdivision (Kiel, Cuxhaven, Dänemark, Norwegen, Niederlande und Bremerhaven) gegliedert. Zur GM-SA gehörten zeitweise 402 Einheiten mit etwa 16.000 Mann bei einem Gesamtpersonalbestand von ca. 27.000 Mann, der sich im Herbst 1946 auf 13.000 Mann verringert hatte und sich schrittweise bis zur Auflösung im Frühjahr 1948 weiter verringerte.

»Goldbutt«
Siehe Ingolin-Torpedo.

»Goldfisch«
Siehe Ingolin-Torpedo.

»Goliath«
Ein starker Längstwellensender der Kriegsmarine bei Magdeburg für den Weitverkehr mit U-Booten. Diese konnten getaucht (25 m Tiefe) noch in der Karibik und aufgetaucht am Nordkap erreicht werden. Die Anlage bestand aus 3 Masten von 200 m und 15 Masten von 170 m Höhe und bedeckte ein Areal von 4 qkm. Die Spannung der Antenne betrug bis zu 200.000 Volt. Nach dem Kriege demontiert und in die Sowjetunion verbracht.

Gruppentaktik
Siehe Rudeltaktik.

Gruppenhorchgerät
Das *Gruppenhorchgerät* (GHG) ist im Gegensatz zur S-Anlage ein passives Unterwasser-Schall-

ortungsgerät (Passivsonar). Eine größere Anzahl von Unterwasser-Mikrophonen, zusammengefasst in ein oder zwei Gruppen, ermöglichte Überwasserfahrzeugen und U-Booten Geräusche unter Wasser zu empfangen sowie ihre Richtung einzupeilen.

Handelsschutzkreuzer
Handelsschutz- oder Handelsstörkreuzer (HSK) sind vermutlich Decknamen für Hilfskreuzer (siehe unten), nachdem diese durch den Versailler Vertrag verboten waren.

»Hecht«
Klein-U-Boot vom Typ XXVII A mit zwei Mann Besatzung und dieselekektrischem Antrieb. Das Boot war ein Vorläufer des »Seehund« vom Typ XXVII B/5 (siehe unten) und fand nur zur Ausbildung Verwendung.

Helgoland
Eine kleine Insel in der Deutschen Bucht, der deutschen Nordseeküste als beherrschende strategische Schlüsselstellung vorgelagert und aus roten Buntsandsteinfelsen bestehend. 1890 von Großbritannien im Helgoland-Sansibar-Vertrag durch Tausch erworben. Vor dem Ersten Weltkrieg zu einer starken Festung ausgebaut, war die Insel während des Krieges auch Stützpunkt für etwa 20 U-Boote. Nach den Bestimmungen des Versailler Vertrages wurde die Festung geschleift. 1935 erfolgte eine erneute Befestigung der Insel, die jedoch bei Ausbruch des Zweiten Weltkriegs viel von ihrer strategischen Bedeutung eingebüßt hatte und nur noch den Sicherungseinheiten als Stützpunkt diente. Nach dem Kriege vertrieb Großbritannien die deutsche Zivilbevölkerung und versuchte die Insel mit 6700 t Sprengstoff und der nachfolgenden Benutzung als Bombenziel auszutilgen. Am 1. März 1952 gaben die Briten den total zerstörten Felsen an Deutschland zurück.

HF/DF-Gerät
(brit. *High Frequency/Direction Finding*) Kurzwellenpeilgerät an Bord der Geleitsicherungsfahrzeuge, um am Geleitzug den Funkverkehr der U-Boote einzupeilen und ihren Standort zu erkennen.

Hilfskreuzer
Geeignete Handelsschiffe, zum Hilfskriegsschiff umgebaut und bewaffnet, die als Handelsstörer zur Kreuzerkriegsführung eingesetzt wurden.

HMS, HMAS
HMS: *Her/His Majesty Ship* = Ihrer/Seiner Majestät Schiff,
HMAS: *Her/His Majesty Australian Ship* = Ihrer/Seiner Majestät Australisches Schiff.

»Hohentwiel«
Funkmessortungsgerät der Kriegsmarine: FuMO 61, auch für U-Boote.

HX-Geleitzug
Brit. Bezeichnung für alliierte Geleitzüge von Halifax/Kanada nach Großbritannien.

Ingenieurbüro »Glückauf«
Abk. IBG. Gegründet am 1. August 1943, um die Konstruktionsarbeit an den neuen U-Boottypen XXI und XXIII zu konzentrieren und zu intensivieren.

Ingenieurskantoor voor Scheepsbouw (I.v.S.)
Deckname für ein deutsches Ingenieurbüro zur Entwicklung und Konstruktion von U-Booten in den Niederlanden, gegründet durch deutsche Werften 1922 mit Unterstützung der Reichsmarine, als Deutschland der Bau und Besitz von Unterseebooten durch den Versailler Vertrag verboten war.

Ingolin-Torpedo
Bezeichnung für einen Torpedo mit Walter-Antrieb, d.h. mit Wasserstoffsuperoxyd (H_2O_2) als Sauerstoff- und Energieträger. Deckname »Ingolin« nach Ingo Walter, dem Sohn des Konstrukteurs. Siehe auch Steinfisch, Steinbutt und Steinbarsch: G7uT = 7 m lange Torpedos mit Walter-Turbine; Goldfisch/Goldbutt: G5uT = 5 m lange Torpedos mit Walter-Turbine für die Walter-U-Boote.

Kaiser-Wilheim-Kanal
Name des Nord-Ostsee-Kanals bis zum Ende des Ersten Weltkrieges.

Kaleu
Im Marinejargon Abkürzung für Kapitänleutnant. Im täglichen Dienst ist ihr Gebrauch kürzer, nicht nur bei U-Bootkommandanten: »Herr Kaleu!«

»Kampfgruppe Thiele«/«Kampfgruppe Rogge«
Auch als *2. Kampfgruppe* zur Unterscheidung von den schweren Einheiten in Norwegen (*1. Kampfgruppe*) bezeichnet. Sie wurde am 30. Juli 1944 angesichts des Vormarsches der Roten Armee in Richtung der baltischen Häfen Riga und Libau zur Unterstützung des Heeres geschaffen und bestand bis Kriegsende aus Einheiten des *Ausbildungsverbandes Flotte* (dieser existierte seit dem Verschrottungsbefehl Hitlers im März 1943 mit VAdm. August Thiele als Befehlshaber: SCHLESIEN, SCHLESWIG-HOLSTEIN, ADMIRAL HIPPER, ADMIRAL SCHEER, LÜTZOW, PRINZ EUGEN, NÜRNBERG, LEIPZIG, KÖLN und EMDEN.) KAdm. Bernhard Rogge löste im September 1944 Thiele als Befehlshaber des Ausbildungsverbandes ab und bildete neben der *Kampfgruppe Thiele* aus den restlichen Schiffen des Ausbildungsverbandes bis Kriegsende die *Kampfgruppe Rogge*. Zu den Hauptaufgaben der beiden Kampfgruppen gehörte neben der Unterstützung der Landfront durch präzise Beschießungen auch die Sicherung und Durchführung der Flüchtlingstransporte über See aus dem ostpreußisch-pommerschen Raum nach Westen.

Kampfschwimmer
Auch »Froschmänner« genannt. In *Marine-Einsatzkommandos* (M.E.K.) gegliedert, gehörten sie zum K-Verband und führten u.a. Einsätze für Brückensprengungen (Orne, Nimwegen) und mit Haftminen durch.

K.d.K.
Kommando der Kleinkampfverbände (siehe unten).

Kleine Kreuzer
In der Kaiserlichen Marine Bezeichnung für Leichte Kreuzer im Gegensatz zu den »Großen Kreuzern« (Panzerkreuzer bzw. Schlachtkreuzer).

Kleinkampfverband (K-Verband)
Um die Jahreswende 1943/44 aufgestellt, führte das *Kommando der Kleinkampfverbände* (K.d.K.) vom April 1944 bis Kriegsende VAdm. Hellmuth Heye als A.d.K., der dem Ob.d.M. direkt unterstellt war. Zum K.d.K. gehörten die K-Flottillen mit bemannten Torpedos, Klein-U-Booten und den Sprengbooten »Linse« sowie als Sondereinsatzverbände die Marine-Einsatzkommandos mit Kampfschwimmern.

Kommandant
Führer eines Schiffes oder Bootes der Marine.

Kommandeur
Führer einer Landeinheit ab Bataillons- bis einschl. Divisions- bzw. Brigadegröße.

kn
Knoten = 1 Seemeile (1853 m) pro Stunde.

Korvette
Kleines Kriegsschiff unterhalb der Fregattengröße für Aufgaben im Geleitsicherungsdienst.

Kreuzerkrieg
Die Kreuzer- oder Handelskriegsführung ist der Einsatz von Kriegsschiffen (einschl. Hilfskreuzer und U-Boote) gegen den Seehandel des Gegners, um seine Seeverbindungen zu unterbrechen bzw. zu stören sowie um gegnerische Seestreitkräfte zu binden.

KS-Typ
Aus den kleinen Küsten-Minenlegern (KM-Typ) während des Krieges umgebaute Küsten-Schnellboote mit zwei 45-cm-Hecktorpedorohren für den Einsatz bei der Peipussee- und Donau-Flottille sowie bei der 31. M- und der 22. S-Flottille in der Adria.

KTB
Kriegstagebuch.

Kurzsignal
Von Anfang 1940 an konnte der Nachrichtenaustausch mit Einheiten in See, insbes. mit U-Booten, in Funksprüche von nur wenigen Buchstaben erfolgen: Kurzsignale auf Grund des Kurzsignalheftes. Hiermit sollte ein Einpeilen des Senders durch die alliierte Funkaufklärung verhindert werden. Doch das britische bordgestützte HF/DF-Gerät (siehe oben) erwies sich als im

Stande, auch Kurzsignale einzupeilen. Diese Tatsache spielte in der »Schlacht im Atlantik« eine große Rolle, da die U-Boote am Geleitzug nicht nur Fühlungshaltersignale abgaben sondern sich vor den Angriffen auch meldeten. Die ermittelten Standorte konnten dann von den Geleitsicherungsfahrzeugen bei aufgetauchten U-Booten durch Radarortung und bei getauchten Booten durch Asdic-Ortung genauer bestimmt werden.

Küstenkommando
Das Küstenkommando *(Coastal Command)* der RAF umfasste die britischen Seefliegerverbände, die landgestützt an den Küsten operierten. Dieses Kommando existierte neben dem *Fleet Air Arm* (FAA) der Marine mit den bordgestützten Marinefliegern. Beide hatten in der »Schlacht im Atlantik« gegen die U-Boote große Bedeutung.

L
Kennung für Luftschiff.

Leichter Kreuzer
Kreuzertyp aus der Zeit vor dem Zweiten Weltkrieg mit schwacher Panzerung zwischen 6000 ts bis 9000 ts Verdrängung und mit Geschützen bis zum Kaliber 15,5 cm bewaffnet.

»Lerche«
Ein drahtgelenkter Horchtorpedo, den die Kriegsmarine gegen Ende des Krieges entwickelte, aber nicht mehr zur Frontreife brachte.

»Lessing«
Ein Funkmessortungsgerät der Kriegsmarine, das zugleich als Warngerät diente: FuMO 391, eingesetzt gegen Flugzeuge bis zu Entfernungen von 40 km.

Linienschiff
Das in der Schlachtlinie kämpfende Schiff. Bezeichnung für die Zwei- und Dreidecker der Segelschiffszeit, aber in der deutschen Marine als Bezeichnung für Schlachtschiff noch in den 20er-Jahren in Gebrauch.

»Linse«
Sprengboot des K-Verbandes (auch »Sprenglinse«). Über Funk von einem Führungsboot (»Kommandolinse«) ferngelenkte schnelle Motorboote: 1,2 t, Länge 5,75 m, 90-PS-Ottomotor mit 31 kn Höchstgeschwindigkeit, 80 sm bei 15 kn, im Heck eine Sprengladung von 300 bzw. 480 kg Sprengstoff. Nach dem Zweiten Weltkrieg machte sich vor allem die israelische Marine die deutschen und italienischen Erfahrungen auf diesem Gebiet zugute und entwickelte die Sprengboote für ihre Sondereinheit *Flotilla 13* weiter.*

LS-Typ
Die zweckgebauten (nicht aus dem KM-Typ umgebauten) *Leichten Schnellboote* mit zwei 45-cm-Hecktorpedorohren wurden für den Einsatz auf Auslandskreuzern und Handelsstörern entworfen, kamen aber nicht nur auf den Hilfskreuzern KOMET, KORMORAN und MICHEL sondern vor allem bei der 21. S-Flottille in der Ägäis zum Einsatz.

Lt.
Lieutenant = (brit.) Oberleutnant z. S. (heute Kptlt.); (am.) Kapitänleutnant.

Lt.-Cdr.
Lieutenant-Commander = (brit.) Kapitänleutnant (heute KKpt.); (am.) Korvettenkapitän.

LUT
Bezeichnung für den *lageunabhängigen Torpedo* (Zusatzgerät zum G7e). Diese Weiterentwicklung des FAT (siehe oben) konnte nicht nur vor dem Schuss eingestellt werden, um nach vorherigem Gradlauf in einen Schleifenlauf überzugehen, sondern zusätzlich konnte auch ein beliebiger Winkel zur ursprünglichen Schussbahn eingestellt werden. Ein U-Boot war somit in der Lage, auch in Hartruderlage noch zu schießen.

M.E.K.
Marine-Einsatzkommando (siehe Kampfschwimmer).

* Siehe *Mike Eldar: Israels geheime Marinekommandos. Geschichte, Einsätze, Hintergründe der Flotilla 13.* Motorbuch Verlag, Stuttgart 2000.

»Marder«
Bemannter Torpedo des K-Verbandes (siehe »Neger«).

Marinegruppenkommando
Als operative Führungsstellen wurden ab Ende 1938, nachgeordnet der Seekriegsleitung, die nacheinander gebildeten *Marinegruppenkommandos* eingeschoben. Damit wurde die Führungsstruktur der Marine noch komplexer. Sie waren für die operative Führung in ihrem Zuständigkeitsbereich weitgehend eigenverantwortlich, soweit nicht Bereiche der Skl. und der U-Bootführung vorbehalten blieben. Insoweit waren ihnen operativ insbesondere auch die Kommandierenden Admirale der Marinestationen, der Flottenchef und das Flottenkommando, die Fliegerführer West und Ost sowie der BSN, der BSO und der BSW unterstellt. Es gab das

- Marinegruppenkommando Ost: 1.11.1938 - 10.8.1940 (aufgegangen in der Gruppe Nord – siehe dort),
- Marinegruppenkommando West: 23.8.1939 - 20.10.1944 (siehe MOK West),
- Marinegruppenkommando Nord: 10.8.1940 - 31.7.1944 (ab März 1943 Zusammenlegung mit dem Flottenkommando),
- Marinegruppenkommando Süd: 1.6.1941 - 1.1.1945 (siehe MOK Süd).

Marinenachrichtendienst (MND)
Siehe oben Funkaufklärung.

M-Boot
Abk. für *Minensuchboot.*

MES
Auch M.E.S., Abk. für *Mineneigenschutz* bzw. *Magnet-Eigenschutz.* Legen einer Schleife aus einem besonderen Elektrokabel um den Schiffskörper durch entsprechendes Einbauen (M.E.S.-Schleife). Ständiges Durchleiten von Gleichstrom führt zum Neutralisieren des Schiffsmagnetfeldes infolge des Entstehens eines Magnetfeldes mit entgegengesetzter Polarität. Im Zweiten Weltkrieg waren vor allem größere Kriegsschiffe oder Spezialschiffe wie Sperrbrecher mit einer M.E.S.-Schleife ausgerüstet.

»Metox«
Funkmeßbeobachtungsgerät FuMB 1 (siehe »Biskaya-Kreuz«).

»Milchkuh«
Im Marinejargon wegen ihrer massigen Breite und Form sowie ihrer zweckgebauten Bestimmung Bezeichnung für die Versorgungs-U-Boote des Typs XIV (fertig gestellt 10 Boote: *U 459 - U 464, U 487 - U 490*).

Minen
Bei den See- und Flussminen waren insbesondere folgende Typen zu unterscheiden, wobei aus der Zeit der Kaiserlichen Marine und der Reichsmarine noch Bestände bis in den Zweiten Weltkrieg vorhanden waren:

a) Einheitsminen (EM)
  - EMA (Typ A, 1912): Ankertaumine, 150 kg Ladung;
  - EMB (Typ B): wie EMA, aber 225 kg Ladung;
  - EMC (Typ C): Ankertaumine der Reichsmarine, 250 kg Ladung;
  - EMD (Typ D): wie EMC, aber 150 kg Ladung;

b) Reguläre Minen (RM) der Reichsmarine
  - RMA (Typ A): Grundmine mit BIK (siehe oben), 826 kg Ladung;
  - RMB (Typ B): wie RMA, aber 400 kg Ladung;
  - RMH (Typ H der Kriegsmarine): wie RMA, aber 880 kg Ladung;

c) Flußminen (FM) der Reichs- bzw. der Kriegsmarine
  - FMB (Typ B) mit 20 kg Ladung, FMB 35 (eingeführt 1935) und FMC (Typ C): Kontaktzündungsminen.

d) U-Abwehrminen (UM) der Reichsmarine
  - UMA (Typ A): Ankertaumine, Ladung 30 kg (ähnlich FMB);
  - UMB (Typ B): wie UMA, aber 40 kg Ladung;

e) U-Bootminen der Kaiserlichen Marine
  - UC-Mine (nasse Lagerung): Von U-Minenlegern des UC-Typs als Schachtmine mitgeführte Ankertaumine (verkleinerte EMA);
  - UE-Mine: Verbesserte UC-Mine, aber trockene Lagerung auf bestimmten Booten im Inneren, Ausstoß durch Schleusen achtern;

f) U-Bootminen (Torpedominen: TM) der Kriegsmarine

- TMA (Typ A): Ankertau-Fernzündungsmine mit 230 kg Ladung;
- TMB (Typ B): Grundmine mit BIK, Ladung 580 kg;
- TMC (Typ C): wie TMB, aber 935 kg Ladung;

g) Flugzeugminen (LM) der Luftwaffe
- LMA (Typ A): Grundmine mit BIK, Ladung 300 kg;
- LMB (Typ B): wie LMA, aber 700 kg Ladung;
- LMF (Typ F): Ankertau-Fernzündungsmine mit 290 kg Ladung.

MOK
Abk. für *Marineoberkommando.* Geschaffen am 1.2.1943 als
- MOK Ost (vorher Marinestation der Ostsee),
- MOK Nord (vorher Marinestation der Nordsee),
- MOK Norwegen (vorher Kommandierender Admiral Norwegen).

Hinzu kamen am 20.10.1944 das MOK West (vorher Gruppe West) und am 1.1.1945 das MOK Süd (vorher Gruppe Süd).

»Molch«
Klein-U-Boot des K-Verbandes. Technische Daten: 11 t, ein Torpedomotor mit 13 PS, ein Mann Besatzung, bewaffnet mit zwei seitlich angehängten Torpedos G7e. Kein gelungener Entwurf, hohe Verluste.

»Monsun«-Boote
Marinejargon für die großen U-Boote des Typs IX D1/D2 mit langer Seeausdauer, die hauptsächlich für Fernunternehmungen in den Indischen Ozean und nach Ostasien zum Einsatz kamen.

»Naxos«
Funkmessbeobachtungsgerät der Kriegsmarine: FuMB 7. Dieses FuMB vor allem für U-Boote arbeitete im Zentimeter-Bereich. Es kam im Sommer 1943 zum Einsatz, um vor dem Anfang 1943 bei den Briten eingeführten 10-cm-Radar (insbes. ASV III der Flugzeuge) zu warnen, wodurch das »Metox« (siehe oben) unwirksam geworden war.

Nebelapparat
Die meisten deutschen Kriegsschiffe konnten künstlichen Nebel und/oder schwarzen Rauch erzeugen, und zwar durch: Aktivieren von Nebelanlagen an verschiedenen Stellen eines Schiffes, um dichten weißen Rauch mithilfe von Pressluft hervorzubringen. Nebelkannen am Heck eines Schiffes oder Werfen von Nebelbojen (ca. 120 kg schwer und etwa einen Meter lang), um für etwa 20 Minuten künstlichen Nebel auszustoßen, erzeugt durch Chemikalien. Schiffe mit Kesselanlagen konnten bei entsprechender Einstellung des Luftstroms schwarzen Rauch erzeugen (Schwarzqualmen).

»Neger«
Das Gerät »Neger/Marder« war ein bemannter Torpedo des K-Verbandes und bestand aus einem Trägertorpedo mit einem Steuerstand für den Piloten und einem untergehängten Gefechtstorpedo, beide vom Standardtyp G7e. Der Fahrbereich betrug 30 sm bei 3,2 kn. Der »Marder« war ein verbesserter »Neger«, war etwas länger und konnte kurzfristig bis 10 m Tiefe tauchen. Etwa 200 »Neger« und 300 »Marder« wurden gefertigt, die gegen die Landeköpfe bei Anzio und an der Normandieküste zum Einsatz gelangten.

»Nibelung«
Deckname für die dt. S-Anlage (siehe dort): Ein aktives Unterwasser-Schallortungsgerät (siehe Asdic).

»Northern Patrol«
Zur Durchführung der am 3. September 1939 durch Großbritannien erklärten Blockade Deutschlands (siehe oben Blockade) wurde von der Royal Navy u.a. am 6. September die *Northern Patrol* gebildet. Sie bestand anfänglich aus dem 7. und dem 12. Kreuzergeschwader. Ständig sollten zwei Kreuzer in der Shetland-Färöer- und drei Kreuzer in der Färöer-Island-Enge patrouillieren. Später kamen vermehrt Hilfskreuzer zum Einsatz. Auch die Shetland-Bergen-Enge wurde überwacht.

Nürnberger Prozess
Vom 20. November 1945 bis zum 1. Dezember 1946 fand vor dem Interantionalen Militärtribunal in Nürnberg der Hauptkriegsverbrecher-Prozess der Sieger statt. Angeklagt waren u.a. auch Raeder und Dönitz wegen
1. Teilnahme an einer Verschwörung oder einem gemeinsamen Plan für das Begehen von Verbrechen gegen den Frieden,

2. Begehen von Verbrechen gegen den Frieden durch Planen, Vorbereiten und Entfesseln von Angriffskriegen,
3. Begehen von Kriegsverbrechen sowie
4. Verüben von Verbrechen gegen die Menschlichkeit.

Raeder wurde in den Punkten 1-3 für schuldig befunden und zu lebenslanger Haft verurteilt (1955 aus dem alliierten Gefängnis Spandau entlassen). Dönitz wurde in den Punkten 2 und 3 schuldig gesprochen und erhielt 10 Jahre Gefängnis (1956 entlassen).

Ob.d.L.
Oberbefehlshaber der Luftwaffe.

Ob.d.M.
Oberbefehlshaber der Kriegsmarine seit dem 1. Juni 1935 (bisher *Chef der Marineleitung der Reichsmarine*). Der Ob.d.M. war bis 1. Mai 1944 gleichzeitig Chef der Skl. (siehe unten).

OIC
Abk. für *Operational Intelligence Centre.* Das OIC war das Operative Feindnachrichtenzentrum (Feindlagezentrum) der britischen Admiralität und gehörte zur *Naval Intelligence Division* (NID), d.h. zur Abteilung geheimer Marinenachrichtendienst der Admiralität. Hier liefen alle nachrichtendienstlichen Erkenntnisse (auch die der Funkaufklärung aus Bletchley Park – siehe oben Funkaufklärung) zusammen. Eine Unterabteilung des OIC war der *Submarine Tracking Room,* von dem aus sozusagen die »Schlacht im Atlantik« geführt wurde.

OKM
Abk. für *Oberkommando der Marine.*

OKW
Abk. für *Oberkommando der Wehrmacht.*

»Paukenschlag«
Deckname für den ersten Angriff der U-Boote gegen die Schifffahrt vor der Ostküste der USA. Beginn des Angriffs – und damit der zweiten »Glücklichen Zeit« – mit fünf U-Booten am 13. Januar 1942.

»Pour le mérite«
Höchste Kriegsauszeichnung Preußens bis 1918, geschaffen 1740 durch König Friedrich II. den Großen. Sie wurde durch den jeweiligen preußischen König verliehen. Kaiser Wilhelm II. verlieh die Auszeichnung im Ersten Weltkrieg ebenfalls als preußischer König.

Prisenordnung
Der Beitritt Deutschlands 1936 zum Londoner U-Bootabkommen von 1930 als Bedingung im deutsch-britischen Flottenabkommen vom 18. Juni 1935 führte zum Erlass der *Prisenordnung,* wonach Handelsschiffe erst nach Anhalten, Untersuchen und Sorge für die Besatzung versenkt werden durften.

Radar
Abk. von *Radio Detection and Ranging.* Bis 1945 war die deutsche Bezeichnung »Funkmeß« (siehe oben).

RAF
Abk. für *Royal Air Force.*

R-Boot
Abk. für *Räumboot,* d.h. ein kleines Minensuchboot.

»Regenbogen«
1. Deckname für das fehlgeschlagene Unternehmen der Schweren Kreuzer LÜTZOW und ADMIRAL HIPPER mit Zerstörern am 31.12.1942 im Nordmeer gegen einen Russland-Geleitzug, das zum »Verschrottungsbefehl« Hitlers für die schweren Einheiten und damit zum Rücktritt Raeders führte.
2. Stichwort für den Befehl zur Selbstversenkung an alle Einheiten der Kriegsmarine gegen Kriegsende. Am 4. Mai 1945 befahl GAdm. Dönitz der Skl., die den Befehl zur Selbstversenkung am Vortag ausdrücklich bestätigt hatte, das Stichwort »Regenbogen« nicht in Kraft zu setzen.

»Rheinübung«
Deckname für das Unternehmen der BISMARCK und der PRINZ EUGEN im Mai 1941 zur Handelskriegsführung im Nordatlantik, das nach der

Versenkung des britischen Schlachtschiffes HOOD mit der Selbstversenkung der BISMARCK am 27. Mai 1941 endete.

Reichskriegshafen
Das Reichskriegshafen-Gesetz vom 19.6.1883, das bis 1945 galt, regelte die Zuständigkeiten und die Stellung der Reichskriegshäfen Kiel und Wilhelmshaven sowie – eingeschränkt – von Helgoland.

Reichsmarineamt
1889 als oberste Reichsbehörde (Ministerium) für die Verwaltung der Kaiserlichen Marine geschaffen. An seiner Spitze stand ein dem Reichskanzler verantwortlicher Staatssekretär (Marineminister).

Rudeltaktik
Die Gruppentaktik, wie die *Rudeltaktik* auch genannt wird, ist das taktische Verfahren für alle kleinen Schiffs- bzw. Bootsverbände, die – zufällig oder planmäßig zusammengesetzt – gemeinsam zu handeln haben. Einzelheiten siehe bei *Jeschke: U-Boot-Taktik,* Freiburg/Br. 1972. Die bereits im Ersten Weltkrieg in Ansätzen vorhandene Rudeltaktik (Kptlt. Hans Rose: *Auftauchen! Kriegsfahrten von U 53,* Essen 1939) entwickelte Dönitz weiter. Sie wurde zur grundlegenden Taktik des U-Bootkrieges – der Konzentration der Sicherungskräfte am Geleitzug stand die Konzentration der Angriffskräfte gegenüber –, sobald genügend U-Boote zur Verfügung standen.

»Samos«
Funkmessbeobachtungsgerät der Kriegsmarine im Dezimeterbereich: FuMB 4.

S-Anlage
Abk. für *Sonderanlage,* Deckname »Nibelung«: Aktives Unterwasser-Schallortungsgerät (am. *Sonar,* brit. *Asdic:* siehe oben).

S-Boot
Abk. für *Schnellboot,* d.h. ein schnelles Motorboot als Torpedoträger.

Schnorchel
Umklappbarer, später ausfahrbarer Mast mit Zuluft- und Abgasrohr am bzw. in den Kommandoturm eines U-Bootes integriert, um in getauchtem Zustand mit Dieselantrieb zu fahren (Aufladen der Batterien).

Schwerer Kreuzer
Durch das Washingtoner Flottenabkommen von 1922 geschaffener Kriegsschifftyp – daher auch »Washington«- oder »Vertrags«-Kreuzer – mit einer Standardverdrängung bis zu 10.000 ts und bis zu einem Geschützkaliber von 20,3 cm.

»Seehund«
Klein-U-Boot des K-Verbandes vom Typ XXVII B/5, ein außerordentlich gelungener Typ. Technische Daten: 17 t unter und 14,9 t über Wasser, dieselelektrischer Antrieb mit 7,7 kn über (270 sm bei 7 kn) und 6 kn unter Wasser (63 sm bei 3 kn), zwei Mann Besatzung, bewaffnet mit zwei seitlich angebrachten Torpedos G7e. 285 Einheiten wurden bis Kriegsende fertig gestellt.

Seekriegsleitung (Skl.)
Die *Skl.* plante und führte den Seekrieg. Sie war für die Kräfteverteilung zuständig und ihr oblag die operative Führung in den außerheimischen Gewässern. Integriert in das OKM war der Ob.d.M. seit 1937 zugleich Chef der Skl. Ihm zur Seite stand der Chef des Stabes der Skl. (C/Skl.) mit der Operationsabteilung (1./Skl.) und den nachgeordneten Marinegruppenkommandos. Die Organisationsänderung vom Juni 1944 trennte u.a. die Personalunion von Ob.d.M. und Chef der Skl. Am 1. Mai 1944 wurde der bisherige Chef des Stabes – Admiral Wilhelm Meisel – neuer Chef der Skl. bis Kriegsende.

Sektionsbauweise
Zur Durchführung des »Flottenbauprogramms 43« (U-Boote und leichte Seestreitkräfte) entstand im Sommer 1943 der Hauptausschuß Schiffbau unter Generaldirektor Otto Merker. Mit ihm kam die Sektionsbauweise vor allem im U-Bootbau. So war z.B. der Bootskörper des Typs XXI in folgende Sektionen aufgeteilt: I: Heck, II: E-Maschinenraum, III: Dieselraum, IV: Mannschaftswohnräume, V: Zentrale, VI: vordere Wohnräume, VII: Torpedolageraum und VIII: Bug. Die bei 32 Stahlbaufirmen im Binnenland vorgefertigten und auf 11 U-Bootwerften an der Küste vollständig ausgerüsteten Sektionen sollten schließlich auf drei

Großwerften zusammengebaut werden: A. G. »Weser, Blohm & Voss sowie F. Schichau (Danzig).

Sicherungsstreitkräfte
Den *Sicherungsstreitkräften* oblag die Sicherung der deutschen Küsten sowie auch später die der besetzten Länder. Aus den vorhandenen Dienststellen des BSN und BSO (siehe oben) entstanden ab 1941 die 1. bis 10. Sicherungsdivision sowie in Norwegen der Küstenschutzverband. In ihnen waren die Minensuch-, Räum-, Vorposten-, U-Jagd-, Landungs- und Artillerieträger- sowie die Sperrbrecher-Flottillen des jeweiligen Küstenabschnitts zusammengefasst.

SL-Geleitzug
Brit. Bezeichnung für einen schnellen Geleitzug von Sierra Leone/Freetown - Großbritannien.

Sloop
Ein kleines Kriegsschiff der Royal Navy mit guter Seeausdauer für Geleitsicherungsaufgaben, später durch Korvetten und Fregatten ersetzt.

sm
Abk. für *Seemeile* = 1853 m.

Sonar
Abk. für *Sound, Navigation and Ranging* (am.): Aktives Unterwasser-Schallortungsgerät (dt. *S-Anlage*, brit. *Asdic* siehe oben). Heute allgemeiner Ausdruck für passive und aktive Unterwasser-Schallortungsanlagen.

Sonderführer
Sie ergaben sich aus dem »Mobilmachungsplan für die Kriegsmarine« vom 1. November 1938 mit mehrfach geänderten Bestimmungen. Hierbei handelte es sich um Personen ohne militärische Ausbildung, die infolge ihrer besonderen Kenntnisse zeitweise mit einer Kriegsstelle als Offizier oder Unteroffizier beliehen wurden, um ihnen den Kombattantenstatus zu geben, wie z. B. Kriegsberichterstatter oder Kapitäne und Offiziere der Handelsmarine als Prisenoffiziere auf Handelsstörern. In beiden Kragenecken bzw. auf den Kragenpatten trugen sie einen goldfarbenen unklaren Anker und führten als Dienstbezeichnung den Dienstgrad und ein (S), wie z. B. Leutnant (S).

Spanischer Bürgerkrieg
Zwischen 1936 und 1938 operierte eine große Anzahl Kriegsschiffe verschiedener Nationen zum Schutz ihrer Staatsbürger in spanischen Gewässern und beteiligte sich an der internationalen Seekontrolle. Hierbei wurden mehrere deutsche Schiffe von republikanischer Seite aus angegriffen und erlitten Verluste.

Sperrbrecher
Hilfskriegsschiffe (ehemalige Handelsschiffe), deren Sinksicherheit durch besondere Umbaumaßnahmen erhöht worden war. Sie liefen vor den zu schützenden Schiffe her, fingen noch nicht geräumte Minen ab und brachten sie zur Detonation.

Steinbarsch/Steinbutt/Steinfisch
Siehe oben Ingolin-Torpedos.

t
Abk. für metrische Tonne = 1000 kg.

Thetisboje
Eine von der Kriegsmarine im Zweiten Weltkrieg entwickelte Täuschboje um als Scheinziel die gegnerische Radarortung irrezuführen. Sie wurde erfolgreich in der Biskaya und anderswo von getauchten U-Booten ausgestoßen und bestand aus einem Schwimmkörper mit einem Netz als Radarreflektor.

TVA
Abk. für *Torpedoversuchsanstalt* in Eckernförde.

ts
Abk. für die brit. *long ton* = 1016 kg.

U-Bootrudel
d. h. U-Bootgruppen.

U-Boottypen des Zweiten Weltkrieges
- Typ I A: Hochseetauchboot,
- Typ II A - D: Küstentauchboot,
- Typ VII, VII B, VII C, VII C/41: Hochseetauchboot (Standardtyp der »Schlacht im Atlantik«),
- Typ VII C/42: Hochseetauchboot (nicht mehr einsatzfähig),
- Typ VII D: Hochseetauchboot mit Minenschächten,

- Typ VII F: Hochseetauchboot zum Torpedotransport,
- Typ IX, IX B. IX C, IX C/40: Tauchboot zur ozeanischen Verwendung (Standardboot für Fernunternehmungen),
- Typ IX D_1, IX D_2: Tauchboot zur ozeanischen Verwendung (U-Kreuzer: »Monsun«- oder Ostasien-Boote),
- Typ X B: Tauchboot für ozeanische Verwendung (U-Minenkreuzer),
- Typ XIV: Tauchboot für ozeanische Verwendung (Versorgungs-UBoot: »Milchkuh«),
- Versuchsboote: *V 80*, Wa 201 und Wk 202 (*U 792 - U 795*): Boote mit Walter-Turbinen,
- Typ XVII B: Küstentauchboote (mit Walter-Antrieb),
- Typ XXI: Hochsee-Unterseeboot (Elektroboot),
- Typ XXIII: Küsten-Unterseeboot (Elektroboot).

Beute-U-Boote:
- *UA*: ex-türk. BATIRAY,
- *UB*: ex-brit. SEAL,
- *UC 1, UC 2*: ex-norweg. Boote,
- *UD 1 - UD 5*: ex-niederl. Boote,
- *UF 1 - UF 3*: ex-frz. Boote,
- *UIT 1 - UIT 25*: ex-ital. Boote.

»Ultra«-Meldungen
Siehe oben Funkaufklärung.

USAAF
Abk. für *U.S. Army Air Force*, d.h. US-Heeresluftwaffe, z.B. 8. USAAF = 8. Luftflotte der US-Heeresluftwaffe.

VS-Antrieb
Abk. für *Voith-Schneider-Antrieb*. Die Maschinenfabrik Voith in Heidenheim/Wttbg. baute Ende der 20er-Jahre nach einer Erfindung des Ing. Schneider ein Flügelrad mit schwingenden Schaufeln, die senkrecht nach unten ragten, im Achterschiff ein: gleichzeitig Vortrieb und Steuerung (Wegfall von herkömmlichem Ruder und Propeller). Dadurch erhielt das Schiff eine große Wendigkeit (Drehen auf der Stelle).

Wasserverdrängung
Das Verdrängungsvolumen multipliziert mit dem spezifischen Gewicht des Wassers (1,015) ergibt den Auftrieb = Schiffsgewicht/Deplacement/Wasserverdrängung. Bei den Überwasserkriegsschiffen ist daher zu unterscheiden zwischen:

a) *leeres Schiff*, d.h. das Gewicht des leeren, betriebsklaren Schiffes mit Waffen, Geräten, Ausrüstung sowie Wasser und Brennstoff in den Leitungen;
b) *Typ- oder Standardverdrängung*: Wie a), jedoch mit Munition, Besatzung mit Effekten, Proviant, Verbrauchsstoffen und Frischwasser, angegeben in *ts standard* (begrifflich im Washingtoner Abkommen von 1922 festgelegt und seit 1927 auch bei der deutschen Marine in Gebrauch);
c) *Konstruktionsverdrängung* oder *t auf CWL*: Wie b), jedoch mit 50 % der Brennstoff-, Schmieröl- und Reservespeisewasservorräte (seit 1882 als normale Deplacementsangabe bei der deutschen Marine verwendet); und der
d) *Einsatzverdrängung* oder *größten Wasserverdrängung*, angegeben in *»t/ts maximal«*: Entspricht der Standardverdrängung, jedoch mit sämtlichen Brennstoff-, Schmieröl- und Speisewasservorräten sowie ggf. Spezialausrüstung.

Bei deutschen Kriegsschiffen wurde das Verdrängungsvolumen in »t« – metrischen Tonnen (mt) zu 1000 kg – angegeben, während bei ausländischen Schiffen die Maßeinheit »ts« – engl. *»long ton«* zu 1016 kg – Anwendung findet. Letztere Maßeinheit wird heute allgemein verwendet.

»Weserübung«
Deckname für die deutsche Besetzung Norwegens (Unternehmen »Weserübung Nord«) und Dänemarks (»Weserübung Süd«) am 9. April 1940.

Western Approaches
Die als *Western Approaches* bezeichneten westlichen Zugänge zu den Häfen Großbritanniens umfassten nördlich und südlich der Küste Irlands die Seegebiete vor dem Nordkanal sowie vor dem St.-Georgs-Kanal und vor dem Südwesten Englands. Am 17. Februar 1941 schuf die britische Admiralität zur Verteidigung des westlichen Nordatlantik gegen die deutschen U-Boote ein neues einheitliches Kommando: das *Western Approaches Command* mit HQ im Derby House in Liverpool. Admiral Sir Percy Noble wurde zum ersten *C-in-C*

Western Approaches ernannt (siehe oben Geleitsicherungsgruppe), ersetzt am 17. November 1942 durch Admiral Sir Max Horton, der damit bis Kriegsende der direkte Gegenspieler von Admiral Dönitz in der »Schlacht im Atlantik« war.

»Westwall«
Deckname für die Fortsetzung der Landbefestigungen an der deutschen Westgrenze als Minensperren in einem breiten Minengürtel vor der deutschen Nordseeküste.

»Wunderland«
Deckname für ein Unternehmen des Schweren Kreuzers ADMIRAL SCHEER im August 1942, um im Zusammenwirken mit Flugbooten und U-Booten zur Aufklärung die Schifffahrt auf dem Nordsibirischen Seeweg anzugreifen.

xB-Dienst
Abk. für *Funkentzifferungsdienst* (siehe oben Funkaufklärung).

X-Craft
Klein-U-Boot der Royal Navy. Boote dieses Typs griffen erfolgreich u.a. das deutsche Schlachtschiff TIRPITZ im Kaafjord, einem Seitenarm des Altafjords, in Nordnorwegen an. Technische Daten (*X 5*): 27 ts über und 29,7 ts Verdrängung unter Wasser, dieselelektrischer Antrieb mit 6,25 kn über (1860 sm bei 4,5 kn) und 5,75 kn unter Wasser (82 sm bei 2 kn), 4 Mann Besatzung, bewaffnet mit zwei 4-ts-Seitenladungen (2032 kg Sprengstoff), die ausgeklinkt wurden.

»Zaunkönig«
Erster Horchtorpedo (T 5) der Welt, eingesetzt gegen schnelle Kriegsschiffe ab Herbst 1943.

BIBLIOGRAFIE

Ailsby, Christopher: *Combat Medals of the Third Reich*, Patrick Stephens, Wellingborough 1987. (Gut bebildert, im Text zuweilen etwas zweifelhafte Aussagen.)

Baasch, H.: *Handelsschiffe im Kriegseinsatz*, Gerhard Stalling, Oldenburg und Hamburg 1975. (Ein illustriertes Werk über Handelsschiffe, die im Kriege zum Einsatz kamen.)

Beaver, Paul: *German Capital Ships*, Patrick Stephens, Cambridge 1980. (Eine Sammlung guter Fotos aus dem Bundesarchiv, obwohl eine Anzahl Bildtexte nicht stimmen bzw. unzureichend sind.)

– *E-Boats and Coastal Craft*, Patrick Stephens, Cambridge 1980. (Ausgezeichnete Fotos aus dem Bundesarchiv, aber sehr unzulängliche Bildtexte.)

Beesley, Patrick: *Very Special Intelligence*, Hamish Hamilton, London 1977; dt. Übersetzung: *Geheimdienstkrieg der britischen Admiralität 1939 - 1945*, Ullstein, Berlin 1978. (Ein interessantes Buch, das sich mit der Arbeit des britischen Marinenachrichtendienstes befaßt.)

Bekker, Cajus: *Das große Bildbuch der deutschen Kriegsmarine 1939 - 1945*, Gerhard Stalling, Oldenburg und Hamburg 1973. (Ein ausgezeichneter Bildbericht.)

Bensel, Rolf: *Die deutsche Flottenpolitik von 1933 bis 1939*, E.S.Mittler, Frankfurt 1958.

Bidlingmaier, Gerhard: *Einsatz der schweren Kriegsmarineeinheiten im ozeanischen Zufuhrkrieg*, K. Vohwinckel, Neckargemünd 1963. (Detaillierte Darstellung des Einsatzes der großen Schiffe als Handelsstörer.)

Blundel, W. D. G.: *German Navy Warships 1939-1945*, Almark Publishing Co., New Malden/Surrey 1972. (Ein ausgezeichnetes, kleines Buch mit sehr guten Fotos.)

Bonatz, Heinz: *Seekrieg im Äther. Die Leistungen der Marine-Funkaufklärung 1939 - 1945*, E. S. Mittler, Herford 1981. (Der Verfasser war als KptzS. Leiter der Abt. MND III – Funkaufklärung – der 3./Skl. Über jeden Handelsstörer gibt es einen kurzen Abschnitt.)

Bracke, Gerhard: *Die Einzelkämpfer der Kriegsmarine*, Motorbuch Verlag, Stuttgart 1981. (Eine sehr gute Darstellung der Kleinkampfverbände, ihrer Entstehung und Einsätze.)

Bredemeier, Heinrich: *Schlachtschiff SCHARNHORST*, Koehlers, Herford 1978. (Von einem der Offiziere der SCHARNHORST unter Mitwirkung von Kurt Cäsar Hoffmann, einem der Kommandanten, und Helmuth Gießler, dem Navigationsoffizier, geschrieben.)

Brennecke, Jochen: *Das große Abenteuer. Deutsche Hilfskreuzer 1939 - 1945*, Koehlers, Herford 1958. (Das Buch ist ein unterhaltsamer Bericht über die Hilfskreuzer mit technischen Einzelheiten und Informationen zu den versenkten Schiffen.)

– *Gespensterkreuzer HK 33*, Koehlers, Biberach/Riß 1954. (Die Geschichte des Hilfskreuzers PINGUIN.)

– *Schwarze Schiffe, weite See*, Gerhard Stalling, Oldenburg 1958. (Ein Tatsachenbericht über das Schicksal der deutschen Blockdebrecher im Zweiten Weltkrieg.)

– *Hilfskreuzer THOR*, Koehlers, Herford 1967. (Die Geschichte des Hilfskreuzers THOR.)

– *Die Wende im U-Bootkrieg. Ursachen und Folgen 1939 - 1943*, Koehlers, Herford 1984.

Breyer, Siegfried: *Handbuch für U-Bootkommandanten. Die U-Bootwaffe 1935 - 1945. Erweiterter Reprint einer Dienstvorschrift*, Podzun-Pallas, Wölfersheim-Berstadt (ohne Datum).

– *Flottenparaden und Repräsentationen der Marine 1925 - 1940*, Podzun-Pallas, Wölfersheim-Berstadt (ohne Datum).

– *Stapelläufe auf deutschen Schiffswerften*, Podzun Pallas, Wölfersheim-Berstadt (ohne Datum).

Brice, Martin: *Axis Blockade Runners*, Batsford, London 1981.

Brown, David: *TIRPITZ the Floating Fortress*, Arms & Armour Press, London 1978. (Viele gute Fotos, deren Wiedergabe allerdings besser sein könnte.)

Brustat-Naval, Fritz/Cremer, Peter Erich: *Ali Cremer: U 333*, Ullstein, Berlin 1982.

– /Suhren, Teddy: *Nasses Eichenlaub*, Koehler-Mittler, Herford 1983.

Buchheim, Lothar-Günther: *U-Boot-Krieg*, R. Piper, München 1976. (Ein Bildband über den U-Boot-krieg.)

Busch, Fritz-Otto: *Konteradmiral Robert Eyssen*, Pabel, Rastatt (ohne Datum).

– *Korsaren des Seekrieges*, Pabel, Rastatt, ohne Datum. (Ein unterhaltsamer Bericht über die Feindfahrten der Hilfskreuzer THOR und MICHEL.)

Busch, Rainer/Röll, Hans-Joachim: *Der U-Bootkrieg 1939-1945*, Bd. 1: *Die deutschen U-Bootkommandanten*, Koehler-Mittler, Hamburg 1996. (Kurzbiografien aus dem Bestand des U-Boot-Archivs.)

Chapman, John W.M.: *The Price of Admiralty. The War Diary of German Naval Attaché in Japan, 1939-1943*, 3 Bde., University of Sussex Printing Press, Lewes 1982. (Eine kommentierte Übersetzung des Kriegstagebuches des deutschen Marineattachés in Japan von 1939 bis 1943.)

Childers, Erskine: *The Riddle of the Sands*, Sidgwick & Jackson, London 1972; dt. Übersetzung: *Das Rätsel der Sandbank*, Diogenes, Zürich 1973. (Ein im Wattenmeer vor der ostfriesischen Küste spielender, spannender Spionageroman aus der Zeit vor dem Ersten Weltkrieg. Vermutlich gibt es keine bessere Beschreibung dieser deutschen Küstengewässer.)

Dau, Heinrich: *Unentdeckt über die Meere*, Berlin 1940. (Die Geschichte der ALTMARK, des Trossschiffes der ADMIRAL GRAF SPEE, geschrieben von ihrem Kommandanten.)

Davis, Brian Leigh: *German Uniforms of the Third Reich*, Blandford, Poole 1980.

– *Badges and Insignia of the Third Reich, 1939-1945*, Blandford, Poole 1983.

Dechow, F.L.: *Geisterschiff 28*, Ernst Gerdes, Preetz/Holstein 1962. (Die Geschichte des Hilfskreuzers MICHEL.)

Detmers, Theodor/Brennecke, Jochen: *KORMORAN. Der Hilfskreuzer, der die SYDNEY versenkte*, Koehlers, Biberach/Riß 1959. (Die Geschichte der KORMORAN von ihrem Kommandanten.)

Deutsches Marineinstitut: *Marineschule Mürwik*, E.S.Mittler & Sohn, Herford (ohne Datum).

Dönitz, Karl: *Zehn Jahre und zwanzig Tage. Erinnerungen*, 11. Aufl., Bernard & Graefe, Koblenz 1997.

– *Deutsche Strategie zur See im Zweiten Weltkrieg*, Bernard & Graefe, Frankfurt a.M. 1972.

– *Mein wechselvolles Leben*, Musterschmidt, Göttingen 1968.

Dollinger, Hans: *The Decline and Fall of Nazi Germany and Imperial Japan*, Odhams, London 1965. (Ausgezeichnete Fotos.)

Elfrath, Ulrich/Herzog, Bodo: *Schlachtschiff BISMARCK*, Podzun, Dorheim 1975. (Eine Sammlung interessanter Fotos, den Alltag auf dem Schlachtschiff beschreibend.)

Elfrath, Ulrich: *Die deutsche Kriegsmarine 1939-1945*, 5 Bde., Podzun-Pallas, Friedberg 1985. (Mit ausführlichen Bildtexten.)

Ellenbeck, Major Dr. Hans: *Die Verantwortung des deutschen Offiziers*, Tornisterschrift des OKW 1941.

Enders, Gerd: *Auch kleine Igel haben Stacheln. Deutsche U-Boote im Schwarzen Meer*, Koehlers, Herford 1984.

Evers, H.: *Kriegsschiffbau*, Springer, Berlin 1931. (Enthält interessante technische Einzelheiten über den Bau von Kriegsschiffen.)

Eyssen, Robert: *Hilfskreuzer KOMET*, Koehlers, Herford 1960. (Das KTB des Hilfskreuzers, hrsg. durch den Kommandanten.)

– *Hilfskreuzer KOMET*, OKM 1942. (Ein Erinnerungsalbum an die Feindfahrt der KOMET mit interessanten Fotos, zumeist von Gerhard Julius aufgenommen, wenn auch aus Sicherheitsgründen mit nichtssagenden Bildtexten. Begrenzte Ausgabe und heute sehr selten.)

Freundeskreis Traditionsarchiv Unterseeboote e.V. (FTU): *Das Archiv*, U-Boot-Archiv Cuxhaven. (Eine zweimal jährlich erscheinende Zeitschrift für Mitglieder des FTU, U-Boot-Archiv, 27478 Cuxhaven-Altenbruch.)

Gander, Terry/Chamberlain, Peter: *Enzyklopädie deutscher Waffen 1939-1945. Handwaffen, Artillerie, Beutewaffen, Sonderwaffen*, Motorbuch Verlag, Stuttgart 1999. (Obwohl sich dieses Buch nicht direkt mit der Marine befaßt, ist es dennoch sehr nützlich. Es ist gut illustriert und enthält viele brauchbare Einzelheiten.)

Garrett, Richard: *SCHARNHORST and GNEISENAU*, David & Charles, Newton Abbot 1978. (Eine interessante über die beiden kaum einzuordnenden Schwesterschiffe.)

Gibson, Charles: *Das Schiff mit fünf Namen*, Wilhelm Heyne, München 1966. (Die Geschichte der DOGGERBANK ex SPEYBANK.)

Giese, Fritz: *Die deutsche Marine 1920 - 1945*, Bernard & Graefe, Frankfurt a.M. 1956.

Giese, Otto/Wise, James E.: *Shooting the War*, Naval Institute Press, Annapolis 1994. (Otto Giese war Offizier der Handelsmarine, als er mit einem Blockadebrecher nach Deutschland zurückkehrte und anschließend zur U-Bootwaffe ging. Ein interessanter Bericht mit guten Fotos.)

Gröner Erich/Jung, Dieter/Maass, Martin: *Die deutschen Kriegsschiffe 1815 - 1945*, Bernard & Graefe, München 1982. (Dies ist das Standardwerk hinsichtlich technischer Daten der deutschen Kriegsschiffe.)

Gröner, Erich: *Die Schiffe der deutschen Kriegsmarine und Luftwaffe und ihr Verbleib.* J. F. Lehmanns, München 1976.

– *Die Handelsflotten der Welt*, 1942, als Reprint bei J. F. Lehmanns, München 1976. (Enthält auch Einzelheiten der bis 1942 versenkten Schiffe. Diese wertvolle Publikation war ursprünglich ein geheimes Dokument und enthält eine vollständige Liste aller Handelsschiffe in ähnlicher Aufmachung wie das Lloyd's Register. Durch einen längeren Abschnitt mit Gröners Zeichnungen ergänzt.)

Groos, Otto, KptzS.Dr.h.c.: *Seekriegslehren*, E. S. Mittler & Sohn, Berlin 1929. (Der Autor und Hrsg. des offiziellen Seekriegswerkes über den Ersten Weltkrieg zieht Lehren aus der Geschichte der Seekriege.)

Güth, Rolf: *Die Marine des Deutschen Reiches 1919 - 1939*, Bernard & Graefe, Frankfurt a. M. 1972. (Eine sehr interessante Darstellung zur Geschichte der Reichsmarine und des Aufbaues der Kriegsmarine zwischen den Kriegen. Der Verfasser war KptzS. und Leiter der Marine-Abteilung im Militärgeschichtlichen Forschungsamt der Bundeswehr, heute Potsdam.)

Hadley, Michael: *U-Boats Against Canada*, McGill Queen's University Press, Kingston und Montreal 1985; dt. Übersetzung: *U-Boote gegen Kanada. Unternehmungen deutscher U-Boote in kanadischen Gewässern*, E.S.Mittler & Sohn, Herford 1990.

– *Count Not the Dead*, McGill Queen's University Press, Kingston und Montreal 1995.

Hahn, F.: *Führer durch die Ausstellung im Wehrgeschichtlichen Ausbildungszentrum der Marineschule Mürwik*, Flensburg 1978.

Hansen, Hans-Jürgen: *Die Schiffe der deutschen Flotten 1848 - 1945*, Gerhard Stalling, Oldenburg 1973. (Enthält ausgezeichnete Abbildungen.)

Harlinghausen, C. Harald: *Ein Junge geht zur Kriegsmarine*, Wilhelm Köhler, Minden 1942.

Harnack, Wolfgang: *Zerstörer unter deutscher Flagge*, Koehlers, Herford 1978.

Has, Ludwig/Evers, August-Ludwig: *Wilhelmshaven 1853 - 1945*, Lohse-Eissing, Wilhelmshaven 1961. (Eine Sammlung sehr interessanter Fotos von guter Qualität.)

Hering, Robert: *Chronik der Crew 37A 1937 - 1987*, Selbstverlag des Verfassers. (Eine ausgezeichnete Darstellung über die Ausbildung der Marineoffiziere.)

Herlin, Hans: *Der letzte Mann von der DOGGERBANK*, Wilhelm Heyne, München 1979. (Über Fritz Kuert, der einzige Überlebende der DOGGERBANK ex-SPEYBANK. Er kam nach dem Minenunternehmen vor Südafrika auf das Schiff, übergesetzt von der CHARLOTTE SCHLIEMANN. Der Großteil des Buches befaßt sich mit seinem Kampf ums Überleben, weniger mit der Aufgabe der DOGGERBANK im Kreuzerkrieg.)

Herzog, Bodo: *60 Jahre deutsche U-Boote 1906 - 1966*, J.F. Lehmanns, München 1968. (Ein nützliches Buch mit vielen Informationen in Tabellenform.)

– *U-Boote im Einsatz*, Podzun, Dorheim, ohne Datum (Bildband in Deutsch und Englisch).

Hirschfeld, Wolfgang: *Feindfahrten. Das Logbuch eines UBootfunkers*, Paul Neff, Wien 1982. (Ein sehr wertvoller Einblick in das U-Boot-Dasein und vermutlich einer der besten Berichte über den U-Bootkrieg.)

– *Das letzte Boot; Atlantik Farewell*, Universitas, München 1989. Die Fahrt der *U 234*, Kapitulation in den USA und Leben im Kriegsgefangenenlager.)

– /Brooks, Geoffrey: *Hirschfeld: The Story of a U-Boat NCO 1940-46*, Leo Cooper, London 1996. (Erweiterte Ausgabe von Hirschfelds Erlebnissen im U-Bootkrieg.)

Hoffmann, Rudolf: *50 Jahre Olympia-Crew*, Hoffmann, Hamburg 1986. (Eine ausgezeichnete Geschichte der Crew 36, gut bebildert.)

Högel, Georg: *Embleme, Wappen, Malings deutscher U-Boote 1939-1945*, Koehlers, Herford 1987. (Ein ausgezeichnetes Werk, das sich mit den Bemalungen an den Kommandotürmen der U-Boote befaßt. Sehr gut mit Zeichnungen des Verfassers illustriert, der während des Krieges auf U-Booten fuhr.)

Hubatsch, Walther (Hrsg.): *Hitlers Weisungen für die Kriegführung 1939-1945*, 2. überarb. Auflage, Bernard & Graefe, Koblenz 1983.

Hümmelchen, Gerhard: *Handelsstörer*, J.F. Lehmanns, München 1960. (Obwohl schon seit einiger Zeit erschienen, ist dies immer noch das Standardwerk über Kreuzerkriegsführung. Hinsichtlich der Bandbreite der Handelsstörer-Operationen ein unschätzbares und unübertroffenes Werk.)

– *Die deutschen Seeflieger 1935-1945*, J.F. Lehmanns, München 1976.

– *Die deutschen Schnellboote*, Koehler-Mittler, Bonn 1997.

Hurd, Sir Archibald: *Britain's Merchant Navy*, Odhams, London, ohne Datum. (Während des Krieges geschrieben, enthält dieses Buch sehr viel an Propaganda sowie beträchtliche Ungenauigkeiten, aber es gewährt einen ausgezeichneten Einblick in die britische Handelsmarine.)

Hutson, Harry C.: *Grimsby's Fighting Fleet*, Hutton Press, Beverley 1990. (Eine interessante Darstellung der Fischerboote im Kriegsdienst.)

Janssen, Jens: *Die Einsamen der Weltmeere*, Pabel, Rastatt, ohne Datum. (Ein Bericht von der letzten Fahrt des Blockadebrechers ERMLAND und von den Minenunternehmen der PASSAT. Janssen ist ein Pseudonym von Jochen Brennecke.)

– *Schiff 23: Hilfskreuzer STIER*, SOS, Heft 197, München 1956.

Jones, Geoffrey: *Under Three Flags*, William Kimber, London 1973. (Die Geschichte der NORDMARK und anderer Troßschiffe der deutschen Marine während des Zweiten Weltkrieges. Der Verfasser diente nach dem Krieg an Bord des Schiffes.)

Jones, W.A.: *Prisoner of the KORMORAN*, Australian Publishing Co., Sydney 1944. (Kreuzerkriegsführung aus Sicht eines Kriegsgefangenen.)

Jung, Dieter/Maass, Martin/Wenzel, B.: *Tanker und Versorger der deutschen Flotte 1900-1980*, Motorbuch-Verlag, Stuttgart 1981. (Dieses ausgezeichnete Buch ist das Standardwerk über das deutsche Versorgungssystem. Mit interessanten Fotos gut bebildert.)

– /Adneroth, Arno/Kelling, Norbert: *Anstriche und Tarnanstriche der deutschen Kriegsmarine*, Bernard & Graefe, München 1977.

Kähler, Wolfgang: *Schlachtschiff GNEISENAU*, Koehlers, Herford 1979. (Ein Tatsachenbericht des I. Artillerieoffiziers.)

Kahn, David: *Seizing the Enigma: The Race to Break the German U-Boat Codes, 1939-1945*, Houghton Mifflin, Boston 1991. (Eine gute Zusammenfassung.)

Kannapin, Norbert: *Die Feldpostnummern der deutschen Kriegsmarine 1939-1945*, Selbstverlag, Itzehoe 1974. (Ein Reprint der von der Kriegsmarine herausgegebenen Broschüre mit den Feldpostnummern der schwimmenden Einheiten.)

Kaplan, Philip/Currie, Jack: *Wolfpack: U-Boats at War 1939-1945*, Aurum, London 1997.

Keats, Henry/Farr, George: *Dive into History: U-Boats*, American Merchant Marine Museum Press, New York 1986. (Gut recherchiert und ausgezeichnet bebildert, gibt einen tiefen Einblick in die U-Bootaktivitäten vor der amerikanischen Ostküste.)

Kemp, Paul: *The Admiralty Regrets*, Sutton Publishing, Stroud 1998. (Britische Kriegsschiffverluste im 20. Jahrhundert.)

– *U-Boots Destroyed. German Submarine Losses in the World Wars*, Arms & Armour Press, London 1997; dt. Übersetzung; *Die deutschen und österreichischen U-Bootverluste in beiden Weltkriegen*, Urbes, Gräfelfing 1998. (Ein ausgezeichnetes Werk mit jüngsten Untersuchungsergebnissen und nützlichen Erläuterungen.)

Klietmann, Kurt G.: *Auszeichnungen des Deutschen Reiches 1936-1945*, Motorbuch Verlag, Stuttgart 1982. (Gute und bebilderte Übersichtsdarstellung.)

Koop, Gerhard/Mulitze, Erich: *Die Marine in Wilhelmshaven*, Bernard & Graefe, Koblenz 1987. (Enthält eine große Anzahl interessanter Fotos.)

Koop, Gerhard/Schmolke, Klaus-Peter: *Die Schlachtschiffe der BISMARCK-Klasse*, Bernard & Graefe, Koblenz 1990.

Krancke, Theodor/Brennecke, Jochen: *RRR – Das glückhafte Schiff*, Koehlers, Biberach/Riß 1955. (Die Geschichte der ADMIRAL SCHEER, berichtet vom Kommandanten.)

Kroschel, Günther/Evers, August-Ludwig: *Die deutsche Flotte 1848 - 1945*, Lohse-Eissing, Wilhelmshaven 1974. (Eine große Anzahl interessanter Fotos aus der Sammlung Drüppel, nunmehr WZ-Bilddienst. Sehr nützlich für das Identifizieren von Fotos.)

Kühn, Volkmar: *Torpedoboote und Zerstörer im Einsatz 1939 - 1945*, Motorbuch Verlag, Stuttgart 1983.

– *Schnellboote im Einsatz 1939 - 1945*, Motorbuch Verlag, Stuttgart 1986.

Lakowski, Richard: *Deutsche U-Boote geheim 1939 - 1945*, Brandenburgisches Verlagshaus, Berlin 1991.

Ledebur, Gerhard Freiherr v.: *Die Seemine*, J. F. Lehmanns, München 1977.

Lohmann, Walter/Hildebrand, Hans H.: *Die deutsche Kriegsmarine 1939 - 1945. Gliederung, Einsatz, Stellenbesetzung*, 3 Bde., Podzun, Bad Nauheim 1956 - 1964.(Standardwerk über die deutsche Kriegsmarine.)

Lumsden, R. A.: *Collector's Guide to Third Reich Militaria*, Ian Allen, London 1987.

Mattes, Klaus: *Die Seehunde. Klein-U-Boote. Die letzte deutsche Initiative im Seekrieg 1939 - 1945*, Koehler-Mittler, Hamburg 1995.

Meister, Jürg: *Der Seekrieg in den osteuropäischen Gewässern 1941 - 1945*, J. F. Lehmanns, München 1958. (Mit Einzelheiten der Kreuzerkriegsführung in arktischen Gewässern.)

Mewissen, P.: *Blockadebrecher*, Pabel, Rastatt (ohne Datum).

Millington-Drake, Sir Eugene: *The Drama of the GRAF SPEE and the Battle of the Plate*, Peter Davis, London 1964.

Mohr, Dr. Ulrich: *ATLANTIS*, OKM 1942. (Erinnerungsalbum mit Fotos von der Feindfahrt der ATLANTIS, sehr selten.)

– /Sellwood, Arthur V.: *ATLANTIS.*, Werner Laurie, London 1955; dt. Übersetzung: *ATLANTIS. Kaperfahrt unter zehn Flaggen*, Koehler, Herford 1975. (Dr. Mohr war der Adjudant des Kommandanten, KptzS. Bernhard Rogge.)

Mollo, Andrew: *Naval, Marine and Air Force Uniforms of World War 2*, Blandford, Poole 1975.

Moore, Capt. Arthur R.: *A Careless Word ... A Needless Sinking*, American Merchant Marine Museum, Maine 1983. (Eine detaillierte und gut bebilderte Darstellung der Schiffsverluste im 2. Weltkrieg.)

Morison, Samuel Eliot: *History of United States Naval Operations in World War II*, 15 Bde., Little, Brown and Co., Boston 1984 (Nachdruck). (Offizielle Geschichte des Seekrieges. Manches ist ziemlich einseitig mit zweifelhaften Aussagen.)

Muggenthaler, August Karl: *German Raiders of World War II*, Robert Hale, London 1978. (Eine detaillierte Darstellung der Hilfskreuzer-Operationen.)

Müllenheim-Rechberg, Burkhard Freiherr v.: *Schlachtschiff BISMARCK. Ein Überlebender in seiner Zeit*, erweitert. Neuaufl., Ullstein, Frankfurt a. M. 1987. (Der detaillierteste Bericht über die BISMARCK, geschrieben vom dienstältesten überlebenden Offizier des Schiffes.)

Mulligan, Timothy P.: *Lone Wolf: The Life and Death of U-Boat Ace Werner Henke*, Praeger, Connecticut 1993. (Ein gut recherchiertes Buch.)

OKM: *Bekleidungs- und Anzugsbestimmungen für die Kriegsmarine*, Berlin 1935.

– *Rangliste der deutschen Kriegsmarine*, E. S. Mittler & Sohn, Berlin: jährlich veröffentlicht.

Ostertag, Reinhard: *Deutsche Minensucher: 80 Jahre Seeminenabwehr*, Koehlers, Herford 1987.

Pargeter, C. J.: *'Hipper' Class Heavy Cruisers*, Ian Allen, London 1982.

Philpott, Bryan: *German Marine Aircraft*, Patrick Stephens, Cambridge 1981. (Eine größere Anzahl Bundesarchiv-Fotos.)

Plottke, Herbert: *Fächer Loos!*, Podzun-Pallas, Wölfersheim-Berstadt, ohne Datum. (Die Geschichte von *U 172*.)

Pope, Dudley: *73 North: The Defeat of Hitler's Navy*, Weidenfeld & Nicolson, London 1958. (Das Seegefecht in der Barentssee.)

Porten, Edward P. von der: *The German Navy in World War II*, Arthur Baker, London 1970; dt. Übersetzung: *Die deutsche Kriegsmarine im 2.Weltkrieg*, Motorbuch Verlag, Stuttgart 1975.

– *Pictorial History of the German Navy in World War II*, Thomas Y. Crowell Co., New York 1976. (Ein ausgezeichnetes Buch, dessen Wert durch die schlechte Bildwiedergabe gemindert ist.)

Powell, Michael: *Die Schicksalsfahrt der GRAF SPEE*, Wilhelm Heyne, München 1976.

Prager, Hans-Georg: *Panzerschiff DEUTSCHLAND – Schwerer Kreuzer LÜTZOW*, Koehlers, Herford 1981. (Eine detaillierte Darstellung des Schiffes, seines Schicksals und seiner Besatzung. Mit vielen interessanten Fotos, Diagrammen und Karten gut illustriert. Der Verfasser diente an Bord des Schiffes.)

Preston, Antony: *U-Boats*, Arms & Armour Press, London 1978. (Ausgezeichnete Fotos.)

Price, Alfred: *Aircraft versus Submarine*, William Kimber, London 1973; dt. Übersetzung: *Flugzeuge jagen U-Boote*, Motorbuch Verlag, Stuttgart 1976.

Raeder, Erich: *Mein Leben*, 2 Bde., F. Schlichtenmeyer, Tübingen 1958.

Rasenack, F. W.: *Panzerschiff ADMIRAL GRAF SPEE*, Wilhelm Heyne, München 1981.

Rogge, Bernhard/Frank, Wolfgang: *Schiff 16*, Gerhard Stalling, Oldenburg 1955. (KptzS. Rogge war Kommandant des Hilfskreuzers ATLANTIS.)

Rohwer, Prof. Dr. Jürgen: *Der Krieg zur See 1939 - 1945*, Urbes, Gräfelfing 1992. (Ausgezeichnete Fotos zum Seekrieg, aber es gibt keine Bildunterschriften. Daher ist es erforderlich, den gesamten Text zu lesen.)

– *Axis Submarine Successes of World War II*, Patrick Stephens, Cambridge 1983; verbesserte Neuauflage bei Greenhill, London 1998.

– /Hümmelchen, Gerhard: *Chronology of the War at Sea 1939 -1945*, Greenhill, London 1992. (Ein gutes, solides und informatives Werk mit einem sehr guten Sachverzeichnis. Für jeden, der sich mit dem Seekrieg beschäftigt, ein sehr nützliches Nachschlagewerk.)

Rosignoli, Guido: *Naval and Marine Badges and Insignia*, Blandford, Poole 1980.

Roskill, Capt. S.W.: *The War at Sea*, 4 Bde., HMSO, London 1954, Neuauflage 1976. (Die offizielle britische Geschichte des Seekrieges 1939 - 1945. Etwas einseitig.)

Rössler, Eberhard: *Die deutschen U-Boote und ihre Werften. Eine Bilddokumentation über den deutschen U-Bootbau von 1935 bis heute*, Bernard & Graefe, Koblenz 1979.

– *Die Torpedos der deutschen U-Boote. Entwicklung, Herstellung und Eigenschaften der deutschen Marine-Torpedos*, Koehlers, Herford 1984.

– *Geschichte des deutschen U-Bootbaus*, 2 Bde., Bernard & Graefe, Koblenz 1986/87.

Ruge, Friedrich: *Der Seekrieg 1939 - 1945*, Koehlers,1954. (Vizeadmiral Ruge war im Kriege u. a. Befehlshaber der Sicherung West und später Inspekteur der Bundesmarine.)

Schlicht, Adolf/Angolia, John R.: *Die deutsche Wehrmacht. Uniformierung und Ausrüstung 1933 - 1945*, Bd. 2: *Die Kriegsmarine*, Motorbuch Verlag, Stuttgart 1995.

Schmalenbach, Paul: *Die deutschen Hilfskreuzer 1895 - 1945*, Gerhard Stalling, Oldenburg 1976. (Eine Bilddokumentation über die deutschen Hilfskreuzer mit sehr guten Fotos aus beiden Weltkriegen.)

– *Unter drei Flaggen. Schwerer Kreuzer PRINZ EUGEN*, Koehlers, Herford 1978. (Schmalenbach war Artillerieoffizier auf der PRINZ EUGEN.)

Schmeelke, Michael: *Alarm Küste!*, Podzun-Pallas, Wölfersheim-Berstadt, ohne Datum.

Schmelzkopf, Reinhard: *Die deutsche Handelsschiffahrt 1919 -1939*, Gerhard Stalling, Oldenburg (ohne Datum). (Eine zweibändige Chronologie über die Entwicklung der deutschen Handelsmarine zwischen den Kriegen.)

Schmoeckel, Helmut: *Menschlichkeit im Seekrieg?*, E. S. Mittler & Sohn, Herford 1987.

Schultz, Willi: *Kreuzer LEIPZIG. Baugeschichte, Einsätze, Schicksal*, Motorbuch Verlag, Stuttgart 1996.

Schwandtke, Karl-Heinz: *Deutschlands Handelsschiffe 1939 - 1945*, Gerhard Stalling, Oldenburg 1974. (Einzelheiten über die deutschen Handelsschiffe zu Kriegsbeginn mit Informationen über die während des Krieges erbeuteten sowie die nicht fertiggestellten Schiffe. Detaillierte Zeichnungen.)

Showell, Jak P. Mallmann-: *The German Navy in World War Two*, Arms & Armour Press, London 1979; dt. Übersetzung: *Das Buch der deutschen Kriegsmarine 1935 - 1945*, Motorbuch Verlag, Stuttgart 1982. (Enthält Geschichte, Organisation, Daten der Schiffe, Schlüsselmaschine »Enigma«, Marinekarten sowie einen Abschnitt über Dienstränge, Uniformen, Auszeichnungen und Insignien von Gordon Williamson. Das US Naval Insitute, Annapolis, hierzu: »Eines der herausragenden Marinebücher des Jahres.«)

– *U-Boats under the Swastika*, Ian Allen, Shepperton 1973; dt. Übersetzung: *U-Boote gegen England. Kampf und Untergang der deutschen U-Bootwaffe 1939 - 1945*, Motorbuch Verlag, Stuttgart 1974. (Eine gut bebilderte Einführung in die deutsche U-Bootwaffe.)

– *U-Boats under the Swastika*, Ian Allen, London 1987. (2. erweiterte Auflage mit anderen Fotos und neuem Text.)

– *U-Boat Command and the Battle of Atlantic*, Conway Maritime Press, London 1989. (Eine detaillierte Darstellung, auf dem KTB des B.d.U. beruhend.)

– *Germania International*, Zeitschrift der Studiengruppe der deutschen Marine (Herausgabe inzwischen eingestellt).

– *U-Boat Commanders and Crews 1935 - 1945*, Crowood Press, Marlborough 1998); dt. Übersetzung in Vorbereitung (Motorbuch Verlag Stuttgart).

Smith, Constance Babington: *Evidence in Camera*, David & Charles, Newton Abbot 1974. (Die Geschichte der Luftbild-Aufklärungseinheit der RAF einschl. einer interessanten Darstellung, wie die deutschen schweren Einheiten verfolgt und letztlich angegriffen wurden.)

Sorge, Siegfried: *Der Marineoffizier als Führer und Erzieher*, E.S.Mittler & Sohn, Berlin 1937.

Stahl, Peter: *Kriegsmarine Uniforms, Insignia, Daggers & Medals of the German Navy 1935 - 1945*, Die Wehrmacht, Stanford/Ca. 1972. (Ein gut bebildertes Buch.)

Stärk, Hans: *Marineunteroffiziersschule Plön*, Selbstverlag 1974.

Stern, Robert C.: *Kriegsmarine: A Pictorial History of the German Navy 1939 - 1945*, Arms & Armour Press, London 1978. (Sehr gute Fotos.)

Syrett, David: *The Defeat of the German U-Boats: The Battle of the Atlantic*, University of South Carolina Press, Columbia/S.C. 1994.

Tarrant, V.E.: *The U-Boat Offensive: 1914 - 1945*, Arms & Armour Press, London 1989; dt. Übersetzung: *Kurs West! Die deutschen U-Boot-Offensiven 1914 - 1945*, Motorbuch Verlag, Stuttgart 1993.

Terraine, John: *Business in Great Waters: The U-Boat Wars 1916 - 1945*, Leo Cooper, London 1989.

Thomas, David A.: *The Atlantic Star 1939 - 45*, W. H. Allen, London 1990.

US Naval Intelligence: *German Naval Vessels of World War Two*, Greenhill, London 1993. (Reprint eines ausgezeichneten Buches zum Identifizieren deutscher Kriegsschiffe, das im Kriege an Bord der US-Schiffe in See mitgeführt wurde.)

Vat, Dan van der: *The Atlantic Campaign*, Hodder & Stoughton, London 1988. (Ein gut recherchiertes und interessantes Buch.)

Verband deutscher U-Bootfahrer: *Schaltung Küste!*, Organ des Verbandes.

Wagner Gerhard (Hrsg.): *Lagevorträge des Ob.d.M. vor Hitler*, J.F. Lehmanns, München 1972.

Watts, A.J.: *The Loss of the SCHARNHORST*, Ian Allen, Shepperton 1970; dt. Übersetzung: *Der Untergang der SCHARNHORST. Kampf um die Rußland-Konvois 1943*, Motorbuch Verlag, Stuttgart 1971.

– *The U-Boat Hunters*, Macdonald & Jane's, London 1976.

Welham, Michael: *Kampfschwimmer. Geschichte, Ausrüstung, Einsätze*, Motorbuch Verlag, Stuttgart 1997.

Werner, Herbert A.: *Die eisernen Särge*, Hoffmann & Campe, Hamburg 1970.

Weyher, Kurt/Ehrlich, Hans-Jürgen: *Vagabunden auf See*, Katzmann, Tübingen 1953. (Die Geschichte des Hilfskreuzers ORION, erzählt von seinem Kommandanten.)

Whitley, M.J.: *Destroyer! German Destroyers in World War II*, Arms & Armour Press, London 1983; dt. Übersetzung: *Die deutschen Zerstörer im 2. Weltkrieg*, Motorbuch Verlag, Stuttgart 1985.

– *German Cruisers of World War Two*, Arms & Armour Press, London 1985; dt. Übersetzung: *Deutsche Kreuzer im 2. Weltkrieg*, Motorbuch

Verlag, Stuttgart 1988. (Eine ausgezeichnete Darstellung, gut illustriert mit Zeichnungen und Fotos.)
Williamson, Gordon: *The Iron Cross*, Blandford, Poole 1984. (Ein ausgezeichnetes und gut bebildertes Buch.)
– *Knights of the Iron Cross*, Blandford, Poole 1987. (Ein ebenfalls ausgezeichneter Folgeband zum obigen Titel.)
– /Pavlovnik, Darko: *U-Boat Crews 1914-45*, Osprey, London 1995. (Ein sehr interessantes Buch mit hervorragenden Farbzeichnungen sowie Schwarzweißfotos.)
Winton, John: *Ultra at Sea*, Leo Cooper, London 1988. (Der Einbruch in die U-Boot-Funkschlüssel.)
Witthöft, Hans Jürgen: *Lexikon zur deutschen Marinegeschichte*. 2 Bde., Koehlers, Herford 1977. (Eine ganz hervorragende Enzyklopädie.)
Woodward, David: *The Secret Raiders*, William Kimber, London 1955. (Ein Werk über die deutschen Hilfskreuzer.)
Zienert, J.: *Unsere Marineuniform*, Helmut Gerhard Schulz, Hamburg 1970. (Eine ausgezeichnete Darstellung der deutschen Marineuniformen.)

SACHREGISTER

M

N

O

P